Horst Beseler

Im Garten der Königin

NEUES LEBEN

Horst Beseler

Im Garten der Königin

Roman

Verlag Neues Leben

ISBN 3-355-00189-9

12. Auflage, 1986
Lizenz Nr. 303 (305/172/86)
LSV 7001
Schutzumschlag und Einband: Ingolf Neumann
Schrift: 10 p Garamond
Gesamtherstellung: Karl-Marx-Werk Pößneck V 15/30
Bestell-Nr. 641 326 5
00680

Den Gefallenen
und den lebenden Gefährten
meiner Jugend

1

Sonnenfinsternis

Der Engel lächelte nicht.
Er schaute voller Ernst über die graustaubige Weite des Marktplatzes von Chabrie, in dessen Mitte er sich auf einem Marmorsockel erhob. Seine zartgliedrigen Hände waren ausgebreitet, als wolle er die Menschen unter sich segnen, ihre Unruhe beschwichtigen und ihrem Schmerz barmherzige Begütigung erweisen.

Doch er blickte nicht auf sie nieder.

Der Engel sah weder die vielen grünen und grauen Soldaten, die lärmend die Ufer des Marktplatzes bevölkerten, noch jene alte Frau, die sich unter ihm auf den Stufen des Postamentes niedergelassen hatte. Eher hingestreckt als kniend, betete sie mit schwacher Stimme. Manchmal lief ein Beben durch ihren Körper. Dann schien die Frau unter der sanften Gebärde des Engels noch flacher zu werden. Ihre herzoffene, ungehemmte Trauer umflutete das Bild eines Toten oder eines verlorenen Sohns.

Aber des Engels Blick ging über sie hinweg.

Unter sich ließ er die schwer und gefährlich daherschreitenden Streifen, die gefleckten Motorfahrzeuge des Nachschubs und ebenso auch die wenigen Pferdekarren, die von hartgesichtigen Bauern geführt wurden. Der Engel schaute in das Gewirr der weißen Häuser von Chabrie, vor deren Fenstern Jalousien heruntergelassen waren und an deren Wänden Plakate mit Kommandanturbefehlen und Hakenkreuzen wie Aussatz hafteten. In ihrer Haltung erinnerte die Skulptur an einen Auflauschenden und Horchenden. Die steinerne Gestalt schien forschendes Interesse auf einen Ort gerichtet zu haben, der weitab lag von diesem Raum unter ihren milde segnenden Händen. Wohin aber blickte der Engel? Woher rührte sein Ausdruck von Kümmernis und ernster Erwartung?

Fand er sich nicht mehr zurecht in dieser Welt?

O ja, des Himmels Güte zu verkörpern war nun ein ander Ding als zu jener Zeit, da noch ein Gewimmel schwatzender Bürger, feilschender Hausfrauen und tollender Kinder den Marktplatz von Chabrie überschwemmt hatte! Der gesunde Duft von frischem Weißbrot, von Fleisch, Artischocken, von Äpfeln und Beeren war ebenso längst verweht wie der saubere Klang wertsicherer Silberfrancs.

Es gab keinen Tanz mehr auf diesem Platz. Es gab nur noch das Rumpeln schwerer Räder, dieses Stampfen stählerner Kriegselefanten. Die von hellem Lachen, von beseligtem Liebesgestammel trunkenen Abende lagen in tiefster Ferne, Stunden aus süßen, verträumten Märchen. In keiner Nacht mehr wurde der Marktplatz von den Liedern und dem Lichtschein aus den Cafés illuminiert. Auf den Händen des Engels lag Staub, rußflockig von großen Bränden, salpeterscharf vom Pulverdunst der Waffen, aufgewirbelt vom Schlag fremder Stiefel.

Die Zeit der ungeheuren feldgrauen Sonnenfinsternis, die seit Jahren über dem Lande dämmerte, hatte auch den Engel altern lassen. Des Himmels Güte reichte nicht mehr aus. Die Choräle hatten ihren Klang verloren. Alle vertraute Majestät war entthront. Die Dreieinigkeit von Hunger, Schweigen und Standgericht residierte.

Trotzdem war der Engel noch immer schön in seiner jugendlichen Schlankheit, in der Freundlichkeit seiner Schutz wünschenden Hände. Ob er aber einmal gelächelt hatte, ließ sich nun nicht mehr feststellen.

Ein Teil des Gesichts, ein Mundwinkel und die Nase, war vom Hieb eines Geschosses oder der Kolbenkappe eines Karabiners zertrümmert. Derart entstellt blickte er auch jetzt, während die alte Frau unter ihm Klagen und Gebete in die Steine drängte und während drei deutsche Soldaten über den Marktplatz herankamen, in den wogenden Hitzedunst des späten Augustnachmittags.

Die Soldaten waren jung. Nur einer von ihnen, ein breitstirniger Mensch mit den Obergefreitenwinkeln auf dem Arm, hatte gereifte Züge und mochte über die Zwanzig bereits hinaus sein. Er trug eine Brille mit primitivem Metallrahmen. Daß sie ihm kein komisches Aussehen zu geben vermochte, lag an dem klaren und auf Klugheit hindeutenden Schnitt seines Gesichts.

Von den beiden jüngeren Soldaten war der eine außerordentlich kräftig, untersetzt, sogar etwas dick, weshalb seine Gestalt fast quadratisch wirkte. Fuchsrotes störrisches Haar stand unter der Feldmütze hervor und wuchs ihm wie ein Pelz in den Nacken hinein. Im Gehen ließ er ein Kettchen umherwirbeln, an dem blanke Autoschlüssel hingen. Im Gegensatz zu dem Obergefreiten mit der breiten Stirn und der Brille, der nachdenklich und versonnen blickte, machte der Rothaarige einen unbeschwerten, fröhlichen Eindruck.

Der dritte schließlich war knabenhaft schlank. Er füllte die Uniform nicht aus. Er sah aus, als habe er noch gestern auf der Schulbank gesessen. Sein blasses, unfertiges Gesicht gewann lediglich durch die großen grauen Augen eine erste männliche Festigkeit. Wie seine Gefährten, so war auch er mit einer schweren Parabellum-Pistole ausgerüstet. Die Waffe zerrte ihm das Koppel schräg über die Hüften. Er mußte es wiederholt zurechtrücken.

Die beiden jüngeren Soldaten waren Gefreite. Alle drei trugen blaue Kragenspiegel und standen demnach im Sanitätsdienst. Daß sie einer Fallschirmjägereinheit angehörten, verrieten jene eigentümlichen beinlosen Overalls aus grünem Stoff, die sie über die Uniform gezogen hatten und die im militärischen Jargon „Knochensäcke“ hießen. Ursprünglich als Schleifanzüge für die Fallschirmlandung gedacht, wurden diese reißverschlußübersäten Monturen jetzt auch häufig von Angehörigen des Bodenpersonals getragen. Die

Overalls machten einen Mantel überflüssig. Man konnte in ihnen schlafen.

Die Soldaten kamen ohne Eile über den Marktplatz und hielten auf ein Café zu, das auf der anderen Seite am Eingang einer Lindenallee gelegen war. Sie sprachen miteinander. Der Rothaarige ließ zuweilen ein tiefes, volles Lachen hören. Angesichts des Engels mäßigten sie ihren Schritt noch mehr. Das Gespräch riß ab. Unweit der Statue blieben sie stehen.

Der Rothaarige raffte sein Schlüsselkettchen zusammen, steckte es in die Tasche. Diese Bewegung geschah so erschrocken und achtungsvoll verlegen, als habe er vergessen, in einem Kirchenschiff die Mütze rechtzeitig abzunehmen. Alle Heiterkeit war plötzlich aus seinem Gesicht verflogen. Betroffen schaute er auf die alte, noch immer im Gebet versunkene Frau. Der Ältere mit der breiten Stirn hatte seinen Blick rasch von der Hingebeugten gelöst und sah nun grüblerisch in das zerschlagene Antlitz des Engels empor. Der blasse, knabenhafte Gefreite endlich starrte auf ein rotgerahmtes Plakat, das an der Stelle des Postaments klebte, an der sich einstmals die erzene Widmung des Denkmals befunden hatte. Das Plakat war ein Standortbefehl. Es enthielt die Namen einer Reihe von kriegsgerichtlich exekutierten Franzosen.

Diese Liste war lang.

Vielleicht, weil sie sich beobachtet fühlte, vielleicht auch, weil sie den Kelch ihrer Not vollends vor Gott ausgeleert hatte – die alte Frau stand jetzt auf. Sie verneigte sich feierlich vor dem Engel und kam dann, mit der hinkenden Schwerfälligkeit alter Leute, langsam die Stufen herab. Auf der letzten schaute sie auf und erblickte die Fremden. Ihr Mund öffnete sich, doch die Lippen formten kein Wort. Nur das Gesicht der Frau, das noch eben schmerzgespalten, von Jammer und Flehen durchwogt gewesen war, veränderte sich. Es fand zurück in die runzlige Starre des Alters. Es wurde dunkelhölzern und hart. Es vereiste. Ihr von den

Gewichten und Gewittern dieser Jahre gekrümmter Körper empfing eine seltsam stolze Festigkeit, straffte sich, wuchs auf.

So stand sie und sah die drei Soldaten an. Einige Tiger-Panzer kamen mit brüllenden Motoren auf den Marktplatz gefahren, wendeten plump, schildkrötenhaft, wobei ihre mächtigen Ketten die Straßendecke auffrästen. Dann fuhren sie wieder zur Stadt hinaus. Als der Lärm der Ungetüme abgeklungen war, schickte sich die alte Frau zum Gehen an. Der Rothaarige sprang hinzu, weil sie strauchelte und zu fallen drohte. Doch sie fand allein Halt. Es tat nicht not, daß er ihr Hilfe leistete. Noch einmal blieb sie stehen. Und nun geschah etwas Unerwartetes.

Die drohende Härte ihrer Züge brach wieder auf. Das Gesicht wandelte sich zu jener schmerzvollen, mütterlich fühlenden Bloßheit zurück, in der es vorhin dem Engel zugewandt gewesen war. Dann, während der Schleier großer Trauer ihre Augen erneut verschattete, murmelte die Frau: „Peut-être qu'ils sont ses assassins – ces enfants!"

Betroffen blickten ihr der Rothaarige und der knabenhafte Gefreite nach. Der Obergefreite mit der breiten Stirn aber ging rasch in Richtung auf das Café fort. Er hielt den Blick gesenkt. Als ihm die beiden anderen schließlich folgten, da schwiegen sie und sahen sich nicht an. Sie rückten im Gehen an ihrem Koppelzeug herum.

Ein Café namens La Baie

Der Raum war von Menschen überwuchert. An den kleinen Tischen, mit denen selbst die Tanzfläche vollgestellt war, saßen fast ausnahmslos Soldaten. Das waren blutjunge Panzergrenadiere, Leute von der Waffen-SS, die getigerte Tarnanzüge trugen und sich überheblich in den Rohrstühlen lümmelten, sodann auch ältliche Infanteristen, die wie uniformierte Rentner aussahen. Dazwischen vereinzelt Offiziere. Die meisten Soldaten waren sehr schmutzig und unrasiert. Sie hockten dicht gedrängt, die Ellbogen auf die Tischplatten gestützt. Sie rauchten krausen belgischen Tabak und sprachen nur wenig. Gelegentlich nippten sie von einem scharfgrünen Getränk. Der Absinth war unglaublich teuer; etwas anderes gab es jedoch nicht zu trinken.

Die Zeit des guten Cognacs lag weit zurück.

Die drei jungen Soldaten hatten nach einigem Suchen Plätze gefunden. Jetzt saßen sie da, ungeschlacht in den beuteligen Overalls, die Feldmützen hinter das Koppel gesteckt. Auf ihren Gesichtern waren noch immer Spuren von Bestürztsein und Verwunderung zu erkennen. Sie scheuten sich, von der Begegnung auf dem Marktplatz zu sprechen. So schwiegen sie und beobachteten die Kellnerin, die ihnen, ohne eine Bestellung entgegengenommen zu haben, den Absinth servierte.

Die Frau tat es gemessen, mit eigentümlich gleitenden Bewegungen. Sie trug ein kurzes Kleid aus schwarzglänzendem Stoff, der ihren Körper wie eine zweite Haut umschloß. Das drängende Interesse der vielen Männer ringsumher schien sie weder zu erregen, noch machte es sie befangen. Ihr Lächeln war träge, gelassen. Bevor sie sich entfernte, nickte sie dem Rothaarigen leicht zu. Sie ging mit leise wiegenden Hüften. Jede Bewegung ließ das glänzende Gewebe ihres Kleides anders schimmern. Und der Rothaarige starrte ihr, von plötzlicher Lockung überfallen, groß und unverhohlen nach. Das Glas, aus dem er hatte trinken wollen, blieb halb erhoben. Sein Blick verdunkelte sich bei dem Wunsche, den Körper der Frau zu umfassen. Ohne getrunken zu haben, schluckte der Rothaarige. Feine Schweißtropfen bedeckten seine Schläfen.

„Warum trinkst du nicht, Eisermann?“ fragte der Obergefreite mit der breiten Stirn. „Wenn du das Zeug warm werden läßt, wird es gänzlich ungenießbar.“

„Es ist doll, wie die geht, Pistol.“

„Es gibt viele Frauen, die so gehen", murmelte der Obergefreite.

„An der Front konnte man sich das nicht mehr vorstellen."

„An der Front gab es keinen Absinth."

Der knabenhafte Gefreite schwieg. Er hielt den Kopf in die Hände gestützt. Sein Blick folgte dem Geäder der kühlen, glatten Marmorplatte.

„Na – was denn?" knurrte Eisermann plötzlich, wobei sein rundes Gesicht sich rötete. „Seid ihr vielleicht über die Jahre hinaus –?"

Im Aschenbecher vor Ferdinand Pistol schwelte eine Kippe. Der Obergefreite wandte den Kopf zur Seite und zog, während er den Zigarettenrest abtötete, angewidert die Nasenflügel zusammen. Gleich darauf aber waren seine Züge unter dem ausgebuchteten Haaransatz wieder gefaßt und freundlich.

„Denk an etwas anderes", sagte er.

Eisermann goß den Absinth mit einem Ruck hinunter, schüttelte sich. Dann fuhr er polternd fort: „Du brauchst gar nicht so fein zu tun, Pistol, bloß weil du studiert hast! Dich scheint dieser ganze Dreck ja wenig zu kratzen? Ein Frack fehlt dir – und der Kapellmeister ist fertig! Diese blöde Brille . . ."

„Für die Brille kann ich nichts, Eisermann", unterbrach ihn Ferdinand Pistol. Er zupfte scherzhaft an dem Gummiband, das an Stelle von Bügeln dem armseligen Blechgestell Halt verlieh. „Irgend so ein Geschirr muß ich tragen, ich kann sonst nichts sehen. Früher hatte ich eine goldene Brille, aber die hat man mir in Nancy gestohlen. Wahrscheinlich hätte sie dich noch mehr gestört." Ferdinand Pistol lächelte. Offenbar nahm er Eisermann nichts übel.

Der dicke rothaarige Gefreite sog mürrisch an einer ungeschickt gedrehten, wurstförmigen Zigarette. Schließlich sagte er: „Du weißt auch auf alles eine Antwort, Pistol." Danach beugte er sich zu dem anderen Kameraden hinüber und spottete: „Der brave Harry träumt wieder von zu Hause . . ."

„Hör schon auf", sagte der knabenhafte Gefreite.

„. . . und denkt an seine Liebste und wie herrlich es war, wenn man Händchen in Händchen durch den Wald ging . . ."

„Du sollst den Mund halten!"

„. . . und die Nachtigallen flöteten und der Mond . . ."

„Ich schlag' dir gleich eine rein!" Harry Salandt wurde fast weiß im Gesicht. Seine Unterlippe zitterte. Ein Glas war umgekippt. Auf der Tischplatte verbreitete sich eine kleine klebrige Lache.

„Du bist mir ein Athlet", sagte Eisermann verlegen.

Ferdinand Pistol schüttelte begütigend den Kopf. „Was habt ihr davon, einander auf die Nerven zu fallen?" fragte er ruhig. „Dies ist keine Zeit für Späße."

„Es war nicht so gemeint", murmelte Eisermann.

Schweigen fiel zwischen sie. Ohne daß die Rede davon war, rückte die Begegnung auf dem Marktplatz wieder in den Vordergrund des Bewußtseins. Der Schock, den Eisermann durch Spötteleien zu beheben gesucht hatte, machte einer Befangenheit Platz, welche die Gedanken nicht weniger bannte. Vielleicht tranken die drei darum mehr, als sie beabsichtigten, von dem grünen Absinth. Die Untersetzer, auf denen er serviert wurde, wuchsen mit der Zeit zu einem kleinen Stapel an. Nach der Anzahl dieser Tellerchen rechnete man ab. Das war hier Brauch. Die drei schütteten das Getränk ohne eigentliche Begierde hinunter. Eine dumpfe Wärme breitete sich im Körper aus. Aber nicht allein der Absinth, auch dieser im Zwielicht schalen Zigarettenrauchs und rötlichen Lampenscheins verschwimmende Raum machte benommen.

Schleppende Musik, die eher den Körper als das Gehör zu treffen schien, ließ die dunstige Atmosphäre noch trüber erscheinen. Die Töne quollen aus einem altmodischen Lautsprecher, der zwischen blinden Spiegeln und blassen Apéritifplakaten über der Bar hing und mit einem Plattenspieler verbunden war. Wie dieser Lautsprecher, so machte auch die übrige Einrichtung des Etablissements einen brüchigen, überlebten Eindruck. Staubige Glasampeln klebten an der Decke. Über die Wände breiteten sich verschossene dunkelrote Samtdraperien. Vor den Fenstern hingen stoffreiche Wolkenstores, grau wie der sommerliche Straßenstaub. Eine luftschwache Hitze herrschte in diesem Raum, der entgegen der hierzulande üblichen Bauweise nicht zur Straße hin weitflächig geöffnet war, sondern eine klapprige Flügeltür besaß.

Harry Salandt, dessen Blick wieder in der kartografischen Vielfalt des Tischplattengeäders umhergeirrt war, hob den Kopf und bemerkte verwundert: „Ich möchte nur wissen, was mit der Frau gewesen ist? Da draußen, bei dem Engel, meine ich. Sie hat uns angeschaut, als wäre sie nicht bei Sinnen. Bevor sie ging, hat sie noch etwas gesagt. Warum kniete sie mitten auf dem Marktplatz?"

„Sie hat gebetet", erwiderte Eisermann, nun ganz bedächtig. „Das wird ein Stadtheiliger sein, dieser Engel. Bei uns zu Hause gibt's eine Menge solcher Figuren. Die Leute legen ihnen Blumen zu Füßen. Manche stellen auch Kerzen auf. Aber oft bläst der Wind die Kerzen aus. Bei diesem Engel hab' ich keine Kerze gesehen."

„Wer hier Kerzen besitzt, der ißt sie auf", sagte Ferdinand Pistol still. „Die Leute haben kein Brot."

Eisermann schwieg eine Weile. Dann fragte er: „Ob sie jeden Tag zu dem Engel kommt? Diese alten Frauen gehen oft beten, bei uns ist das auch so. Die Kirche hier kann zerschossen oder heruntergebrannt sein, darum weiß sie keine andere Stelle." Eisermann schnaufte, fuhr sich durch das dichte rote Haar, das ihm immer wieder in die Stirn fiel.

„Es sind wieder Einheimische erschossen worden", sagte Ferdinand Pistol. „Jemand von ihren Angehörigen war dabei. Deshalb hat sie gebetet."

„Woher willst du das so genau wissen?" fragte Harry Salandt abweisend.

Ferdinand Pistol rückte an seiner Brille herum. Er sah

müde aus. Es hatte den Anschein, als wolle er nicht weiterreden. Man konnte hier gehört werden. Endlich sagte er verhalten: „Ich habe verstanden, was sie beim Fortgehen sprach: ‚Vielleicht sind es seine Mörder – diese Kinder!'"

„Aber wir haben doch niemand erschossen", murmelte Eisermann erschrocken.

„Für sie gehören wir zu den Mördern", sagte Ferdinand Pistol und hob bedauernd die Schultern. Dann sah er sich um.

Eisermann hatte seine schweren, verölten Hände um das Absinthglas gelegt und schwieg. Er konnte nun nichts mehr dazu sagen. Harry Salandt jedoch war Ferdinand Pistols Worten mit offenbarem Unwillen gefolgt. Jetzt fragte er, trotzig wie ein Schuljunge: „Warum sagst du andauernd ‚Mörder', Pistol? Für solch Gerede kann man eingesperrt werden!" Er pochte mit den Fingerknöcheln nachdrücklich auf die Tischplatte und fügte überzeugt hinzu: „Diese Leute brauchen sich nicht zu wundern. Wer als Zivilist in den Krieg eingreift, der wird hingerichtet. Das war schon immer so. Ich weiß nicht, was es darüber noch zu reden gibt." Der blasse, knabenhafte Gefreite ließ seinen Blick, Bestätigung heischend, von einem zum anderen gehen. Doch die Kameraden äußerten sich nicht.

Eisermann hatte wieder mit einer Zigarette zu tun, deren Blättchen nicht haften wollte. Ferdinand Pistol schaute im Raum umher und zur Bar hinüber, wo Kellnerinnen warteten und ein schmutziger Cafetier mit Flaschen hantierte. Außer diesen Personen hielten sich nur wenige Franzosen in dem Lokal auf – einige Stutzer, die wahrscheinlich im Dienste der deutschen Behörden standen, sodann ein halbes Dutzend Dirnen mit Stöckelschuhen, karminroten Lippen und abenteuerlichen Hüten.

An einem Seitentisch saßen zwei Mädchen, die auf jemand zu warten schienen. Die eine hatte korngelbes Haar und hielt eine große, altmodische Handtasche auf dem Schoß. Ferdinand Pistol fand es angenehm, sie zu betrachten. Sie war schön, und er konnte von ihrer Erscheinung Wärme, Weichsein und sanfte weibliche Zärtlichkeit ablesen. Er wandte sich seinen Kameraden erst wieder zu, als Harry Salandt von neuem zu sprechen begann, jetzt freilich ohne Nachdruck und eher bittend naiv: „Können diese Leute sich denn nicht ruhig verhalten? Sie haben den Krieg verloren. Sie sollen das endlich einsehen. Der Verlierer hat immer zu gehorchen."

„Sie lieben uns nicht", sagte Eisermann.

„Wer wollte das verlangen?" fragte Ferdinand Pistol.

„Sie sollten nur ruhig sein."

„Sie geben sich nicht besiegt."

„Sie hassen uns", sagte Ferdinand Pistol traurig. Er schaute wieder zu dem blonden Mädchen mit der altmodischen Handtasche hinüber.

Diese Tasche ließ ihn an einen bunten Teppich denken. Die gesamte Fläche ihrer Vorderseite wurde von einem gewebtem Bilde bedeckt, auf dem Bäume, springende Hirsche, ein Pavillon und ein Bach zu sehen waren. Eine Unmenge von Jettrosetten und kleinen Glasperlen säumte diese Darstellung prächtig ein. Den Verschluß der Handtasche bildete ein goldglänzender Bügel, von dem ein Tragekettchen herabhing. Der Anblick dieses ungewöhnlichen Behältnisses war ebenso wie ein großelterliches Hochzeitsbild geeignet, freundliche familiäre Erinnerungen aufkommen zu lassen. Ferdinand Pistol mußte lächeln. „So was hab' ich noch nicht gesehen", sagte Eisermann, der seinem Blick gefolgt war.

„Die Vorderseite sieht aus wie ein Gobelin", erklärte Ferdinand Pistol. „Meine Mutter hatte eine ähnliche Tasche, nur viel kleiner. Sie nahm sie, wenn sie in die Oper oder auf ein Fest ging."

„Was ist ein Gobelin?"

„Ein Wandteppich, Eisermann. Bei uns hängen welche in der Galerie."

„An den Wänden?"

„Ja, an den Wänden."

„Wer sich so was aufhängt, muß zuviel Geld haben", sagte Eisermann ärgerlich. „Zu Hause hatten wir früher Zeitungspapier an den Wänden. Eine Laube ist kalt im Winter. Warum die Blonde diese Tasche mit sich schleppt, möcht' ich wissen. Wer hierherkommt, braucht nicht vornehm zu tun. Nutten und Kavaliere in Knobelbechern!" Eisermann lachte kollernd, sog dann angestrengt an seinem Zigarettenrest, der ausgegangen war. Ferdinand Pistol gab ihm Feuer. „Man muß Menschen erst kennen, bevor man über sie urteilt", sagte er ohne Vorwurf.

„Sie wird sich das Haar nicht zufällig gefärbt haben", knurrte Eisermann.

„Es gibt in dieser Gegend viele Leute, die so blond sind", sagte Harry Salandt.

Eisermann wollte noch etwas erwidern, hielt jedoch inne und raunte nur: „Paßt mal auf!"

Sie sahen zwei Feldwebel, die ihrem gewichsten Äußeren nach einer Etappendienststelle angehören mußten, auf die beiden Mädchen am Seitentisch zugehen. Sie bewegten sich gewichtig und grinsten. Zuerst gingen sie einige Schritte an dem Tisch vorbei, kehrten dann aber um, sprachen die Mädchen an. Die Besitzerin der bunten Handtasche schüttelte lächelnd den Kopf. Die Feldwebel wiederholten ihren Antrag und versuchten dabei, sich der freien Stühle zu bemächtigen. Jetzt wurde das blonde Mädchen ernst. Ihre Ablehnung war augenscheinlich streng und nachdrücklich. Wiederholt schaute sie zum Eingang, als müsse dort jemand erscheinen. An den Nebentischen lachte man. Die Feldwebel blieben noch kurze Zeit bei den Mädchen stehen, damit ihre Schlappe nicht gar so eindeutig würde. Schließlich gingen sie feixend weiter. Ihre Unbekümmertheit war gemacht. Sie wußten nicht, wohin sie mit ihren großen Händen sollten. Daran ließ es sich am besten erkennen.

Eisermann schwieg überrascht. Erst nach einer Weile sagte er: „Da habt ihr's – die lassen sich nur mit Hauptleuten ein! Wer nicht anständige Bonbons auf den Schultern hat, wird nach weißem Sand geschickt. Wie heißt dieser Schuppen überhaupt?“

„Ich hab' nicht drauf geachtet“, sagte Harry.

„ ‚La Baie‘ “, erklärte Ferdinand Pistol, nur halb bei der Sache. „Das heißt ‚Die Bucht‘.“

„Komischer Name.“ Eisermann wunderte sich. „In dieser Gegend gibt's doch kaum Wasser. Aber hier ist eben alles anders – die Namen und die Sprache und die Menschen. Nicht einmal Bier bekommt man.“

Ferdinand Pistol blickte schon wieder zu den beiden Französinnen hinüber, ernst, mit einer merkwürdigen, forschenden Unruhe. Ihm war aufgefallen, daß sich der Gesichtsausdruck der Blonden mitunter wandelte. Das geschah zwar nicht sehr offensichtlich, war aber feststellbar für den, der einen scharfen Blick hatte. Die Sicherheit, mit der das Mädchen die Feldwebel abschlägig beschieden hatte, hielt nicht an. Wiederholt kam ein Ausdruck von Scheu oder Unsicherheit in ihr Anlitz. Auch blieben ihre Hände dann nicht ruhig, sondern glitten blaß und verschreckt um die Handtasche mit der prächtigen Vorderseite. Ferdinand Pistol fragte sich, auf wen sie wohl warten mochte. Mädchen, die den Liebsten oder einen guten Freund erwarten, sind im allgemeinen fröhlich. Dieses Mädchen aber schien Kummer zu haben. Einmal glaubte er, daß sie aufstehen und den Raum verlassen würde. Ihre Freundin redete mit verhaltener Dringlichkeit auf sie ein.

Harry Salandt rückte auf seinem Stuhl herum, sagte schließlich: „Wir sollten nach Hause fahren – es war befohlen, daß wir um fünf zurück sind. Jetzt ist es gleich sieben. Außerdem wartet Oberstabsarzt Todtenberg auf das Feldbesteck.“

„Herrgott – hast du eine Sehnsucht nach dem Haufen!“ brach Eisermann los. „Zu Hause! Sei doch froh, daß wir endlich mal rausgekommen sind und diesen blöden Feldwebel Knothe nicht zu sehen brauchen!“ Eisermann warf sich in die Brust, zog das Kinn an, so daß sein Gesicht noch runder wurde. Er äffte den Feldwebel nach: „Das kann ich dich aber sagen, Eisermann! Das werd' ich dich plausibel machen, du Mündungsschoner, du Wurzelmann! Ganz absolut!" Er mußte seine Stimme senken, weil man an den Nebentischen schon aufmerksam wurde. „Du kommst noch schnell genug nach Reinegarde zurück, Harry, in diesen komischen Park, diesen ‚Garten der Königin', wie sie sagen! Ich hab' da keine Königin gesehen. Die wird sich verlaufen haben in dem Jardäng."

„Jardin", murmelte Ferdinand Pistol.

„Ist doch gleich."

„Dir gefällt überhaupt nichts, Eisermann!" begehrte Harry Salandt auf. „Willst du vielleicht wieder an die Front? So gut wie in Reinegarde waren wir noch nie untergebracht. Dort ist es ruhig und schön."

Ferdinand schüttelte den Kopf und sagte leise: „Es wird auch dort nicht lange schön sein, Harry. Es ist nirgendwo lange schön geblieben. Man kann sich noch so verkriechen – der Krieg findet einen doch! Er holt uns immer ein. Das ist noch nie anders gewesen. Je sicherer man sich anfangs fühlte, desto schlimmer wurde es am Ende."

Trotz des Ernstes seiner Feststellung lächelte Ferdinand Pistol. Überhaupt kam es nur selten vor, daß diese eigentümliche, heitere Ruhe von dem Obergefreiten abfiel.

„Du hast keine Ideale", sagte Harry Salandt.

„Nein", sagte Ferdinand Pistol.

Der graziöse, hochbeinige Tod

Während die drei nach der Kellnerin Ausschau hielten, betrat eine deutsche Krankenschwester das Café. Das war ein Mädchen von achtzehn oder neunzehn Jahren und augenscheinlich gerade in der Stadt angenommen. Sie trug einen dünnen, unkleidsamen Gummimantel und darunter die gestärkte, grauweiße Schwesterntracht. Eine runde Brosche hielt den Kragen zusammen. Die Schwester führte einen abgestoßenen Vulkanfiberkoffer mit sich. Vor der zurückgesetzten Haube fielen ihr einige Haarsträhnen in die Stirn. Während sie vorüberkam, den Kopf leicht auf die Seite geneigt, streifte ihr Blick die drei jungen Soldaten und verlor sich dann im rauchigen Dämmer des Cafés. Ferdinand Pistol entging nicht, daß die blonde Französin der Deutschen sonderbar prüfend nachsah.

Als die Schwester sich wiederum näherte, stand er auf. Harry Salandt erwiderte ihren Gruß mit einem linkischen Kopfnicken. Eisermann blieb sitzen, brummte etwas Unverständliches und gab sich ein gleichmütiges Aussehen.

„Es ist hier nicht viel Platz“, sagte die Schwester erklärend. Ihre Stimme klang spröde.

„Wenn Sie sich zu uns setzen wollen – gern.“ Ferdinand Pistol wies auf den freien vierten Stuhl am Tisch. Dann machte er eine halbe Verbeugung, nannte seinen Namen.

„Der Bus soll erst in einer halben Stunde fahren, wurde mir auf der Kommandantur gesagt“, bemerkte die Schwester.

„Wollen Sie nach Chénières?“ fragte Eisermann.

„Nein, zum Hauptverbandplatz 7. Er gehört zur Division Gammer.“ Erst jetzt stellte sie ihren Koffer ab und strich sich das Haar aus der Stirn.

Eisermann lachte leise.

„Warum lachen Sie?“ fragte sie befremdet.

„Das ist unsere Einheit, müssen Sie wissen“, erklärte Ferdinand Pistol zuvorkommend.

Mißtrauisch musterte die Schwester die Uniformen der drei. Sie hatte wahrscheinlich schon schlechte Erfahrungen mit derlei Auskünften gemacht. Als sie die blauen Kragenspiegel unter den halbgeöffneten Knochensäcken erkannte, sagte sie erleichtert: „Dann brauche ich den Weg nicht zu suchen.“ Gleich darauf aber äußerte sie neue Zweifel: „Wie kommt es, daß Sie Waffen tragen – als Sanitäter?“

„Man kann sich im Kriege die Kleidung nicht aussuchen, das werden Sie selbst wissen", antwortete Ferdinand Pistol mit leisem Sarkasmus, aber lächelnd. Er half der Schwester aus dem Mantel, blieb stehen, bis sie Platz genommen hatte. Seine Wohlerzogenheit wirkte ein wenig grotesk an dieser Stätte. Ferdinand Pistol verhielt sich, als herrsche ringsum tiefer Frieden, als trage er einen Straßenanzug an Stelle der Uniform und als sei dies fragwürdige Etablissement ein seriöses Caféhaus am Odeonsplatz in München.

„Daß wir Waffen tragen müssen, ist ein Divisionsbefehl!" gab Harry Salandt mit dienstlichem Nachdruck zu verstehen. „Wegen der Unsicherheit im Hinterland dürfen auch die Sanitätsdienstgrade nicht mehr unbewaffnet gehen."

„Hinterland ...", brummte Eisermann. „Bevor du die Knarre ziehen kannst, sitzt dir schon was im Pelz."

Ferdinand Pistol zupfte an den Haltebändern seiner Brille, sah sich erneut um. Dann beugte er sich vor und fragte: „Woher kommen Sie, Schwester?"

Sie schüttelte aus einem kleinen blauen Flakon Eau de Cologne in die hohle Hand. Nachdem sie die Schläfen betupft hatte, sagte sie: „Von der Küste. Unsere Einheit wurde aufgelöst."

„Es gab nichts mehr zu tun?"

„Das schon", erwiderte sie langsam. „Wir sind in einen Tieffliegerangriff hineingeraten und ...", sie unterbrach sich, senkte den Kopf. Erst jetzt war ihr anzusehen, wie müde und zerschlagen sie in Wirklichkeit sein mußte. Überhaupt machte sie einen Eindruck, als könnte sie nicht lachen.

„Die haben wir auch kennengelernt", seufzte der dicke Eisermann.

Ferdinand Pistol holte eine kleine krumme Pfeife aus der Tasche, stopfte sie mit einem Rest Tabak und begann ohne Hast zu paffen. Er betrachtete die Schwester voller Bedauern, wiegte dabei leicht den Kopf. Schließlich sagte er: „Wären Sie nur zu Hause geblieben, Schwester!"

„Jedes Zuhause ist anders", antwortete sie ausweichend. Dann fuhr sie zögernd fort: „Meine Eltern leben nicht mehr. Ich habe immer bei Verwandten wohnen müssen."

„Sie brauchen darüber nicht zu reden", sagte Ferdinand Pistol behutsam.

Eisermann war anzumerken, daß er das Gespräch in eine andere Bahn lenken wollte. So erklärte er denn auch laut und sicher: „Bei uns ist jetzt nicht viel los, wissen Sie. Wir liegen da in einem Urwald von Park, zum Auffüllen. Man hat unsern Haufen von der Front zurückgenommen. Wir müssen erst wieder neue Ärzte kriegen, das kann aber noch eine Weile dauern. Im Augenblick ist nur einer da, der Chef. Doch der ist auch ganz neu. Sie werden sich bei uns schon erholen, Schwester, passen Sie mal auf. Im OP haben wir noch eine ältere Schwester, Roswitha, das ist ein richtiger Besen, aber sonst nicht übel. Wenn Sie wollen, nehmen wir Sie im Wagen mit nach Reinegarde. Der Bus ist meistens überfüllt ... Warum trinken Sie keinen Absinth? Er steigt nicht zu Kopf, es ist kaum Alkohol drin. Etwas Vernünftiges bekommt man in diesem Schuppen nicht, diesem verdammten!"

Die Schwester lächelte nicht wie die anderen, aber ihre Züge hatten sich bei Eisermanns derb-freundlichen Worten etwas gelöst. Sie erkundigte sich, was die drei in Chabrie zu tun hätten. Ferdinand Pistol erklärte ihr, daß sie in einem Depot gewesen seien, um ein neues Feldbesteck in Empfang zu nehmen – eine jener grauen Stahlkisten, die, auf äußerst sinnreiche Art ineinandergeschachtelt, Hunderte chirurgischer Instrumente enthielten. Das Besteck lag draußen im Kofferraum des Wagens unter Verschluß. Nach dieser Auskunft fragte Harry Salandt die Schwester, ob auch sie im OP arbeiten würde.

„Ich weiß nicht", erwiderte sie. „Es kommt darauf an, wohin man mich steckt. Wie heißt Ihr Chef?"

„Todtenberg", Ferdinand Pistol lächelte, „Oberstabsarzt Todtenberg."

„Welch seltsamer Name für einen Arzt."

„Das sagen alle." Eisermann nickte.

„Er ist ein guter Vorgesetzter!" behauptete Harry Salandt.

„Das muß man erst sehen", wandte Ferdinand Pistol ein.

„Mir gefällt er nicht schlecht", bestand Harry Salandt auf seiner Meinung. „Er ist sauber und ordentlich. Kein so verrückter Schreihals. Außerdem trinkt er nicht. Oberstabsarzt Lindemann war andauernd betrunken."

„Lindemann war der alte Chef", erklärte Ferdinand Pistol. „Er wurde abgeschoben."

„Ich glaube, daß wir es bei Oberstabsarzt Todtenberg gut haben werden", sagte Harry Salandt eifrig.

„Hoffentlich irrst du dich nicht, Harry."

„Aber Feldwebel Knothe ist unbestritten ein Idiot!" sagte Eisermann grob.

„Er hat oft Krach mit ihm", fügte Harry Salandt hinzu.

„Sie sind gern Soldat?" fragte die Schwester Harry Salandt.

Er lächelte verlegen, wurde still.

Das Gespräch verebbte. Die Schwester hatte die Hände im Schoß zusammengelegt und blickte Harry ruhig an. Er wartete darauf, daß sie lächeln würde. Aber sie lächelte jetzt ebensowenig wie vorhin. Habe ich etwas Falsches gesagt? fragte er sich.

Die Schwester hatte ein kleines, ernstes Gesicht. Ihre Augen waren von unauffälliger graugrüner Farbe. Wenn die Schwester schwieg, dann schienen sie sich zu verdunkeln. Sie hatte mattbraune Haare, die in der Mitte gescheitelt waren. Ihre Hände fand Harry schön und angenehm gerundet. Sie gefielen ihm, weil sie aussahen, als könnten sie nur Gutes tun. Der Körper des Mädchens blieb so anonym wie alles, was in eine Uniform gehüllt ist. Harry wußte nicht recht, was er von dem Erscheinen der Schwester halten sollte. Sie verwirrte ihn. Er fand sich eher verwundert als erfreut über ihre Anwesenheit.

Ferdinand Pistols Blick war wieder zu der blonden Französin am Seitentisch hinübergewandert. Sie saß noch immer auf ihrem Platz und starrte, während ihre Gefährtin mit unterdrückter Heftigkeit auf sie einflüsterte, unschlüssig vor sich hin. Die altmodische Handtasche hielt sie sorgsam auf dem Schoß. Ihre Haltung unterschied sich wesentlich von der der anderen einheimischen Frauen in diesem Etablissement. Sie bot das Bild einer Patientin im Wartezimmer des Arztes. Zuerst schloß Ferdinand Pistol darauf, daß sie wegen des Fernbleibens eines Freundes oder Bekannten betrübt sei. Diese Vermutung brachte sie ihm näher. Er konnte mit ihr fühlen. Dann aber begriff er, daß dort noch etwas anderes nicht stimmen mußte.

„Wie heißen Sie eigentlich?“ fragte Eisermann plötzlich und geradeheraus.

„Hubinger“, antwortete die Schwester, „Friedel Hubinger.“

„Aus dem Bayrischen?“ fragte Ferdinand Pistol. „Sie sprechen aber anders.“

„Aus Dortmund“, sagte sie.

„Dort soll viel kaputtgegangen sein“, bemerkte Eisermann. Dann sagte er rasch und heiter: „Meinen Namen müssen Sie ja auch wissen, Schwester Friedel. Ich heiße Eisermann, Adalbert Eisermann. Blöder Name, was?“ Er wies mit übertriebener Bedeutsamkeit auf Harry: „Dies ist der Sanitätsgefreite Harry Salandt! Seinen Posten müßte man haben. Er braucht nur hinter der Schreibmaschine zu sitzen und alles aufzuschreiben, was der Chef im OP kaputtschneidet.“

„Du bist ein altes Quatschmaul, Eisermann.“ Wider Willen mußte Harry lachen. Die Schwester blieb ernst.

„Schwester Friedel – das klingt nicht schlecht!“ scherzte Eisermann.

Sie schaute verlegen auf Ferdinand Pistol, fragte, ob man nicht gehen solle.

„Natürlich – Sie werden müde sein“, entschied Ferdinand Pistol. Er nahm einige Scheine aus der Brusttasche, legte sie auf den Tisch. „Du kannst unterdes zahlen und mit Schwester Friedel nachkommen, Harry. Eisermann wird den Wagen anlassen. Ich trage den Koffer schon hinüber.“

Die beiden standen auf, setzten die Feldmützen auf, schoben die Pistolen am Koppel zurecht. Ferdinand Pistol nahm Schwester Friedels Koffer. Dann gingen sie davon.

Harry sagte zu Schwester Friedel: „Wir müssen auf die Kellnerin warten.“

Das Café leerte sich. Aber noch immer quollen aus dem Lautsprecher jene schweratmigen Melodien, die so benommen machten wie die verbrauchte Luft im Raum. Eine Feldgendarmeriestreife mit glänzenden Brustschildern kam herein. Sie ging langsam, Macht und Gewalt repräsentierend, zwischen den Tischen hindurch. Die noch anwesenden Soldaten versuchten, sich ein militärisch korrektes Aussehen zu geben. Einige legten die Zigaretten aus der Hand, hielten plötzlich die Schultern sehr gerade und den Kopf erhoben. Es war dies die Haltung, wie sie die Dienstvorschrift als Ehrenbezeigung aus sitzender Haltung anbefahl. Am Seitentisch standen die beiden französischen Mädchen auf. Als die Blonde den Hünen der Feldgendarmerie begegnete, da lächelte sie und gab ihrem Gang einen Ausdruck von lockender Grazie.

Die Rechnung machte über einen Wochensold aus. Harry tat es leid um das Geld. Mitunter konnte man beim Furier Seife, Parfümerien, Seidenstrümpfe, Gewürze oder gar Schokolade kaufen. Harry machte davon Gebrauch und schickte die Kleinigkeiten seinen Eltern. Jetzt ärgerte er sich über Ferdinand Pistol, dem die bunten Scheine nichts wert zu sein schienen. Der breitstirnige Obergefreite schickte nie etwas nach Hause. Auch führte er nicht den kleinsten Erinnerungsgegenstand mit sich – kein Andenken, keine Tabaksdose mit dem Eiffelturm oder dem Arc de triomphe und dem kleinen heiteren Wort „Souvenir“ – ja nicht einmal ein Kuvert Ansichtskarten.

Die Luft des Abends war mild. Sie umspülte Harry und

Schwester Friedel wie ein säuberndes Bad. Der Staub des Nachmittags hatte sich gelegt. Flockig war die Dämmerung herabgesunken, aber noch immer webte ein feines, unbestimmtes Licht, wie man es gelegentlich in Nächten auf dem Meer erlebt, glänzend um Menschen und Dinge. Die Linden der Allee standen schwarz, unbeweglich. Der Abend atmete langsam und warm wie die Brust einer schlafenden Frau.

Vor dem Eingang des Cafés hielt ein langgestreckter Wehrmachtsautobus mit Anhänger. Eine Menge Soldaten balgte sich schimpfend, stoßend um Einlaß. Es war vorauszusehen, daß nicht alle mitfahren konnten.

Harry hielt Ausschau nach Eisermanns Wagen. Schließlich entdeckte er den offenen grünen Mercedes an der Ecke, wo Marktplatz und Allee ineinander übergingen. Der Wagen hielt halbverborgen unter dem tiefen Blätterdach eines Baumes. Um ungebetenen Gästen auszuweichen, hatte Eisermann das Fahrzeug nicht weiterrollen lassen. Ferdinand Pistol winkte.

„Dort drüben!“ sagte Harry.

Sie gingen auf dem Trottoir weiter. In diesem Augenblick bemerkte Harry die blonde Französin.

Sie kam ihnen in mäßiger Eile entgegen, hochbeinig, damenhaft aufrecht. Ein schwacher Lichtschimmer zog sich um die Konturen ihrer Gestalt. Das Haar glich einem Helm aus blassem altem Golde. Sie kam immer näher und setzte die Absätze mit kleinen harten Schlägen aufs Pflaster. Anscheinend hatte sie in dem Café etwas vergessen oder sich eines anderen Weges besonnen.

Die altmodische Handtasche hing über ihrem linken Arm. Der freundliche kleine Gobelin war gut zu sehen. Die Tasche verlieh dem Mädchen einen Zug von respektabler Sicherheit.

Als man einander begegnete, erkannte Harry auf ihrem Gesicht einen Ausdruck triumphierender Entschlossenheit. Er war betroffen, er fand sich in unerklärlich ahnungsvoller

Weise erschreckt. Bevor ihm aber noch Zeit zu Gedanken blieb, streifte die Blonde ihn schon in jäher Hast und lief davon.

Harry blieb stehen. Auch Schwester Friedel wandte sich um.

Sie sahen, wie die Französin auf den Autobus zulief, der in Richtung Reinegarde fahren sollte und vor dem sich noch immer ein halbes Hundert Soldaten um Einlaß stieß. Die Blonde näherte sich dem Fahrzeug bis auf wenige Meter. Dann minderte sie ihren Lauf und schleuderte, bevor sie schattenhaft in das Dunkel eines Haustores wich, mit einem weiten Schwung die Handtasche in die Masse der wartenden Soldaten.

Gleich darauf zerriß eine kreischende Detonation die Luft.

Der Luftdruck der Bombe schleuderte Harry gegen Schwester Friedel, und beide wurden zu Boden gedrückt. Aber noch zwischen Fallen und Aufprall schlug Harry, bewegt von einem Impuls des Schutzgeben- oder Schutzfindenwollens, die Arme um das Mädchen. So kam er mit der Brust auf ihr zu liegen.

Wie vom Stoß einer Orkanbö umgeworfen, klammerten sie sich instinktiv aneinander, als könne ihnen diese Gemeinsamkeit vor der Wut des Überfalls Schutz bieten.

Aber es war auch ein Glück, daß die Explosion sie aufs Pflaster gedrückt hatte.

Unmittelbar nachdem der Inhalt der Handtasche sich in die zerfetzende Wucht scharfkantiger Metallsplitter verwandelt hatte, setzte aus den Fenstern und herunter von den Dachkränzen das trockene Gebell mehrerer Maschinenpistolen ein. Die Kugelgarben fegten mit dem Gesumm angriffslustiger Hornissen über die Straße, klatschten gegen das Mauerwerk der Häuser und verteilten sich als jaulende, gliederzerreißende Querschläger nach allen Seiten.

Harry und die Schwester lagen, zusammengefügt vom Stoßen des Herzens und der Angst, Wange an Wange. Sein

Mund ruhte in der weichen pulsierenden Beuge ihres Halses. Harry empfand das Blut nicht, das von seiner Schläfe übers Gesicht rann und in der Bluse des Mädchens versickerte. Er hatte nichts von dem Splitter gefühlt, der seinen Kopf streifte. Es erging ihm nun wie jedem Menschen, der durch den Überfall eines unerhörten Ereignisses bis an die Grenzen des Daseins gedrängt wird, bis an die Schlünde letzter Dunkelheit. Das Zeitempfinden setzte aus. Was sich in Wirklichkeit innerhalb weniger Sekunden abspielte, erschien ihm ungleich länger.

Alle Ängste seines Lebens fanden sich in diesen Augenblicken vereinigt.

Harry unterlag dem gleichen Eindrucksschock, der unerfahrene Soldaten angesichts des ersten Feuerschlages blindlings aus der sicheren Deckung emporfahren und ins Verderben laufen läßt. Die furchtgeborene Verlockung, sich zu erheben, peinigte ihn. Dennoch blieb er liegen und rannte nicht in die Garben der Maschinenpistolen hinein.

Das kam, weil Schwester Friedel in seinen Armen lag, schutzbedürftig und in ihrer fiebernden, angstvollen Wärme zugleich tröstend.

Plötzlich trat Stille ein.

Die Maschinenpistolen schwiegen. Ein Zweig knackte. Irgendwo fiel etwas blechern zu Boden. Vom Omnibus stieß ein langgezogener, tierhaft heulender Schrei herüber. Am Halse von Schwester Friedel haftete noch Duft des Eau de Cologne, mit dem sie sich vorhin erfrischt hatte. Der dumpf-süße Geruch rinnenden Blutes verdrängte ihn.

Wie ein elektrischer Stromstoß setzte der Schmerz ein und trieb Harry empor. Die Schwester taumelte, bevor sie Halt unter den Füßen fand. Ihre Augen waren halb geschlossen. In ihr Gesicht hatte eine wüste Angst tiefe Linien geschnitten. Gebückt und stolpernd lief Harry mit dem Mädchen über die Straße. Die Silhouette der Engelsfigur auf dem Marktplatz schob sich in den Bereich seines überwachen und durch das Blut wiederum verengten Blicks. Die

Laufbewegung führte zu der Sinnestäuschung, daß die Skulptur sich auf ihrem Podest rührte und zu gestikulieren beginne.

Die Flüchtenden errreichten den Wagen, als die Maschinenpistolen der Partisanen einen neuen Kugelschauer in die Allee hinunterschleuderten. Ferdinand Pistol, der solange neben dem Fahrzeug gelegen hatte, riß den Schlag auf, stieß Schwester Friedel in den Fond. Ihr Gummimantel blieb an einem Türscharnier hängen und zerfetzte pfeifend. Harry selbst fiel in die Lücke zwischen den vorderen und hinteren Sitzen. Ferdinand Pistol war kaum auf seinem Platz, als Eisermann so heftig Gas gab, daß der Wagen wie in einem Sprung davonschoß. Während sie die Lindenallee hinunterjagten, verriet trockenes Prasseln, daß die Karosserie von Kugeln getroffen wurde.

„Ducken! Ganz runter!" schrie Eisermann, ohne sich umzuwenden. Er hatte seine Mütze verloren.

Schwester Friedel wimmerte. Harrys Gesicht lag auf ihren Knien. Er wollte sich aufrichten, aber er kam nicht mehr dazu. Eine warme und saugende Schwäche hüllte ihn plötzlich ein.

Hinter ihnen tanzte der Tod durch die abendliche, von süßem Sommerduft erfüllte Allee. Der steinerne Engel auf dem Marktplatz hielt die schmalen Hände noch immer erhoben.

Das war nun so, als wolle er der gerechten Ungebärde des Todes Einhalt gebieten.

2

Idyllische Unterkunft

Die Einheit HV 7 lag seit zehn Tagen in einem Park, der den Namen „Jardin du Reinegarde“ trug. Die Anlage, eine Art Sanssouci oder Versailles, war vor zweihundert Jahren von Louis XV. als Sommersitz der Königin eingerichtet worden. Sie zog sich unweit eines mittleren Dorfes hin, das gleichfalls Reinegarde hieß. Die Einheit hatte sich in einer Reihe von Kavaliershäusern etabliert, einstöckigen Gebäuden mit kleinen Obergeschossen. An den von wildem Wein überwucherten Fassaden war stellenweise noch das gerundete Linienwerk barocken Stucks zu erkennen. Diese Kavaliershäuser säumten einen Hof, in dessen Mitte ungepflegte Rabatten und ein Springbrunnen lagen. Das Brunnenbecken war verwittert und wies große Risse auf. In dem geräumigsten Gebäude hatte man die Operationsabteilung, kurz „OP“ genannt, untergebracht. Die übrigen Kavaliershäuser dienten der Aufnahme von Verwundeten und Mannschaften. Die Kraftfahrer von HV 7 hatten mit ihren Wagen, dem Dorfe Reinegarde zu, in einigen Speichern und Stallungen Quartier bezogen. Dort befand sich auch die Schreibstube.

HV 7, der Fallschirmjägerdivision des Generals Gammer zugehörig, war ein Mittelding zwischen einem Hauptverbandplatz und einem kleinen Feldlazarett. Genaugenommen traf die Bezeichnung HV 7 gar nicht zu. Dank verhältnismäßig guter Ausrüstung mit Fahrzeugen war HV 7 bei weitem nicht so schwerfällig wie andere Verbände ähnlicher Funktion. Man konnte in kurzer Zeit allen Frontbewegungen folgen. Für gewöhnlich war HV 7 als Einsatzlazarett nur wenige Kilometer hinter den Linien tätig. In Chénières, dem letzten Standort, hatte man aus den Fenstern eines Schlosses, in dem die OP arbeitete, sogar die Kämpfe in der Ebene beobachten können. Die Einheit wurde nur dann weiter zurückgenommen, wenn die Gefahr bestand, daß der Gegner überraschend Panzerkeile vortreiben würde. Aus diesem Grunde hatte man vor zehn Tagen Chénières räumen und in Reinegarde Quartier beziehen müssen. Eine weitere Notwendigkeit der Rückverlegung hatte freilich auch darin bestanden, daß HV 7 nicht mehr voll arbeiten konnte. Zwei Ärzte, der Hauptfeldwebel sowie einige Sanitätsdienstgrade waren von einer vagabundierenden Granate zerrissen worden. Man wartete jetzt auf Ersatz. Auch mußte die medizinische Ausrüstung komplettiert werden.

Wenn an der Front Gefechtstätigkeit herrschte, dann wurden die Verwundeten von den kleinen, provisorischen Verbandplätzen im eigentlichen Kampfgebiet herangeschafft, bei HV 7 behandelt und – sofern die Verletzungen dies erlaubten – unverzüglich ins Hinterland abtransportiert. Der Beweglichkeit halber war man darauf bedacht, möglichst wenig länger weilende Patienten in der Obhut zu haben.

Augenblicklich lagen nur zwei Schwerverwundete in einem der Kavaliershäuser, ein langer englischer Fliegercaptain und ein alter französischer Bauer aus dem Dorf Reinegarde. Der Alte war von einem hysterischen Posten angeschossen worden, als er sich, angeblich auf der Suche nach entlaufenen Hühnern, dem Park genähert hatte. Die Kugel hatte den Oberschenkelhals des rechten Beins zerschmettert. Wegen Gasbrands war das Bein drei Tage später abgenommen worden. Den anderen Patienten, Piloten eines Jagdbombers, hatte ein Pulk Messerschmitts über Reinegarde abgeschossen. Diese beiden figurierten bei HV 7 unter dem Begriff „Die Gefangenen". Im Obergeschoß eines anderen Gebäudes lag schließlich noch der Sanitätsgefreite Harry Salandt, der bei jenem Partisanenüberfall in Chabrie leicht verwundet worden war.

Vorn – das war rund zwanzig Kilometer von hier – herrschte jetzt Ruhe. Die Schlacht, die seit der amerikanisch-englischen Invasion mit pausenloser Heftigkeit getobt hatte, schien sich ausgebrüllt zu haben. Nach einem verlustreichen Zurückgehen vor der feindlichen Panzer- und Artilleriewalze hatte sich die Front in diesem Abschnitt festgefahren. Es ließ sich nicht genau feststellen, ob diese Lage auf die Reservebedürftigkeit der feindlichen Verbände zurückgeführt werden konnte oder ob eine wirkliche Stabilisierung der eigenen Linien eingetreten war. Niemand wußte, wie lange dieser Zustand anhalten würde. Die wenigsten Soldaten machten sich Gedanken darüber. Es führte zu keinen ermutigenden Ergebnissen, wenn man das Wesen einer solchen Schlachtenpause bedachte. Die Erfahrung lehrte, daß der nächste kriegerische Satz fürchterlicher sein würde als die voraufgegangenen.

Die meisten Soldaten hatten sich so sehr an das Kriegsleben gewöhnt, daß sie sich ein anderes Dasein kaum noch vorstellen konnten. Man nutzte die Gefechtspause, um die Gedanken in eine Art Winterschlaf fallen zu lassen. Man döste. Die strategische Witterung war angenehm, abgesehen natürlich von den Tieffliegern, die zu jeder Zeit auftauchen konnten, um alles, was sich unter ihren Rohren regte, mit einem Hagel von Zwei-Zentimeter-Geschossen zu überschütten. Und abgesehen auch von dem dunklen und scharfzähnigen Treiben der Partisanen, vor denen man sich in den Einheiten verschanzte wie Schafe vor den Wölfen.

Manchmal schossen englische Langrohrgeschütze herüber. Ihre Granaten rauschten wie D-Züge, die zwischen Böschungen dahinrasen. Man sprach von Kaliber 40.

Der Jardin du Reinegarde war sehr groß. Sein Baumbestand setzte sich vornehmlich aus Buchen, Linden und Eichen zusammen und war kaum gelichtet. Es gab eine lange Platanenallee, die von den Kavaliershäusern zum Kraftfahrzeugpark führte und in der allmorgendlich die Appelle der Einheit stattfanden. Die Allee verästelte sich in viele gewundene Wege, die sich schließlich im Unterholz der Wildnis verloren. Durch den Park floß auch ein kleiner Bach, ein Flüßchen, in dem Plötzen schwammen und das unweit der Wassermühle von Dorf Reinegarde wieder freies Land gewann.

Es ging die Rede, daß die Bürger von Chabrie in Friedenszeiten oft zum Wochenendpicknick hergekommen waren. Angeblich hatte es hier auch Würfelbuden, eine Tiermenagerie mit Papageienvolièren und Affenzwingern sowie Luftschaukeln und Karussells gegeben.

Ungewisses Glück

Harry stieß das Fenster des Krankenzimmers auf und atmete tief ein. Die Morgenluft flutete frisch und gräserfeucht heran. Der Park badete im Licht. Die Kieswege, die wildblühenden Rabatten des Hofs und im Hintergrund die mächtigen Wälle der Linden und Buchen waren vom Sonnenglanz umsponnen. Wenn das Motorengedröhn im Kraftfahrzeughof aussetzte, konnte man die Vögel singen hören. Es gab viele Vögel in diesem Park, gelb-blau gefleckte Meisen, Rotkehlchen mit feuerfarbener Brust, Amseln, die einen erdbraunen Frack trugen, und große Grünspechte, deren Federkleid wie Malachit glänzte. Ihre hellen Pfiffe, rieselnden Triolen und fröhlichen Schnalzer fielen wie ein glitzernder Kristallregen in die Morgenstille.

Jetzt ließ ein Kuckuck seinen melodischen Zweiklang ertönen.

Harry fuhr mit der Hand in die Hosentasche, tastete dann über den blau-weißen Stoff seiner Lazarettjacke, hielt endlich lächelnd inne.

„Was suchst du, Harry?“ fragte Friedel. Sie saß hinter ihm auf einer Kiste, die neben der flachen Pritsche das einzige Mobiliar des Raumes darstellte. Am Boden stand ein kleines Tablett, auf dem sich Verbandzeug, eine gläserne Pinzettenschale und eine Flasche Mastix befanden.

Harry blickte sie an. Der Sonnenschein fiel auf ihr kleines, ernstes Gesicht. „Kennst du das nicht?“ fragte er. „Man muß Geld in der Tasche schütteln, wenn der Kuckuck ruft. Ich habe es als Junge immer getan.“

„Ist es mehr geworden?“

„Ich habe nie lange genug gewartet. Man muß aber eine Woche warten. Das Geld ging zu schnell weg.“

„Du hast es immer wieder versucht?“

„Jedesmal, wenn ich den Kuckuck hörte. Es gab nur nicht viele bei uns. Vielleicht habe ich sie auch nicht immer gehört, weil ich in der Schule oder auf dem Fußballplatz war.“ Er lachte, verzog aber gleich darauf das Gesicht und tastete mit den Fingerspitzen über die Stelle des Verbandes, unter der die Wunde lag. Der Verband schloß ihm Stirn und Schläfen und Hinterkopf wie eine weiße Badekappe ein.

„Jetzt hast du dir weh getan“, sagte Friedel, wobei sie aufstand. „Du darfst das Gesicht nicht soviel bewegen.“

„Es ist schon vorbei.“

„Wenn die Narbe wieder aufbricht, mußt du noch länger hier oben bleiben.“

„Hier oben ist’s beinahe wie im Urlaub, wie zu Hause“, entgegnete er.

„Ach, zu Hause ...“, sie trat neben ihn ans Fenster, stützte die Hände auf das blechbeschlagene Bord, blickte grübelnd in den Hof hinunter. Dann sagte sie: „Der Oberstabsarzt wird bald kommen. Wir müssen den Verband abmachen.“

Aber Harry verharrte am Fenster und machte keine Anstalten, Friedels Aufforderung nachzukommen. Er spürte die Nähe des Mädchens. Das war angenehm und machte zufrieden. Manchmal wunderte er sich, wie vertraut sie ihm während der vier Tage seines Krankenlagers geworden war. Friedel hatte viel Zeit für ihn gehabt. Er war der einzige Verwundete, den sie betreuen mußte. Die „Gefangenen“

wurden von Schwester Roswitha versorgt, einer älteren, zumeist mürrischen Frau mit einem Pferdegesicht. Friedel hatte auf Harrys Verband achtgehabt, das Essen gebracht, abends mit ihm geredet. Sie hatten sich aus dem Schrecknis von Chabrie in eine wohltuende Gemeinsamkeit geflüchtet. Sie hatten sich aneinander gewöhnt. Harry lebte und träumte in den Tag hinein. Das wüste Geschehnis vor jenem Café in Chabrie schien ihm bereits so fern zu liegen, als wären seit seiner Verwundung nicht vier Tage, sondern vier Wochen ins Land gegangen.

War Friedel nicht zugegen, so verspürte er eine leise Sehnsucht nach ihr. In ihrer Gegenwart fühlte er sich geborgen. Harry fragte sich nicht, ob er Friedel liebe. Er wußte nur, daß er ihr kleines, ernstes Gesicht und ihre schönen, behutsamen Hände sehr mochte. Er liebte es, mit ihr zusammen zu sein. Jetzt wünschte er, daß sie ihren einzigen Spaziergang in den Park würden wiederholen können. Er war sich kaum noch bewußt, unter welchen Verhältnissen er hier lebte. Er bedachte nicht, daß die Ruhe, die ihn umgab, nicht anhalten konnte.

Harry rangierte mit seinem Kratzer, dessentwegen er an der Front nicht einmal aus den Gräben entlassen worden wäre, als eine Art Musterverwundeter. Oberstabsarzt Todtenberg schaute von Zeit zu Zeit nach ihm und behandelte die kleine Blessur mit minuziöser Sorgfalt. Die Kameraden sah Harry nicht. Der dicke Eisermann hatte im Kraftfahrzeughof zu tun. Ferdinand Pistol saß im Arrest, weil man ihm – als Dienstältesten – die Schuld für den ausgedehnten Aufenthalt in Chabrie zugeschrieben hatte.

Im Kraftfahrzeughof kam wieder Motorenlärm auf. Einige Soldaten schlenderten schwatzend und mit ihren Kochgeschirren klappernd über den Hof. Sie schauten herauf, grinsten, belachten eindeutige Bemerkungen. Friedel trat schnell vom Fenster zurück und sagte: „Wenn der Verband nicht herunter ist, gibt's nur Scherereien mit Todtenberg."

„Der Chef ist nicht so."

„Ich weiß nicht.“

„Du machst dir zuviel Gedanken“, erwiderte Harry und setzte sich auf die Kiste. Friedel begann mit geschickten Griffen den Verband abzulösen. Gleich darauf unterbrach sie ihre Verrichtung.

Das Echo einer fernen dumpf stoßenden Detonation war zu ihnen gedrungen. Nicht allein das Gehör, auch ein unheimliches, schwebendes Vibrieren unter ihren Füßen gab davon Kunde. Die Erscheinung wiederholte sich. Die Vögel schwiegen mit einem Male.

„Das kam nicht von der Front“, sagte Friedel erschrocken. Harry spürte, wie ein Beben durch ihre Hände ging. Er schaute zu ihr empor. Sie war bleich geworden. Angst stand in ihrem Gesicht.

„Vielleicht haben Tiefflieger Bomben auf Chabrie geworfen“, murmelte er. „Aber du brauchst keine Angst zu haben. Hierher kommen sie nicht. Rings um den Park sind Fahnen mit dem Roten Kreuz ausgelegt.“ Als Harry sah, daß sie sich noch immer nicht beruhigte, sondern furchtsam und wie von einer außerordentlichen Drohung gebannt aus dem Fenster blickte, erklärte er mit gespielter Unbekümmertheit: „Es kann auch sein, daß jemand im Flüßchen Fische fängt. Man zieht eine Handgranate ab und wirft sie ins Wasser. Die Explosion tötet die Fische und treibt sie an die Oberfläche. Sie nehmen erbeutete englische Handgranaten dazu. Die Dinger sehen wie kleine blaubemalte Ananas aus.“

Sie schüttelte den Kopf, blickte Harry an. Aber es war so, als blicke sie anderswohin, befangen in dunkler Erinnerung, verstört von bösen Ahnungen. Diesen Ausdruck hatte Harry schon wiederholt an ihr bemerkt. Sie war ihm dann wie ein Mensch vorgekommen, der etwas Bitteres mit sich herumträgt und es nicht vergessen kann. Er hatte sie nie zu fragen gewagt.

Friedel nahm ihr Armband ab, das sich in den Maschen der Mullbinde verhakt hatte. Sie gab es Harry zu halten. Es war ein billiges silbernes Kettchen mit einigen Anhängern.

„Bringt das Glück?" fragte er, um sie von ihren Gedanken abzulenken.

„Glück?" entgegnete sie langsam und schluckte. Wiederum ging ein Beben durch ihre Hände. „Ich weiß nicht – vielleicht hat es mir geholfen. Vielleicht hat mir auch der Zufall geholfen." Sie trat näher, wie schutzsuchend, an ihn heran. Ihre Stimme wurde spröde, fast heiser. „Eine der beiden Schwestern, mit denen ich zusammen war, trug sogar ein goldenes Kettchen um den Hals, mit einem Kreuz als Anhänger. Es hat ihr aber nichts genützt. Sie bekam ein Bordwaffengeschoß genau an der Stelle in die Brust, an der das Kreuz hing. Wir haben es nachher nicht mehr finden können. Alles war zerrissen." Sie atmete hastiger, stieß heraus: „Ich bin die einzige, die übriggeblieben ist. Wir aßen gerade, es war ein Morgen, als die Tiefflieger kamen. Die Flugzeuge hatten zwei Rümpfe und die Tragflächen voller Kanonen. Sie flogen immer im Kreis und schossen alles kurz und klein. Es hat nur zehn Minuten gedauert. Wir hatten sechsundvierzig Tote."

„‚Karussell' sagt man, wenn sie so im Kreise fliegen", murmelte er.

„Ja, vielleicht sagt man so. Ich weiß es nicht. Es ist auch egal."

Sie wurde nun etwas ruhiger. Das Zittern, welches während der Erzählung ihren ganzen Körper befallen hatte, ließ nach. „Und in Chabrie, Harry?" fragte Friedel nun. „Möglicherweise hätte ich dort etwas abbekommen, wenn du nicht dagewesen wärst. Ich wollte, während sie schossen, immer aufspringen. Aber du hast mich festgehalten. Das Armband spielte dabei keine Rolle. Gefällt es dir? Du kannst es haben, wenn du magst. Nimm es doch – zur Erinnerung!"

„Du hast es von zu Hause, Friedel?"

„Ich möchte gern, daß du es nimmst."

„Du mußt nicht soviel an das denken, was hinter dir liegt."

„Nachts, wenn ich träume, kommen die Tieffliegerimmer wieder."

„Sei ruhig, hab keine Angst. Hier bist du sicher."

Sie löste die letzte Schlinge des Verbandes und drehte die Bindenrolle fest zusammen. Harry stand auf.

Ihre Gesichter waren mit einem Male sehr nahe. Friedel blickte ihn an. Ihre Augen waren weit geöffnet und glänzend, zugleich aber auch ein wenig verschleiert. Längs ihrer Mundwinkel waren nadelfeine Linien eingegraben. Friedel hatte ihre kleinen weißen Zähne in die Unterlippe geschlagen. Harry glaubte wahrzunehmen, daß ihr Mund sich ihm bisweilen näherte.

„Ich kann mir nicht vorstellen, wie es ohne dich wäre", sagte er.

Sie hob die Hand, strich ihm leise über Wange und Mund: „Wie du aussiehst, Harry", sagte sie mit einem Blick auf seine kahlgeschorene rechte Kopfseite. „Man hat dich ganz entstellt. Sie hätten dir nicht soviel herunterzuschneiden brauchen. In Chabrie hattest du noch schönes Haar."

„Du hast mich dort kaum angesehen."

Ihre Hand glitt ihm wieder über Wange und Mund. Er spürte die Wärme ihres Gesichts. Plötzlich legte Friedel den Kopf an seine Schulter. Eine helle Freude überschauerte ihn. Er empfand den leichten Druck ihrer Stirn und atmete ganz verhalten.

„Daß man dich gerade zu uns versetzt hat", sagte er halblaut. „Und in dem Café waren so viele Tische, du bist an unseren gekommen. Du erschienst gerade zu der Zeit, als ich da war. Du warst einfach da. Ich hab' schon überlegt, ob es Zufall war oder – Bestimmung."

Sie lächelte, was sie bisher so selten getan hatte.

„Ich wäre ja ohnehin zu euch gekommen, hierher nach Reinegarde. Auf meinem Marschbefehl stand ‚HV 7'."

„Aber dann wäre vielleicht vieles anders gewesen – ohne das, was wir in Chabrie erlebten, ohne die Tage hier oben?"

„Ob es so kommen mußte?" fragte Friedel und stockte.

Sie wurde wieder ernst wie vorhin, nahm den Kopf von seiner Brust. Als sie weitersprach, war die Stimme dunkel und verhängt. Schatten glitten über ihr Gesicht: „Manchmal hab' ich Angst, weil wir uns getroffen haben. Ich glaube dann, daß es besser wäre, wenn wir einander aus dem Wege gingen. Kannst du das verstehen? Ich fürchte mich oft, aber ich weiß nicht, warum und wovor. Ich habe schon vieles falsch gemacht. Vielleicht ist es deswegen. Ich hätte nicht von zu Hause fortgehen dürfen, obwohl es kein Zuhause war. Die Verwandten haben mich nie geliebt. Ich bin dort immer zuviel gewesen. Sie behandelten mich, als ob ich jemand den Platz wegnähme; selbst im Luftschutzkeller war das so. Wir hatten jeden Tag Alarm. Als ich mich zu den Schwestern meldete, glaubte ich, das Leben an der Front sei unterhaltsam und voller Abwechslung. Was ich mir vorstellte, war wie ein Abenteuer, Harry. Ich habe noch nicht gewußt, daß man für jedes Abenteuer zahlen muß. Jetzt weiß ich es. Aber ich kann nicht sagen, was noch zu zahlen ist. Hier in Reinegarde ist's ruhig. Trotzdem habe ich oft Angst – vielleicht, weil es so still ist." Sie lehnte die Stirn wieder an seine Schulter und murmelte: „Ich sollte dir das alles gar nicht erzählen."

„Es ist schön, daß du zu mir sprichst, Friedel." Harry legte die Arme um ihre Schultern. Die Atemzüge der beiden fielen in einen gleichen Rhythmus. Als im Treppenflur Schritte laut wurden, ließ Harry das silberne Kettchen auf die Pritsche fallen.

Vaterländische Dekoration

In das Krankenzimmer trat Oberstabsarzt Dr. Todtenberg. Ihm folgte Feldwebel Knothe, Hauptfeldwebeldiensttuer bei HV 7, also „Spieß". Harry trat einen Schritt vor, legte die Hände an die Hosennaht und meldete: „Gefreiter Salandt auf Krankenstation. Keine besonderen Vorkommnisse."

Der Oberstabsarzt war in kompletter Uniform und trug eine kleine Walther-Pistole umgeschnallt. Er kam mit kurzen, geschwinden Schritten in den Raum, blieb vor Harry stehen. Erst nachdem er ihn von oben bis unten gemustert und im Zimmer Umschau gehalten hatte, ob auch alles aufgeräumt sei, legte er mit eckiger Bewegung die Hand an den Mützenschirm. Friedel war zum Fenster zurückgetreten.

„Nun, sind Sie wieder auf dem Posten?" fragte Todtenberg nicht ohne Freundlichkeit.

„Jawohl, Herr Oberstabsarzt", antwortete Harry schnell. „Es war wohl auch nicht so schlimm."

„Dies zu beurteilen sollten Sie besser anderen überlassen, Gefreiter Salandt", wies ihn Todtenberg zurecht, wobei seine Stimme sich unmerklich hob. „Der kleinste Kratzer kann üble Folgen haben. Schwester Friedel wird Ihnen das bestätigen. Sind Sie gut mir ihr ausgekommen?"

Feldwebel Knothe lachte rauh.

„Seien Sie froh, Gefreiter Salandt, daß wir Sie nicht Schwester Roswitha anvertraut haben", sprach Todtenberg in scherzhaftem Ton mit einem halben Lächeln weiter. „Sie wäre schärfer mit Ihnen umgesprungen. Bei Schwester Friedel haben Sie sich in angenehmer Obhut befunden."

Der Oberstabsarzt redete in jener eigentümlich verhaltenen, lautschwachen Weise, für die er bei den Leuten von HV 7 nun schon bekannt geworden war und die sie verwirrte. Todtenberg hatte eine sehr leise Stimme, die zwar schlecht zu seiner militärisch leitenden Funktion paßte, mit seiner Erscheinung jedoch völlig übereinstimmte. Niemand hatte den Oberstabsarzt bisher laut sprechen oder gar schreien gehört. Lediglich bei den morgendlichen Appellen in der Platanenallee, die er unter Assistenz von Feldwebel Knothe abhielt, konnte seine Stimmte die drohend schwirrende Gespanntheit einer Bogensehne annehmen. Überall jedoch, wo grobe Lautstärke not tat, da mußte der Feldwebel heran. Knothe brüllte bei jeder Gelegenheit. Er tat es gleichsam wollüstig, mit weitaufgerissenem und von fehlerhaften Zähnen gesäumtem Mund. Es gab allerdings Leute in der Einheit, die den Oberstabsarzt mehr als ihn fürchteten. Todtenbergs gedämpftes Auftreten war ihnen rätselhaft und unheimlich. Harry hingegen gefiel das zurückhaltende, scheinbar wohlausgewogene Wesen des Chefs.

So sagte er nun offenherzig: „Ich habe mich gut mit Schwester Friedel verstanden, Herr Oberstabsarzt!"

„Das ist ja schön, Gefreiter Salandt." Das Lächeln auf seinem Gesicht vertiefte sich ein wenig. Er befahl Harry, Platz zu nehmen, und begann daraufhin mit der Untersuchung der Wunde.

Friedel hatte den Oberstabsarzt stumm, mit unbewußt zwingendem Interesse betrachtet. Obwohl er ihr, seit sie ihn kannte, stets freundlich begegnet war, hatte sie sich noch kein Bild von seinem Charakter machen können. Bangigkeit beschlich sie zuweilen in seiner Gegenwart. Gründe dafür vermochte sie nicht zu nennen, aber das Gefühl war vorhanden und wollte nicht schwinden.

Todtenberg war klein und zierlich. Er hatte ein glattes, gepflegtes Gesicht und dunkles Haar, das sich über den Ohren zu winzigen Löckchen kräuselte. Eine Besonderheit seines Gesichts bildeten eigentümlich helle Brauen, die manchmal zuckten, wenngleich die übrigen Züge unbewegt blieben. Todtenbergs schöne braune Augen glänzten wie die Knöpfe einer Lederjacke. Der Mund war wohlgeformt, aber weich. Es war der Mund eines verzogenen Kindes, das leicht weint.

Die Wunde an Harrys Schläfe war gut geschlossen. Sie zog sich, bereits wulstartig vernarbend, durch einen Bereich kahlrasierter Haut.

Todtenberg nahm eine Pinzette vom Tablett und tupfte mit dem geschlossenen Teil des Instruments sorgfältig die Umgebung der Verwundung ab. Harry zuckte zusammen.

„Hab dich nicht so!" knurrte Feldwebel Knothe. Dann grinste er Friedel schiefmäulig an.

„Das ist keine Entzündung", sagte Todtenberg. „Was noch weh tut, kommt durch die Hautspannung." Er trat zurück, legte die Pinzette fort. „Sie können heute abend wieder hinunter in die Unterkunft. Den Verband behalten Sie vorläufig noch. In einer Woche werden wir die Fäden ziehen."

„Jawohl, Herr Oberstabsarzt", antwortete Harry, nachdem er sich erhoben hatte.

Todtenberg sah sich nach Knothe um, gab ihm einen Wink. Harry wunderte sich, daß die Vorgesetzten unvermittelt fast feierlichen Ernst zeigten, wie es sonst nur bei der Verkündung besonderer Befehle oder disziplinarischer Urteile der Fall war. Wollte man auch ihn, nun er wiederhergestellt war, wegen des befehlswidrig ausgedehnten Aufenthalts in Chabrie zur Rechenschaft ziehen? Harry fühlte sich auf einmal klein und hilflos. Ihn überkam Angst vor dunklen Gesetzen und Gewalten, deren Vorhandensein er wohl ahnte, deren Wesen er sich jedoch nicht erklären konnte und denen er stets mit stillem unauffälligem Diensteifer zu begegnen suchte. Er warf einen Blick auf Friedel. Ihre Gestalt hob sich dunkel von dem blendenden Lichtviereck des Fensters ab. Er konnte ihren Gesichtsausdruck nicht erkennen. Ihm entging, daß Knothe dem Oberstabsarzt ein schwarzes Pappschächtelchen übergab.

Todtenberg hieß Harry Haltung einnehmen und sagte: „Gefreiter Salandt! Ich überreiche Ihnen im Namen unseres Führers das Verwundetenabzeichen in Bronze. Betrachten Sie diese Auszeichnung als eine Anerkennung der Tatsache, daß Sie bei einem Partisanenüberfall Blut für unser Volk vergossen haben. Unsere soldatische Mission erfordert unablässig Gehorsam, Beständigkeit, Mut und Selbstzucht. Entwickeln Sie diese Qualitäten in sich. Sie sind jung, Sie haben alle Chancen. Folgen Sie Ihren Vorgesetzten bedingungslos. Halten Sie alle Einflüsse fern, die möglicherweise von pflichtvergessenen Kameraden ausgehen können. Unser Volk befindet sich im schwersten Kampfabschnitt vor dem

Siege. Bereiten Sie sich auf opfervolle Tage vor. Ich gratuliere Ihnen!"

Todtenbergs fahle Brauen zuckten, während er Harry ein ovales schwarzes Abzeichen an die Lazarettjacke heftete und ihm daraufhin die Hand drückte. Auch Feldwebel Knothe trat hinzu. Seine Hand war schwer und feucht.

„Wer sich anständig führt, der hat es bei uns gut, nicht wahr, Feldwebel Knothe?" Der Oberstabsarzt lächelte gönnerhaft.

„Unbedingt", erwiderte Knothe laut. „Absolut, ganz absolut!"

Todtenberg machte eine herausfordernde, anheimstellende Handbewegung zu Friedel hin und fragte:

„Wollen Sie Ihren Patienten nicht beglückwünschen, Schwester?"

Friedel tat verlegen, wie ihr geheißen. Es geschah ohne zustimmende Herzlichkeit. Harry war zu erfreut über die Auszeichnung, als daß er dies bemerkt hätte. Todtenberg jedoch fragte, wobei er eine Zigarettenschachtel aus der Tasche zog: „Sie sehen nicht gut aus, Schwester. Macht Ihnen diese Tieffliegergeschichte noch zu schaffen? Sie müssen davon loskommen, wir sind im Krieg. Sammeln Sie Ihre Kräfte. Sie werden sie brauchen."

„Es ist nichts Besonderes, Herr Oberstabsarzt."

Todtenberg bot Harry eine Zigarette an, fragte, woher er sei, ob er eine höhere Schule besucht habe, welchen Beruf der Vater ausübe und ähnliches. Plötzlich hielt er inne, betrachtete seine Zigarette, zog prüfend die Luft durch die Nase.

„Das kommt von Chabrie", klärte ihn Knothe auf. „Da wird ein schönes Feuerchen sein, möcht' man sprechen!" Der Feldwebel lachte bei diesen Worten.

„Ach so, ja richtig", sagte Todtenberg erleichtert. Er nahm noch einen Zug aus der Zigarette, löschte sie dann auf dem Blechbelag des Fensterbretts und sagte in der scharfen Weise, in der er mitunter beim Morgenappell sprach: „Es wurde höchste Zeit, daß dort etwas geschieht! Man muß den Leuten zeigen, wer Herr im Lande ist!" Der Oberstabsarzt blickte sich noch einmal im Raum um, bemerkte dabei das silberne Kettchen auf der Pritsche. Er beugte sich darüber, rührte es jedoch nicht an, sondern fragte stirnrunzelnd: „Gehört das Ihnen, Schwester Friedel?"

„Ich habe es beim Verbinden abgenommen, Herr Oberstabsarzt." Wieder spürte Friedel eine unerklärliche Angst in sich aufsteigen.

Todtenberg schaute langsam von ihr zu Harry. Dann sagte er: „Das paßt nicht hierher, Schwester Friedel. Solch ein Tand ist nicht am Platze!"

Er befahl ihr, Harry einen leichten Verband zu machen, und verließ gleich darauf mit Feldwebel Knothe den Raum. Wenig später waren ihre Schritte unten auf dem Kies des Hofes zu hören. Ein Eichelhäher keckerte seine mißtönenden Alarmrufe. Dann polterte draußen, nicht allzuweit entfernt, ein Stahlhelm zu Boden. Knothe schrie: „Sie Napfkuchen! Was sind Sie? Sie sollen sagen, was Sie sind!"

„Ich bin ein Napfkuchen, Herr Feldwebel!"

„Latschen Sie nicht wie ein Penner herum! Ich mach' Sie das schon plausibel, Sie, ganz absolut!"

Danach wurden die Stimmen schwächer. Augenscheinlich las Knothe der Wache wieder einmal die Leviten. Von der Front pochten vereinzelte Ari-Abschüsse.

Das Feuer ist noch anderswo

Harry hatte sich auf die Pritsche gesetzt und das Abzeichen abgenommen. Obwohl er es seit langem kannte, sah er es zum erstenmal von nahem. Es gab Soldaten, die es mit Sandpapier abschmirgelten, bis es goldglänzend wurde, und so trugen. Das war allerdings verboten. Ein goldenes Verwundetenabzeichen durfte nur tragen, wer fünf Blessuren überstanden, das Augenlicht eingebüßt oder beide Hände verloren hatte. Auch bei schweren, das Gesicht entstellenden oder die geistige Gesundheit tiefgehend schädigenden Verletzungen wurde eine solche goldene Oblate verliehen.

Harry war sehr glücklich über den Orden. Er freute sich kindlich, fortan nicht mehr mit kahler Uniformbrust einhergehen zu müssen. Der Oberstabsarzt ist doch ein anständiger und gerechter Mensch, dachte er. Mochten andere ihn ruhig ablehnen, wie es der dicke Eisermann tat, der ja jeden Studierten scheel ansah, oder wie Ferdinand Pistol, der ohnehin an nichts glaubte. Er, Harry, wußte den Chef jedenfalls richtig einzuschätzen. Vielleicht wird man mich bald befördern? Das wäre schön – mit den Unteroffizierstressen nach Hause zu kommen. Die Nachbarn würden staunen.

„Ich werde es noch heute meinen Eltern schreiben, Friedel", sagte Harry.

„Freust du dich darüber?" fragte sie mit einem Unterton von Verwunderung.

Er blickte sie an, sonderbar entstellt durch die kahle Kopfhälfte: „Warum fragst du so? Kannst du es nicht verstehen?" Harry machte Anstalten, das Abzeichen wieder an der Lazarettjacke zu befestigen.

„Man trägt es nur am Uniformrock, Harry." Sie schüttelte lächelnd den Kopf, kam näher, legte ihm die Hand in den Nacken. Er verhielt sich still. Es war schön, ihre Hand zu spüren. Friedel seufzte. „Es ist nicht mehr als ein Stück Blech."

Er tat das Abzeichen ins Schächtelchen zurück, wollte ihre Hand nehmen. Aber Friedel hatte sich bereits von ihm gelöst und hantierte mit den Verbandutensilien auf dem Tablett. Ihre Züge erschienen ihm wieder ernst und eigentümlich gefaßt. Sie wirkte älter. Es machte ihn jedesmal befangen, wenn er sie so sah.

Die Leere einer kleinen Enttäuschung breitete sich in ihm aus. Warum konnte sie sich nicht mit ihm freuen? Er war betroffen wie manchmal in der Kindheit, wenn er sich von den Eltern unverstanden gefühlt hatte. Als Friedel den neuen Verband zu wickeln anfing, hob er den Kopf, fragte beklommen: „Was ist mir dir?“

„Du sollst den Kopf stillhalten!“

„Hab’ ich dir etwas getan?“

„Den Kopf sollst du stillhalten!“ Sie strich ihm mit den Fingerspitzen über den Verband, begütigend, mit leiser Zärtlichkeit. Dann richtete sie sich auf, blickte in die lichtwogende Wildnis vorm Fenster. Nach einer Weile sagte sie: „Das muß ein großes Feuer sein, in Chabrie. Es ist fast windstill, trotzdem kommt der Rauch bis hierher.“

Der Brandgeruch hatte sich wirklich verstärkt. Auch Harry spürte ihn deutlich. Aber der leuchtende, von Vogelstimmen durchglitzerte Morgen gab der Vorstellung, daß einige Kilometer von hier fauchende Flammen sich durch das Häusergeschachtel der Stadt fraßen, etwas Unwirkliches. Harry bemerkte ein feines Zucken in Friedels Gesicht. Die Regung lief über die Wange hinab bis ins Kinn und ließ den Mundwinkel erbeben. Das erweckte den Anschein, als sei Friedel zum Weinen zumute. Harry hob die Schultern, sagte: „Es führt zu nichts, sich darüber Gedanken zu machen. Das Feuer ist anderswo.“

„Sie haben die Stadt in Brand gesteckt.“

„Im Krieg brennt immer etwas.“

„Solange das Feuer anderswo ist, läßt sich’s gut reden.“

„Gegen die Partisanen muß etwas getan werden! Sie schneiden uns sonst noch den Hals ab!“ entgegnete er heftig.

„Was soll davon besser werden?“ murmelte sie.

„Du mußt das verstehen, Friedel“, suchte er einzulenken. Sie schwieg jetzt. Die Traurigkeit in ihrem Anlitz blieb.

Warum kann sie das nicht begreifen? fragte sich Harry. Einen Krieg ohne Härte gibt es nicht. Es wird geschlagen und zurückgeschlagen. Wer härter zuschlägt, bleibt übrig. Auch Ferdinand Pistol hatte bei der Unterhaltung in dem Café „La Baie“ die Notwendigkeit von Repressalien nicht anerkennen wollen. Die blonde Französin, die mit ihrer bunten Handtasche den Auftakt zu jenem wüsten und blutigen Inferno gegeben hatte, tauchte in Harrys Erinnerung wieder auf. Was mochte aus ihr geworden sein? Hatte man sie gefangen, vielleicht schon erschossen? Diese Vorstellung bereitete Harry seltsamerweise keine Genugtuung. Der Gedanke erschreckte ihn sogar ein wenig. Er ärgerte sich darüber. Die Tatsache, daß er die blonde Französin, der er ja auch seine Verwundung verdankte, nicht eindeutig zu hassen vermochte, verwirrte ihn. Harry wußte nicht, was er tun würde, wenn sie unvermittelt vor ihn träte.

Würde er sie noch einmal sehen?

Er drängte diese Frage fort, murmelte: „Warum sagst du nichts mehr?"

Friedel machte das Ende der Mullbinde mit einer Klammer fest und entgegnete: „Was ist dazu noch zu sagen, Harry? Ich weiß es selbst nicht. Manchmal fürchte ich, daß irgend etwas heraufzieht. Es war so ruhig in diesen Tagen. Vorm Gewitter ist es auch immer ruhig. Vielleicht mache ich mir nur unnütze Gedanken, weißt du." Sie nahm das Tablett und wollte den Raum verlassen.

„Bleib noch ein bißchen", bat er.

„Ich muß nach den ‚Gefangenen' sehen. Schwester Roswitha war die Nacht über auf. Sie schläft jetzt."

„Du kommst nachher wieder?"

„Wenn es geht, Harry." Sie lächelte schwach.

„Wir werden am Abend wieder in den Park gehen."

„Hoffentlich bekomm' ich nichts zu tun."

„Wir werden wieder zum Flüßchen gehen, Friedel."

„Das wäre schön." Sie machte eine Bewegung, als wolle sie noch einmal auf ihn zukommen. Dann jedoch wandte sie sich ab und verließ rasch den Raum.

Der feine Brandgeruch verstärkte sich unmerklich.

Harry blickte Friedel nach, wie sie über den Hof ging und sich vor der Station der „Gefangenen" noch einmal umdrehte.

Als sie in dem Gebäude verschwunden war, zog er die Kiste ans Fenster.

Der Park erschien ihm noch immer so schön wie am ersten Tage, noch schöner eigentlich, noch vertrauter. Es bekümmerte ihn, den unbeschwerten Aufenthalt hier oben beenden zu müssen. Er hatte diese Tage wie in einer sehr gemütlichen Garnison verbracht, wo die Mutter sonntags zur Besuchszeit erscheinen konnte, aufgeregt, einen gutgelungenen Kuchen in der Tasche. Einen Kuchen, dessen eine Hälfte man den Kameraden gab und dessen andere man möglichst lange aufhob – eine Reserve häuslicher Süßigkeit.

An Todtenbergs dunkel mahnende Voraussage, daß noch opfervolle Tage bevorstünden, dachte Harry schon nicht mehr.

Er erblickte sein Spiegelbild im Fenster. Auch die Ähnlichkeit des Verbandes mit einer Badekappe ließ ihn an zu Hause denken, an die Spree, an das Freibad mit seinen nüchternen, ächzenden Kiefern über dem ausgesengten Waldboden, an den flachen graugelben Strand bei Spindlersfeld, wo die großen Wäschereien waren, an die knarrenden Holzbauten der Bootsstege und Sprungtürme. Harry versuchte sich vorzustellen, wie es war, wenn man in dem grünen, warmen und weichen Wasser des Flusses hinausschwamm, prustend, hin- und hergeworfen von den Bugwellen der Ausflugsdampfer und Motorzillen. Den wunderbaren, abenteuerlichen Stromgeschmack von Algen, Muscheln, mürbem Holz, Benzin und Teer glaubte er wieder im Munde zu haben, auch den scharf-süßen Reiz der ersten Zigarette, die ihm bald wichtiger geworden war als die den Packungen beigelegten bunten Autobilder.

Gewiß, er hockte ja hier in einer Krankenstube, inmitten des Parks von Reinegarde, irgendwo in Frankreich. Aber die Tage einer leichtsinnigen, gegenwartsblinden Schülerjugend waren im Grunde noch so nahe, daß er ihre Bilder leicht heraufbeschwören konnte. Obwohl er sie dann mit naiv soldatischem Ernst fortzudrängen suchte, stellten sie sich oft von selbst ein. Jetzt ließ er die Erinnerung gewähren.

So lag Harry in Gedanken wieder im heißen Sand des Strandbades. Das Haar war nicht von Mullstreifen eingepreßt, sondern feucht und wirr. Träge starrte er in das Geäst der märkischen Kiefern hinauf. Er lauschte auf das dumpfe Schlagen der Dampfhämmer in den Oberschöneweider Fabriken, auf die hallenden Megaphonwarnungen, die der Bademeister denjenigen gab, die über die Linie der gelben Fässer hinaus in die Fahrrinne geschwommen waren. Am Strande sah er auch die leichtfüßigen jungen Mädchen wieder, deren Körper wie aus sanftbraunem Wachs waren. Er sah Friedel unter ihnen. Sie kam auf ihn zu.

Im Raume aber stand der Brandhauch des fernen Feuers.

Auf der Pritsche hinter Harry lagen nebeneinander der Orden und das Armkettchen von Friedel. Das Abzeichen war so groß wie der Längsschnitt eines Hühnereis und zeigte innerhalb eines Lorbeerkranzes einen Stahlhelm, zwei gekreuzte Schwerter und ein Hakenkreuz. Das Ganze war aus dünnem Blech wie ein Mineralwasserflaschenverschluß gestanzt und trug auf der Rückseite eine Sicherheitsnadel zum Festmachen. Friedels Kettchen bestand aus ineinandergehängten Schleifen, an denen ein kleines Kleeblatt, ein Fragezeichen und ein Herz baumelten.

Keine Liebe unter den Menschen

„Man wird dir schon Beine machen“, sagte eine Stimme. Sie klang hohl und schien von weit her zu kommen. Nachdem wieder Stille eingetreten war, schien es, als habe es diese Stimme gar nicht gegeben.

Der dicke Eisermann saß in einer Ecke der Unterkunft, hatte den Kopf an die Mauer gelehnt und schlief. Sein Mund war halb geöffnet, die Mütze über die Augen gerutscht. Die Beine waren lang ausgestreckt. Zwischen den Knien stand ein Kochgeschirr. Obwohl das Gefäß bereits geleert war, hielt Eisermanns Hand den Löffel noch immer umfaßt. Bei jedem Atemzug übersetzte sich die Bewegung des Oberkörpers auf den Arm, und der Löffel stieß gegen das Aluminium. Das hörte sich an, als ob Regentropfen auf ein Blech fielen.

Jetzt streckte Eisermann sich, ohne aber die Augen zu öffnen. Er schnaufte, murmelte im Halbschlaf Unverständliches vor sich hin. Dann fiel der Kopf auf die Seite.

„Du tätest gut daran, endlich aufzustehen!“ sagte die Stimme wieder. Sie klang jetzt schärfer, fast schneidend. Gerade beförderte Leutnante sprechen so.

Eisermann fuhr zusammen, rieb sich die Augen. Das Kochgeschirr fiel geräuschvoll um. Davon erwachte Eisermann vollends.

Neben dem Fenster stand der lange Trabnach vorm Spiegel und zog den Scheitel nach. Er handhabte den Kamm achtsam, mit der Eleganz eines Friseurs. Dabei spreizte er den kleinen Finger ab, so wie es ältliche Frauen beim Kaffeetrinken geziert tun. Eisermann konnte des Obergefreiten Gesicht im Spiegel sehen, ein pflaumenförmiges Antlitz. Es war so reinlich und zöglingshaft adrett wie das glänzend gewichste Koppelzeug dieses Menschen. Trabnach war einundzwanzig, zwei Jahre älter als Eisermann. Die Erscheinung Trabnachs wies keine Unregelmäßigkeiten auf, ebenso wie die verchromten Kocher und Sterilisationstrommeln, die er im OP zu bedienen hatte. Trabnach war im übrigen Putzer bei Todtenberg. Er nannte sich „Ordonnanz“.

Eisermann nahm, ohne sich zu erheben, das Kochgeschirr vom Boden auf, blickte hinein, setzte es verärgert wieder fort. Es war leer. Das Essen wurde immer knapper; schlecht war es zu jeder Zeit gewesen.

„Warum mußt du mich wecken?“ fragte er mürrisch. Seine roten Haare standen gesträubt durcheinander. Eisermann wischte ächzend den Schweiß von der Stirn.

„Deinetwegen bekommen wir immer Krach." Trabnach blickte Eisermann durch den Spiegel aus seinen hellblauen Augen vorwurfsvoll an.

„Spiel dich nicht auf!"

„Du weißt genau, wie sehr Feldwebel Knothe auf Ordnung hält. Was glaubst du, wenn er dich hier schlafend angetroffen hätte?"

„Wie spät ist es?"

Trabnach zückte eine wappengeschmückte Doublé-Taschenuhr.

„Zwanzig nach eins."

„Ich werd' dem Knothe nicht in den Arsch kriechen."

Trabnach verzog peinlich berührt das Gesicht. Eisermann bemerkte es, freute sich insgeheim. Wiederum verspürte er den herzlichen Wunsch, Trabnach eine Flasche Mastix über den Waffenrock zu gießen. Mastix war eine bernsteingelbe, zähe Flüssigkeit, mit der man Mull an der Haut festklebte. Eisermann erschien Trabnachs Gepflegtheit geradezu herausfordernd idiotisch. Der Obergefreite hatte vor seiner Einberufung in einem großen Frankfurter Bankhaus gearbeitet. Ein Lackaffe! dachte Eisermann. Er hätte Trabnach gern einmal verprügelt.

Eisermann fing an, in seinem Rucksack zu kramen, machte sich dann ein Brot mit Kunsthonig zurecht. Er kaute langsam, widerwillig, fragte endlich: „Hast du Post mitgebracht?"

„Nein", erwiderte Trabnach, der mit seinem Getue vorm Spiegel kein Ende finden konnte. „Für dich war wieder nichts dabei. Aber Harry Salandt hat heute vormittag das Verwundetenabzeichen bekommen, in Bronze. Der Chef ist mit Knothe zu ihm hinaufgegangen. Ich finde . . .", er stockte, preßte konzentriert und den Mund verziehend einen Mitesser am Nasenflügel aus, „daß Salandt die Auszeichnung gar nicht verdient hat."

„Jeder, den es erwischt, bekommt den Bonbon."

„Salandt hat sich nicht eingesetzt", stellte Trabnach mit erhobener Stimme fest. „Er ist zufällig verwundet worden. Das war ein Unfall.“

„Sei froh, daß du den Unfall nicht erlebt hast. Dir wäre der Arsch schön mit Grundeis gegangen!“

Eisermann schmierte, obwohl ihn bereits der bloße Anblick des Kunsthonigs ekelte, noch etwas von dem blaßgelben Zuckerzeug aufs Brot. Es hatte schon eine Woche lang keine Butter mehr gegeben. Eisermann schlang das Brot widerwillig in sich hinein. Der Kunsthonig setzte sich zwischen den Zähnen und am Gaumen wie halbstarrer Leim fest.

Er fluchte unterdrückt vor sich hin. Warum gab man keine Butter aus? Es war doch genug vorhanden. Im Kraftfahrzeughof hatte der Furier Vedder einen ganzen Sanka* voll stehen. Aber mit dieser Butter war es die gleiche Geschichte wie mit allen anderen Dingen. Nie bekam man seine volle Ration. Was sich der Mannschaft entziehen ließ, schickten die Vorgesetzten nach Hause. Bevor wir etwas davon bekommen, lassen sie die Butter schlecht werden, dachte Eisermann, während er sein Messer wie einen Drillbohrer in dem Kunsthonigblock rotieren ließ.

„Ihr könnt wirklich von Glück reden, daß man euch nicht alle drei eingesperrt hat!“ Trabnach kam wieder auf das Gespräch zurück. „Der Chef ist ein anständiger Kerl, darum sitzt nur Pistol in der Zelle. Aber dem geschieht es auch ganz recht!“ Trabnach haßte Ferdinand Pistol. Er neidete ihm den Posten des „sterilen“ Operationsassistenten bei Todtenberg.

„Pistol ist eingesperrt worden, weil er uns herausreißen wollte. Er hat gesagt, daß es im Depot solange gedauert habe und wir gar nicht in der Bruchbude von Café gewesen sind. Bloß ich hab’ mich verquatscht, daß wir doch dringewesen sind, um nach Tabak zu fragen. Dein feiner Chef ...“

* Worterklärungen und Übersetzungen aus dem Französischen und Englischen am Ende des Buches

„Ich würde mit solchen Äußerungen vorsichtig sein. Du bist deinen Fahrerposten sonst schnell los", sagte Trabnach beleidigt. Der lange Obergefreite war nicht von ungefähr oder allein seiner Putzerstellung wegen bemüht, äußerste Disziplin zu halten. Die Posten im OP rangierten höher als alle anderen in der Einheit. Sie brachten eine weitgehende Befreiung von dem strapaziösen militärischen Reglement mit sich. Man war häufig vom Appell beurlaubt und brauchte auch nur selten auf Wache zu ziehen.

„Dieser Todtenberg ist ebenso ein Idiot wie der Knothe, werd' ich dir sagen!" ließ Eisermann seinem Unmut Lauf, wütend mit dem Kunsthonigbrot beschäftigt. „Ein geschniegelter Affe, kannst es ihm ruhig sagen. Ich scheiß' was drauf, wenn er sich einen anderen Fahrer sucht!"

„Offiziere wie den Chef gibt es nicht viele", sagte Trabnach würdig.

„Ein Halbseidener!"

Trabnach schwieg, als sei er gegen eine Mauer gelaufen.

Der Oberstabsarzt Dr. Hans-Joachim Todtenberg, um den es hier ging, war noch nicht lange beim Militär. Er leitete HV 7 erst sei vierzehn Tagen. Man hatte ihn im fünften Jahre des Krieges kurzfristig eingezogen und schnell befördert, weil er Arzt war. In der Einheit ging die Rede, Todtenberg sei Sohn eines schwerreichen Düsseldorfer Textilindustriellen und habe bis zu seiner Einberufung eine gutgehende chirurgische Praxis im Zentrum der Stadt unterhalten. Er war ungefähr achtunddreißig Jahre alt und unverheiratet. Wie es hieß, hatten Todtenbergs Patientenkreis viele Frauen aus den begüterten Schichten und der Nazi-Prominenz angehört. Man grinste phantasievoll, wenn die Rede auf den Unterschied zwischen Todtenbergs alter und neuer Kundschaft kam.

Trabnach packte mit nervtötender Fürsorge sein Toilettenzeug zusammen und brachte es in der Außentasche des Rucksacks unter. Eisermanns Blick lief über die Schnallen und Riemen des graublauen Behältnisses. Der Rucksack war so neu wie alle Teile von Trabnachs Ausrüstung. Selbst Trabnachs wohlfrisierter Kopf schien geradewegs aus einer Fabrik geliefert und von der Kleiderkammer als ein Vorzugsstück an ihn ausgegeben worden zu sein. Ferdinand Pistol hatte einmal den Gedanken geäußert, daß Trabnach schon mit einer Uniform auf die Welt gekommen sei, einer blitzsauberen, nicht alternden Obergefreitenuniform.

„Was für ein Wesen du mit deinen Klamotten machst", murrte Eisermann.

„Es gehört sich so, daß man anständig aussieht", erklärte Trabnach. Dabei lächelte er stolz wie ein Konfirmand, der seinen ersten Schnaps getrunken hat. Er legte sich das Koppel um, ging federnden Schritts hinaus.

Eisermann blickte ihm böse nach. Dann erhob er sich schwerfällig. Es gab in der Einheit verschiedene Leute, die sich von Trabnach erzählten, daß er andersherum sei. Man sah ihn zuweilen mit einem Unteroffizier aus der Schreibstube, der kaum Hehl aus seiner Veranlagung machte. Dieser Mann führte angeblich seidene Unterwäsche in seinem Gepäck. Er war verheiratet.

„Schweine!" sagte Eisermann laut.

Er begann im Raum auf und ab zu gehen, wobei er bemüht war, das Kunsthonigbrot vollends hinunterzuschlingen. Feldwebel Knothe tauchte zumeist gerade dann auf, wenn man ihn am wenigsten erwartete. Schwer mit den Kiefern malmend, schob Eisermann das dumpf-süßliche Brot-und-Zucker-Gemisch in der Mundhöhle umher. Schließlich mußte er zum Fenster laufen, weil es ihn würgte. Er stützte sich schwer aufs Fensterbrett, spie das Zeug hinaus. Als er aufblickte, neuen Schweiß auf der Stirn und einen pressenden Druck im Magen, da stutzte er.

Auf der anderen Hofseite, dicht bei Todtenbergs Quartier, stand Feldwebel Knothe und setzte gerade dazu an, auf einen Fremden, einen Zivilisten, einzubrüllen. Es war dies ein Priester, noch jung und hochaufgeschossen. Er trug eine lange schwarze Soutane, deren Saum vom Straßenstaub grau geworden war.

„Nichts werden Sie! Gar nichts werden Sie!" bellte Feldwebel Knothe. „Wo kämen wir hin, wenn hier jedes Würstchen umhertraben wollte, wie's ihm paßt?!"

Der Feldwebel stand breitbeinig vor dem Geistlichen. Er hatte die Daumen hinters Koppel gesteckt und hielt die Brust herausgedrückt. Das Kinn an die Halsbinde gezogen und leicht auf den Fußspitzen wippend, brüllte er tomatenroten Gesichts weiter: „Scheren Sie sich sofort aus dem Bereich der Einheit, aber mit Volldampf, möcht ich mich ausbitten! Andernfalls kriegen Sie mal Flötentöne beigebracht, Sie Schwarzspecht!"

Der Priester verhielt sich sehr ruhig. Er hatte die Hände über seinem Gürtel verschränkt. Seine Haltung drückte Gelassenheit aus. Wahrscheinlich war es gerade das, was Knothe so in Rage gebracht hatte. Die Gestalt, das schmale, lange Gesicht und das fließende Gewand des Priesters erinnerten Eisermann an den Engel auf dem Marktplatz von Chabrie. Der Geistliche gab Knothe keine Antwort, verwundert blickte er den Posten an, der ihn vom Parkeingang hierhergeleitet hatte. Das war ein älterer Mann. Er sah verständnislos und furchtsam drein.

Das Fenster von Todtenbergs Quartier ging auf. Der Oberstabsarzt erschien. Er trug keinen Waffenrock und hantierte gelangweilt mit einer blütenweißen Serviette.

Er wird wieder etwas Gutes zu Mittag gehabt haben, dachte Eisermann und schluckte. Die widerliche Süße des Kunsthonigs beizte ihm den Rachen.

Der Priester wandte sich an Todtenberg, der wie aus einer Loge auf ihn niedersah, und brachte bescheiden ein Anliegen vor. Todtenberg antwortete mit leiser Stimme, ließ aber in keiner Weise erkennen, inwieweit die Bitte des Geistlichen ihn berührte. Er fuhr fort, die Serviette mit seinen schmalen weißen Händen zu falten und zu glätten.

Eisermann konnte nicht verstehen, worum es dort ging.

Knothes blöder Gesichtsausdruck ließ darauf schließen, daß Todtenberg und der Priester französisch sprachen. Da bellte der Feldwebel auch schon los: „Er kann ja deutsch reden, Herr Oberstabsarzt!"

Der Geistliche sprach unbeirrt weiter. Offensichtlich betonte er die Wichtigkeit seines Anliegens. Das ließ sich erkennen, auch wenn man die Sprache nicht verstand. Todtenberg schüttelte gleichmütig ablehnend den Kopf. Feldwebel Knothe grinste und sah auf seine Armbanduhr, die vor kurzem noch dem englischen Fliegercaptain gehört hatte. Eisermann hatte das Verlangen, dem Feldwebel einen Stahlhelm oder einen Stiefel an den Kopf zu werfen.

Was mochte der Priester wollen?

Sicher war er gekommen, um Beistand für einen Kranken im Dorf Reinegarde zu erbitten. Warum gab man seinem Ersuchen nicht statt? Der Oberstabsarzt brauchte sich doch nur in den Wagen zu setzen und würde in wenigen Minuten bei dem Patienten sein. Lindemann, der vorige Chef, hatte nach Möglichkeit auch Einheimische behandelt. Eisermann fiel ein, daß der Geistliche vielleicht auch den beinamputierten alten Franzosen hatte aufsuchen wollen. Warum wies man ihn wie einen Bettler ab? Daß Todtenberg die Bitte des Priesters abgeschlagen hatte, stand nun außer Frage. Der Besucher verabschiedete sich mit einem leichten Neigen des Kopfes, ging langsam fort. Die langen Schöße seiner Soutane wallten wie ein Rock hin und her.

„Eisermann, Gefreiter!" schrie Feldwebel Knothe aufgebracht, „was stehst du da am Fenster herum und glotzt wie ein Ochse? Hast du nichts zu tun, Holzbock, Saftflasche? Ich krieg' dir gleich an die Hammelbeine, Feuermelder, rothaariger!"

Eisermann beeilte sich, aus Knothes Blickfeld zu verschwinden. Er wartete darauf, daß der Feldwebel ihn herausrufen würde. Knothe ließ sich keine Gelegenheit entgehen, ihn zu schurigeln. Jetzt aber blieb es draußen still. „Wir sprechen uns noch!" knurrte Eisermann.

Während er die vom Kunsthonig klebrigen Finger an seiner Arbeitshose abwischte, fiel sein Blick auf den Platz, an dem Trabnach vorhin Toilette gemacht hatte.

Dort lag eine Zigarre, ungewöhnlich lang und in einem Glasröhrchen geborgen.

Das Stück enthielt eine Tabakmenge von mindestens fünfzehn bis zwanzig Zigaretten. Es war ein Prachtexemplar. Vom Furier Vedder bekam man täglich vier Zigaretten, manchmal auch gar keine.

Eisermann starrte unschlüssig auf die delikate Tabakrolle, sah sich dann im Raum um. Es kam sehr selten vor, daß Trabnach etwas liegen ließ.

Soll ich sie nehmen?

Das würde ein Kameradendiebstahl sein. Aber was hieß eigentlich „Kameradendiebstahl"?

Trabnach konnte nur dank seiner Vorzugsstellung bei Todtenberg in den Besitz dieser Zigarre gekommen sein. Daß er sie gekauft hatte, war ausgeschlossen. Er rauchte nicht. Also lag die Zigarre für Knothe bereit. Eisermann wußte, daß Trabnach Feldwebel Knothes Wohlwollen häufig mit derlei Präsenten honorierte.

Was ließ sich mit dem Ding nicht alles anfangen? überlegte er. Man konnte die Zigarre bei Angehörigen der Frontverbände gegen eine erbeutete amerikanische Büchsenkonserve vertauschen und wieder einmal richtig satt werden. Man konnte sie mit einer Rasierklinge zerschneiden und den Tabak für Zigaretten verwenden. Da lag sie nun herum und bot sich geradezu für eine vernünftige Verwendung an. Auch an dieser Zigarre zeigte es sich wieder – die einen, die das Schöntun verstanden, litten keinen Mangel. Die anderen konnten sehen, wo sie blieben. Eisermann erinnerte sich jetzt, daß er Ferdinand Pistol, der in Chabrie seine Pfeife verloren hatte, schon seit Tagen etwas Rauchbares in die Arrestzelle schmuggeln wollte.

Kurz entschlossen griff er nach dem Röhrchen, steckte es in die Tasche. Kameradendiebstahl? Zum Teufel – sollte

Trabnach sich nur aufregen! Er, Eisermann, wollte schon dumm tun!

Die Gewißheit, nicht nur Trabnach, sondern auch Feldwebel Knothe auf diese Weise eins auszuwischen, stimmte Eisermann heiter.

Pfeifend ging er durch die Platanenallee zum Kraftfahrzeughof, wo Todtenbergs Wagen stand. Er war dort gerade eingetroffen, als auch Trabnach erschien und die Meldung überbrachte, daß der Oberstabsarzt nach Chabrie fahren wollte. Es müsse etwas abgeholt werden, erklärte der geschniegelte Obergefreite. Er würde ebenfalls mitfahren. Trabnach trug eine Maschinenpistole am Riemen über der Schulter.

Wenn wirklich etwas passiert, nützt euch die Knarre einen Dreck, dachte Eisermann. Grinsend befingerte er das Zigarrenröhrchen in seiner Hosentasche.

Die Plünderung

Todtenberg wartete bereits vor seinem Quartier. Knothe war nicht zu sehen. Trabnach sprang aus dem Wagen, riß die Tür für den Oberstabsarzt auf. Dann fuhren sie los.

Der schwere, hochtourige Wagen glitt summend die Platanenallee hinunter, passierte wenig später den Parkausgang, wo die Posten salutierten. Der Oberstabsarzt dankte freundlich. An seiner Zigarre ziehend, blickte er fröhlich auf das Band der Chaussee. Allem Anschein nach hatte er eine gute Nachricht bekommen und freute sich auf etwas. Es erstaunte Eisermann, Todtenberg in dieser Verfassung zu sehen.

Auf dem Straßenstück, das den Park vom Dorf Reinegarde trennte, überholten sie den Priester. Er war auf den Sommerweg getreten und wartete, bis das Fahrzeug ihn passiert hatte. Im Rückspiegel konnte Eisermann sehen, wie er wieder auf den Damm kam und langsam auf der Straße einherschritt. Er wurde zusehends kleiner. Auch Trabnach hatte sich nach dem Geistlichen umgeschaut, neugierig und überrascht. Jetzt fragte er, wobei der Lauf der Maschinenpistole vor seinem Gesicht hin und her schwankte: „Der Kerl muß bei uns gewesen sein. Man hat Ihnen das hoffentlich gemeldet, Herr Oberstabsarzt?"

„Der Mann war schon das drittemal da", erwiderte Todtenberg nachlässig. „Er will partout zu dem alten Gefangenen. Das ist unter den gegebenen Umständen natürlich ausgeschlossen. Wir haben mehr zu tun, als an die Privatgeschichten dieser Leute zu denken."

„Jawohl, Herr Oberstabsarzt! Man hätte ihn überhaupt nicht in den Park lassen dürfen."

„Das macht Feldwebel Knothe jetzt mit der Wache ab", sagte Todtenberg lächelnd. Es war Trabnach anzusehen, wie sehr die Meinungsharmonie mit dem Chef sein Selbstgefühl hob. Sein zufriedener Blick begegnete im Rückspiegel dem Eisermanns.

Du blödes, langes Stück! erboste Eisermann sich erneut, du Schleimscheißer!

Der Oberstabsarzt schien den Priester schon wieder vergessen und nur noch für das Interesse zu haben, dessentwegen er nach Chabrie fuhr. Aber nachdem sie das Dorf verlassen und die große Chaussee gewonnen hatten, die Chénières mit Chabrie verband und von der eine Abzweigung nach Reinegarde führte, da ließ seine frohe Gehobenheit doch etwas nach. Das kam nicht von ungefähr.

Die Straße war heute ungewöhnlich belebt. LKWs mit Munition und Verpflegung fuhren in Richtung Chénières, zur Front also. Von Zeit zu Zeit lärmten Spähwagen und leichte Panzer vorüber. Auf allen Fahrzeugen, auf Kotflügeln und Wagenkästen, saßen Späher, die den Himmel nach Tieffliegern absuchten. Die meisten Soldaten hatten eine Pistole oder einen Karabiner zur Hand, um gegebenenfalls Warnschüsse abgeben zu können. Eisermann mußte wiederholt die Geschwindigkeit drosseln oder gar stoppen.

Todtenberg wurde unruhig. Er blickte fortwährend aus dem offenen Wagen nach oben und in die Runde. Bei jedem Aufenthalt erneuerte er die Weisung, sorgsam auf Tiefflieger zu achten. In seinem Gesicht stand jetzt die blasse Furchtsamkeit eines Kindes, das sich vor einem großen Hund fürchtet. Warum ist er nicht in Reinegarde geblieben, wenn er solche Angst hat? fragte sich Eisermann wütend. Vor den Fliegern war man schon im eigenen Interesse auf der Hut. Überdies ließ sich aus einem offenen Wagen heraus schnell genug das Weite suchen.

Um die Leute in geschlossenen Fahrzeugen oder Panzern stand es natürlich schlechter. Die bekamen meistens etwas ab.

„Wir können ja noch umkehren", sagte Eisermann schließlich herausfordernd. „In der Nacht ist's weniger gefährlich."

„Die Angelegenheit läßt sich nicht aufschieben. Fahren Sie schneller!"

Einige hundert Meter weiter bemerkten sie, wie entgegenkommende Fahrzeuge plötzlich hielten. Die Besatzungen liefen Hals über Kopf nach allen Seiten auseinander. Zugleich wurde das Dröhnen von Flugzeugmotoren laut.

Eisermann trat die Bremse ganz durch. Der Wagen schlitterte noch ein Stück über den Asphalt und stellte sich schräg. Sie stürzten hinaus, suchten in einem Weizenfeld Deckung. Das Getreide schlug wie eine Woge über ihnen zusammen.

Eisermann preßte sich, so dicht es ging, gegen den Boden und erwartete atemlos das wohlbekannte Bellen der Bordkanonen. Der Boden duftete und strahlte Wärme aus. Ein Marienkäfer lief über Eisermanns Hand, stutzte vor einem Ölfleck auf den Fingerknöcheln und nahm einen anderen Weg. Das Motorengedröhn herunterjagender Flugzeuge schwoll an wie das Tosen eines Brechers an der Mole. Es schien den ganzen Körper in Schwingungen zu versetzen, wurde dann wieder schwächer und verklang langsam.

Eisermann stützte sich verwundert auf die Hände, blickte empor. Zwei dunkle Moskito-Jagdbomber zogen davon in die sonnenflimmernde Bläue. Nachdem sich Eisermann erhoben hatte, tastete er nach dem Zigarrenröhrchen in seiner Hosentasche. Es war unversehrt geblieben. Sich die Erde von der Montur klopfend, ging Eisermann zum Wagen zurück. Er saß bereits am Steuer, als Todtenberg und Trabnach endlich ihre Deckung aufgaben, verschüchtert Ausschau nach den Flugzeugen haltend. Zögernd kamen sie heran. Die LKWs auf der Chaussee setzten sich wieder in Fahrt.

„Wenn sie beim erstenmal nicht schießen, braucht man keine Angst mehr zu haben", sagte Eisermann mit verstecktem Grinsen. Trabnachs Maschinenpistole war ins Erdreich gefahren und hatte sich völlig verschmutzt. Wenn er damit schießt, fliegt der Lauf auseinander! dachte Eisermann.

„Ich habe Sie nicht um Ihre Meinung gebeten, Eisermann!" wies Todtenberg ihn kurzatmig zurecht. Nervös brachte er seine Uniform in Ordnung. „Ein Soldat hat nur zu reden, wenn er gefragt wird." Bereits im Wagen, stellte Todtenberg fest, daß seine Mütze im Weizenfeld liegengeblieben war. Trabnach mußte sie holen. Dann befahl der Oberstabsarzt, die Stahlhelme aufzusetzen. Das entsprach allerdings auch der Vorschrift.

Während der Weiterfahrt war Todtenberg sehr gereizt. Seine Finger trommelten unruhig auf den Knien herum. Eisermann verspürte schon wieder Hunger. Ob er nicht doch versuchen sollte, die Zigarre in Chabrie zu verhandeln? Es gab amerikanische Büchsen mit Schinken und Ei, nicht sehr groß, aber sie machten sofort satt. Das war verlockend. Dann fand Eisermann wieder, daß er die Zigarre nicht für sich verwenden durfte. In solchem Falle hätte er wirklich einen Kameradendiebstahl begangen. Ferdinand Pistol sollte die Zigarre bekommen.

Plötzlich begann Eisermann scharf Ausschau zu halten. Die Landschaft mit ihrem welligen Grün und den freundlichen kleinen Pachthöfen, die er von seinen täglichen Fahrten her gut kannte, bot heute ein verändertes Aussehen. Schatten fielen auf ihr helles Antlitz. Einige Kilometer vor der Stadt stellte er fest, daß Chabrie brannte.

Der Trichter, zu dem der Wald am Straßenrand in der Ferne zusammenlief, war von wallendem schwarzem Qualm erfüllt. Es mußte ein großes Feuer sein. Je näher sie kamen, desto stärker wurde der Brandgeruch. Eisermann erinnerte sich, am Vormittag Detonationen vernommen zu haben. Wahrscheinlich war ein Bombenangriff auf Chabrie niedergegangen. Eisermann erhöhte die Geschwindigkeit.

Sie mußten einer Umleitung folgen, bevor sie in das Innere der Stadt gelangten. Der ganze westliche Teil von Chabrie brannte. In den unversehrten Straßenzügen herrschte eine Dämmerung, als wäre der Abend bereits hereingebrochen. Einheimische waren nicht zu sehen, dagegen viele Soldaten, vornehmlich Waffen-SS und Feldgendarmerie. Vor dem Marktplatz mußte der Mercedes eine Weile warten. Eine dichtgeschlossene LKW-Kolonne fuhr in östlicher Richtung aus der Stadt.

Auf den Fahrzeugen standen zusammengepfercht Bürger von Chabrie, alte und junge, Frauen und Männer, barhäuptig, ohne Mantel und Gepäck. Es waren Hunderte von Menschen. Junge Waffen-SS-Leute mit Schnellfeuergewehren bewachten sie. Die Menschen waren stumm und bleich. Sie hielten sich an den schmalen Stahlbügeln fest, über die sonst Wagenplanen gebreitet wurden. Wären ihre Körper nicht vom Schüttern der Fahrzeuge unablässig in schwankende Bewegung gesetzt gewesen, so hätte man sie für leblos halten können. Die Kette der LKWs schien nicht abreißen zu wollen. Den Schluß bildeten einige Wagen, auf denen sich nur Kinder befanden. Sie weinten oder riefen nach ihren Eltern. Auch diese Wagen wurden von Posten eskortiert. Als die Kolonne vorüber war, konnte Eisermann über den Marktplatz blicken.

Der Engel stand noch immer auf seinem Postament, die

Hände segnend erhoben, den Blick aus seinem zerschlagenen Antlitz forschend in die Ferne gerichtet. Hinter ihm aber, auf der anderen Seite des Marktplatzes, begann das Chaos.

Die Häuserzeile, in der sich das Café „La Baie" befunden hatte, bildete nur noch einen flachen Trümmerwall. Über ihn hinweg konnte man auf Stadtviertel schauen, die lichterloh brannten. Auch die Häuserfolge längs der Lindenallee stand in Flammen. Die Hitze hatte den Bäumen bereits das Blattwerk abgesengt, so daß sie schwarz und kahl waren wie im Winter. An einigen Stellen des Marktplatzes häuften sich Mobiliar und Hausrat, gute, wohlerhaltene Sachen, die jetzt verladen wurden – ganze Zimmereinrichtungen, Betten, Steppdecken, Couches und Sessel, viele Körbe mit weißer Wäsche und Geschirr.

Ohne den Anblick der Engelsskulptur hätte Eisermann den Marktplatz, über den er vor ein paar Tagen noch mit Ferdinand Pistol und Harry Salandt geschlendert war, nicht wiedererkannt.

„Wollen Sie hier ewig warten?" fragte Todtenberg ihn bereits zum zweiten Male. „Sie sitzen nicht am Steuer, um Maulaffen feilzuhalten!"

Trabnach grinste.

Sie fuhren zu einem Gebäude, das wie eine Post oder Verwaltung aussah. Hier hielten ebenfalls LKWs, die von Soldaten beladen wurden. Todtenberg begrüßte einen Offizier, den er anscheinend kannte. Er ging mit ihm und Trabnach in das Haus hinein. Eisermann stieg aus dem Wagen, hielt Umschau.

Das Trottoir war mit Schubfächern und kleinen Glasvitrinen vollgestellt. Die Behältnisse bargen altertümlichen Schmuck, Werkzeuge aus Feuerstein und Bronze, Münzsammlungen und Schaumedaillen, daneben auch kleine verzierte Kaminuhren, Waffen aus dem Mittelalter, Urkunden mit großen Siegeln, seltene Gläser und Porzellane. Auch allerlei Figuren aus Marmor und Alabaster, die das Alter schon gelb gefärbt hatte, standen im Rinnstein. Stöße dickleibiger schweinslederner Bücher waren umgefallen und durcheinandergestürzt. Einige Infanteristen schlugen die zerbrechlichen Stücke in Pferdedecken ein und verstauten sie in den Wagenkästen.

Eisermann wandte sich an einen LKW-Fahrer: „Was ist hier eigentlich los?"

Der Fahrer spuckte aus und sagte: „Ein Museum, siehst doch. Sie räumen's aus."

„Wozu?" fragte Eisermann einfältig.

„Wozu, wozu!" knurrte der andere. „Weiß ich, was aus dem Plunder wird?"

„Sie scheinen die ganze Stadt auszuräumen."

„Es brennt sowieso alles ab." Der Fahrer fischte in seiner Brusttasche nach einer Zigarette, brach sie nach einigem Zögern durch und gab Eisermann die Hälfte. Es war ein älterer Obergefreiter, der schon graue Haare hatte. Während sie rauchten, fragte er langsam: „Tut dir wohl leid, daß hier alles kaputtgeht, Junge?" Gleich darauf aber schrie er die Soldaten an, die sein Fahrzeug beluden: „Macht schon ein bißchen dahinter, daß wir endlich wegkommen!"

„Wann ist der Angriff gewesen?" fragte Eisermann.

„Was für ein Angriff?" Der andere sah ihn verständnislos an.

„Wann sie bombardiert haben, frage ich."

Der Fahrer begann plötzlich zu lachen. „Angriff!" spottete er und gab einem Buch einen Fußtritt, so daß es unter den Wagen rutschte. „Angriff? Du spinnst ja! Hier ist vor vier Tagen eine Höllenmaschine losgegangen, fünfzehn Landser haben dran glauben müssen. Man ist den Partisanen nicht auf die Spur gekommen. Niemand hat eine Aussage gemacht. Da wurden erst mal fünfzehn Leute von der Straße weggeholt und erschossen. Dann haben sie eine Frist zur Auslieferung der Täter gesetzt, drei Tage. Die war heute früh verstrichen. Da hat man dann ein bißchen gesprengt und ein bißchen Benzin in die Häuser gekippt.

Schlecht werden kann einem. Da hast du deinen Angriff!" Er spuckte wieder aus und holte ein Taschenfläschchen Rum hervor.

Eisermann bemerkte, daß ihm die Glut seines Zigarettenstummels die Fingerspitzen ansengte. Er warf die Kippe fort, fragte: „Du sagst, daß sie niemanden verraten haben, die Leute hier?"

„Nein", sagte der andere und bot ihm zu trinken an.

„Und was wird jetzt aus ihnen? Ich hab die LKWs gesehen."

Der Fahrer blickte an ihm vorbei auf die Soldaten, die gerade eine Spieluhrenkommode mit beweglichen Figuren und vielen Glöckchen verluden. Die Glöckchen bimmelten dünn und ängstlich. Er sagte rauh: „Sie kommen in ein Lager oder werden erschossen. In ein Sanatorium bringt man sie bestimmt nicht."

„Es waren auch Kinder dabei."

„Du redest zuviel. Sei froh, daß du Sani bist. Du hast's wenigstens warm und trocken." Der andere schüttelte verweisend den Kopf. Dann ging er zu den Soldaten an der Heckseite des LKWs.

Gleich darauf erschien Todtenberg im Portal des Museums. Er kam geschwind die Treppen herab und trug ein großes, flaches Paket in den Armen. Trabnach folgte ihm. Eisermann verstand nicht, warum der Oberstabsarzt den verhüllten Gegenstand selbst trug, anstatt das von seinem Putzer besorgen zu lassen. Todtenbergs beglückte Miene erschien ihm unheimlich.

Der Oberstabsarzt richtete sich auf seinem Platz im Wagen ein, wobei er äußerst sorgsam mit dem Paket umging. Seine Hände glitten liebkosend über das rauhe Papier. Sein ganzes Gebaren drückte die sehnliche und besitzfreudige Erwartung aus, das Paket wieder zu öffnen. Etwas Goldenes lugte aus einer Lücke der Verpackung.

„Beeilen Sie sich, Eisermann!" forderte Todtenberg lebhaft.

Sie überholten nun einen Pulk von LKWs, die mit Möbeln beladen waren. Die dunkle, schweigende Menschenfracht von vorhin hatten Waffen-SS-Leute begleitet. Hier jedoch saßen Nazi-Funktionäre in hellbraunen Uniformen auf den Fahrzeugen, feiste und gesunde Männer, die Sonderstellungen bekleideten. Ihre Fracht war augenscheinlich wichtiger als jene der ersten Kolonne.

Chabrie wurde ausgeplündert wie ein von Dieben erbrochener Laden.

Als der Mercedes wieder an jene Stelle kam, wo bei der Herfahrt der blinde Tieffliegeralarm gewesen war, sagte Todtenberg heiter: „Da sind wir wiedermal gut weggekommen, nicht wahr? Ihr könnt euch nachher eine Sonderration beim Furier abholen. Trabnach erledigt das."

„Jawohl, Herr Oberstabsarzt", sagte Eisermann stumpf. Er empfand Übelkeit. Er hatte keinen Hunger mehr.

3

Nicht jeder Traum ist süß

Vergangenheit und Gegenwart mischten sich. Traumerinnerung fügte zurückliegende Eindrücke wieder zusammen und schuf neue Empfindungen. Jener eigentümliche Zustand gestaltenreicher und zugleich verschwommener Halbwachheit, der die Grenze zwischen dem Schlaf und dem vollen Bewußtsein bildet, hatte die Gedanken entzügelt. Sie gingen eigene Wege. Vorstellungen von vergangenen Erlebnissen stiegen herauf, verzerrten sich, seltsam und phantastisch. Der Morgen der ersten Begegnung mit dem Jardin du Reinegarde war wiederum da:

Drei Soldaten von HV 7 gehen über den knirschenden Kies auf die Kavaliershäuser zu. Sie sind beauftragt, das Terrain zu erkunden. Das Gros der Einheit wartet währenddessen beim Dorf Reinegarde. Die drei Soldaten bewegen sich wachsam und witternd vorwärts, wie Wild auf gefährlicher Flur. Die mächtige grüne Schönheit des Parks erscheint ihnen unheimlich. Die Stille droht.

Aber die Soldaten finden nichts, was verdächtig oder gefährlich wäre. Sie finden in den Kavaliershäusern nichts außer einer Menge schmutziger Wäsche, einem Dutzend ausgetretener Lazarettschuhe, die eine längst abgezogene Sanitätseinheit der Waffen-SS-Division „Hitler-Jugend" zurückgelassen hat; nichts, außer zwei Kisten großer amerikanischer Büchsenpflaumen und – einem Toten.

Der Tote liegt in einem schmalen, allseitig grüngekachelten Raum, der offenbar als Anatomie diente und dessen Boden von Zigaretten und Zigarrenstummeln übersät ist. Es riecht betäubend nach Formaldehyd, Karbol und altem, niedergeschlagenem Tabakrauch. Die Luft benimmt den Atem. Leises Grauen kommt die Soldaten an.

Der Tote, ein ungefähr dreißigjähriger Mensch, besitzt keine Schädeldecke mehr. Sie ist ihm nicht durch ein Geschoß zerschlagen, sondern mit chirurgischer Sorgfalt abgenommen. Die gewölbte Knochenpartie ist nirgendwo zu sehen. Das macht den Anblick noch gespenstischer. Außer dem exakten anatomischen Schnitt weist die Leiche keinerlei Verletzungen auf.

Nach einer Weile, während der nur das leise Knarren des Koppelzeugs zu vernehmen ist, fragt der eine Soldat, ein breitstirniger Obergefreiter mit einer Brille: „Vielleicht hat die SS aus seiner Schädeldecke einen Aschenbecher gemacht?"

Der lange Trabnach rückt an seiner Maschinenpistole: „Wer weiß, was mit dem gewesen ist." In seinem Gesicht spiegelt sich Zweifel, auch ein Zug von Verachtung.

„Hier wird alles gleichgültig, wenn einer tot ist!" murmelt der breitstirnige Obergefreite. „Und nicht erst dann. Auch vorher ist es schon so. Im Kriege geht mehr als eine Schädeldecke verloren."

Trabnach versteht den traurigen Hohn des anderen offensichtlich nicht. Ärgerlich zuckt er die Schultern.

Der dritte Soldat, der Gefreite Harry Salandt, sagt nichts. Er blickt dem Leichnam stumm in das schaurig entstellte Antlitz. Fahlen Gesichts hält er zwei Büchsen mit amerikanischen Eierpflaumen an den Körper gepreßt. Die Mündung seines Karabiners ist auf den Toten gerichtet. Schließlich fällt ihm eine Büchse aus dem Arm, schlägt schwer zu Boden, platzt auf.

„Sieh dich doch vor!" flüstert Trabnach scharf.

Aus der Büchse rinnt eine dicke braunrote Flüssigkeit über die Fliesen. Fast wie Blut sieht sie aus.

„So viele Aschenbecher könnte man machen", sagt der breitstirnige Obergefreite würgend.

Da bewegt sich der Tote, schlägt die Augen auf.

Gelbe fluoreszierende Feuerkerne sind seine Augen. Die graue, entblößte Gehirnmasse bebt. Der Tote steht auf, kommt auf den Obergefreiten zu und sagt: „Gib mir einen Aschenbecher! Ich muß etwas auf dem Kopf haben!"

Ferdinand Pistol fuhr mit einem Stöhnen von seiner Pritsche hoch, stützte sich auf die Hände, blickte verstört umher. Es verging eine Weile, bis er sich über Zeit und Situation klarwurde, bis die letzten Schleier des Traums und des Halbschlafes von seinem Bewußtsein geweht waren. Er seufzte erleichtert, als er erkannte, daß es in diesem mattschimmernden grünen Fliesenkasten außer ihm selbst und der Pritsche, die sein Lager bildete, nichts gab. Aber der gleiche Raum war es doch, in dem jener Tote gelegen hatte.

Seit dem Attentat in Chabrie saß Ferdinand Pistol hier in Arrest.

Er tastete nach seiner Brille, setzte die bloßen Füße auf den Boden. Die Kälte der Fliesen ernüchterte ihn vollends. So blieb er grübelnd sitzen. Außer der Hose und dem Hemd hatte er nichts am Leibe, abgesehen von der Erkennungsmarke, die ihm an einer dicken Kordel um den Hals hing. Diese ovale Blechmarke war das einzige, womit er seinen unruhigen Händen Beschäftigung geben konnte.

Sie fühlte sich stumpf und fettig an, wie Blei.

Während er sacht an der Erkennungsmarke herumbog, verspürte er erneut das eigentümliche Verlangen, die eine Hälfte des perforierten Blechs abzubrechen.

Diese Hälfte wurde nur bei Gefallenen abgetrennt, um der Stammeinheit als Beleg für das Ableben ihres Trägers zugeleitet zu werden. An Stelle eines lebendigen Menschen kehrte dann ein fünfzehn Quadratzentimeter großes Stück Eisen in die Heimat zurück. Die Metallmenge mochte dabei ungefähr der eines MG-Geschosses entsprechen, durch das der Inhaber der Marke vielleicht vom Leben zum Tode befördert worden war.

So geht ihm eigentlich nicht viel verloren, dachte Ferdinand Pistol, nicht viel – außer dem Leben.

Aber was hatte dies Leben noch für einen Sinn?

Was war das für ein jämmerliches Dasein, wenn man dem Gewissen stets Scheuklappen anlegen mußte, wenn man seine Tage sinnlos und wider alle bessere Einsicht durchmaß?

All die Millionen gefügiger feldgrauer Termiten, die den ungeheuern Bau des faschistischen Imperiums bevölkerten und stützten, hatten es leichter. Sie wußten weniger. Sie konnten weniger sehen und erkennen. Sie waren wie die Kerbtiere, die nur wenig pulsende Substanz, aber eine kräftige Schale haben.

Wenn man doch hassen könnte, tief und mächtig!

Ferdinand Pistol erhob sich, um im Raum auf und ab zu gehen; fünf Schritt hin, fünf Schritte zurück.

Warum bin ich immer so unentschlossen? fragte er sich.

Es hatte in Ferdinand Pistols vierjähriger Dienstzeit wiederholt Menschen gegeben, die Beispiele mutigen Handelns boten; Kameraden, die konsequent ihrer inneren Stimme folgten, die die Ausführung verbrecherischer Befehle umgingen oder gar verweigerten. An der Wjasma-Front hatte er vier Gefährten gekannt, die zu den Russen überliefen, weil sie auf der Seite des Unrechts nicht weiterleben wollten. Auf Kreta war er Zeuge gewesen, wie Angehörige seines Zuges einen fanatisch-faschistischen Offizier mit Feldspaten erschlugen und die Leiche in eine Schlucht am Fuße des Ida warfen. Was in diesen Fällen geschah, hatte er als richtig angesehen. Aber er hatte nur danebengestanden.

Ferdinand Pistol machte halt, blickte durch das kleine, glaslose Gitterfenster, das dem Raume Licht gab. Der Park war von hier nicht zu sehen. Der Blick wurde durch einen windschiefen Holzkiosk aufgehalten, der zwischen den Kavaliershäusern stand und von dem aus man früher einmal Zigaretten oder Madeleines, süße kleine Kuchen, verkauft haben mochte. Daß an Stelle wogenden Laubgrüns nur moderndes Bretterwerk zu schauen war, machte die Fliesenzelle gänzlich zum Käfig.

Ferdinand Pistol erinnerte sich eines Gedichts, in dem von einem Panther die Rede ist, der sein Leben lang im luftigen Gitterzirkel einer Menagerie kreisen muß: „... ihm ist, als ob es tausend Stäbe gäbe und hinter tausend Stäben keine Welt.“

Er lächelte bitter, schüttelte den Kopf. Seine Finger glitten noch immer um die Kanten der Erkennungsmarke. Er war sich dessen nicht mehr bewußt.

Was ihm so schmerzlich durch den Sinn ging, war schon oft bedacht. Es war ihm klargewesen, als er, vom Befehl gestoßen, bei der Luftlandung in Kreta am Fallschirm in das rasende Feuer der englischen Flak hineinschwebte, und in Rußland dann, wo es die besten Möglichkeiten zum Ausbrechen gegeben hatte. Auch in Chénières, dem letzten Standort von HV 7, hatte er es gewußt. Er hätte nicht nach Reinegarde, in diesen zermürbenden Arrest zu kommen brauchen.

Warum bin ich in Chénières nicht übergelaufen? fragte er sich zum hundertsten Male.

Ferdinand Pistol hatte alles vorbereitet gehabt, als HV 7 überstürzt abrücken mußte und amerikanische Panzer nur noch drei Kilometer entfernt waren. Er hatte im Schloß Chénières, einem unergründlichen Labyrinth von Hallen, Zimmern, Kammern, Böden, Winkeln, Kellern, Gängen und Verliesen, schon Brot für den Fall deponiert, daß er noch ein paar Tage würde auf die Amerikaner warten müssen. Dann aber war er in letzter Minute doch auf einen LKW geklettert.

Jetzt werden die Ratten das Brot gefressen haben, dachte er.

Ein Gegenstand klirrte auf die Fliesen. Ferdinand Pistol schrak zusammen.

Die Hälfte der Erkennungsmarke war abgebrochen.

Zuerst wollte er sich nach ihr bücken. Dann aber unterließ er es und schob das Blechteilchen mit dem Fuß in eine Ecke.

Wenn man das Ding nach Deutschland schickte, würden sie mich in den Papieren als Verlust abbuchen! Dann wäre ich karteimäßig schon tot!

Er begann das Blechsegment erneut auf den Fliesen hin und her zu schieben, rückte es bis an den Rand eines kleinen Wasserablaufs am Boden. Der Gedanke, es hineinfallen, für immer verschwinden zu lassen, war verlockend. Doch Ferdinand Pistol zögerte, ihm den letzten Stoß zu versetzen. Plötzlich überfiel ihn Verzweiflung. Sie stürzte auf ihn nieder wie eine fallende Mauer. Sie erstickte alle Vernunft.

Er fiel in sich zusammen, rutschte an der Wand nieder, blieb auf den Fliesen liegen, ein hilfloses, zuckendes, stöhnendes Bündel Mensch. Die Brille entglitt ihm, verbog sich.

Während seine Hände den feuchten, steinernen Boden spürten, griff ihn Ekel an, Ekel vor der Widerlichkeit dieses Raumes, vor der eigenen Schwäche. Die Hoffnungslosigkeit umschloß ihn wie dichter Nebel, der alle Sicht nimmt. Die gemachte Gelassenheit, mit der Ferdinand Pistol sich solange vor den Widrigkeiten dieses Daseins abzuschirmen gesucht hatte, war brüchig geworden und zerfiel. Jetzt schüttelte ihn die Verzweiflung. Er sah sich ihr nackt und bloß ausgeliefert. Er war allein. Das Alleinsein war das bitterste.

Ferdinand Pistol legte den Kopf auf die Arme und begann heiser zu weinen. Sein Jammer fand in der Einsamkeit der Arrestzelle keinen Widerhall. Sein Schluchzen taumelte in dem Fliesenkasten umher. Es erleichterte nicht.

So lag er bis in den Abend hinein und bis eine Bewegung draußen vor dem Fenster an seine Sinne rührte.

„Pistol?“ rief jemand unterdrückt, „Ferdinand?“

Er fühlte sich leer und zerschlagen, als er aufstand. Er hielt sich seitlich vom Fenster.

„Ferdinand? Schläfst du?“

Er schob das Gesicht ans Gitter, erkannte undeutlich Eisermann, der draußen stand und sich fortwährend umblickte.

„Soll ich mir die Lunge aus dem Halse schreien?“ fragte der rothaarige Gefreite. Dann aber bemerkte er Ferdinand Pistols verändertes Aussehen und die fremde Zerrissenheit des Gesichts. „Mein Gott – was hast du? Bist du krank? Wo ist deine Brille?“

„Es ist schon gut“, murmelte Ferdinand Pistol. Er trat in den Schatten des Raumes zurück.

Eisermann kam dicht an die Hauswand, steckte die Hand durchs Fenstergitter:

„Hier! Nimm doch!“

Ferdinand Pistol fühlte etwas Leichtes, Glattes. Er erkannte nicht sogleich, was der andere ihm gegeben hatte.

„Laß dich damit nicht erwischen!“ warnte Eisermann. Und schon entfernte er sich wieder.

„Eisermann!“ rief Ferdinand Pistol, „so warte doch!“

Aber Eisermann war bereits fort. Wenig später hörte Ferdinand Pistol Feldwebel Knothe in einiger Entfernung fragen: „Was treibst du dich hier herum, Eisermann? Ich geb' dich gleich Beschäftigung! Hast du nichts am Wagen zu tun? Salzknabe!“

„Doch, Herr Feldwebel!“ antwortete Eisermann. „Ich war bloß mal austreten.“

„Wozu ist die Latrine da, Pfeife! Schifft sich der Kerl aus, wo's ihm gerade paßt. Los – verschwinde! Wir sprechen uns morgen noch! Absolut!“

Schritte verklangen.

Wieder war es still.

Ferdinand Pistol hockte sich hin, suchte auf den Fliesen nach seiner Brille. Als er sie gefunden hatte, besah er Eisermanns Mitbringsel. Es war die Glasröhre mit der Zigarre.

Er fand auch Streichhölzer, die Eisermann durchs Fenster geworfen hatte. Während des Rauchens liefen Ferdinand Pistol wieder Tränen übers Gesicht. Aber jetzt mußte er lächeln, beschämt, erlöst. Es hatte also doch jemand an ihn gedacht! Er war nicht allein gewesen.

Ferdinand Pistol hoffte, daß Eisermann noch einmal wiederkäme. Aber er wußte nicht, was er ihm hätte sagen sollen. Vielleicht war auch gar nichts zu sagen.

Er rauchte die Zigarre zur Hälfte auf, gab acht, daß die Asche nicht herunterfiel. Er fürchtete, sie könnte Spuren hinterlassen, die von der Wache bemerkt werden würden. Schließlich kam er darauf, die Asche über dem Abflußloch im Boden abzustreifen. Er fand die halbe Erkennungsmarke wieder und kratzte damit die Glut aus dem Zigarrenrest. Dann steckte er das Blechstückchen in die Hosentasche. Die halbe Zigarre wollte er in der Nacht rauchen. Das Glasröhrchen warf er aus dem Fenster. Es zersprang an der Wand des Bretterkioskes.

Endlich schlief er ein. Auch jetzt noch stand ein Lächeln um seinen Mund. Daß seine Gefangenschaft nicht mehr lange dauern würde, konnte er nicht ahnen. Entlassungen kamen hier so unvermittelt zustande wie Urteile.

Todtenberg privat

In einem dreiarmigen Silberleuchter brannten hohe Wachskerzen. Es war Abend geworden. Todtenberg trug einen Hausmantel aus schwarzer Seide, die von krausen, gelben Stickereien bedeckt war. An Stelle der Dienststiefel hatte der Oberstabsarzt nun Pantoffeln aus feinem rotem Saffian angezogen. Er saß in einem verchromten Feldstuhl, den Trabnach irgendwo in Chénières requiriert hatte. Der geschniegelte Putzerobergefreite war damit beschäftigt, in einem Koffer frische Wäsche zu ordnen.

Auf einem Tischchen neben Todtenberg stand ein Mokkaservice. Eine angerauchte Zigarre schwelte im Aschenbecher. Der Kerzenschein gab dem Raum ein gewisses feierlich-häusliches Aussehen. Die längs der Wände aufgestellten und mit Teppichen und brokatnen Decken kaschierten Gepäckstücke des Oberstabsarztes wurden in dem Halblicht wirklichen Möbeln ähnlich. Es roch nach starkem Kaffee, guten Zigarren und strengem Herrenparfüm. Von draußen drang das ruhige Brummen eines Motors herein.

„Wie lange wird es noch dauern, Trabnach?“ fragte Todtenberg, während er zur Decke aufschaute, wo eine starke Glühbirne hing.

Trabnach balancierte eine runde Kragenschachtel wie eine Torte auf den Händen: „Das Licht muß jeden Augenblick kommen, Herr Oberstabsarzt.“

„Hoffen wir, daß Sie recht haben“, erwiderte Todtenberg freundlich. „Haben Sie sich versichert, daß die Verdunklung schließt?“

„Ich habe alles genau überprüft“, bestätigte Trabnach beflissen.

Todtenberg goß den Rest des Kaffees aus dem Mokkakännchen in die Tasse, sah wieder zu der Glühbirne auf. Dann fragte er: „Sie sind gerne Soldat, Trabnach?“ Kaum merklicher Spott zuckte um die Mundwinkel des Oberstabsarztes.

„Jawohl.“ Trabnach grinste glücklich.

„Sie haben noch keinen Unteroffizierslehrgang mitgemacht?“

„Nein, Herr Oberstabsarzt. Es bot sich bis jetzt keine Gelegenheit.“

„Das ließe sich möglicherweise einrichten, Trabnach. Aber Sie müßten dann fort von hier.“ Wohlwollend setzte Todtenberg hinzu: „Unter Umständen könnte ich Ihnen die Tressen auch so beschaffen.“

Trabnach stand stramm. Er hatte rote Ohren und strahlte: „Ich werde alles tun, um mich Ihres Vertrauens würdig zu erweisen. Es würde mir aber leid tun, wenn ich Sie verlassen müßte.“

„Schon gut.“ Todtenberg lächelte geschmeichelt.

„Ich würde gern . . . wenn ich . . . gestatten Sie eine Bitte?“ Nach diesem Anlauf verstummte Trabnach drucksend.

„Reden Sie nur“, forderte der Oberstabsarzt milde.

„Ich würde am liebsten hierbleiben und als ‚steriler' Assistent bei Ihnen arbeiten."

„Das ist nicht ganz so leicht", Todtenberg wiegte sanft den Kopf, „vorläufig hat diesen Posten noch der Obergefreite Pistol inne. Er arbeitet schon lange im OP und hat Erfahrung. Ich sehe keine Möglichkeit, ihn von dieser Funktion zu entbinden. Sie müssen das begreifen. Später wird sich schon eine Möglichkeit ergeben. Ich weiß ja, daß Sie sehr bemüht sind, Trabnach." Todtenberg liebkoste seine Tasse mit den Fingerspitzen.

„Zu Befehl, Herr Oberstabsarzt!" sagte Trabnach korrekt, wenn auch etwas enttäuscht. Er ging wieder zu dem Wäschekoffer und fuhr in seiner Arbeit fort.

„Haben Sie Ihre Sonderration vom Furier erhalten?" fragte Todtenberg ablenkend.

Trabnach bejahte.

„Eisermann auch?"

„Jawohl."

„Ist Ihnen der Cognac ausgehändigt worden?"

„Jawohl, Herr Oberstabsarzt."

Todtenberg nickte und ließ seinen Blick über die Reihe der kleineren und größeren Kunstgegenstände schweifen, die auf verschiedenen Koffern standen. Man hatte sie in Chénières dem Schloßkastellan abgenommen.

Eine Madonna aus rissigem, abgeschliffenem Holz gehörte zu diesem Fundus schöngeistiger Kriegsbeute, ferner zwei Porzellanfiguren, Pierrot und Colombine darstellend, Fayencen, Miniaturen in Elfenbeinfassungen und sehr alte Stiche von Paris. Den Mittelpunkt der kleinen Sammlung bildete eine Antiquität aus getriebenem grauem Silber, eine höfische Musikkapelle aus mehreren handgroßen Figuren. Die Köpfe der Musikanten wurden von empfindlichen Federmechanismen gehalten, so daß sie bei der geringsten Erschütterung des Bodens zu nicken begannen. Daher zeigten sie ständig eine gewisse Scheinlebendigkeit.

Jetzt ging das Licht an.

„Gleißende Helligkeit schoß in den Raum.

Todtenberg und Trabnach blinzelten wie verschlafene Kinder.

Das fahrbare Stromaggregat von HV 7 wurde für gewöhnlich nur in Betrieb genommen, wenn bei vielen Verwundetenzugängen die großen Strahler im OP Tag und Nacht brennen mußten. Das Aggregat wurde mit Benzin gespeist. Der Sprit war knapp. Daß Todtenberg das Aggregat heute für sich laufen ließ, hatte seinen Grund.

Kurz nach dem Aufflammen des Lichts erschien Feldwebel Knothe. Er fragte, ob Todtenberg noch Befehle habe. Der Oberstabsarzt war gerade mit einer neuen Zigarre beschäftigt. Er nahm sie behutsam aus ihrem Glasbehältnis, schnitt sorgfältig das Mundstück ein, steckte sie in Brand. Knothe schaute begierig zu.

„Nein, Feldwebel Knothe“, sagte Todtenberg langsam, aufmerksam den ersten winzigen Aschenkegel der Zigarre betrachtend. „Aber was mir da noch einfällt – Sie könnten diesen Pistol aus dem Arrest lassen, nicht wahr? Er hat lange genug gesessen.“

„Noch heute abend, Herr Oberstabsarzt?“ fragte Knothe, wobei er zwischen Todtenbergs Gesicht und der Zigarre hin und her blickte.

„Ja – natürlich!“ entschied Todtenberg etwas ungeduldig. Er wandte sich an Trabnach: „Und Sie gehen zur Küche und besorgen mir noch ein Kännchen Mokka. Wenn kein heißes Wasser mehr da ist, dann soll man welches machen. Sie brauchen sich nicht zu beeilen.“

Feldwebel Knothe salutierte vorschriftsmäßig wie ein Rekrut. Er war stets bemüht, den Oberstabsarzt zufriedenzustellen. Er hoffte darauf, daß der Vorgesetzte sich höheren Orts wegen seiner Beförderung zum Oberfeldwebel verwenden würde.

Nachdem man ihn alleingelassen hatte, konnte Todtenberg den Feldwebel und Trabnach vor der Hoftür reden hören.

„Geklaut – sagen Sie?" fragte Knothe.

„Als wir aus Chabrie zurückkamen, war die Zigarre weg", erklärte Trabnach.

„Wer kann sie sich nur unter den Nagel gerissen haben?"

„Außer Eisermann war niemand da, Herr Feldwebel."

„Den knöpf' ich mir morgen vor!"

„Ich habe eine Flasche Schnaps für Sie!" sagte Trabnach eifrig.

„Wenigstens was."

Danach war nichts mehr zu verstehen.

Todtenberg legte seine Zigarre in den Aschenbecher. Die schneeweiße Spitze brach ab, aber er achtete nicht darauf. Er stand auf, reckte den kleinen Körper. Dann wurden seine Bewegungen weich, gleitend, fast anmutig. Auf dieses Alleinsein hatte Todtenberg gewartet. Jetzt konnte er sich ungestört dem Glück hingeben, einen außerordentlichen, nie erträumten Schatz zu betrachten. Dort war das Bild!

Ein Fragonard!

Ein echter Fragonard!

Das Bild stand, gegen die Wand gelehnt, auf einem rohrbeschlagenen Kabinenkoffer. Todtenberg hatte es gleich nach der Rückkehr aus Chabrie von dem Packpapier befreit und mit einem Tischtuch verhängt. Nun ging er langsam hin, wie bei einer Feierlichkeit, und nahm das Tuch herunter. Dann trat er zurück, damit das Licht voll aufs Bild fallen konnte.

„Wie schön!" sagte er leise zu sich. „Wann hätte ich das jemals erwarten dürfen." Seine Augen glänzten.

Todtenberg ging wiederum auf das Bild zu, hockte sich davor nieder, nahm es dann hoch, so daß er die Altersbrüchigkeit des goldenen Rahmens und die braune, rauchige Patina des Leinwandfirnisses genau erkennen konnte. Er stellte es erneut auf den Kabinenkoffer, überprüfte die Lichtwirkungen.

Während er auf seinen Saffianpantoffeln hin und her glitt, nickten die kleinen silbernen Musikantenfiguren emsig mit den Köpfen. Das erweckte den Anschein, als musizierten sie tatsächlich auf ihren winzigen Bratschen, Violen und Celli.

Schließlich nahm Todtenberg in dem Feldstuhl Platz, um das Bild aus einigem Abstand auf sich wirken zu lassen. Die Zigarre war erloschen. Er mußte sie erneut anzünden.

Der Oberstabsarzt vergaß die Umgebung. Vorhandensein und Anblick des Bildes hoben ihn heraus aus der widerlichen, zähen Langeweile von HV 7. Er schmeckte wieder etwas von der Köstlichkeit häuslicher Mußestunden in seiner schönen Privatwohnung an der Königsallee in Düsseldorf. Diese Wohnung war das, was ihm am meisten fehlte. Das Bild besänftigte sein Heimweh.

Wenn er in der hiesigen Umgebung von brüllenden Unteroffizieren, schmutzig-schweißigen Uniformen, unrasierten Soldaten, blakenden Feldküchen, von Fußlappen und scheppernden Kochgeschirren an die kultivierte Stille seines Zuhause dachte, dann erschien es ihm wie ein fernes, traumhaftes Eldorado.

Todtenberg hatte stets eifersüchtig über die freie Zeit gewacht, die ihm sein ärztlicher Beruf übrigließ.

Und dies war die Lust solcher Stunden gewesen: sich bei einem Glas alten süßen Weins und einer vorzüglichen Zigarre mit den vielen künstlerischen Kostbarkeiten zu beschäftigen, die er im Laufe der Jahre in seiner Wohnung zusammengetragen hatte – mit Kupferstichen aus der Zeit Dürers und Cranachs, mit mittelalterlichen Schnitzereien vom Niederrhein, mit hauchdünnen, drachenverzierten asiatischen Vasen, mit seltsam geschliffenen seegrünen und rubinroten Gläsern aus Böhmen, mit Terrakotten oder diamanten reflektierenden venezianischen Spiegeln. Manchmal war es ihm bereits ein Genuß gewesen, auf den dicken weichen Teppichen einherzugehen.

Todtenberg hatte allein in dieser schönen Wohnung gelebt. Selten und auch dann nur für kurze Zeit teilte er sie mit einer teuren Frau, die er sich kaufte und die er mehr als

Toilettengegenstand denn als Menschen ansah. Die Wohnung war die Burg seines Selbstgefühls gewesen.

Todtenberg hatte sorgsam Auswahl getroffen, wenn er jemand zu sich lud. Die hohen Nazi-Funktionäre, deren Frauen zu seinen Patienten gehörten, verstanden nichts von den Kostbarkeiten, die er ihnen zeigte und erklärte. Doch sie bewunderten und beneideten ihn. Dafür war er stets empfänglich gewesen.

Was Todtenberg am Faschismus nicht gefallen hatte, das waren die blökenden SA-Kolonnen, die Fahnen, die Formeln, die Symbole und der Tamtam gewesen. Im übrigen aber hatte er das Regime schnell schätzen gelernt. Seit Jahren akzeptierte er es nun voll und ganz. Er war Mitglied der NSDAP und der nazistischen Ärztekammer. Er fühlte sich geborgen in dem scheinbar allgewaltigen Machtkreis des Faschismus.

Wie viele schwache Menschen liebte Todtenberg die Macht.

Er hatte sich als Schuljunge häufig von Klassenprügeln freikaufen müssen. Er war immer ein Hämchen gewesen.

Daß man ihn eingezogen hatte, mißfiel Todtenberg außerordentlich.

Er versuchte seinen würgenden Abscheu vor der schmutziggrauen Welt militärischer Organisation hinter mathematisch korrektem Auftreten zu verbergen. Aber das Bewußtsein, im Raume von HV 7 herrschen zu können, befriedigte ihn durchaus nicht. Bis jetzt hatte er hier nichts gefunden, das wert gewesen wäre, beherrscht zu werden. Die Menschen seiner Umgebung waren ihm im Grunde höchst gleichgültig – auch die Chargen wie Knothe, auch die Halboffiziere wie der Apotheker oder der Schirrmeister. Die Mannschaft haßte er wegen ihrer kreatürlichen Armseligkeit; eine Sklavenherde. Wenn er sich diesem oder jenem leutselig gab, dann war das nichts anderes als eine Freundlichkeit gegenüber Dienstboten. Trabnachs Diensteifer widerte ihn zuweilen an. Knothe hätte er im normalen Leben nicht die Hand gegeben.

Todtenberg hatte sich fürchterlich gelangweilt.

Das Bild versöhnte ihn mit seiner Lage. Er fand es jetzt fast dankenswert, daß man ihn eingezogen, daß der Krieg ihn hierherverschlagen hatte. Wie anders hätte er sonst in den Besitz dieses Stückes kommen können? Er hatte bisher nur Reproduktionen davon gesehen.

Dort stand es nun – bräunlich schon und in duftigen, wehenden Farben gemalt, unverkennbar ein Werk aus der Mitte des 18. Jahrhunderts, aus der Zeit Louis XV. Es war gewiß so alt wie die Anlage von Reinegarde.

Die erschütternden Begleitumstände, unter denen Todtenberg es am Nachmittag in Chabrie an sich gebracht hatte, verursachten ihm nicht die geringsten Skrupel. Der Brand, die Trümmer, die Deportation, das Elend der Stadt beschäftigten ihn nicht. Der Zauber des alten Bildes hatte Todtenberg in eine Hochstimmung versetzt. Er fand sich hineingezogen in die Stille der lieblichen Landschaft auf dem Bilde, er trat in die Nähe jenes anmutigen Hoffräuleins, das aus verspielter Laune die Initialen eines Liebhabers in die Rinde eines Baumes schnitt. Die Glückseligkeit des Habens und Genießens durchströmte Todtenberg.

Er bot den Anblick eines Verzückten.

Plötzlich setzte er sich auf. Spannung straffte seine Züge. Irgend etwas an dem Bild erschien ihm mit einem Male fremd und zweifelhaft. Er begriff nicht sofort, worin es bestand. Dann jedoch verfing sein Blick sich an der Stelle, wo der Maler einen kleinen weißen Hund neben das Hoffräulein gesetzt hatte. Der Hund saß auf der Erde und sah zu seiner Herrin empor.

„Das wäre ja ...“, sagte Todtenberg mit enger Kehle, „aber nein, ich muß mich irren. Es ist eine Verwechslung.“

Angestrengt versuchte er, sich die Einzelheiten der Reproduktion dieses Bildes ins Gedächtnis zurückzurufen. Ihm war so, als habe er das weiße Hündchen damals auf einer Bank sitzen sehen, neben einigen Tüchern. Hier aber saß es auf der Erde!

Die Furcht, eine Enttäuschung zu erleben, hielt Todtenberg auf seinem Platze fest. Die Brauen in seinem Gesicht zuckten. Am liebsten wäre er sogleich hingelaufen, um das Gemälde in genauen Augenschein zu nehmen. Die Angst hinderte ihn aufzustehen. Als er sich schließlich erhob, klopfte es. Todtenberg stieß einen Laut des Unwillens aus.

In der Tür erschien Schwester Roswitha, eine vierzigjährige grauhaarige Frau von untersetzter Statur und verschlossenem Gesichtsausdruck. Sie hatte die ruhigen Bewegungen einer Bäuerin oder Waschfrau. Während sie hereinkam, begannen die silbernen Musikantenfiguren wieder leise mit den Köpfen zu nicken.

„Guten Abend."

„Was wollen Sie?" fragte Todtenberg, ohne ihren Gruß zu erwidern.

„Ich komme wegen des alten Franzosen", sagte sie. „Wir brauchen neue Kochsalzlösung."

„Was habe i c h damit zu tun! Handele ich mit Kochsalzlösung? Wenden Sie sich an den Obergefreiten Trabnach!"

„Trabnach hat keine Zeit. Er holt Kaffee für Sie."

„Dann warten Sie, bis er zurück ist."

„Ich kann den Patienten nicht solange allein lassen. Er ist sehr schwach. Ich brauche die Ampullen sofort!"

Der Ärger trieb Todtenberg Schauer über den Leib. Wollte diese Frau ihn verspotten? Was kümmerte ihn diese alberne Kochsalzlösung mitsamt dem alten Franzosen! Er zwang sich, ruhig zu sprechen: „Schicken Sie Schwester Friedel zum Apotheker!"

„Schwester Friedel hat keinen Dienst, und der Apotheker ist mit einem LKW unterwegs."

Todtenberg entgegnete scharf: „Dann teilen Sie Schwester Friedel mit, daß es hier kein Dienstfrei gibt!"

Schwester Roswitha schaute Todtenberg aus ihren tiefliegenden grauen Augen ruhig an. Es dauerte nicht lange, und er schlug den Blick nieder.

„Machen Sie, was Sie wollen", sagte er mürrisch.

„S i e tragen die Verantwortung, Herr Oberstabsarzt!"

„Mit den Medikamenten muß sparsam umgegangen werden. Wir brauchen sie für die eigenen Leute."

„Wenn der Patient am Leben bleiben soll, braucht er Kochsalzlösung!"

„Also gut", entschied Todtenberg endlich, leise zitternd. „Sagen Sie dem Trabnach, daß er das Zeug sofort herausgeben soll. Aber kommen Sie nicht später angejammert, weil es knapp geworden ist!" Als die Schwester bereits in der Tür war, fügte er hinzu: „Die Ausgabe muß eingetragen werden!"

„Es ist nicht nötig, daß Sie mich daran erinnern."

Todtenberg blieb verblüfft bei seinem Stuhle stehen, bis ihre Schritte auf dem Flur verklungen waren. Was fiel diesem Weib ein, derart mit ihm zu reden?! Woher nahm sie ihre Sicherheit? Kam er ihr lächerlich vor? Todtenberg lauschte, ohne zu wissen, worauf. Nur das Brummen des Aggregats war zu hören.

Er nahm das Bild schnell von seinem Platz, trug es in die Mitte des Raumes, unters Licht. Er atmete heftig. Sein Blick wanderte ruhelos forschend über die mattglänzende rissige Oberfläche der Leinwand. Er schien die Farbkruste aufstechen und ihren Untergrund prüfen zu wollen. Todtenberg konnte nichts feststellen, was seine Zweifel bestätigt hätte. Aber immerhin – der kleine weiße Hund saß auf der Erde.

Ich bringe das wahrscheinlich mit Einzelheiten von anderen Bildern durcheinander, dachte Todtenberg. Zu jener Zeit haben ja viele Künstler in dieser Art gemalt – Watteau, Nicolas Lancret und François Boucher. Das ist ein Genre. Und hier steht doch auch „Jean-Honoré Fragonard", nebst der Jahreszahl 1766.

Todtenberg suchte sich mit dem Gedanken zu beruhigen, daß die allzu plötzliche, unglaublich überraschende Bescherung dieses Werkes ihn kleingläubig gemacht habe. Schließlich drehte er das Bild um.

Es war nicht echt!

Es war bestenfalls eine Kopie. Todtenberg sah es sogleich an den Kanten der umgeschlagenen Leinwand, die unzweifelhaft maschinell gewirkt und nicht älter als fünfzig Jahre war, höchstens hundert. Auch war sie in dem Rahmen nicht festgeklemmt, sondern mit verhältnismäßig modernen Reißzwecken befestigt.

Todtenberg setzte sich in den Feldstuhl, das Bild zwischen den Knien. Er ächzte, sein Atem ging schwer, ruckartig. Das Kinn begann zu zittern. Kinder bieten diesen Anblick, bevor sie zu weinen beginnen. Todtenberg stöhnte.

Er nahm das Bild wiederum hoch, starrte es an. Aber nun, da er um seine Wertlosigkeit wußte, berührte ihn der Zauber der Darstellung ebensowenig, wie es die Illustration einer Schokoladenpackung vermocht hätte. Todtenberg fühlte sich auf ungeheuerliche Weise genarrt.

„So eine Niedertracht!" keuchte er mit verzerrtem Gesicht, „so ein blöder Spott!"

Er sprang auf und schlug das Bild mit aller Kraft gegen die Ecke des Kabinenkoffers.

Der Rahmen splitterte auf, Brocken goldenen Zierats flogen in den Raum. Die Leinwand zerriß kreischend.

Todtenberg taumelte wie ein Trunkener zu dem Feldstuhl. Sein Blick wurde leer. So in dem starken, unerbittlichen Licht der Glühlampe sitzend, verharrte er, bis Trabnach mit dem Kaffee erschien.

Das dienstfertige Grinsen des Putzers erlosch, als er des zerschlagenen Bildes gewahr wurde. Todtenberg sah ihn böse von unten an. Er bebte noch immer vor Erregung.

„Was stehen Sie da herum? Worüber wundern Sie sich?" fauchte er.

„Vielleicht ... Herr Oberstabsarzt ... wenn man es klebt?" stammelte Trabnach.

„Man sollte Ihnen den Verstand kleben! Schaffen Sie hier Ordnung! Wollen Sie eine besondere Einladung?"

Trabnach beeilte sich, den Kaffee abzusetzen. Dabei stolperte er über den Teppich, schlug lang hin. Das Mokkakännchen zerklirrte auf dem Fußboden. Die Musikantenfigürchen nickten wie irrsinnig mit den Köpfen.

Todtenberg griff sich an die Schläfen und lief hinaus. Er rannte durch den dunklen Flur, machte erst vor dem Hause halt, wo er sich an den Türpfosten lehnte und wartete, bis das Zittern seiner Glieder etwas nachgelassen hatte. Dann schlug er die Augen auf.

Das erste, was er sah, waren zwei Menschen, die über den mondbeschienenen Hof fortgingen und ihn offenbar nicht bemerkt hatten. Es waren Harry Salandt und Schwester Friedel. Todtenberg erkannte den Gefreiten sogleich an dem weißen Kopfverband.

Die beiden gingen langsam in die große Plantanenallee hinein. Sie sprachen gedämpft, Harry lachte leise. Schwester Friedel hatte ihm eine Hand auf die Schulter gelegt. Todtenberg empfand den Anblick als eine Herausforderung. Die Vertrautheit der beiden reizte ihn übermächtig, ließ ihn die Öde seines Daseins besonders nachdrücklich spüren. Da gab es also Menschen in seiner Umgebung, die glücklich waren, die die Kraft besaßen, sich aneinander zu freuen!

Der Verdruß über die eigene Unbill schlug in neidvolle Gehässigkeit um. Dieser Zug kennzeichnete Todtenbergs Wesen von Kindheit an – wenn er selbst unglücklich war, bestritt er auch jedem anderen das Recht, froh zu sein.

Jetzt machte er einige gehemmte Schritte, wie ein schlechter Schauspieler, der stummen Zorn zu spielen hat. Er wollte hinter den beiden herlaufen, sie schneidend scharf anrufen. Sie würden zusammenzucken, ihre stammelnde Befangenheit würde ihm wohltun.

Aber Todtenberg brachte außer einem dünnen Keuchen nichts heraus; sein Anruf hätte ohnehin nur schwach und matt geklungen. Der Kies stach ihn heftig durch die dünnen Sohlen seiner Saffianpantoffeln. So mußte er stehenbleiben, sah sich wiederum gefoppt.

Harry und Friedel entfernten sich immer weiter und verschwanden schließlich im Dunkel unter den mächtigen Bäumen. Auf dem Kraftfahrzeughof sangen einige Leute langgezogen das Lied von Mariechen, die weinend im Garten sitzt.

Als der Oberstabsarzt in sein Quartier zurückkehrte, hatte Trabnach die Trümmer des Bildes und die Porzellanscherben bereits aufgelesen. Furchtsam erwartete er, was kommen sollte. Todtenberg blieb vor ihm stehen. Er schoß seine Frage ab wie ein Steinchen vom Katapult: „Was ist mit diesem Salandt?"

Trabnach starrte ihn verständnislos an.

„Was mit diesem Salandt los ist, frage ich!"

„Sie haben ihn heute entlassen."

„Das weiß ich selbst", fuhr ihn Todtenberg an. „Ich habe nicht gewußt, daß Sie so beschränkt sind. Halten Sie Ihre Augen gefälligst offen! Den Motor sofort ausmachen, das Aggregat!"

Trabnach deutete ängstlich auf die Überreste des Fragonard.

„Hinaus damit!"

Trabnach beeilte sich zu verschwinden.

Die Einsamkeit kroch Todtenberg wieder an. Er setzte sich auf den Rand des Feldbettes, starrte die grotesk scheinlebendigen Silbermusikanten an. Doch er betrachtete sie nicht. Ihr Kopfnicken gab seinem Blick lediglich Halt. Todtenbergs Gedanken kreisten hastig und böse um den jungen Soldaten und die Schwester, die sich nun irgendwo im Park ergingen. Er bildete sich ein, sie heiter flüstern, leise lachen zu hören. Er fühlte sich zurückgesetzt. Demütigung und Verärgerung mündeten ein in tiefen Zorn auf die beiden. Die Aussicht, zwischen Harry und Friedel etwas zerbrechen zu können, reizte ihn. Er würde sehen, wie es um sie stand!

Er würde sich darum schon kümmern!

Alkohol löst die Zunge

„Gestern waren noch Treppen und Flure da, Stockwerke mit festen Wänden, Fenstern und Türen, mit Dielen und Dekken – und jetzt ist alles ein Haufen von auseinandergerissenen Balken, Steinen und verbogenen Wasserrohren. Jeder Nagel hat einmal Geld gekostet." Eisermann verstummte und schnaufte. Dann sagte er: „Wir wollen das Zeug austrinken. Wer weiß, was morgen ist."

Er tastete nach der Flasche, die zwischen ihnen auf dem Boden stand, und goß die Aluminiumbecher halb voll. Seine Stimme klang rauh: „Da – trink schon, Pistol! Du kannst froh sein, daß sie dich aus dem Bau gelassen haben."

„Ich hab' mich selbst gewundert", sagte Ferdinand Pistol. Dann setzte er den Becher an die Lippen.

„Unser Herr Chef hatte gute Laune, das ist der ganze Grund."

Der Cognac schmeckte gut. Er brannte überhaupt nicht in der Kehle. Das Getränk, das sonst gelegentlich an die Mannschaften ausgegeben wurde, war übler Fusel und stank. Dieser Cognac aber erfüllte den ganzen Raum mit feinem Traubenduft.

Ferdinand Pistol und der dicke Eisermann befanden sich in ihrer Unterkunft in einem der Kavaliershäuser am Hofe. Sie hockten auf Strohsäcken einander gegenüber. Die Fenster standen offen. So war es, obwohl keine Kerze brannte, nicht ganz dunkel. Ein von den Baumkronen des Parks filtrierter Teil des Mondlichts gelangte in den engen, staubheißen Mauerkasten. Diese Dämmerung ergab jene Atmosphäre, in der man leise, aber offen spricht. Vom anderen sind nur die Umrisse zu erkennen. Die Stimme jedoch teilt jede Schwingung und Stufung des Gefühls mit.

Eisermann schüttelte die Flasche, um festzustellen, wieviel sie noch enthielt. Ferdinand Pistol lächelte insgeheim, als er sich an das Wiedersehen mit Eisermann nach seiner Arreststrafe erinnerte. Der rothaarige Gefreite war verlegen, fast abweisend in seiner Art gewesen. Ferdinand Pistol hatte unterlassen, ihm für die Zigarre zu danken. Auch ließ sich ja das, wofür er in Wirklichkeit zu danken hatte, nicht mit wenigen Worten erklären. Erst mit dem Trinken war Eisermann umgänglicher geworden.

„Ich habe nicht damit gerechnet, daß wir heute abend zusammensitzen und Cognac trinken würden, Eisermann", sagte Ferdinand Pistol herzlich.

„Ich auch nicht", erwiderte der andere. „Ich habe an alles, nur nicht an den Schnaps gedacht. Aber was soll man tun, wenn es welchen gibt? Trinkst du ihn nicht, so trinkt ihn ein anderer. Man muß mitnehmen, was man kriegt. Viel ist's sowieso nicht." Das Papier der Sonderration, die er neben dem Cognac für die Fahrt nach Chabrie empfangen hatte, raschelte. Eisermann reichte Ferdinand Pistol einen Riegel Schokolade und eine Zigarette hinüber.

„Du solltest das lieber behalten, du hast doch immer Hunger."

„Laß man, es reicht doch nicht hin und her", erwiderte Eisermann kauend. Er knüllte die paraffinierte Schachtel der Sonderration zusammen, warf sie fort. „Uns bescheißen sie sowieso. Die Butter aus Chénières wird wahrscheinlich vergammeln, bevor sie den Sanka aufmachen. Oder sie haben das Zeug schon nach Hause geschickt, die Bonzen. Ich bin heute mittag von dem verfluchten Kunsthonig fast krepiert. Sie würden uns Erde fressen lassen, wenn sie könnten."

„Das stimmt", sagte Ferdinand Pistol langsam. Dann fragte er, ob Eisermann von Zuhause und von seinen Brüdern, die in Rußland standen, Post bekommen habe. Eisermann hatte schon in Chénières auf Nachricht gewartet.

„Nein", sagte der andere bekümmert, „an keinem Tag war etwas dabei."

„Die Post braucht lange von Rußland", suchte Ferdinand Pistol ihn zu trösten.

„Aber mal muß doch welche kommen."

Dann schwiegen sie, lauschten. Das Aggregat, das solange tief und gleichmäßig im Park gebrummt hatte, war jetzt verstummt.

Die Stille erschien tiefer als in anderen Nächten. Wenn im Bereich einer Einheit außergewöhnliche Ruhe herrschte, dann empfahl es sich im allgemeinen, auf der Hut zu sein. Zumeist lag irgend etwas in der Luft, irgendein übler Befehl schwelte wie eine Zündschnur dem Punkte entgegen, wo er mit schrecklicher Plötzlichkeit in Kraft treten sollte. Ferdinand Pistol und Eisermann wußten um die unüberbrückbare Gegensätzlichkeit von Stille und Kommiß. Diese Grunderfahrung des faschistischen Soldatseins hatten sie bereits in der Rekrutenzeit erworben, wo man in jeder Nacht gewärtig sein mußte, daß eine Rotte von Unteroffizieren in die Stuben einbrach, um die vor Verschlafenheit und Schwäche taumelnden Soldaten in einen Exzeß idiotischen An- und Auskleidens zu jagen. Am Ende solcher „Maskenbälle" sahen die Unterkünfte wie ein Trümmerfeld aus.

Nach kurzer Zeit erkannten Ferdinand Pistol und Eisermann, daß gar keine so ungewöhnliche Ruhe herrschte, wie es den Anschein gehabt hatte. Der Park war im Gegenteil voller Geräusche, wie an anderen Abenden auch. Geraune und Geklapper hing in der Luft, fernerhin das gelegentliche Blaffen von mittleren Geschützen. Die Front lebte ja. Sie schlang, trotz des scheinbaren Stillstandes, unaufhörlich die Bahnen von Geschossen und Spähtrupps ineinander.

Vor dem Fenster raschelte es mitunter in der dicken, vielschichtigen Laubdecke, die sich auf dem Parkboden ausbreitete. Das waren Igel oder Mäuse, die auf Nahrungssuche ausgingen.

„Was der Kerl hier mit solchem Bild anfangen will", knurrte Eisermann.

„Seid ihr nur deshalb nach Chabrie gefahren?" fragte Ferdinand Pistol.

„Was denn sonst", antwortete Eisermann wütend.

Er nahm einen Schluck aus dem Becher und fuhr dann fort:

„Mittags hat er noch so getan, als ob ihn die ganze Welt einen Dreck angehe. Da kam der Priester von Reinegarde und wollte zu dem alten Franzosen. Den hat er abgewiesen. Aber als er dann Bescheid wegen des Bildes hatte, da war er ganz aus dem Häuschen – der Lackaffe. Und den Priester hat Knothe rausgeschmissen. Mir ist er auch ein paarmal an den Wagen gefahren, dieses schiefe Maul. Ich werd' morgen in Deckung gehen müssen, um ihm nicht zu begegnen. Aber einmal hau' ich ihm noch was in die Visage!"

„Mach keinen Unsinn! Du ..." Ferdinand Pistol verstummte jäh, hielt den Atem an. Eisermann zog den Kopf ein, instinktiv.

Über ihnen blubberte es in der Luft.

Am Himmel zog eine „V 1" dahin, eines jener seltsamen stummelflügligen Geschoßflugzeuge, die keinen Piloten haben und von furchtbarer Wirkung sind. Diese Raketengeschosse wurden irgendwo im Hinterland abgefeuert und waren auf die alliierten Nachschubhäfen am Kanal gezielt. Trabnach und andere vertraten die Auffassung, daß diese Waffe den Krieg zugunsten Deutschlands entscheiden würde. Es gab aber auch Soldaten, die die Bedeutung der „V 1" zurückhaltender einschätzten – nicht zuletzt auch aus dem Grunde, weil die Projektile häufig weit vor ihren Zielen versagten und in den eigenen Linien detonierten. In den Einschlagtrichtern konnten ganze Dörfer Platz finden. Sobald eine „V 1" auftauchte, mußte man sorgfältig auf das Auspuffgeräusch achten. Setzte der Antrieb aus, dann hieß es Deckung beziehen.

Bei dieser „V 1" knatterte der Auspuff jedoch regelmäßig. Den Feuerschein konnte man wegen der Baumkronen nicht sehen.

„Ich möcht' nicht sein, wo das Ding hinfällt!" Eisermann schluckte schwer.

„Zu dem alten Franzosen wollte der Priester, meinst du?" fragte Ferdinand Pistol.

„Todtenberg hat es selbst gesagt."

„Dann hätte man ihn doch vorlassen müssen!"

„Du siehst ja, wie's ist."

Ferdinand Pistol sog so heftig an seiner Zigarette, daß der Aschenkegel hell aufleuchtete und spitz wurde.

Da war es wieder – ein boshafter, launischer Befehl, ein paar Zeilen Dienstvorschrift enthoben der primitivsten menschlichen Verpflichtungen! Die sogenannte „Ordnung" wurde zur Entschuldigung für Barbarei. Herzensträgheit bildete die Voraussetzung für vorbildlich militärische Lebensart.

„Es hat keinen Sinn, darüber zu reden", sagte Eisermann mit schwerer Zunge, „sie tun doch, was sie wollen. Man muß das Maul halten. So kommt man am besten durch. Wir trinken die Flasche aus – und Sense!"

„Was macht Harry?"

„Er hockt andauernd mit Schwester Friedel zusammen. Sie werden wieder in den Park gegangen sein."

„Du meinst, sie haben etwas miteinander?"

„Sieht so aus."

„Ob das gut ist?" murmelte Ferdinand Pistol.

„Er muß wissen, was er tut."

„Ich fürchte, daß er es nicht weiß. Was hältst du von Schwester Friedel?"

„Es ist nicht viel an ihr dran", sagte Eisermann, „aber sonst scheint sie ein guter Kerl zu sein."

„So ein Mädchen hat hier gar nichts zu suchen."

„Ich wäre auch lieber anderswo, weiß Gott."

Bald darauf erschien der lange Trabnach.

Er trampelte in der Dunkelheit auf den Strohsäcken umher.

„Warum macht ihr kein Licht?" schimpfte er. „Man kann sich den Kopf einrennen!" Trabnach schien durch irgend etwas, das er mit sich führte, in seinen Bewegungen behindert zu sein. Jetzt stieß er mit dem Fuß ein Kochgeschirr um.

Ferdinand Pistol stand auf, zog die Läden vor das Fenster. Dann entzündete er eine Kerze.

Trabnach ging zu seinem Platz und breitete ein Bündel,

das er unter dem Arm getragen hatte, auf dem Strohsack aus. Dann hockte er sich nieder, begann es zu befingern. Das dämmrige Licht ließ Ferdinand Pistol erst nach einer Weile erkennen, worum es sich handelte. Er nahm die Kerze, die in einer leeren Zwei-Zentimeter-Kartusche steckte, und trat näher.

Auf dem Strohsack lag der Fragonard.

Die Leinwand wies Risse auf. Der Rahmen war in den Zargen auseinandergebrochen. Trabnach schob und rückte die Fragmente hin und her, als könne er so dem Bilde Unversehrtheit und Festigkeit wiedergeben. Eisermann hatte außer Trabnachs Erscheinen noch nichts bemerkt, er trank wieder aus seinem Becher, rief ärgerlich herüber: „Pistol! Na, komm schon!“

Doch Ferdinand Pistol reagierte nicht. Der Anblick des zerstörten Bildes bestürzte ihn. Trabnachs hoffnungslose Restaurationsversuche wirkten so rührend wie komisch.

„Wie ist das passiert?“

„Kann ich das wissen?“ erwiderte Trabnach in gekränktem Ton. „Als ich Kaffee holen ging, war es noch ganz. Vielleicht ist es heruntergefallen.“

„Davon könnte es nicht kaputt sein“, sagte Ferdinand Pistol. „Vielleicht hat Todtenberg das Bild vernichtet, weil es nicht echt ist?“

„Was du davon schon verstehst, Pistol!“ fuhr Trabnach gereizt auf. „Meinst du, der Chef hat das Bild extra geholt, um es dann kaputtzumachen?“ Trabnach war offensichtlich verärgert, sich überhaupt auf diese Unterhaltung eingelassen zu haben.

Eisermann, der soeben den Rest des Cognacs in die Becher gefüllt hatte, war aufmerksam geworden. Er näherte sich, die Flasche noch immer in den Händen. Sein rundes Gesicht war verschwollen, die roten Haare standen wüst durcheinander. Er sah aus, als wäre er gerade erwacht. Leicht schwankend blieb er vor Trabnachs Strohsack stehen, schaute auf das Bild hinunter.

„So ...“, sagte er dumpf, „dafür sind wir nach Chabrie gefahren? Dafür hätten wir uns beinahe den Pelz vollballern lassen?“

„Komm weg, Eisermann!“ forderte Ferdinand Pistol, Böses ahnend.

„Scher dich auf deinen Platz!“ sagte Trabnach.

„Dafür ist Zeit!“ fuhr Eisermann fort. Die Trunkenheit verdunkelte seine Stimme. „Alles macht ihr kaputt, ihr Dreckseelen!“ Er stieß Ferdinand Pistol, der ihn wegziehen wollte, zurück. „Die Häuser werden runtergebrannt, die Wohnungen geplündert, die Bilder zertrampelt! Ihr Schweine wißt ja nicht, was eine Sache wert ist – ihr habt euch noch nie die Hände mit ’ner Arbeit schmutzig gemacht. Klauen könnt ihr – und ein großes Maul haben!“

„Red du ja nicht vom Klauen, Eisermann!“ fauchte Trabnach.

„Sogar die Menschen stehlt ihr – lastwagenweise! Die Kinder werden abgefahren wie Kies!“

„Gib lieber die Zigarre heraus!“

„Wie Leichenfledderer haust ihr in der Stadt!“

„Taschendieb!“ schrie Trabnach.

Eisermann schwankte noch stärker, stieß ein Grollen aus. Wie ein Rammbock stürzte er sich auf Trabnach.

Ferdinand Pistol schlug ihm die Flasche aus der Hand. Sie fiel auf den Strohsack, rollte zur Seite. Die Kerze erlosch. Ferdinand Pistol packte Eisermann am Kragen, zerrte ihn unter Aufwendung aller Kräfte zurück.

„Ich werde es melden!“ kreischte Trabnach. „Man wird dich an die Wand stellen – wegen Wehrkraftzersetzung! Mit Leuten deines Schlages macht man kurzen Prozeß!“

„Ich werd’ dich schon – zerfetzen!“ keuchte Eisermann, während er sich Ferdinand Pistols Griff zu entwinden suchte. „Ich krieg dich schon, du Spitzel!“

„Es ist genug!“ Ferdinand Pistol zerrte Eisermann weiter fort. Der rothaarige Gefreite schlug um sich. Die Trinkbecher gerieten ihnen unter die Füße. Der Cognac lief aus.

„Hüte dich, Trabnach! Ich schlag' dir alle Knochen kaputt!" brüllte Eisermann. Dann geriet er ins Fallen, riß Ferdinand Pistol mit sich. Sie stürzten schwer zu Boden.

„Vor dir hab' ich schon gar keine Angst", sagte Trabnach dünn.

Nun trat Ruhe ein. Vorübergehend war nur das heftige Atmen der drei zu hören. Schließlich riß Trabnach ein Streichholz an. Dann entzündete er, sich wiederholt nach Eisermann umsehend, eine dicke Kerze aus seinem Bestand.

„Stiesel, saublöder", knurrte Eisermann, wobei er sich aufzusetzen versuchte. Nachdem es ihm gelungen war, schaute er verblüfft zur Tür. Dort stand jemand.

Harry Salandt kam herein. „Warum schlagt ihr euch?" fragte er, eher verwundert als erschrocken.

„Es ist schon erledigt", sagte Ferdinand Pistol. Er hatte in die Cognaclache am Boden gegriffen und wischte sich nun die Hand am Hosenbein ab.

Harry ging zu seinem Platz und zog die Schuhe aus. Sein Blick und der entspannte Gesichtsausdruck deuteten darauf hin, daß er in Gedanken ganz woanders war.

„Wo kommst du her?" fragte Trabnach unvermittelt.

„Was geht es dich an?"

„Deinetwegen hat der Chef mich angepfiffen. Also – wo warst du?"

„Laß den Salandt in Ruhe, Trabnach!" sagte Eisermann drohend. „Kümmere dich um dein Zeug!"

„Du wirst schon sehen!" stieß Trabnach hervor.

„Ich hab nichts getan", sagte Harry.

„Das wird sich herausstellen!"

„Wenn er jetzt nicht das Maul hält, steh' ich noch einmal auf!" kündigte Eisermann an.

Daraufhin schwieg Trabnach und begann mit verbissenem Eifer seine Stiefel zu putzen. Das rasche Schleifen der Schuhbürste hatte Ähnlichkeit mit hastigem Flüstern.

Die anderen legten sich auf ihren Strohsäcken zurecht. Ferdinand Pistol war erleichtert, daß nun Ruhe herrschte.

Hoffentlich hält Trabnach den Mund, dachte er. Diese Geschichte könnte böse Folgen haben. Immerhin war anzunehmen, daß Trabnach vorerst schweigen würde, aus Furcht vor Eisermann.

Dennoch war Ferdinand Pistol nicht wohl zumute. Diese seltsame Affäre mit dem Bild, Eisermanns Streit mit Trabnach, des langen Obergefreiten Interesse für Harrys Wege – all das deutete auf unangenehme Entwicklungen hin. Selbst nichtige Vorfälle können üble Nachspiele haben. Die Granate wird auch nur durch einen winzigen Zündsatz zur Explosion gebracht. Man mußte auf der Hut sein. Irgend etwas kam immer nach.

Eisermann riß Ferdinand Pistol aus diesen Überlegungen. Er wälzte sich auf die Seite und fragte: „Was machen sie mit den Kindern aus Chabrie, Pistol?"

„Wahrscheinlich kommen sie in ein Lager."

„Und dort?"

„Das weiß man nicht."

„Was kann mit ihnen geschehen?"

„Du mußt nicht danach fragen", murmelte Ferdinand Pistol.

„Man hat sie von ihren Eltern getrennt, Pistol! Es waren nur Kinder auf den letzten LKWs, und ganz kleine darunter. Kannst du dir vorstellen, wie das ist?"

Ferdinand Pistol starrte in die Dunkelheit über sich. „Ein Kind ohne Eltern ist wie ein abgebrochener Zweig."

Eisermann äußerte nun nichts mehr. Als Ferdinand Pistol nach einer Weile zu den Kameraden hinübersah, bemerkte er, daß Harry dem Gespräch gefolgt war. Er hatte den verbundenen Kopf in die Hand gestützt. Er schaute Ferdinand Pistol offen und ernst an.

„Bist du deiner Mutter schon einmal verlorengegangen, als Kind?" fragte Ferdinand Pistol.

„Ja – in einem Warenhaus. Es waren viele Leute um mich herum, aber ich kannte niemand. Ich konnte mich vor Angst nicht bewegen", sagte Harry.

„So ähnlich muß das sein, nur viel schlimmer."

Ferdinand Pistol sah, daß Harry am linken Handgelenk ein Silberkettchen mit Anhänger trug. Also stimmt, was Eisermann über Harry und Schwester Friedel gesagt hat, dachte er. Es ist unklug, das Kettchen so offen zu tragen.

Trabnach blies seine Kerze aus.

Unter dem Nachthimmel knatterte eine neue „V 1" dahin.

4

In Deckung gehen

Eisermann spuckte aus, um den Geschmack von verbranntem Lack und heißem Eisen loszuwerden. Dann stellte er den Schweißbrenner ab. Das Fauchen des Gebläses erstarb. Sich den Schweiß vom Gesicht wischend, spuckte Eisermann noch einmal aus. Nachdenklich ging er um Todtenbergs grünen Mercedes herum.

Der Wagen stand in einem großen Schuppen, der früher zur Unterbringung landwirtschaftlicher Maschinen gedient haben mochte. Die anderen, schweren Fahrzeuge von HV 7 standen in ehemaligen Ställen, deren Vorderfronten herausgebrochen waren. Die Garage von Todtenbergs Wagen lag nicht direkt im eigentlichen Kraftfahrzeughof.

Während des scharfen Stoppens bei dem gestrigen Tieffliegerangriff hatte der Wagen auf der Straße nach Chabrie einen Baum gestreift. Dabei war im vorderen rechten Kotflügel ein Riß entstanden. Diesen Riß hatte Eisermann jetzt zugeschweißt. Er mußte die Naht noch glattfeilen und mit Mennige überstreichen. Aber diese Arbeit wollte er fürs erste aufschieben. Den ganzen Tag über am Chefwagen zu bosseln konnte nichts schaden. Auf diese Weise wollte Eisermann anderen, übleren Arbeiten aus dem Wege gehen.

Wer keinen Druckposten zu behaupten verstand, der wurde geschurigelt, bis ihm die Luft wegblieb. Das war ein Grundprinzip des faschistischen Militärs. Man war bemüht, die Soldaten stets in einem Zustande keuchender Halberschöpfung zu halten. So erstickte man ihren Widerspruchsgeist und dressierte sie zu augenblicklicher Willfährigkeit.

Eisermann war fest entschlossen, heute in „Deckung“ zu bleiben. Der Kopf brummte ihm, leichte Übelkeit stand in der Kehle. Das kam von dem Alkohol, den er gestern abend mit Ferdinand Pistol getrunken hatte. Er erinnerte sich nur noch ungenau des Skandals mit Trabnach. Am Morgen hatte niemand mehr davon gesprochen, doch das besagte nichts. Oberstabsarzt Todtenberg und Feldwebel Knothe waren bei dem Appell in der Plantanenallee sehr schlechter Laune gewesen. Man würde gut daran tun, ihnen nicht unter die Augen zu kommen.

Eisermann schaltete die kleine, abgeschirmte Lampe aus, die er bei seiner Arbeit benutzt hatte, setzte sich dann in den wohlgepolsterten Fond des Wagens. Durch die Windschutzscheibe konnte er in den Park schauen. Es war an diesem Morgen so neblig wie im November. Zwischen den Baumstämmen wehten dichte graue Tücher. Man konnte nicht weit sehen. Eisermann wunderte sich, woher um diese Jahreszeit Nebel kam. Vielleicht würde es regnen.

In diesem Schuppen fühlte er sich am wohlsten. Ihn wehte der strenge Geruch an, der sich aus Auspuffgasen, Benzindunst und dem schweren Brodem des Maschinenöls zusammensetzt. So wie Todtenberg den Luxus seines überfeinerten Zuhause, wie der Musikstudent Ferdinand Pistol die feierliche Abgeschlossenheit eines Orgelgestühls liebte, so mochte Eisermann diesen Geruch. Er liebte den klaren, zuverlässigen Mechanismus der Motoren. Seit der Kindheit hatte er es gern, an ihnen herumzubauen. Sein bisheriges Leben war vom Abenteuer der Technik erfüllt gewesen. Eigentlich hatte es erst mit dem Tage begonnen, da der Zehnjährige auf einer alten Indian-Maschine Motorradfahren lernte. Fortan hatte er stets mit Schraubenschlüsseln, Schmierkannen, Gewindeschneidern, Feilen, Motorblöcken, schwarzöligen Ketten, Vergasertöpfen und funkensprühenden Bosch-Batterien zu tun gehabt. Jenseits dieser Zeit gab es in Eisermanns Erinnerung nur noch die kindlichen Streifzüge über Schuttabladeplätze, auf denen es von Ratten wimmelte, und die wütende Jagd auf die fetten, pfeifenden Tiere.

Damals hatte der kleine, pausbäckige Adalbert alles anfassen gelernt. Dadurch war er praktisch und sicher geworden. Ein guter Teil seines Lebensgefühls bestand in dem Stolz auf die schweren, narbigen, verölten Hände.

Eisermanns Vater arbeitete in einem großen Werk als Monteur, besorgte nebenher aber auch allerlei Reparaturen, die im Hofe seines kleinen Grundstücks vorgenommen wurden. Dieses Anwesen lag inmitten einer Kolonie teergedeckter Lauben. Der alte Eisermann hatte hier ein kellerloses Häuschen hochgezogen. Im Laufe der Jahre waren Anbauten dazugekommen, Stallungen für Hühner und Kaninchen sowie die Werkstatt.

Eisermann hatte nicht wie der Vater und die beiden älteren Brüder, die als Panzerfahrer in Rußland waren, in diesem Werk, sondern in einer kleinen Reparatur- und Montagebude gearbeitet. Der Vater war noch immer in dem Werk beschäftigt, aber es gab nun nicht mehr allzuviel zu tun. Ein besonders schwerer Angriff der Amerikaner hatte den größten Teil des Rüstungsbetriebes in Schutt und Asche gelegt. Seitdem die Nazis ihn 1933 vorübergehend eingesperrt hatten, war dem alten Eisermann außer der Arbeit nichts mehr wichtig gewesen. Und nun war er mit der Hoffnung, einmal ein kleines, eigenes Unternehmen in Gang bringen zu können, alt geworden. In seiner Werkstatt sammelte er noch immer Schrauben und gebrauchte Werkzeuge.

Während Eisermann in seiner „Deckung" hockte, dachte er daran, daß ihn heute bestimmt Post erreichen würde. Er selbst hätte auch schreiben müssen, aber er tat es nur ungern. Das Schreiben ging ihm schlecht von der Hand. Es war für ihn seit jeher eine schwere Arbeit gewesen. Er wollte noch warten, bis er Post bekam. Bestimmt würde heute etwas für ihn dabeisein. Er streckte sich auf dem breiten Rücksitz des Wagens aus, versuchte zu schlafen. Der Alkohol klopfte und drängte noch immer in seinem Körper.

Plötzlich fuhr Eisermann auf.

Feldwebel Knothe stand im Tor des Schuppens, straff, federnd, das berüchtigte Notizbuch zwischen den Knöpfen des Waffenrocks.

„Eisermann!“ bellte er los, „Eisermann, Gefreiter!“

„Hier, Herr Feldwebel“, sagte Eisermann.

„Vielleicht kommst du bald heraus, du Hengst!“

Eisermann kroch schwerfällig aus dem Wagen. Überraschung und Verlegenheit schoben ein halbes, unsinniges Lächeln auf sein Gesicht.

„Warum grinst du? Ich werd' dir gleich grinsen helfen, du Gartenzwerg!“ schrie Knothe.

„Ich grins' gar nicht, Herr Feldwebel!“ Eisermann konnte nur Knothes Umrisse vor dem Nebel sehen.

„Schnauze, Eisermann!“

„Jawohl.“

„Was machst du dadrin?“

„Ich hab' den Kotflügel geschweißt. Ich bin ...“

„Du bist ein Idiot!“ Knothe trat dicht an ihn heran. „Was bist du?“

„Gefreiter Eisermann.“

„Du bist der Idiot Eisermann!“

Eisermann räusperte sich. Er stand jetzt, die Hände an der Hosennaht, leicht zurückgelehnt da. Feldwebel Knothe liebte es, seinem jeweiligen Opfer so dicht auf den Leib zu rücken, bis es, um nicht auf den Rücken zu fallen, die anbefohlene Grundstellung wohl oder übel aufgeben mußte. Dann ging der Tanz erst richtig los.

„Wer bist du?“

„Gefreiter Eisermann“, kam stur die Erwiderung, „Gefreiter Adalbert Eisermann, Herr Feldwebel!“

„Adalbert, Adalbertchen!“ grinste Knothe, um sogleich mit aller Kraft loszuschreien: „Du hältst mich wohl für bekloppt, was? Ein Idiot bist du!“

„Ich bin kein Idiot, Herr Feldwebel!“

„Doch, das bist du. Ihr seid alles Idioten, aber du bist ein ganz besonderes Rindvieh!“

Eisermann spürte das Blut in den Schläfen pochen. Der

Feldwebel stand jetzt so dicht vor ihm, daß er einen Fuß zurücksetzen mußte, um nicht aus dem Gleichgewicht zu kommen. Aber darauf hatte Knothe nur gewartet.

„Hinlegen!" schrie er.

Er stemmte die Fäuste in die Seiten und beugte sich etwas vor.

Eisermann machte kehrt und ließ sich lang in den Sand fallen.

„Unter dem Wagen durchrobben! Ich mach' dich schon plausibel, wie blöd du bist!"

Eisermann begann unter dem grünen Mercedes hindurchzukriechen. Er stieß mit dem Kopf gegen Vorsprünge des Chassis. Der Hosenboden blieb an irgendeinem Splint hängen und zerriß.

„Bißchen schneller!" befahl Knothe. „Kriegst gleich Pfeffer in den Arsch geblasen!"

Eisermann begriff, während er sich durch den schmierigen, ölgetränkten Sand unter dem Wagen schob, nicht ganz, was eigentlich vor sich ging. Wenn Knothe ihn nur wegen des Schlafens in der „Deckung" schliff, dann war das Ganze nicht weiter schlimm. Wenn er nun aber andere Gründe hatte? Der Trabnach wird das Maul nicht gehalten haben, schoß es Eisermann durch den Kopf. Da konnte man sich gratulieren! Nach dem Schleifen würde ein Rapport bei Todtenberg kommen, mit Stahlhelm und peinlich sauberer Uniform, danach Arrest in dem grünen Kachelkasten und am Ende möglicherweise ein Kriegsgerichtsverfahren!

Als Eisermann unter dem jenseitigen Trittbrett des Wagens hervorkam, stand Knothe schon feixend bereit.

„Jetzt werd' ich dich beweisen, was für ein Idiot du bist!" sagte er, nahm etwas aus seinem dicken Notizbuch und hielt es Eisermann vors Gesicht.

Es war die breite goldene Banderole von Trabnachs Zigarrenröhrchen!

Eisermann konnte seine Überraschung nicht ganz leugnen.

„Dir ist hoffentlich bekannt, was auf ‚Kameradendiebstahl' steht, Eisermann?" fragte Knothe. „Klaust – und bist zu blöd, die Spuren wegzumachen. Das ist ein Korpo delikto", der Feldwebel wedelte mit der Banderole vor Eisermanns Augen, „jetzt ha'm wir dich am Arsch!"

„Ich weiß nicht, wovon Sie reden."

„Natürlich nicht! Du hast keine Ahnung, wer Trabnach die Zigarre geklaut hat? Du bist gestern nachmittag auch nicht beim Kiosk gewesen, wo ich dich überrascht hab'? Die Röhre ist allein dorthin geflogen!"

Eisermann spürte Knothes säuerlichen Atem. Der Mann putzte sich grundsätzlich nie die Zähne.

„Ich schleif' deine Eier bis aufs Gelbe!" brüllte Knothe jäh, blaurot im Gesicht.

„Ich weiß von keiner Zigarre."

Knothe stutzte, trat einen Schritt zurück, bellte dann erneut: „Hinlegen! Unter den Wagen!"

Eisermann schob sich wiederum unter dem Mercedes hindurch; der Hosenboden riß noch weiter auf. Auf der anderen Seite erwartete ihn der Feldwebel.

„Also hast du die Zigarre geklaut?"

„Nein. Ich rauche gar . . ."

„Unter den Wagen!"

Die Prozedur wiederholte sich noch fünfmal. Bei jeder Übung wurde der Defekt an Eisermanns Hosenboden größer. Nachdem der Gefreite sich endlich keuchend, schweißüberströmt erhoben hatte, bot er einen Anblick, als sei er mit einem bissigen Schäferhund in Konflikt geraten. Die Hose und auch Teile des grauen Barchentunterzeugs waren zerschlissen.

„Ich werd' dich plausibel machen, die Uniform zu versauen!" tobte Knothe.

Eisermann entgegnete nichts. Er biß die Zähne aufeinander. Er mußte an sich halten, dem Feldwebel nicht ins Gesicht zu schlagen. Ihm war noch immer nicht klar, wie Knothe dieser Zigarrengeschichte auf die Spur gekommen war.

Vielleicht will er mich bluffen? Die Banderole kann ja von einer anderen Zigarre stammen.

Es gab nur eine Möglichkeit – eisern weiterzuleugnen.

„Du bist wirklich ein Ochse, Eisermann", sagte Feldwebel Knothe eigentümlich ruhig, nachdem er eine letzte, vergebliche Frage an den Gefreiten gerichtet hatte. „Wir werden sehen, wer der Stärkere ist! Du meldest dir sofort bei Unteroffizier Freestorf zum Bodeneinsatz."

„Ich kann hier nicht weg. Der Kotflügel muß noch fertiggemacht werden."

Knothe ging zum Kühler des Mercedes, fuhr mit der Hand über die noch heiße Schweißnaht und verbrannte sich die Fingerspitzen. Das brachte ihn in neue Wut: „Du willst mir reinlegen, du Scheißer! Du wirst so lange Bodeneinsatz machen, bis du schwarz wirst! Ich häng' dich diese Zigarre fürs Leben an, du Spund! Weggetreten!"

Eisermann machte kehrt und begann in gemäßigtem Trab in den Park hineinzulaufen. Der Nebel war dichter geworden. Außerdem hatte es zu regnen angefangen. Eisermann hatte noch keine zwanzig Meter hinter sich gebracht, als ihn Knothes bellende Stimme erneut erreichte: „Kehrt – marsch, marsch!"

Als der Gefreite wieder vor ihm stand, sagte der Feldwebel scharf: „Wenn ich sage ‚Weggetreten', dann will ich nur noch Absätze sehen! Ab-sätze! Verstanden?"

„Jawohl!"

„Weggetreten!"

Eisermann rannte los. Außerhalb von Knothes Sichtweite blieb er stehen und betastete fluchend seinen verwüsteten Hosenboden. Es war hoffnungslos, er würde sich eine neue Hose beschaffen müssen. Vorerst aber hieß es, bei Unteroffizier Freestorf Meldung zu erstatten. Unzweifelhaft würde in der nächsten halben Stunde Feldwebel Knothe dort auftauchen, um die Ausführung des Befehls zu kontrollieren.

Dieser Stinkstiefel!

Während Eisermann weitertrottete, versuchte er, den

klaffenden Hosenboden mit der Hand zusammenzuhalten. Schließlich gab er es auf. Beim Überqueren der Platanenallee begegneten ihm Trabnach und der schwule Schreibstubenunteroffizier. Angesichts der zerfetzten Hose brachen sie in ein kreischendes Gelächter aus, Eisermann schlug sich knurrend in die Büsche. Der Regen wurde immer stärker. Eisermann spürte, wie ihm das Wasser in den Kragen lief. Das war nun aus seiner sicheren „Deckung" geworden!

Plötzlich begriff Eisermann, wie Knothe in den Besitz der gefährlichen Banderole gekommen sein konnte. Ferdinand Pistol mußte das Zigarrenröhrchen aus dem Fenster der Arrestzelle geworfen haben, anstatt es unauffällig beiseite zu schaffen. Das hatte man also von solchem Freundschaftsdienst! Man konnte sich glatt um Kopf und Kragen bringen. Sonst tat Ferdinand Pistol wer weiß wie klug. In diesem Falle hatte er versäumt, die einfachste Vorsicht zu beachten. Trotzdem empfand Eisermann kaum Zorn auf den Kameraden. Er sah noch immer Ferdinand Pistols von der Verzweiflung aufgebrochenes Gesicht hinter dem Fenstergitter.

Aus der Ferne wurde das Klirren von Hacken und Schaufeln hörbar. Dort lag der Platz, wo Unteroffizier Freestorf, ein dünner und hohlwangiger Streber, der im Zivilberuf Friseur war, den „Bodeneinsatz" jener Soldaten leitete, die über keinen Druckposten verfügten oder mit den Vorgesetzten aneinandergeraten waren. Als Eisermann sich dicht genug genähert hatte, erblickte er ihn durch den Nebeldunst. Freestorf stand auf einem kleinen Hügel und trieb die Sträflinge von HV 7 an. Um ihn herum wühlten rund zwanzig Soldaten in der Erde. Sie hoben Deckungslöcher für Kraftfahrzeuge aus, tiefe Schneisen, bei denen Kubikmeter Boden bewegt werden mußten. Angeblich geschah dies der Flieger wegen.

Jedermann wußte jedoch, daß diese Anlagen nie benutzt wurden. Das Laubwerk der Bäume war so dicht, daß man von unten kaum den Himmel erkennen konnte, geschweige denn von oben etwaige Bewegungen in dem urwaldartigen Park. Die Bodenschluchten, die hier ausgehoben wurden, hatten keine praktische Funktion. Sie wären im Ernstfall auch gar nicht benutzbar gewesen, weil Baumstämme und Unterholzwälle die Zufahrt von der Platanenallee unmöglich machten. Sie waren ausschließlich Turnierplätze menschlicher Demütigung.

In der Voraussicht, den ganzen Tag nassen Boden bewegen zu müssen, fühlte Eisermann sich schon elend und zerschlagen. Der Regen hatte die Schultern seines Uniformrokkes bereits durchweicht.

Das Feuer kommt näher

Der Raum gähnte in blasser Nüchternheit. Die Wände waren grob gekalkt. An manchen Stellen hatte die Schlämmkreide sich gelöst und grau verfärbt. Ärztliches Feldmobiliar stand dünngliedrig im OP. Die verchromten Kocher und Sterilisationstrommeln blinkten kalt. Die niedrigen, runden Lampen standen auf ihren Säulen wie Scheiben blind gewordenen Eises. Von den beiden transportablen Operationstischen, die mit schwarzem Wachstuch überzogen waren, hingen leise pendelnd Riemen herab. Mit gleichmäßigem Rauschen fiel draußen der Regen.

Ferdinand Pistol stand am Fenster. Er richtete chirurgische Instrumente vor, die von Zeit zu Zeit mit rostschützenden Mitteln behandelt werden mußten. Friedel und Harry rollten Mullbinden auf, die gewaschen worden waren und wieder Verwendung finden sollten. In den ersten Jahren des Krieges hatte man alles einmal benutzte Verbandzeug verbrannt. Jetzt hingegen gab es die Anweisung hauszuhalten. Die Verbandmittel waren ebenso knapp geworden wie die Munition. Man war bereits zum Gebrauch von gelben Kreppapierbinden übergegangen, die an die Schmuckmanschetten von Blumentöpfen erinnerten. Dieses Material schmiegte sich nicht an, rutschte und zerfiel schnell. Mull wurde nur noch bei schweren Verwundungen zugestanden.

Ferdinand Pistol blickte zu Friedel und Harry hinüber, mit einem wissenden Lächeln manchmal, zumeist aber nachdenklich. Die beiden bemerkten es nicht. Ferdinand Pistol machte auch keinen Versuch, sie in ein Gespräch zu ziehen. Harry bediente die Kurbel einer an der Tischkante montierten kleinen Apparatur, die die Mullbinden aufrollte. Friedel sorgte für einen gleichmäßigen Zulauf der weißen Streifen. Das Getriebe des Maschinchens schnarrte eintönig.

Dieses stille und betuliche Zusammensein gefiel Harry. Zum ersten Male seit seiner Verwundung tat er wieder Dienst. Auch ohne Ferdinand Pistols Anwesenheit hätte er nur wenig Verlangen gespürt, sich zu unterhalten. Friedels Nähe erfüllte ihn mit träumerischer Heiterkeit. Er hatte nur den Wunsch, daß dieser Zustand anhalten möge. Er gab sich einer scheinbar ungetrübten Gegenwart hin; er war nicht erfahren genug, sie als d i e Ausnahme zu begreifen, die die Regel bestätigt. So ließ er sich nun von der unbeschwerten Erinnerung an den gestrigen Abend treiben, den er mit Friedel in einem Winkel des Parks verbracht hatte.

Dieser Platz, einige hundert Meter von den Kavaliershäusern entfernt, war an dem Flüßchen gelegen, das den Park durchquerte. Das Gewässer beschrieb hier eine Schleife, die unter dem reichen Pflanzenwuchs fast verlorenging. Wie üppig und quellend die Vegetation sich schon an anderen Stellen des Parks zeigte, so wild und urweltlich war sie hier. Die Räume zwischen den großen Buchen waren von einem Gitterwerk armdicker Schößlinge und ganzen Wällen hemmungslos wuchernder Blattpflanzen ausgefüllt. Jasmin, Farne, Brennessel- und Jelängerjelieber-Ranken schoben sich dort in so inniger Verflechtung durcheinander, daß nur an wenigen Stellen Platz zum Durchkommen blieb. In diesem Winkel hatten die beiden die frühe Nacht verbracht, auf einem mächtigen Rundholzende sitzend und leise miteinander redend – vom Zuhause und von alledem, was anderswo und in der Vergangenheit lag.

Die geruhsame Beschäftigung im OP erfuhr erst eine Unterbrechung, als Trabnach erschien. Der lange Obergefreite trug ein Paar nagelneue amerikanische Gummistiefeletten in der Hand, wie sie aus Beutebeständen an die Offiziere ausgegeben wurden. Er hatte sie in der Kleiderkammer für Todtenberg in Empfang genommen. Trabnach schaute sich mit so angelegentlichem Interesse im Raum um, als habe er hier etwas zu überprüfen. Besonders eingehend verweilte sein Blick auf Harry und Friedel. Ferdinand Pistol wandte sich an Trabnach und sagte, wobei er auf die Instrumente wies: „Du wirst die Sachen abkochen müssen, ich bin bald fertig."

„Das kannst du selber tun, Pistol!"

„Es ist deine Funktion, Trabnach", entgegnete Ferdinand Pistol ruhig.

„Du kommst dir wohl sehr wichtig vor, weil du ‚steriler' Assistent bist?" Trabnach schlenkerte mit den Gummistiefeletten. „Ich werde deinen Dreck nicht nachräumen, Pistol!"

„Er hat dich nur ...", setzte Harry zu einer Beschwichtigung an.

Trabnach unterbrach ihn scharf: „Kümmere dich gefälligst um deine Person, Salandt! Du hast es bestimmt nötig!" daraufhin verließ er den OP.

Besorgt blickte Ferdinand Pistol hinter Trabnach her, wie er mit eingezogenem Kopf durch den Regen zu Todtenbergs Quartier eilte. Die Bäume troffen vor Nässe. Die starken Farben des Parks waren verblaßt und warfen keinen Widerschein mehr in den Raum. In dem Springbrunnenbecken des Hofs hatten sich kleine Lachen gebildet.

„Warum müßt ihr denn nur immer streiten?" fragte Friedel.

„Das ist eine Gehässigkeit ohne Ende. Einer neidet dem anderen den Posten, den Dienstgrad, die Ration. Warum haltet ihr nicht den Mund, wenn ihr nichts Vernünftiges zu sagen wißt? Alle sind hart, kaltschnäuzig und brutal."

„Harry auch?" fragte Ferdinand Pistol lächelnd.

Eine leichte Röte huschte über ihr Gesicht. Sie beugte sich rasch zu einem Korb hinunter, um ein neues Bindenende herauszufischen. Nach einer Weile sprach sie langsam weiter: „Du weißt ganz genau, was ich meine, Pistol. Ihr zankt euch, als ob es keinen Krieg und keine Front gebe. Wer weiß denn, wann es wieder losgeht – in einer Woche, oder morgen, oder in der nächsten halben Stunde?" Sie erschauerte.

Harry machte eine Bewegung, als wolle er Friedel unterbrechen. Aber sie sprach schon weiter: „Oft denke ich, daß alles ein schlimmes Ende nehmen muß. Wer verantwortet, was geschieht? Dieses Feuer in Chabrie! Diese Kinder, die sie wegbringen!"

„Du machst dich mit solchen Gedanken nur kaputt, Friedel", sagte Harry unsicher, „du kannst daran nichts ändern. Im Krieg gilt der Befehl alles. Ohne den Befehl geht es nicht."

„Und wer sagt, daß der Befehl stimmt?" fragte Ferdinand Pistol.

„Der Befehl ist das Gesetz des Krieges!"

Friedel schüttelte bekümmert den Kopf. „Wenn du es dir nur nicht so leicht machen würdest, Harry. Sobald etwas ernst wird, berufst du dich auf die Dienstvorschrift und das, was man euch bei den Rekruten beigebracht hat. ‚Gesetz des Krieges'? Wer hat dieses Gesetz gemacht? Wem nützt es? Was hast du davon?"

„Ich weiß, wie ich zu handeln habe."

„Das stellst du dir so vor", sagte Ferdinand Pistol. „Die Vorschrift ist nicht mehr als ein Stück Papier. In Wirklichkeit gibt es gar keine Maße, an die du dich halten könntest. Es braucht nur jemandem dein Gesicht zu mißfallen, und schon bist du der Leidtragende. Alles hängt von Launen und Stimmungen ab. Was dir heute Lob verschafft, das kann dich morgen in den Bau bringen. Was du als falsch ansiehst, kann gerade das sein, was man von dir verlangt. Wenn du erst zu überlegen beginnst, kannst du nichts mehr richtig machen. Dann stößt du überall an."

„Und wie soll man sein?"

„Dumm und ein Totschläger."

„Mach keine Witze, Pistol!"

„Ich meine, was ich sage."

„Du bist verbittert, weil du nicht tun und lassen kannst, was du willst", sagte Harry ärgerlich. „Für deine Musik wirst du noch nach dem Kriege genug Zeit haben. Schließlich bist du nicht der einzige, der seine Lieblingsbeschäftigung für eine Weile liegenlassen mußte. Man soll nicht immer gleich schwarzsehen."

„Nein, gewiß nicht", murmelte Ferdinand Pistol. Dann machte er sich daran, einen großen Langenbeckschen Haken abzureiben.

Harry setzte die Apparatur wieder in Gang.

„Dreh nicht so schnell", wies ihn Friedel zurecht, „wir rollen keine Drahtseile auf." Sie sagte es ohne Heftigkeit. Sie lächelte ein wenig dabei.

Aber Harry hob den Blick nicht. Das Bewußtsein, Ferdinand Pistols Ruhe und Gelassenheit nicht zu besitzen, quälte ihn. Wie in all solchen Situationen empfand er auch jetzt seine Unfähigkeit, mit den Dingen fertig zu werden. Auf eine kindhaft schmerzliche Weise wurde ihm wieder bewußt, wie wenig reif und erfahren er im Grunde noch war.

Im Park schimpfte heftig ein Eichelhäher.

Ferdinand Pistol hielt mitten in einer Bewegung inne, sagte halblaut, warnend:

„Der Oberstabsarzt kommt!"

Harry blickte ihn verwundert an. Er begriff nicht, was Todtenbergs Annäherung etwa bedrohlich machen könnte. Er sah daher dem Erscheinen des Chefs ohne Argwohn entgegen.

Todtenberg trug die Gummistiefeletten, die Trabnach vorhin bei sich gehabt hatte. Sein Mantel glänzte vor Nässe. Der Oberstabsarzt nahm Ferdinand Pistols Meldung entgegen, legte Koppel, Pistole und den Mantel ab. Dann zog er einen weißen Kittel über die Uniform. Er trug im OP stets Kittel, gleichviel, ob es nun etwas zu tun gab oder nicht. Ebenso ging er draußen grundsätzlich umgeschnallt, die kleine „Walther – 6,35“ über der Hüfte. Eisermann hatte wiederholt gespottet, daß das Magazin der Waffe Hustenbonbons enthalte.

„Weitermachen“, sagte Todtenberg.

Ferdinand Pistol klemmte die Instrumente in die Fassungen eines verchromten Rosts, auf dem sie keimfrei gemacht werden sollten. Harry fuhr fort, die Kurbel zu drehen. Wiederum erfüllte das schnarrende Geräusch des Maschinchens den Raum.

„Man ist fleißig – wie schön!“ sagte Todtenberg, wobei er Friedel anschaute, als erwarte er eine Antwort. Dann setzte er hinzu: „Wenn es nichts zu tun gibt, dann sucht man den Anschein zu erwecken, daß etwas zu tun sei.“

Ferdinand Pistol blickte rasch, wachsam über die Schulter. Er hatte sogleich mit Unannehmlichkeiten gerechnet und geahnt, daß Trabnach nicht zufällig im OP erschienen war.

Friedel erklärte befangen, was gänzlich klar war: „Ohne vernünftiges Verbandzeug gibt es nur Aufenthalt, wenn Zugänge kommen. Papierbinden sind nicht so gut.“

„Ihr Eifer ist lobenswert, Schwester Friedel.“ Todtenberg ließ ein kleines, nervöses Lachen hören. Offensichtlich weidete er sich an der Verlegenheit seiner Untergebenen. „Bei Ihrer Zuverlässigkeit werden Sie einmal eine gute Hausfrau werden, Schwester Friedel. Was hat der Gefreite Salandt dazu zu sagen?“

Harry hörte auf zu kurbeln. Todtenbergs Blick war fremd, ohne Freundlichkeit.

„Ich weiß nicht, was Sie meinen, Herr Oberstabsarzt.“

„So – Sie wissen nicht, was ich meine, Gefreiter Salandt?" wiederholte Todtenberg mit leisem Hohn. „Ich habe Sie für gescheiter gehalten, wennschon Sie nicht über die bemerkenswerte Klugheit des Herrn Pistol verfügen können. Dafür ist er aber auch Obergefreiter, ein Sanitätsdienstgrad in höherem Sinne. Man muß sich über Ihre kindliche Einfalt wundern, Gefreiter Salandt. Was haben Sie eigentlich für Vorstellungen? Man geht seiner Wege, wie es einem paßt, nicht wahr? Man schert sich den Teufel um den Krieg und die Tatsache, daß zur gleichen Stunde an der Front Kameraden ihr Leben lassen müssen!" Todtenbergs kleine Stimme war satt von vorwurfsvollem Pathos. „Jeder Soldat hat nichts außer der Verpflichtung zu kennen, die ihm durch die Sendung unseres Volkes auferlegt ist. Sie allerdings scheinen zu den unrühmlichen Ausnahmen zu gehören, Gefreiter Salandt!" Mit jähem Nachdruck fügte Todtenberg hinzu: „Dies ist kein Sanatorium sondern eine Feldeinheit!"

„Jawohl", sagte Harry verständnislos. Er hatte inzwischen Grundstellung eingenommen. Mit seinem weißen Kopfverband bot er ein seltsames Bild in dieser Haltung.

Friedel, die das frisch gewickelte Verbandmaterial in eine Trommel sammeln wollte, ließ versehentlich eine Mullbinde fallen. Bevor sie das Röllchen noch aufheben konnte, herrschte der Oberstabsarzt Harry an: „Da Sie schon Liebschaften pflegen, sollten Sie wenigstens so höflich sein, einer Frau zuvorzukommen!"

Ferdinand Pistol bemerkte, daß Friedel erbleichte.

Harry begriff nur, daß Todtenberg ihn heruntermachen wollte.

„Sie sollen die Binde aufheben! Sind Sie taub?"

Während Harry erschrocken den Befehl ausführte, rutschte ihm das Silberkettchen mit den Anhängern auf den Handrücken.

Todtenberg schwieg einen Augenblick lang verblüfft. Dann befahl er: „Kommen Sie her, Gefreiter Salandt! Nehmen Sie Haltung ein! Heben Sie den linken Arm! Das ist immerhin interessant – der Herr Gefreite Salandt trägt zu alledem noch Schmuck! Zu gleicher Zeit schmückt er sich mit dem Verwundetenabzeichen und mit weibischem Tand! Die Rangabzeichen eines Casanova sind das wohl?"

Todtenberg nahm die Anhängsel näher in Augenschein: „Ein Herz – das ist natürlich das Symbol heißer Liebe! Und hier ein Kleeblatt? Sie scheinen sich des Glücks, das Sie von Ihrer Anbetung erhoffen, noch nicht ganz sicher zu sein? Ich werde Ihnen einmal sagen, was bei uns ‚Glück' heißt –, anständige Verpflegung, der Vorzug, von keiner Kugel getroffen zu werden, und ein gutes Verhältnis zu den Vorgesetzten! Das Letzte ist am wichtigsten. Aber da baumelt ja auch noch ein Fragezeichen. Das paßt nun wirklich auf Ihren Fall. Sie verstehen es wahrscheinlich als ein Amulett für ruhm- und erfolgreiche Zukunft. Wie?"

„Es ist nur . . .", setzte Harry an.

Ferdinand Pistol, der Harrys Demütigung nicht weiter beiwohnen wollte, machte Anstalten hinauszugehen. Der Oberstabsarzt wies ihn gereizt zurecht: „Wer hat Ihnen erlaubt, den Raum zu verlassen? Wollen Sie wieder in Arrest kommen? Sie sind durchaus noch nicht soweit, daß Sie keine Belehrung mehr vertragen könnten. Sie gehen nicht eher, als es Ihnen ausdrücklich gestattet wird. Ihr sogenanntes Feingefühl kann niemandem imponieren!"

Ferdinand Pistol runzelte die Stirn, schwieg aber.

„Und Sie, Gefreiter Salandt, erklären jetzt, was dieser Aufzug soll!"

„Es ist . . ."

„Was es ist, sehe ich allein."

Harry stand nach wie vor in Grundstellung, den linken Arm bis zur Brusthöhe aufgehoben. Ein Gefühl dumpfer Betäubung beherrschte ihn. Die Muskeln des Oberarms wurden steif.

„Wollen Sie gefälligst den Mund auftun!"

„Es ist ein Geschenk, Herr Oberstabsarzt!"

„Von wem?"
„Ich habe es zur Erinnerung bekommen."
Todtenbergs fahle Brauen zuckten. „Weichen Sie nicht aus!"
„Das Armband stammt von mir, Herr Oberstabsarzt. Ich habe es ihm zur Erinnerung an den Abend des Überfalls gegeben", sagte Friedel erstaunlich beherrscht. „Das ist eine persönliche Sache."
Die Bestimmtheit ihrer Erklärung setzte Todtenberg in Erstaunen. „Dies geht mich also nichts an, wollen Sie sagen?" fragte er langsam. „Sie sind sich augenscheinlich nicht klar darüber, daß es bei uns kein Privatleben gibt, Schwester Friedel!" Der kühle Trotz in ihrem Gesicht erzürnte ihn. Seine Stimme wurde dünn und gläsern: „Ich dulde hier keine außerdienstlichen Beziehungen! Ich verbiete jede Liebelei!" Harry befahl er: „Sie werden dies Kettchen sofort Schwester Friedel zurückgeben!"
Harry machte keine Bewegung.
„Sie verstehen nicht Deutsch, Gefreiter Salandt? Sie sind doch auf einem Gymnasium gewesen? Ihre Eltern haben das Schulgeld aus dem Fenster geworfen!"
Ferdinand Pistol beobachtete beklommen, wie das Blut in Harrys Halsbeuge hämmerte.
„Geben Sie das Kettchen zurück!"
„Das kann ich nicht, Herr Oberstabsarzt!"
„Sie verweigern die Ausführung eines Befehls?"
„Man kann ein Geschenk nicht zurückgeben."
Da sagte Friedel besonnen: „Gib mir das Armband, Harry. Es geht ja nicht verloren."
Harry öffnete mit unruhigen Fingern den Verschluß des Schmucks, legte ihn in Friedels Hand. Sie steckte das Kettchen in die Tasche.
Ferdinand Pistol atmete erleichtert auf.
„Man ist vernünftig", sagte Todtenberg ironisch, „man möchte die Angelegenheit nicht auf die Spitze treiben. Ich würde es Ihnen auch nicht raten." Danach fragte er Ferdi-

nand Pistol, der ihn gelassen anblickte: „Warum sind Sie gegen diese Liebeständeleien nicht eingeschritten, Obergefreiter Pistol?"

„Es haben keine Liebeständeleien stattgefunden, Herr Oberstabsarzt."

„Wollen Sie mich Lügen strafen? Sie sollen antworten und nicht widersprechen!"

„Ich habe lediglich auf Ihren Vorwurf geantwortet."

„Im Kriege gibt es keine Vorwürfe, Herr Obergefreiter!"

Ferdinand Pistol zuckte kaum merklich mit der Schulter.

„Nehmen Sie Haltung an! Ich lasse Sie wieder einsperren! Ich schicke Sie an die Front!"

„Das ist keine Strafe." Jetzt war es Ferdinand Pistol, in dessen Stimme Hohn klang. Er ging ungewöhnlich weit. Er wunderte sich selbst darüber.

Im Augenblick wußte Todtenberg nichts zu antworten. Ein Widerschein von Unsicherheit trat in seine Augen. Endlich hatte er sich soweit gefaßt, daß er befehlen konnte: „Gefreiter Salandt! Um Ihnen Gelegenheit zu geben, Ihre Minnegefühle abzureagieren, schicke ich Sie zum Kartoffelschälen in die Küche. Sie melden sich sofort bei dem Stabsgefreiten Vedder, der Ihnen in dieser praktischen wie allgemeinnützlichen Arbeit Lektionen erteilen wird. Der gescheite Herr Obergefreite Pistol kann Ihnen dabei Gesellschaft leisten." Nach einer Pause bestimmte er: „Im übrigen untersage ich Ihnen jeden außerdienstlichen Umgang mit Schwester Friedel! Sie sind offenbar zu jung und dumm, Ihre fünf Sinne zusammenzuhalten!"

Ferdinand Pistol und Harry salutierten und traten ab. Der Oberstabsarzt ging zum Fenster, um sich zu vergewissern, ob sie auch wirklich die Richtung zur Küche einschlugen.

Friedel nahm ihre Tätigkeit wieder auf. Sie begriff nicht, was Todtenberg veranlaßt hatte, diesen Skandal zu machen. Konzentrierte seine Wut sich auf Harry, weil er selbst sich ihr nähern wollte? Es wäre nicht überraschend gewesen, wenn der Oberstabsarzt Wünsche geäußert hätte, die außerhalb des Dienstlichen und ganz im Persönlichen lagen.

Im Kriege will jeder Mann von jeder Frau etwas.

Aber Todtenberg hatte sie bisher ja kaum beachtet. Friedel suchte nach dem Motiv seines Verhaltens. Daß das Kettchen nur einen Vorwand bildete, stand außer Frage. Dieser Fall würde mit dem jetzigen Auftritt durchaus noch nicht zu Ende sein. Friedel ahnte, daß eine außergewöhnliche Gefahr heraufzog, für Harry wahrscheinlich noch bedrohlicher als für sie selbst. Das geheime, unerklärliche Grauen, das Todtenbergs Person Friedel von Anfang an eingeflößt hatte, erfuhr nun eine erste Bestätigung.

Wenn er den OP doch nur verlassen wollte!

Todtenberg ging hinten auf seinen leise ächzenden Gummisohlen im Raum umher. Die Unregelmäßigkeit des Schritts, das wiederholte schweigende Verweilen verrieten Verlegenheit und Unentschlossenheit. Friedel hörte, daß er nun zum Kleiderriegel ging und sich an seinem Mantel zu schaffen machte.

Papier knisterte.

„Mögen Sie etwas?“ fragte er leise.

Friedel drehte sich um. Seine linkische Unverschämtheit verschlug ihr die Sprache.

Todtenberg stand in der Mitte des Raumes, eine geöffnete Tafel Schokolade in der Hand.

„Es ist Vollmilch“, betonte er, mit dem Versuch eines Lächelns.

Da sie fortfuhr, ihn in kaltem Schweigen anzublicken, kam er näher, hob die Schokolade mit einer Geste freundlichen Nachdrucks.

Friedel sagte noch immer nichts.

„So nehmen Sie doch ein Stückchen, Schwester Friedel!“

„Ich bin satt, Herr Oberstabsarzt.“

„Seien Sie nicht gleich gekränkt!“ bat er. „Sie müssen nicht alles auf die Goldwaage legen. Beim Militär gibt es nun einmal Dinge, die eine Frau auf den ersten Blick nicht verstehen kann. Die Zurechtweisung des Gefreiten Salandt hat rein disziplinarischen Charakter." Er ließ die Schokolade sinken, fragte dann weich und verständnisvoll: „Sie fühlen sich bei uns allein, Schwester Friedel?"

„Ich bin mit meiner Arbeit zufrieden, Herr Oberstabsarzt. Ich habe alles, was ich brauche."

„Aber ist so ein Leben nicht langweilig für Sie?"

Dieser Mensch wurde ihr immer unheimlicher. Er sprach jetzt ohne Bosheit. Den Auftritt von vorhin schien er bereits vergessen zu haben.

„Sie sind noch jung!"

„Der Krieg ist keine Unterhaltung."

„Gewiß nicht, Schwester Friedel!" pflichtete er ihr rasch bei und legte die Schokoladetafel neben eine Verbandtrommel auf das Tischchen. Seine schönen weißen Finger drehten Fetzen des Silberpapiers zu einem Kügelchen. „Der Krieg ist eine Pflicht – Sie sehen das ganz richtig, jawohl." Sein flinker brauner Blick tastete Friedels kleines, ernstes Gesicht unentwegt ab.

Nach einer kurzen, gespannten Pause gestand Todtenberg: „Ich fürchte trotzdem, daß Sie mich noch nicht ganz verstehen, Schwester Friedel. Vielleicht liegt es an dieser Umgebung. Wenn Sie nichts dagegen haben, werden wir uns anderswo unterhalten. Es muß ja nicht jetzt sein. Wollen Sie heute abend eine Tasse Kaffee mit mir trinken? Wir nehmen ein Gläschen Likör dazu – Sie werden sehen, daß alles gar nicht so schlimm ist."

„Ich weiß nicht . . ."

„Aber warum denn?" fragte Todtenberg bedauernd. „Wir haben jetzt ruhige Tage!"

„Ich trinke keinen Alkohol, Herr Oberstabsarzt. Ich mag diese Trinkerei überhaupt nicht."

„Wer spricht davon?" wehrte er mit väterliche Miene ab, wobei seine weißen Hände in der Luft umherfuhren.

„Die Umstände sind nicht danach."

Er kam noch näher. Seine Stimme wurde ganz leise und

warm: ‚Sie dürfen ruhig etwas mehr Vertrauen zu mir haben, Schwester Friedel.‘

Sie schwieg unentschlossen.

Da sagte Todtenberg unvermittelt, fast im Befehlston: „Es müssen noch Tampons sterilisiert werden. Der Vorrat ist zu gering!“ Zugleich trat er einen Schritt von Friedel zurück.

Sie blickte ihn erstaunt an.

Draußen vor dem Fenster stand der lange Trabnach mit einem verdeckten Tablett im Regen. Er meldete, daß Todtenberg in zwei Minuten essen könne. Der Oberstabsarzt schickte ihn fort. Trabnach beeilte sich, seine kostbare Fracht über den Schlamm des Hofes hinwegzubalancieren. Als er verschwunden war, kam Todtenberg noch einmal heran. Dicht vor Friedel blieb er stehen. Sie konnte nicht zurück, weil sich hinter ihr der Tisch befand. Sie bemerkte den schwachen, herben Parfümgeruch, der von ihm ausging.

„Wir werden uns ein paar schöne Dinge ansehen, nicht wahr? Ich schleppe da so allerlei mit mir herum.“

Sie wandte den Kopf, blickte zum Fenster hinaus.

„Es sind auch alte Stiche von Paris dabei, die werden Sie vielleicht interessieren.“

„Ich war in Paris. Dort ist alles schmutzig und schwül.“

„Mein Gott! Man hat Sie nicht sehen lassen, wie schön diese Stadt ist. Paris ist voller Wunder. Es wird unsere schönste Stadt sein, wenn der Krieg zu Ende ist.“

„Es sind andere Menschen. Es ist ein anderes Land“, sagte sie ablehnend.

„Alles wird sich eher finden, als Sie glauben.“

Die Halsstarrigkeit des Mädchens, dem er anderswo nicht die geringste Aufmerksamkeit geschenkt hätte, begann ihn erneut zu reizen.

„Werden Sie nun kommen?“ fragte er bestimmt.

„Ich kann es nicht versprechen.“

„Aber ich muß Ihnen doch keinen Befehl geben, Schwester Friedel!“

„Sie können mir *diesen* Befehl nicht geben!"

„So war das ja nicht gemeint!"

Friedel erkannte, daß Todtenberg sich trotz der scheinbaren Leutseligkeit wieder erregte. Sie bedachte, welche Folgen eine unkluge, hartnäckige Weigerung für Harry haben könnte. So sagte sie schließlich: „Ich werde aber nicht lange bleiben."

„Wir werden wunderbar miteinander auskommen!" Nun sie nachgegeben hatte, schmeckte Todtenbergs weicher Mund wieder den Hohn des Spiels, das er mit den beiden treiben wollte.

Friedel stand stumm. Sie hatte das Bedürfnis, sich schnell die Hände zu waschen. Draußen wurde Motorengeräusch laut.

Ein Kübelwagen kam in den Hof gerollt. Er fuhr bis zum Springbrunnenbecken. Es war ein mit Tarnfarbe angestrichenes Fahrzeug. Über den hinteren Teil hatte man eine Verwundetentrage gelegt – wie ein Kuchenblech auf einer Stellage. Auf der Trage ruhte ein Mensch.

Zwei über und über verschmutzte Soldaten, die randlosen Fallschirmjägerhelme ins Genick geschoben, sprangen aus dem Wagen. Der eine schrie: „Hallo! Niemand hier? Sauladen!"

Todtenberg trat geschwind ans Fenster: „Was ist das für ein Ton?"

„Der Mann muß sofort behandelt werden!" Die Soldaten gestikulierten heftig, wiesen auf die Trage.

„Nehmen Sie gefälligst Haltung an!" rief Todtenberg böse.

„Unser Mann kratzt gleich ab!" sagte scharf der eine Soldat, ein Unteroffizier in zerschlissenem Knochensack.

„Ich habe Sie aufgefordert, Haltung anzunehmen und Meldung zu machen!"

Friedel konnte sehen, daß Todtenberg sich auf die Fußballen hob.

Die beiden Soldaten schauten sich entgeistert an, schwiegen. Endlich nahmen sie die Absätze zusammen und standen in dem strömenden Regen wie zwei schmutzige Pfähle.

„Also?“

„Schwere Schulterverletzung, Explosivgeschoß. Ist bei einem Spähtrupp passiert, Waldschneise. Die Amis konnten reinsehen wie auf dem Schießstand.“

„Schaffen Sie den Patienten herein!“

Nachdem Todtenberg die Blutgruppe des Verwundeten festgestellt hatte, rief er Trabnach und befahl ihm, Ferdinand Pistol und Harry von der Küche zu holen. Weiterhin gab er die Anweisung, daß auch Eisermann erscheinen solle, um Blut zu spenden.

Der Verwundete röchelte und lallte, während er von der Trage gehoben wurde. Todtenberg sah an Friedel vorbei.

O Täler weit, o Höhen

Als Trabnach mit Ferdinand Pistol und Harry im OP erschien, lag der Verwundete bereits auf dem Operationstisch. Man hatte seinen rechten Arm, den Leib und die Beine festgeschnallt. Der Mann war bewußtlos. Er mußte viel Blut verloren haben. Möglicherweise hatte er auch eine Gehirnerschütterung. Der Hinterkopf zeigte eine Aufschlagstelle. Schrecklicher aber war das Ausmaß der eigentlichen Verletzung.

Ferdinand Pistol betrachtete, während er sich die Hände wusch und Gummihandschuhe anlegte, das schwarzrote, fetzige Fleischgewühl der Schulterwunde. Er war überrascht, daß dieser Mensch noch lebte. Aber er beobachtete diese merkwürdige, schrecklich rätselvolle Erscheinung nicht zum erstenmal. Manche Verwundeten hatte er gesehen, deren Blessuren scheinbar gutartiger Natur waren, ein Kratzer im Dickfleisch, ein Schußbruch der Speiche. Sie waren nach wenigen Stunden verschieden. Und er hatte andere erlebt, deren wüste Körperzerstörungen jede Hoffnung auszuschließen schienen. Seltsamerweise hatten sie noch Tage und Nächte gelebt, fahlgesichtig, dünnatmig – und waren schließlich durchgekommen. Dieses Phänomen ließ sich ja auch an dem alten Franzosen beobachten, der drüben mit dem Engländer im Revier lag.

Eisermann war noch nicht gekommen.

Harry hockte hinter seiner Schreibmaschine. Nach all dem Vorgefallenen fühlte er sich schwach und wagte niemand anzusehen. Er hatte inzwischen die Personalien des Verwundeten, eines aus Osnabrück stammenden fünfundzwanzigjährigen Lehrers, aufgenommen und auch Todtenbergs Feststellungen über Ursache und Wesen der Verletzung nachgeschrieben. Der schaurige Bereich der Wunde war von Trabnach mit schäumendem Wasserstoffsuperoxyd gereingt worden. Todtenberg arbeitete bereits.

Der Oberstabsarzt stand diesseits des Tisches, Ferdinand Pistol, ebenfalls im weißen Kittel, auf der anderen Seite. Friedel hatte das Narkoseinstrumentarium am Kopfende geordnet. Trabnach wartete zu Füßen des Patienten mit Trommeln, die Tampons, Tupfer und Mullagen enthielten. In der Ecke summte leise ein Kocher. Die beiden großen Lampen warfen ein kaltes, grelles Licht auf die Gruppe. Der Verwundete atmete unregelmäßig. Es regnete noch immer. Aber nun waren aus dem Park mehr Vogelstimmen als vorhin zu hören.

„Der Puls ist sehr flach", sagte Friedel, die Fingerspitzen in der Kieferbeuge des Verwundeten.

„Achten Sie auf die Pupillen!" sagte Todtenberg, ohne aufzusehen.

Ferdinand Pistol verfolgte, wie der Oberstabsarzt die großen Blutgefäße abband und die Reste der zerfetzten Muskulatur entfernte. Todtenberg verrichtete die Arbeit genau, mit schulmäßiger Gewissenhaftigkeit. Er handhabte das Messer im Schweigen einer gepreßten Konzentration, anatomisch exakt, lehrstuhlhaft sozusagen. Doch es war nicht nur der Ernst des Vorgangs, der seinen jetzigen Ausdruck bestimmte. Ferdinand Pistol fand, daß Todtenberg auch bei dieser Gelegenheit nicht ohne Eitelkeit war. In seinem Hang zu mimenhafter Selbstgefälligkeit schien der Oberstabsarzt sich den Anschein eines Magiers geben zu wollen, eines Herren über Leben und Tod.

„Wie weit sind Sie, Gefreiter Salandt?"

Harry las aus dem Bericht: „Der Patient wurde bei einem Spähtruppunternehmen im Walde zwischen Chénières und Potenant durch ein Explosivgeschoß amerikanischer Herkunft in der linken Schulter getroffen, wobei die gesamte Partie auseinanderriß. Der Arm ist aus dem Gelenk geworfen und nur noch durch eine schmale Muskelbrücke mit dem Körper verbunden. An der Clavicula ist die Extremitas acromialis völlig gesprengt ..." Harry schaute von seiner Maschine auf.

„Schreiben Sie weiter!" befahl Todtenberg. Ohne in seiner Arbeit innezuhalten, diktierte er: „Das Acromion ist zur Hälfte zertrümmert. Die Cavitas glenoidalis ist ausgesplittert und verschoben. Eine Resektion des Schultergelenks kann nicht vermieden werden. In der Scapula ... haben Sie das?"

„... kann nicht vermieden werden. In der Scapula ..."

„An der Scapula – muß es selbstverständlich heißen!" rügte Todtenberg unwirsch. „*An* der Scapula! Denken Sie gefälligst mit, Gefreiter Salandt! Mit Ihrer romantischen Verschlafenheit werden Sie es im Leben nicht weit bringen. Kurze Schere!"

Ferdinand Pistol hatte das Instrument bereits zur Hand und reichte es ihm. Er lächelte Harry beruhigend zu. Todtenberg bemerkte davon nichts.

Trabnach grinste.

„Sie haben sich versprochen, Herr Oberstabsarzt", sagte Friedel nüchtern, „Sie haben selbst ‚*in* der Scapula' diktiert."

Trabnach glotzte.

Ferdinand Pistol verzog nachdenklich die Stirn.

Todtenberg richtete sich aus seiner halbgebeugten Stellung auf, fixierte Friedel: „Daß Sie den Gefreiten Salandt in Schutz nehmen, Schwester Friedel, ist menschlich lobenswert, hier aber durchaus nicht am Platze. Haben Sie mich verstanden?"

„Jawohl", sagte sie leise.

Trabnach grinste.

Harry starrte in die Lache, die sich neben Todtenbergs Schuhen gebildet hatte und in die es mit beklemmender Regelmäßigkeit vom Tische tropfte.

„Sammeln Sie die Tampons ein, Gefreiter Salandt!"

Harry stand bleichen, unbewegten Gesichts von seinem Platz auf und machte sich daran, die auf dem Boden umherliegenden Tampons mit einer Zange in einen Eimer zu sammeln. Beim Bücken stach das Blut in seiner Kopfnarbe. Vorübergehend befiel ihn ein Schwindelgefühl. Ihm war, als schauten alle zu, spöttisch oder mitleidig. Im Halse wurde ihm heiß, wie wenn ein Weinen aufsteige.

In der Hitlerjugend war er einmal beim Sport vor der Gefolgschaft entlanggeführt worden, weil er eine schwach entwickelte Brust hatte. Er wußte nicht, warum ihm jetzt diese Erinnerung kam – wahrscheinlich, weil jede Demütigung die gleichen Saiten anrührt.

Nachdem die umherliegenden Tampons eingesammelt waren, mußte er mit der Zange in der Hand abwarten, bis ein neuer vom Operationslaken oder aus der Wunde fiel. Zum erstenmal sehnte Harry sich nun nach dem alten Chef, der HV 7 vor Todtenberg geführt hatte. Ein schwerer, glatzköpfiger Schwabe war das gewesen. Dieser Oberstabsarzt hatte dem militärischen Reglement nur wenig Wert beigemessen und sich stets eines freundschaftlichen Umgangstones bedient. Er hatte allerdings getrunken, tagtäglich. Dieser Untugend wegen war Harry ihm damals abgeneigt gewesen. Der Oberstabsarzt hatte den Cognac aus randvollen Wassergläsern getrunken. Nicht selten war Harry während langwieriger Operationen beauftragt gewesen, Schnaps zu holen und ihn diesem Oberstabsarzt, der bei der Arbeit ja nur Wunde und Instrumentarium berühren durfte, wie einem Kind einzuflößen. Harry wurde sich bewußt, daß er von ihm nie einen gemeinen Befehl bekommen hatte.

Die Resektion war beendet. Todtenberg wollte nun versuchen, die Wundränder zusammenzuziehen. Er befahl Harry, wieder auf seinen Platz zu gehen.

Eisermann war immer noch nicht erschienen.

Der amputierte Arm stand, mit der Hand nach oben, unweit des Operationstisches in einem Eimer. Die Hand sah sehr dünn aus, bleich und gläsern. Wer den ausgelösten Körperteil nun betrachtete, der konnte meinen, ein ganzer Mensch sei in dem Eimer versunken, wie in einem engen, saugenden, unheimlichen Schacht, und griffe mit letzter Kraft nach dem Lichte der Oberwelt.

Todtenberg legte unvermittelt den Nadelhalter aus der Hand und forderte Friedel auf, die Augenlider des Patienten zu heben. Die Pupillen zeigten nur schwache Reaktionen. Todtenberg trat hinter Harry, um Einsicht in den Bericht zu nehmen. Dann fragte er nervös: „Wo bleibt der Gefreite Eisermann? Ich habe ihn herbefohlen!“

„Er muß gleich da sein, Herr Oberstabsarzt“, antwortete Trabnach gedrückt.

Ferdinand Pistol fragte sich, ob Todtenberg unsicher geworden sei. Vielleicht hätte die Bluttransfusion vorgezogen werden müssen? Wenn hier wirklich ein Versäumnis vorlag, dann hatte es – abgesehen von dem Patienten – allerdings keine große Bedeutung. Ob nun ein Mensch mehr oder weniger starb, war bekanntermaßen völlig gleichgültig.

„Ich werde diesen Eisermann unnachsichtig bestrafen!“ sagte Todtenberg heiser. „Ich werde ihn vor ein Kriegsgericht bringen! Wir brauchen einen anderen Spender!“

In diesem Augenblick aber betrat Eisermann den OP. Er bot ein für diese Umgebung unglaubliches Bild.

Seine durchweichte Uniform war mit Erde verschmiert. Die Mütze saß als ein dunkles, zerknülltes Gebilde auf dem Hinterkopf. Der Hosenboden war völlig zerfetzt; ein Riß zog sich sogar bis in die Kniekehle hinunter. Eisermann grüßte nicht. Er erstattete auch keine Meldung. Er verharrte stumm, in massiver, geballter Haltung.

Todtenberg musterte den rothaarigen Gefreiten sprachlos, ging dann in gebührendem Abstand einmal um ihn herum.

„Sind Sie von Gott verlassen, Gefreiter Eisermann?" stieß er hervor. „Wie können Sie es wagen, in solchem Zustand ..."

„Sie müssen Feldwebel Knothe fragen, Herr Oberstabsarzt!"

Eisermann stand leicht vorgebeugt, den Kopf hatte er zwischen die Schultern gezogen.

„Wo waren Sie? Ich habe befohlen ..."

„Fragen Sie Feldwebel Knothe, Herr Oberstabsarzt!" wiederholte Eisermann. Anscheinend war ihm nun alles egal.

Todtenberg hob schnell den Kopf, als wolle er weitersprechen. Doch die Stimme schien ihm zu versagen. Er blickte an Eisermann vorbei. Dann sagte er: „Machen Sie sich fertig."

Zwischen den beiden Operationstischen wurde ein Taburett mit einem Transfusionsapparat aufgestellt, von dem rote Gummischläuche abgingen. Todtenberg verband den einen Schlauch durch eine starke Kanüle mit der rechten Unterarmvene des Verwundeten. Daraufhin befahl er Eisermann, sich auf den freien Tisch zu legen. Trabnach rieb Eisermann den Arm mit Alkohol ab, worauf Todtenberg ihm die andere Kanüle einstach. Dann begann der Oberstabsarzt zu pumpen.

Er schwenkte die Transfusionsspritze nach rechts, zog sie voll, führte sie nach links hinüber und drückte dann Eisermanns Blut in den Kreislauf des Verwundeten. Harry, durch Eisermanns erstaunliches Verhalten ein wenig von der eigenen Bedrängnis abgelenkt, stand neben seinem Schreibmaschinentischchen und sah zu.

Die Spritze füllte sich, wurde zu einem rubinroten Zylinder und verblaßte wieder, wenn das Blut hinausging. Todtenberg nagte an der Unterlippe. Feuchter Glanz lag auf seiner Stirn. Wenn er die Spritze schwenkte, dann gab der Mechanismus der Apparatur ein leises Quietschen von sich. Der dicke Eisermann lag auf dem Rücken, starrte finster gegen die Decke. Seine kotigen Stiefel ragten in den Raum.

Die dunkle Lache, in die es nach wie vor von dem Wachstuch heruntertropfte, war größer geworden. Todtenbergs gerasterte Gummisohlen hatten die Umgebung mit deutlichen Abdrücken versehen. Das Blut des Verwundeten wurde im Raum umhergeschleppt wie die Nässe des Regentages, das Blut, das er von seiner Mutter erhalten hatte, das Blut, die gehütete Kostbarkeit unbeschwerter Tage – hier trat man auf ihm herum.

Harry überlegte beklommen, wieviel Leben dieses jungen Menschen schon im Sande jener Waldschneise oder in den Karosseriefugen des Kübelwagens versickert sein mochte. Wann hatte der Verwundete seine Mutter zum letzten Male gesehen? Was tat sie jetzt?

Vielleicht kam sie gerade mit einem Brot von der Bäckerei. Oder sie stand am Spülstein und wusch das Geschirr ab? Vielleicht schaute sie nach dem Briefträger aus, wie an jedem Tag? Es konnte auch sein, daß sie gerade mit behutsamen Händen in ihres Sohnes Wäschefach umhertastete, dessen Inhalt nicht gebraucht wurde und nicht mehr gebraucht werden würde? Bestimmt aber wußte sie nicht, daß das Blut ihres Kindes hier unaufhaltsam auf die Dielen eines französischen Hauses tropfte und man ihm aus den Adern eines anderen Menschen neues einzuflößen suchte.

Vielleicht aber spürte sie etwas davon aus der Ferne, unklar ahnend? Vielleicht ging jetzt ein feines, messerscharfes Ziehen durch ihren Körper? Vielleicht weinte sie? Vielleicht begann sie scheinbar grundlos zu beten? Oder aber sie blickte ihren Mann mit fremden, jenseitig wissenden Augen an, die ihn erschreckten, die er nicht kannte?

Der Verwundete, noch blasser und verfallener als zuvor, bewegte die fahlen Lippen. Plötzlich warf er den Kopf zur Seite, so daß Friedel zugreifen mußte und Todtenberg irritiert aufblickte. Nachdem der Verwundete wiederum eine Zeitlang ohne jede Regung dagelegen und die Transfusion ihren Fortgang genommen hatte, begann er zu sprechen, sehr leise, von Röcheln unterbrochen.

Es war die Rede eines Träumenden. Die Worte kamen aus den tiefsten Regionen des Bewußtseins, wo sie sich irgendwann einmal abgelagert hatten und von wo sie nun wieder losgeschwemmt waren, wie Treibgut vom Ufer, wenn der Fluß in Bewegung kommt.

„O Täler weit, o Höhen“, sprach er. Dann wieder, nun aber ganz sanft und rein, mit dem Klang seiner Stimme an Geigentöne erinnernd, die aus abendlicher Ferne herübergeweht werden:

„O Täler weit, o Höhen – Du schöner grüner –“

Die Rede riß ab. Ein Schauer ging über das Antlitz des Verwundeten. Die Anwesenden schwiegen. Ein ebenso verwundertes wie bestürzt erschrockendes Schweigen war das. Die Gummischuhe Todtenbergs, der den Stand wechselte, ächzten.

Ferdinand Pistol, die behandschuhten Hände bis zur Schulterhöhe aufgehoben, verharrte lauschend, mit halbgeschlossenen Augen. Sein ruhiges, breites Gesicht war plötzlich von fremden Furchen gezeichnet. Trabnach blickte einfältig, verblüfft, mit offenem Munde. Todtenberg setzte die Transfusion fort. Die Apparatur quietschte.

„O Täler weit – Du schöner grüner Wald – grüner –“

Zwei Kraftfahrer gingen über den Hof. Der eine sagte mit Nachdruck: „Es liegt am Differential, sag' ich. Es kann nur am Differential liegen! Warum liefern sie solchen Scheißdreck!“

„Du meiner Lust und Wehen – andächtiger –“

Friedel war dicht an die Stirnseite des Operationstisches getreten. Ihre Hände umschlossen den Kopf des Verwundeten. Scheinbar unbewegt blickte sie auf ihn herab. Ihre Haltung erinnerte an das Bild der Pieta, an die Marienklage.

„– andächtiger Aufenthalt."

Harry erkannte mit einem Male, daß Friedel weinte. Sie weinte ganz still, ohne schluchzende Bewegung. In ihren Augenwinkeln war kaum mehr als ein Glanz festzustellen; sie weinte eher nach innen hinein. Harry wandte den Blick nicht von ihr. Ihm war, als gäbe sie seinem eigenen verwirrten Schmerz Ausdruck. Er fuhr auch fort, sie anzusehen, als das Quietschen der Apparatur unvermutet verstummte.

„Es hat keinen Zweck mehr", sagte Todtenberg, worauf er Eisermann geschickt die Kanüle aus der Vene zog.

Der Gefreite richtete sich auf, blieb jedoch auf dem Tisch sitzen.

Trabnach tupfte ihm den Einstichort erneut mit Alkohol ab, empfahl dann, den Arm fest anzuwinkeln. Eisermann folgte mechanisch seiner Anweisung.

Todtenberg zog wortlos die Gummihandschuhe aus, entledigte sich mit verdrossener Miene auch seines Kittels. Dann trat er zum Fenster und sah hinaus. Es hatte aufgehört zu regnen.

„Er hat geträumt", sagte Friedel, die noch immer den Kopf des Verwundeten hielt. Sie sah Harry an.

„Er stirbt", sagte Ferdinand Pistol.

Der Verwundete lag nun reglos. Der Körper schien flacher geworden zu sein unter dem blutfleckigen Laken. Sein Gesicht hatte die Farbe gelblichen Papiers angenommen. Greisenhafte Furchen zeigten sich. Seit dem Zusammenbrechen auf jener Waldschneise hatte der Körper des Mannes in wenigen Stunden, in rasender, kräfteversengender Eile all die Stadien des Alters, des Energieverfliegens durchgemacht, die sich für gewöhnlich in langen Jahrzehnten vollziehen. Für gewöhnlich – aber hier gab es ja nichts von dieser Gewöhnlichkeit. Das kannte man schon.

Und jetzt war der Tod da, verständnisvoll, mitfühlend, kameradschaftlich. Die Begrüßung hatte bereits stattgefunden. Es war an der Zeit, sich auf den langen Weg zu machen.

In immer größeren Abständen zuckte das Kinn, wie von einem feinen elektrischen Schlag getroffen, nach unten. Die Agonie.

„Er stirbt", wiederholte Ferdinand Pistol, ohne jemand anzusehen.

„Warum?" fragte Friedel kaum hörbar.

Draußen wurde es hell. Die Sonne war durch die schwere, trübe Wolkendecke gebrochen.

Das Schweigen, in dem sich nach Friedels so treffender wie nutzloser Frage alle eingewoben fanden, endete erst, als Trabnach die Batterieschalter der beiden großen Lampen krachend herumlegte. Der Widerschein der Sonne gab allen Dingen ein sanfteres Aussehen.

Eisermann schob sich vom Tisch, zog die Jacke über. Er fröstelte in dem nassen Zeug. Er hielt sich so im Raume, daß man seinen zerrissenen Hosenboden nicht sehen konnte.

„Der Mann hätte das Blut früher bekommen müssen!"

Todtenberg drehte sich auf dem Absatz um, fragte: „Wollen Sie hier zukünftig operieren, Gefreiter Eisermann? Mit Ihren Schraubenschlüsseln? Sie werden sich noch zu verantworten haben, weil Sie nicht sogleich erschienen sind."

„Ich mußte Erde schippen", sagte Eisermann während die Wut sein Gesicht wiederum verdunkelte. „Ich habe zu spät Bescheid bekommen."

Darauf erwiderte Todtenberg nichts mehr. Er schnallte mit fahrigen Händen sein Koppel um und befahl nur noch, den Toten so bald als möglich im Park zu bestatten.

Auf dem Tisch neben dem Bindemaschinchen lag noch immer die Schokolade. Trabnach wartete, bis Todtenbergs Schritte draußen verklungen waren. Dann griff er zu und steckte die Tafel in die Tasche.

Friedel machte dem Verstorbenen einen letzten Verband. Sie nahm die neuen Mullbinden dazu. Das war sein Leichenhemd.

Kostenloser Trauermarsch

Man soll Tote mit den Füßen voran aus dem Haus und zu Grabe tragen. Eine alte Überlieferung teilt mit, daß sie andernfalls keine Ruhe finden können. Fischer glauben, die Seelen würden wiederkommen und als nächtliche Irrlichter um die Rahen kreisen. Deshalb hefteten die Fahrensleute früher eine Bibelseite an den Mastbaum. Das sollte Schutz vor den Jenseitigen bieten.

Im Kriege gibt es keinen Aberglauben, außer der Annahme, daß man selbst unmöglich getroffen werden könne.

Der Mensch, der sich am Nachmittag mit Eichendorffs Versen in den Tod gestammelt hatte, lag verkehrtherum auf der Bahre. Das war niemandem aufgefallen. Vielleicht auch hatte er ursprünglich richtig gelegen, und nur die Träger waren falsch zwischen die Holme getreten.

Eine foliendünne, chemisch riechende Glasplane hüllte ihn ein.

Er bildete ein flaches, konturloses Bündel.

Ferdinand Pistol schritt an der Vorderseite der Bahre. Harry hielt die hinteren Griffe. Eisermann ging mit einem kurzen Spaten nebenher. Den zerschlissenen Hosenboden hielten jetzt einige Sicherheitsnadeln aus dem OP zusammen.

Die drei hatten den Leichnam vom Hofe her ein Stück weiter in den Park getragen. Nun stellten sie die Bahre ab. Sie waren sich unschlüssig, wo sie den Toten bestatten sollten. HV 7 hatte in Reinegarde noch keinen Platz eingerichtet, der dafür in Frage gekommen wäre. Den Grabstellen wurde erst Aufmerksamkeit geschenkt, wenn einem die Toten bereits vor den Füßen lagen. Man befaßte sich ungern mit Plätzen, auf denen man möglicherweise selbst bald Quartier beziehen müßte, bleich, stumm, ausgeleert.

Ferdinand Pistol hatte vorgeschlagen, den Verstorbenen an der Seite jenes Toten zu bestatten, der beim Eintreffen in Reinegarde in der grüngekachelten Anatomie und jetzigen Arrestzelle ohne Schädeldecke aufgefunden worden war.

„So liegt er wenigstens nicht allein."

„Das ist eine andere Richtung, Pistol", erwiderte Eisermann. „Außerdem kann's jetzt gleich sein, wo er liegt."

„Ich finde, nicht."

„Er hätte das Blut früher bekommen müssen, dann wäre er sicher noch am Leben."

„Er wäre noch am Leben, wenn man ihn nicht auf diesen mörderischen Spähtrupp geschickt hätte!"

„Ich glaube, daß er zu retten gewesen wäre", beharrte Eisermann.

Ferdinand Pistol schüttelte leise den Kopf: „Wer will das wissen? Das kann kein Mensch entscheiden. Du bist so schnell, wie es ging, gekommen. Du brauchst dir keine Vorwürfe zu machen. Dich trifft sowenig Schuld wie uns."

Eisermann blickte zu Boden, sagte langsam und still: „Aber ich wäre früher gekommen, wenn man mich früher gefunden hätte. Und man hätte mich früher gefunden, wenn ich nicht zum Schippen kommandiert gewesen wäre!"

„Diese Rechnungen helfen nichts", sagte Ferdinand Pistol.

„Weiß du auch, warum ich zum Schippen mußte? Wegen dieser Zigarre."

„Nein."

„Doch. Knothe hat die Banderole gefunden. Jetzt will er mich zwingen, die Geschichte zuzugeben."

Ferdinand Pistol seufzte, fuhr sich mit dem Handrücken über die Stirn. Er murmelte: „Da glaubt man, mit einer Sache nichts zu tun zu haben – es hängt aber alles miteinander zusammen. Auch dann, wenn man nichts damit zu tun haben will."

„Es gibt und gibt keine Ruhe.“

Ferdinand Pistol legte den Kopf mit einer müden Bewegung in den Nacken, sagte dann heiser, fast stöhnend: „Ich kann hier nicht mehr atmen.“

„Wovon redet ihr?“ fragte Harry, der solange stumm dabeigestanden hatte. „Ich kann das alles nicht begreifen.“

„Das ist auch das beste“, sagte Eisermann.

„Was soll nun werden?“ fragte Ferdinand Pistol.

„Wir werden ihn zu den Deckungsschneisen bringen“, empfahl Eisermann. „Wir mußten die Gruben wieder zuschippen, nachdem sie gerade ausgehoben waren. Es sind aber noch welche halb offengeblieben. Dort können wir ihn hineintun. Ein neues Grab zu graben ist schwer. Der Boden steckt voller Nässe.“

„Und was wird morgen beim ‚Bodeneinsatz‘?“ fragte Ferdinand Pistol.

Eisermann sagte: „Der Freestorf läßt an immer neuen Plätzen wühlen. Er tut alles, was Knothe will. Und dem ist die Schinderei nie scharf genug.“

Ferdinand Pistol winkte Harry, die Bahre wieder aufzunehmen.

Am Tage hatte der Park novemberhaft trübselig ausgesehen. Nun aber, da es Abend wurde, erschien er wieder rotleuchtend und heiter. Ein leichter Wind hatte das Regengewölk vertrieben. Der Himmel schüttete eine letzte Fülle sommerlichen Lichts herunter. Die Nässe verging unter den gleitenden Zungen der Sonne. Der wallende Brodem der Feuchtigkeit stand nur noch an einzelnen schattigen Stellen. Die Erde roch satt und kräftig. Die Vögel hatten ihre Lieder neu angestimmt. Der Tag atmete wieder frei und weit. Doch es lag ein Hohn in dieser Abendstimmung. Sie war wie ein unangemessen helles Bühnenlicht.

Während die drei bedrückt weitergingen, wurde Mundharmonikaspiel vernehmbar, sentimental und kurzatmig wimmernd in den hohen Lagen. Das war eine recht gewaltsame, mißtönende Variation des Liedes „An der Weser“.

Der Spieler wiederholte die Melodie beharrlich bis zu einem Punkt, über den er vergebens hinwegzukommen suchte, vielleicht fehlte ihm ein halber Ton, oder aber sein Gehör reichte nicht hin, um die Klangfolge sauber aufzureihen. So fand sich die kleine Prozession nun von einem fürchterlich grotesken Totenmarsch begleitet.

Harry starrte benommen auf Ferdinand Pistols breiten Rücken vor sich. Nur selten wandte er den Blick zu der Bahre hinunter. Gewiß empfand auch er Mitleid mit diesem so sinnlos dahingeschiedenen Menschen. Aber die Erinnerung an die Demütigungen vom Vormittag und während der Operation beschäftigten ihn nach wie vor. Harry sah sich Todtenberg gegenüber noch immer in völliger Defensive. Er war eher geneigt, sich selbst Schuld zuzuschreiben, als den Oberstabsarzt zu verurteilen. Dabei konnte er aber keinen Grund finden, der seine Bekanntschaft mit Friedel für Todtenberg so tadelnswert machte. Zweifellos war die Zurechtweisung allein auf das Armkettchen zurückzuführen; er hätte es nicht so offen tragen dürfen. Das war sicher unmilitärisch und dienstwidrig gewesen. Todtenberg hatte nur einen Denkzettel erteilen wollen. Und mußte er das nicht, wenn etwas der Disziplin zuwiderlief?

Harry erwog in seiner vermeintlichen Einsicht sogar die Möglichkeit, sich bei dem Oberstabsarzt für das Tragen des Schmucks zu entschuldigen.

Auch früher, in der Schule und in der Hitlerjugend, hatte er es für besser befunden, sich zu entschuldigen, als aufzubegehren. Er hatte sich oft entschuldigt und danach seine Ruhe gehabt. Sein Bewußtsein war geleitet worden, in der Macht auch das Recht zu sehen. Dabei war Harry nicht eigentlich feige. Es mußte nur immer erst weit kommen, bis er sich zu wehren begann, ausbrechend, unkontrolliert.

In den letzten Schuljahren vor der Einberufung hatte Harry es geliebt, nachmittagelang in einem Verschlag des häuslichen Trockenbodens zu hocken und physikalische Probleme zu durchgrübeln. Er hatte sich einen Gleichrichter gebastelt, eine Wheatstonesche Brücke, eine kleine optische Bank. Am Geländespielkompaß der Hitlerjugend interessierte ihn die erdmagnetische Mißweisung stärker als seine geographisch-strategische Funktion. Er wußte eine Menge über diese Dinge, aber er kroch sofort in sich, wenn man ihm mit Unverständnis oder Zweifel begegnete.

Es hatte auch Situationen gegeben, in denen er sofort und mit einem heftigen, pressenden Trotz reagierte. Ein Klassenlehrer, der Mitglied des Reichsbundes der Kinderreichen war und mit Vorliebe Wilhelm Busch im Munde führte, hatte Harry vor versammelter Klasse gehänselt, weil der Junge mit einem Mädchen auf der Rodelbahn gesehen worden war. Harry hatte ihn stumm angehört, weiß im Gesicht.

Ähnliches wirkte nun auch in ihm, wenn er an Todtenbergs Verbot dachte, weiteren Umgang mit Friedel zu pflegen. Ein Armkettchen zu tragen mochte sich vielleicht nicht gehören. Aber mit Friedel befreundet zu sein – wem konnte das schaden?

Die Flamme einer kleinen Empörung züngelte in ihm auf.

Die drei hatten sich auf dem Wege zu den Deckungsschneisen nunmehr jener Abzweigung der Platanenallee genähert, an der die Feldküchen aufgefahren waren und die Verpflegungssankas des Furiers ihren Platz hatten. Die Feldküchen standen ohne Feuer. Die kalte Abendration war bereits beim Mittagessen ausgegeben worden.

Auf einer großen eisenbeschlagenen Kiste saßen zwei Männer: Feldwebel Knothe und der Küchenstabsgefreite Vedder, ein schwabbliger Mann, der im Frieden mit einem Bauchladen Süßwaren gehandelt hatte. Dieser Furier Vedder hatte erheblichen Einfluß. Seine Niedertracht war so groß, daß sie ihn fast zu einer schurkischen Persönlichkeit stempelte. Jeder Mann bei HV 7 wußte, daß Vedder die Rationen von Dauerwurst, Käse, Speck oder Corned beef radikal beschnitt, um den so gewonnenen „Schwund" seiner Familie zu schicken oder den Vorgesetzten zukommen zu lassen.

Gleich Knothe stammte er aus Rathenow. Von dort kannten sich die beiden. Sie hockten oft beieinander. Jetzt hatten sie Familienphotos besehen und Bier getrunken. Eine Reihe von leeren Flaschen lag zu ihren Füßen. Es war rätselhaft, wo dieses Bier herkam.

Knothe spielte auf der Mundharmonika und hatte ein Einweckglas über das Instrument gestülpt, um gefühlvoller tremolieren zu können. Er hielt auch nicht inne, als sich die drei nun mit dem Toten näherten. Er gab der Melodie lediglich einen Marschrhythmus und versuchte, ihn dem Schritt der Bahrenträger Ferdinand Pistol und Harry anzupassen. Vedder hieb mit einer Flasche den Takt in die Luft. Harry bemerkte, wie Ferdinand Pistol vor ihm erschauerte und den Kopf senkte.

Als sie in der Höhe von Knothe und Vedder angekommen waren, setzte der Feldwebel die Mundharmonika ab und befahl: „Kolonne – halt!"

Sie hielten an. Sie machten, soweit die Bahre es erlaubte, Front zu Knothe. Eisermann hatte seinen Spaten wie beim Arbeitsdienst an die rechte Seite genommen.

„Wer – tommt denn da?" fragte Knothe. Er war offensichtlich angetrunken.

Vedder lachte und schleuderte die Flasche gegen eine Feldküche, wo sie zersprang.

„Ein Toter und drei Mann!" meldete Ferdinand Pistol mit fremder, scharfer Stimme.

„Ein Toter – so, so", sagte Knothe, mit der Mundharmonika in dem Weckglas klirrend. „Was hat ein Toter bei uns zu suchen? Wie kommt er hierher? Was fällt einem Toten ein, sich bei uns einzuschleichen?"

Vedder lachte wieder, wie über einen kapitalen Witz.

„Ist der Kerl von uns?" fragte Knothe.

„Nein", antwortete Ferdinand Pistol, „ein Verwundeter, der . . ."

„Ich denke, der Kerl ist tot!" fuhr Knothe dazwischen.

„Es ist ein Zugang. Er starb während der Operation."

„Unglaublich – hätte sich 'n bißchen zusammennehmen

können!“ Knothe rülpste. „Hier treiben sich Tote herum, und man weiß nichts davon. Eisermann?“

„Jawohl“, sagte Eisermann.

„Umdrehen!“ befahl Knothe.

Vedder brüllte vor Lachen, als er Eisermanns demolierten Hosenboden erblickte.

„Was macht deine Hose, Adalbertchen?“

„Auf'm Schleifstein gesessen!“ freute sich Vedder.

„Warum ist deine Hose nicht ganz, Eisermann?“ höhnte Knothe weiter.

„Ich war beim Schippen. Ich hatte keine Zeit.“

„Du wirst dir dazu Zeit nehmen, Adalbert, Adalbertchen! Denkst vielleicht, wie ein frisierter Furz umherziehen zu können! Morgen früh ist die Hose tipptopp geflickt. Andernfalls fliegst du in den Bau! Ich werd' dich schon Benimm lehren, absolut, völlig absolut! Verstanden?“

Eisermann schnaufte.

„Ob du das gefressen hast, Arschriese?“

„Jawohl, Herr Feldwebel.“

„Braves Kerlchen, Eisermann, Eisermännchen!“ Knothe grinste. Dann befahl er: „Halblinks – um!“

Die drei führten den Befehl aus und standen nun wieder so, wie sie angekommen waren.

„Abteilung – marsch!“ schrie Knothe. Gleich darauf setzte er die Mundharmonika an.

Wiederum ertönte „An der Weser“. Die Prozession zog unter den Klängen des entstellten Volksliedes weiter, den Deckungsschneisen zu.

„Ich werde ihn totschlagen“, sprach Eisermann vor sich hin.

Die beiden anderen antworteten nicht. Eisermann rechnete wohl auch gar nicht damit.

Er sprach nur immer wieder diesen einen Satz vor sich hin:

„Ich werde ihn totschlagen.“

„Ich werde ihn totschlagen.“

„Ich werde ihn totschlagen."

Als sie die Deckungsschneise erreicht hatten und den Leichnam von der Bahre nahmen, da bemerkte Ferdinand Pistol, daß sie ihn verkehrtherum transportiert hatten. Er sagte es, aber die Kameraden erwiderten nichts. Der dicke Eisermann knurrte leise durch die Zähne. Seine Kiefer zitterten. Den Spaten hielt er wie eine Axt in der Hand. Eisermann schien ganz in beklemmendem Zorn eingeschlossen zu sein. Es war wohl gut, daß die Grablegung einige ablenkende Arbeit erforderte. Die bereits zur Hälfte zugeschüttete Grube war zu groß für diesen einen Toten. Er lag schmal und einsam darin, wie in einem riesigen Doppelbett. Das heulende Mundharmonikaspiel Knothes war noch immer zu hören. Bisweilen riß es ab; wieherndes Gelächter drang dann durch das Unterholz herüber.

Sie schippten abwechselnd. Die Arbeit nahm mehr Zeit in Anspruch, als sie angenommen hatten. Der Spaten war sehr kurz. Man mußte sich tief bücken, um ihn voll nehmen zu können. Als Harry an der Reihe war und den Oberkörper des mumienhaft verhüllten Leichnams mit Erde bedecken wollte, hieß Ferdinand Pistol ihn einhalten.

Der Obergefreite kniete nieder und schaufelte mit zusammengenommenen Händen so lange Erde in die Grube, bis der Kopf des Toten verschwunden war. Still, behutsam verrichtete er diesen kleinen letzten Liebesdienst an einem Unbekannten. Die selbstverständliche Würde seines Tuns zog die anderen in ihren Bann, ließ sie Bedrängnis und Schmach ihres eigenen Daseins vorübergehend vergessen.

Harry verspürte einen leisen Druck in der Kehle. Aber das war nun nicht jenes jähe, taumelige Aufquellen des Gefühls, das er bei Büchern oder in Filmen empfunden hatte, wenn die Musik das Lied vom „Guten Kameraden" intonierte und wenn die drei Salven über das offene Grab schmetterten. Es war beileibe nicht die rauschhafte Seligkeit, eine heroisch-tragische Stunde mitzuerleben. Und es gab auch kein betäubendes Aufgehobensein in dieser Empfindung, so wie es ihm früher oft von dem Anblick wehender Fahnen oder dem Bilde stürmender friderizianischer Regimenter mitgeteilt worden war.

Zum erstenmal in seinem Leben empfand Harry die ruhige Strenge des Augenblicks, da ein Menschenweg abgeschlossen wird. Dieses Augenblicks, da man nach innen schauen muß, wo alles ernst und schweigend stillzuliegen scheint. Dieses Augenblicks trauernder Versonnenheit, die schmerzlich und zugleich wohltuend ist.

Ferdinand Pistol stand auf, strich langsam den Sand von den Händen und fragte:

„Hatte er etwas bei sich?"

„Ein Bild von einer Frau und einige Briefe", sagte Harry. „Ich habe alles zusammengetan. Ein Brief war erst fünf Tage alt."

„Die nächsten werden ungeöffnet zurückgehen."

Von den Feldküchen war wieder Gelächter zu hören.

„Ich werde ihn totschlagen!" sagte Eisermann.

Sie schippten das Grab zu. Eine kleine, rechteckige Rinne im Sande deutete den Platz an, unter dem der Tote lag. Harry wollte durch Zweige ein Kreuz markieren, Ferdinand Pistol hielt ihn zurück.

„Das ist nicht nötig."

„Vielleicht kommt später jemand von seinen Angehörigen?"

Ferdinand Pistol schüttelte den Kopf: „Hier wird niemand mehr hinkommen, Harry! Nur die Partisanen werden kommen und die Amis – in ein paar Tagen oder ein paar Wochen. Dann hat der Regen alles glattgewaschen. Später werden nur noch der Park da sein und die Vögel. Die Vögel waren immer da."

Als sie aufschauten, war Eisermann fortgegangen. Er hatte sich schon ein gutes Stück weit entfernt. Den Spaten hielt er wieder in der Faust. Sie sahen, wie er einen knappen Bogen um den Platz schlug, an dem Knothe und Vedder saßen. Danach verschwand er.

Sie unterließen es, ihn anzurufen.

Ferdinand Pistol und Harry machten sich auf, die Bahre zum OP zurückzubringen. Während sie durch die niedersinkende Dämmerung schritten, in der noch verschlafenes Vogelgezwitscher geisterte, redeten sie kein Wort. Der untere Bahrenholm schlug Harry bei jedem Schritt gegen die Wade. Er achtete nicht darauf. Seine Gedanken liefen voraus, suchten Friedel. Er hatte den Wunsch, sie zu sehen. Aber es war eine Ahnung in ihm, daß er sie nicht finden würde.

Ungemütliches Rendezvous

Friedel saß in Todtenbergs verchromten Feldstuhl und blickte unverwandt in die drei Kerzenflammen, die vor ihr auf dem Tische brannten. Friedel fühlte sich abgespannt. Die Ereignisse dieses Tages, der Auftritt wegen des silbernen Kettchens, Harrys Demütigung durch Todtenberg und vor allem das seltsame Sterben jenes Verwundeten hatten an ihren Kräften gezehrt. Ihr wäre wohler gewesen, wenn sie sich in den weichen, federnden Feldstuhl hätte lehnen, den Körper entspannen, den Gedanken freien Lauf lassen können. Dennoch hielt sie sich sehr gerade in einer Haltung von Verschlossenheit und Wachsamkeit. Stumm hörte sie auf die Reden, die Todtenberg, langsam im Raum auf und nieder gehend, führte. Es waren Reden voll zwielichtiger Höflichkeit.

Friedel hob ihren Blick nur, wenn Todtenberg näher kam und neben ihr stehenblieb. Doch auch dann hielt sie etwas zurück, voll in sein Gesicht zu schauen. Sie hatte noch immer nicht erkannt, was dieser Mensch vorhatte; sie wußte nur, daß es nichts Gutes sein konnte. Ihr wäre weniger unheimlich zumute gewesen, wenn der Oberstabsarzt Anzeichen offenbaren männlichen Werbens zu erkennen gegeben hätte. Jene Anklänge einer ungesunden und übersättigten oder allein auf die Zersetzung von Gefühlen hinzielenden Lüsternheit aber, die sie dann und wann aus Todtenbergs Worten heraushörte, verwirrten sie. Sie antwortete selten, abweisend. Sie nahm weder von dem Obst noch von der Schokolade, die der Oberstabsarzt durch Trabnach hatte servieren lassen. Sie trank nur so viel Benediktiner aus ihrem Gläschen, als die Höflichkeit gerade erforderte.

Was wollte dieser Mann?

Die Atmosphäre des Raumes war beklemmend. Der fleckenweise Brokatglanz und der schwache exotische Duft von Todtenbergs Parfüm verwirrten Friedel. Die in dieser Umgebung grotesken Kunstgegenstände erinnerten an den Zierat fremder, ferner Tempel, wie sie manchmal im Film zu sehen sind. Das Mädchen atmete verhalten.

Todtenberg war wiederum neben ihr stehengeblieben. Er hatte eine Hand auf die Lehne des Feldstuhls gelegt.

„Was machen Sie nur für ein Gesicht, Schwester Friedel?“ fragte er freundlich. „Warum kommen Sie nicht ein bißchen aus sich heraus? Man muß sich das Leben nicht unnötig schwermachen. Lachen Sie doch einmal! Sie schauen drein, als ob Sie es mit einem bösen Wolf zu tun haben. Sie sind zu einem Plauderstündchen eingeladen, weiter nichts. Seien Sie doch etwas freundlicher!“

Todtenberg begann, den Feldstuhl in leichte Schwingungen zu versetzen. Friedel verspürte, wie ihr Körper sich noch mehr versteifte.

„Warum sind Sie so ernst?“ forschte er weiter. „Ein Mensch Ihres Alters muß fröhlich sein!“ Seine Stimme klang warm und fürsorglich.

Er nahm ein Glas vom Tisch, beugte sich zu ihr und empfahl: „Trinken Sie noch etwas – das erwärmt das Gemüt!“

Todtenberg hob das Glas an die Lippen, hielt dann jedoch inne. Sie kam der Aufforderung nicht nach. Ein Schatten des Unmuts flog über sein Gesicht.

„Ich weiß wirklich nicht, womit ich Sie aufheitern kann“, sagte er dünn, „quält Sie etwas? Sind Sie verletzt?“

„Was wollen Sie?"

Auch jetzt blickte Friedel ihn noch nicht an.

Eine Kerze blakte, weil der Docht zu lang geworden war. Feiner Geruch von Versengtem machte sich im Raume breit.

Todtenberg stutzte vor der Unumwundenheit ihrer Frage. Als er antwortete, da war seine Stimme nicht mehr so zutunlich: „Sie tragen mir die Zurechtweisung noch immer nach, die ich dem Gefreiten Salandt habe erteilen müssen?"

„Er hat Ihnen nichts getan."

„Er hat die militärische Disziplin verletzt", entgegnete Todtenberg, „im Krieg kann nicht jeder tun, was ihm beliebt."

„Ein Andenken stört niemand."

„Es ist unsoldatisch."

Friedel schwieg eine Weile. Dann sagte sie schnell, mit Nachdruck:

„Ich habe nicht gewußt, daß ein Parfüm soldatischer ist als ein Andenken."

„Schau mal an!" murmelte Todtenberg überrascht.

Jetzt blickte Friedel in sein Gesicht, das klein, blaß und gepflegt über ihr stand. Sie sagte: „Es ist Ihnen gar nicht um das Kettchen zu tun, Herr Oberstabsarzt! Sie haben es lediglich zum Vorwand genommen, den Gefreiten Salandt zu demütigen! Sie wollten ihn – Sie wollten ihn in den Augen von anderen lächerlich machen."

„In Ihren Augen, meinen Sie?" unterbrach er sie.

„Mit einem, der sich nicht wehren kann, läßt sich leicht umspringen, Herr Oberstabsarzt. Dazu braucht man keinen Mut!"

Todtenberg brach in ein leises, amüsiertes Lachen aus.

„Glauben Sie nicht, mit Ihrem Vorgehen irgendeinen Eindruck machen zu können!" stieß Friedel hervor. „Befehle kann jeder geben, wenn die Schulterstücke nur dick genug sind!"

Jetzt wurde Todtenberg ernst. Daß diese kleine Krankenschwester eine solche Reaktion zeigte, hatte er denn doch nicht erwartet. Ihre unverhüllte Meinung reizte und verärgerte ihn.

Die Lockung, sich zwischen Harry und Friedel zu drängen, überkam ihn mit neuer Gewalt. Das Verlangen, sie kraft seiner Autorität gegeneinander auszuspielen, wurde übermächtig. Er war voller Begierde, das, was zwischen den beiden still und im geheimen keimte, anzugreifen und bloßzulegen.

Todtenberg hoffte die Öde seines hiesigen Daseins durch eine zynisch-gewaltsame Unterhaltung zu beleben, durch ein genüßlich-psychologisches Experiment. Aber nun hatte ihm dieses Mädchen klargemacht, daß seine Überlegenheit gar nicht so unfehlbare Wirkung besaß, wie er als selbstverständlich angenommen hatte. Die Erfahrung beschämte ihn. Sie forderte zugleich heraus.

Todtenberg ging durch den Raum, blieb bei jener Truhe stehen, auf der die silbernen, scheinlebendigen Musikantenfigürchen waren, und sagte ironisch: „Wie heftig Sie Ihren kleinen Freund verteidigen, Schwester Friedel! Offen gestanden – ich habe das nicht erwartet. Meine Hochachtung! Haben Sie Furcht, daß ich ihn Ihnen fortnehme? Einige Zeilen von der Schreibstube – und er wird versetzt. Würden Sie weinen? Man weint doch, wenn einem der Liebste verlorengeht."

„Was kümmert Sie das?"

„Nun sind Sie schon wieder gekränkt! Man kann sich doch über alles unterhalten. Oder haben Sie gar so wenig Zeit? Er wartet gewiß auf Sie. Aber Sie sollten doch nicht zu ihm gehen – Sie könnten ihm Ungelegenheiten machen. Sie wissen, daß außerdienstlicher Umgang untersagt ist."

Todtenberg nahm eines der Musikantenfigürchen von der Truhe, balancierte es spielerisch auf seinen schönen Händen. Er schien sich an dem unentwegten, possierlichen Kopfnicken des kleinen Kunstwerkes zu erfreuen. Nach einer Weile fragte er: „Es ist wohl Ihr erster Freund?"

„Das geht Sie nichts an", sagte Friedel kalt.

Seine Lippen zogen sich auf eine Weise zusammen, als schmeckte er etwas.

„Es gibt im Bereich dieser Einheit nichts, das mich nicht angehen würde, Schwester Friedel!" Todtenberg reckte sich ein wenig, fuhr fort: „Aber da Sie diese Auskunft schon hartnäckig verweigern, so erklären Sie mir doch bitte, was Sie an diesem jungen Mann eigentlich Bemerkenswertes finden!"

Friedel schwieg.

„Ist er ein Held, Ihr Gefreiter?"

Der eine Kerzendocht kringelte sich und tauchte in die schimmernde Fläche des Stearinsees. Aber die Flamme erlosch nicht. Sie wurde nur etwas breiter.

„Ist er so schön, daß er Ihr Herz entzünden konnte?" fragte Todtenberg noch spöttischer als zuvor.

Friedel fürchtete, sogleich aufzuspringen, auszubrechen, irgend etwas zu tun, das ihrer Empörung Luft machen konnte, irgend etwas, das gewiß unsinnig sein würde.

„Ich kann nicht verstehen, was Ihnen an ihm gefällt."

Selbst wenn sie hätte antworten wollen, wäre keine Antwort auf diese Frage dagewesen.

An Harry war wenig den Träumen ähnlich, mit denen Friedel ihre Mädchenzeit durchsponnen hatte. Er entsprach diesen Vorstellungen in keiner Weise. Er besaß weder gereifte Erfahrung noch beeindruckendes Wissen. Er sah auch nicht besonders gut aus. Im Grunde seines Wesens war er scheu, unbeholfen.

Warum liebte sie Harry?

Hatte allein die Begegnung bei dem Partisanenüberfall in Chabrie den Grund dazu gelegt – jenes jähe Nahesein, als sie schutzsuchend nebeneinander auf dem Pflaster lagen? Oder liebte sie ihn aus der sanften Vertrautheit der wenigen Tage heraus, in denen sie ihn gepflegt hatte? War ihr Herz vielleicht durch den Widerschein unverstandenen und unverdienten Leides geöffnet worden, den sie damals in seinen Augen entdeckte?

Sie wußte es nicht. Sie spürte, daß es wohl auch gar nicht wichtig war, dies zu wissen. Aber jetzt, angesichts von Todtenbergs kaltem, schleichendem Zynismus, verstand sie mit erregender Klarheit, daß in dem Kern der Frage alles geborgen lag, was in dieser Umgebung von Gemeinheit, Elend und Schmutz noch hatte rein und lauter bleiben können. Niemandem war ein Recht gegeben, daran zu rühren.

Sie blickte Todtenberg an und sagte: „Ich werde Ihnen keine Antwort geben, Herr Oberstabsarzt. Nichts berechtigt Sie, danach zu fragen!"

Todtenbergs blanker Hohn erlosch. Plötzlich sah der Oberstabsarzt dieses Mädchen, das da gerade und feindlich in dem Feldstuhl saß, mit anderen Augen an. Ihn bestürzte, daß ein kaum erwachsener Mensch, mit dem er zu spielen beabsichtigt hatte, sich durch den geübten glatten Hochmut seines Wesens nicht beeindrucken ließ. Er war erbittert, daß sie ihn darüber hinaus anklagte. Das Bewußtsein der Niederlage führte noch zu einem anderen Resultat.

Todtenberg, der Friedel solange nicht begehrt hatte, erkannte nun die Frau in ihr. Seine Gedanken begannen über ihren von sauberem Leinen eingeschlossenen Körper zu streifen. Er stellte das Musikantenfigürchen langsam auf seinen Platz zurück.

Zuvor hatte Todtenberg Friedel so angesehen, wie er jedes Mädchen betrachtete, das von unten, aus der Masse des Volkes kam. Die Körperlichkeit dieser Menschen hatte ihm seit je Widerwillen eingeflößt. In seinen Augen wohnte ihrer Liebe ein abstoßender, fast tierischer Einschlag bei.

Einer Frau beizuwohnen, war für Todtenberg in jedem Fall ein Ritual gewesen. Er hatte nur jene hochbeinigen, kostbaren Frauen in den Kreis seines Interesses gezogen, deren Hingabe, wie ein geradezu tänzerisches Schauspiel, in einem stufenweisen, wohlberechneten Nachlassen des Widerstandes bestand. Eine normale, sich leidenschaftsvoll auseinandersetzende Liebe hatte er stets als Geschmacklosigkeit angesehen.

Aber jetzt war Gier in ihm wach geworden, wie er sie noch nicht kannte. Friedels Kälte, die standhafte Weigerung, Zugang zu ihren Gefühlen zu gewähren, fachte seine Sinnlichkeit an. Das Blutklopfen in ihrer Halsbeuge, der reine Lauf der Stirn, auf der Kerzenschimmer lag, die unbewußt bergende Haltung ihrer Hände über dem Schoß und schließlich die sanfte Buchtung der Brust unter ihrer graugestreiften Bluse – all das trieb fiebrige Schauer über seine Haut.

„Wollen wir uns nicht verstehen?" hörte er sich sagen, „Sie bleiben noch bei mir!"

Friedel wandte den Kopf. Ihr harter Blick stieß gegen sein Gesicht.

„Warum sind Sie so ungefällig?"

Als sie aufstand, nahm er ihren Arm, suchte sie an sich zu ziehen. Seine rechte Hand griff nach ihrem Körper, fuhr über die Brust, fühlte das nachgiebige Quellen des weichen Fleisches.

In diesem Augenblick traf ihn ein Schlag; ein zweiter folgte.

Abwehrend und zugleich atemlos begehrlich tastete er erneut nach Friedel. Seine Finger gerieten in ihren Kragen, der Stoff zerriß. Die runde Brosche fiel zu Boden.

Und nun traf ihn noch ein Schlag, der aus der zornig aufgerissenen Helle ihres Gesichts zu kommen schien.

Todtenberg taumelte über den Feldstuhl, riß ihn um. Er empfand, wie Blut aus der Nase schoß.

Als er wieder zu sich kam und keuchend zur Tür stürzte, da erklangen Friedels Schritte bereits draußen auf dem knirschenden Kies des Hofes.

Die Musikantenfigürchen nickten wie besessen mit den Köpfen.

Auf dem Hofe herrschte, als Todtenberg hinauskam, bereits wieder Ruhe. Dennoch hatte er den Eindruck, als gebe es in nächster Nähe Bewegung und Unruhe von Menschen. Die Quelle dieses vermeintlichen Eindrucks vermochte er nicht festzustellen. Er rief einige Male nach Friedel, ohne aber eine Antwort zu bekommen. Er versuchte, seiner Stimme einen unbekümmerten heiteren Klang zu verleihen, wie wenn nichts Ernstliches geschehen wäre. Er stieß sogar ein kleines Lachen aus. Aber das klang so blechern und unecht, daß es ihm selbst auffiel.

Er scheute sich, in die Nacht hinauszugehen. Bereits an der Front hatte er Furcht vor der Dunkelheit gehabt. Hier war sie noch stärker geworden – wegen der Partisanen. So blieb er in der Tür stehen und tupfte mit seinem Taschentuch nervös das rinnende Blut von Mund und Nase. Er empfand diese kleine Verletzung als eine Ungeheuerlichkeit. Derartiges war ihm noch nie widerfahren. Die gepflegten Frauen, mit denen er sonst zu tun gehabt hatte, schlugen nicht. Im Gegenteil – einige von ihnen hatten es in perverser Stimmung sehr gemocht, von ihm geschlagen zu werden. Das hatte nicht selten zu den Ritualien seiner Amouren gehört.

Die erlittene Abfuhr hatte seine Eitelkeit tief verwundet. Todtenberg wünschte nichts anderes, als das Mädchen niederzubrechen, zu beschmutzen, zu erniedrigen, um sich alsdann von ihr abzuwenden.

Während er noch unschlüssig unter der Tür verharrte, näherte sich Feldwebel Knothe. Er taumelte und war betrunken. Er blies, als habe er ein Trompetenmundstück an den Lippen, mit aufgeblähten Backen verworrene Fragmente von „An der Weser". Er war ohne Mütze und Koppel.

„Haben Sie Schwester Friedel gesehen?" fragte Todtenberg barsch.

„Sie blu-uten ja, Herr Oberstabsarzt!" sagte Knothe in stammelndem, trunkseligem Mitgefühl. „Wer hat . . .?"

„Ob Sie Schwester Friedel gesehen haben, frage ich!" Todtenberg wich zurück, als ihm der Fuseldunst aus Knothes Mund entgegenschlug.

„Wie – konnte das – geschehen?" forschte Knothe unbeirrt. Er machte Anstalten, dem Oberstabsarzt näher auf den Leib zu rücken.

„Ich bin gestürzt – sehen Sie das nicht?“ erwiderte Todtenberg rasch. Die blöde Verständnislosigkeit des Feldwebels begann ihn zu irritieren. Er nahm alle Fassung zusammen, fragte scharf: „Werden Sie mir nun sagen, wo Schwester Friedel ist?“

Knothe stutzte, rülpste unvermittelt, laut und hallend. Dann erwiderte er: „’schuldigen Sie schon, Herr Oberstabsarzt. Keine Ahnung.“ Er schwankte wieder heftig, fuhr dozierend mit der Hand durch die Luft: „Sie müssen – das Gesicht – reinigen, damit – keine Blutvergiftung ..., Blu ...“, er brachte das Wort nicht heraus. Endlich setzte er hinzu: „Sie – wissen schon – man muß – vorsichtig sein mit solchen ...!“

Vor Wut zitternd machte Todtenberg auf dem Absatz kehrt und ging in seine Unterkunft.

Feldwebel Knothe folgte ihm unaufgefordert, wobei er wiederum, eine Trompete imitierend, jämmerliche Töne von sich gab.

In seinem Zimmer säuberte Todtenberg das Gesicht sorgfältig mit einem angefeuchteten Läppchen. Knothe musterte grinsend den umgeworfenen Feldstuhl und die beiden Likörgläser.

„Sie werden Schwester Friedel sofort herbeischaffen, Feldwebel Knothe!“ befahl Todtenberg. Dann wandte er sich noch einmal zum Spiegel, um mit ängstlicher Aufmerksamkeit seine Mundpartie zu betrachten.

„Vielleicht ist sie – im Bett“, gab Knothe zu bedenken. Sein Grinsen wurde stärker. „Haben Sie in ihrem Bett noch nicht nachgesehen, Herr Oberstabsarzt? Man könnte in – ihrem Bett – Appell abhalten!“

Die zwangsläufige Vertraulichkeit, die sich aus ihrem Dienstverhältnis ergab, war Todtenberg seit je zuwider gewesen. Nun jedoch, in dieser peinlichen, lächerlichen Situation wuchs sein Unbehagen zu vollem, pressendem Ekel an. Er schrie: „Unterlassen Sie gefälligst Ihre Anspielungen, Feldwebel Knothe! Ich brauche Schwester Friedel dienstlich! Sie werden Sie holen, und wenn Sie den ganzen Park absuchen müssen!"

„Es ist du-unkel, Herr Oberstabsarzt!" sagte Knothe zögernd. „Man könnte die Sirene . . ."

Mit dieser Sirene wurden nach Eintreffen von unerwarteten Marschbefehlen oder bei überraschend großen Verwundetenzugängen die Leute von HV 7 zusammengerufen.

„Wollen Sie die ganze Einheit mobilmachen? Sie sind stockbetrunken, Feldwebel Knothe! Vielleicht haben Sie Angst, durch den dunklen Park zu gehen!"

Der Stabsarzt nahm einen langen, verchromten Leuchtstab vom Bett und reichte ihn dem Feldwebel.

Wenig später bückte Knothe sich, wobei er fast vornüber gestürzt wäre, und hob Friedels Brosche vom Boden auf.

„Ein Stück – Uniform, Herr Oberstabsarzt!" sagte er verständnisinnig.

Todtenbergs Augenbrauen zuckten.

„Legen Sie das sofort auf den Tisch! Ihre Meinung ist zu blöd, als daß sie jemand interessiert! Sie werden meinen Befehl unverzüglich ausführen! Ihre tierische Betrunkenheit ist eine Schmach für einen deutschen Soldaten! Das nächste Mal fliegen Sie in den Bau! Ihren Beförderungsantrag halte ich solange zurück, bis Sie ein besseres Auftreten gelernt haben!"

In Knothes Augen begann ein böser Funke zu glimmen. Er schwieg eine Weile, er schien noch etwas sagen zu wollen. Dann aber sprach er nur dunkel und rauh: „Jawohl, Herr Oberstabsarzt!"

Nachdem der Feldwebel den Raum verlassen hatte, blies Todtenberg die Kerzen aus und zog die Verdunkelung zur Seite. Durch das Fenster konnte er sehen, wie Knothe auf den Hof hinaustaumelte und am Springbrunnenbecken haltmachte, um sein Wasser abzuschlagen. Dann tauchte er im Dunkel des Parks unter.

Nach einer Viertelstunde fruchtlosen Wartens setzte Todtenberg sich an den Tisch, wo ihm Friedels Brosche in die

Hände geriet. Um seinen Zorn zu betäuben, trank er langsam einen Benediktiner nach dem anderen. Endlich fiel er in trüben, schweren Schlaf, aus dem ihn erst am Morgen Trabnach weckte.

5

Unter den Augen der Nacht

Das stille Wasser unter den bemoosten, halbverfaulten Radschaufeln der Wassermühle von Reinegarde erinnerte an heimatliche Winkel in bayrischen Dörfern. Hier zu stehen, hinabzuschauen, den Geruch von Entengrütze und Seerosen, den Odem einer wilden, feuchten Vegetation aufzunehmen beruhigte, bereitete fast Freude. Ringsumher schnarrten Grillen und Zikaden. Die Nacht atmete süße Wärme. Die Front raunte in der Ferne wie im Schlaf.

Ferdinand Pistol wußte selbst nicht, warum er sich vorhin aus dem Bereich von HV 7 gestohlen hatte und warum er in die kleine Siedlung mit ihren weißen stumpfdachigen Häusern gegangen war, die Dorf Reinegarde hieß. Er kannte hier niemand. Er wollte auch niemand besuchen. Es war wohl der lastende Druck der Vorgänge des Tages, der ihn bewogen hatte, heimlich den Park zu verlassen, um für eine Stunde in einer Umgebung zu sein, die friedlicher, natürlicher und darum besser als jene war.

Ferdinand Pistol ging die schmale Straße hinunter, weiter durch das Dorf. Ihn verlangte danach, mit den Menschen zu sprechen, die hier wohnten. Er wünschte den Hofhunden die Flanken zu klopfen und sich zu den Kindern auf die ausgetretenen Treppenstufen zu setzen. Aber er sah niemand. Selbst die Hunde mußten sich verkrochen haben. Mit der Dämmerung schien alles einschließende Stille herabgesunken zu sein. Ferdinand Pistol fand sich von einem Schweigen umgeben, das Achtung gebot. Nur die guten, sanften Gerüche und Geräusche der Natur wichen ihm nicht aus. Während er so dahinging, den Kopf ein wenig gesenkt, überkam ihn ein Gefühl, als folgten ihm aus allen Winkeln

Blicke einer abstandgebietenden und wohl auch bedrohlichen Aufmerksamkeit. Das tat weh.

Schließlich hatte Ferdinand Pistol die kleine Kirche von Reinegarde erreicht, ein sehr altes, von Efeu und wildem Wein überwuchertes, grobsteinig aufstrebendes Gebäude. Er begann sich zwischen den niedrigen Grabsteinen des Friedhofes hindurchzutasten, befühlte die Bleiwülste der schmalen Fenster, ging mit den Fingerspitzen den krausen Linien eiserner Türbeschläge nach.

Auf einmal schrak er zusammen.

In der Kirche war Licht. Durch einen Spalt stach eine winzige gelbe Spitze in die Nacht hinaus. Eine kleine Orgel oder ein Harmonium setzte jetzt ein. Jemand spielte einfache Fugen von Bach.

Ferdinand Pistol stand regungslos, hielt den Atem an. Er kannte diese Weise vom Konservatorium her, noch aus jenen hellen, ungefährdeten Studententagen. Er wußte, daß man sie anders, großtöniger und rauschender wiedergeben konnte. Aber als er nun die Stirn gegen das blanke, furchige Holz der Tür lehnte und alle Sinne öffnete, da fühlte er sich wieder von dem ganzen Kosmos der Musik umbraust.

Alles, was er liebte, strömte zusammen und war mit einem Male wieder da – die ungeheuren Schläge der Schicksalssinfonie, das siegesstrahlende Schmettern der Fanfaren in der Egmont-Musik, die mächtigen Gänge der Brandenburgischen Konzerte, das Strömen der Moldau, der unbeschreibliche Zauber des Bruch-Konzerts, der Atem der Musik, der Blutstrom der Töne, das schwermütige Verdämmern des Cellostrichs.

Zugleich aber ließ die Stimme dieses schlichten Instrumentes auch Trauer und Zorn in Ferdinand Pistol aufkommen. Der Schmerz, um seiner Uniform und seines Vaterlandes willen verurteilt zu sein, trieb ihm ein Schluchzen in die Kehle. Das stechende Schuldgefühl, durch Untätigkeit Verrat geübt zu haben, nagte in ihm. Er fand sich klein und armselig, weil er wußte und dennoch gewährte. All das vereinigte sich zu der beklemmenden Erkenntnis, kein Recht zu haben, das Kirchenportal zu öffnen, still unter dem Chore Platz zu nehmen und im Glanz der Töne zu verweilen.

Als das Spiel endete, wich Ferdinand Pistol instinktiv in das Dunkel des Friedhofes zurück. Er beobachtete, wie ein großer, schlanker Mensch aus der Kirche kam und langsam davonging. Es war ein Geistlicher. Er konnte nur jener Priester sein, der gestern vormittag die Verwundeten hatte besuchen wollen. Einen Augenblick lang sah Ferdinand Pistol sich übermächtig von dem Wunsche gedrängt, ihm nachzulaufen, ihn anzusprechen wie einen, den man lange in einer großen Menge gesucht und endlich gefunden hatte. Doch er tat es nicht.

Was sollte er sagen? Wie könnte er sein Hiersein erklären?

Ferdinand Pistol schmeckte die Bitternis voraus, die ein Anlaufen gegen eine Mauer von Zurückhaltung und Mißtrauen ergeben hätte.

Er war enttäuscht und zugleich erleichtert, als das Dunkel der Nacht sich hinter dem Priester geschlossen hatte. Enttäuschung hieß, eine vielleicht unwiederbringliche Gelegenheit versäumt zu haben. Erleichterung hieß, keinem Richter begegnet zu sein.

Sie werden uns eines Tages abwerfen wie einen Alp! dachte er.

Es war verhältnismäßig hell, als Ferdinand Pistol zum Park zurückging. Er benutzte nicht die Straße, die an der Wassermühle vorbeiführte, sondern einen gedeckten Feldweg, auf dem die Wachen leichter zu umgehen waren. Der Mond stand als halbe Scheibe am Himmel und wurde nur zeitweise von kleinen weißen Wolkenbänken verdeckt. Wenn eine Streife kam, konnte man gesehen werden. Ebenso konnte man bei diesem Licht von den Partisanen abgeschossen werden wie eine Katze. Dennoch beeilte sich Ferdinand Pistol nicht.

Er fühlte sich nun besser, sicherer als am Nachmittag. Er

ging langsam. Die Mütze hatte er hinter das Koppel gesteckt.

Im Park herrschte Ruhe. Nur im Kraftfahrzeughof lärmten kartenspielende Leute. Knothes Mundharmonika schwieg. Der Platz zwischen den Kavaliershäusern war menschenleer. Mondschein überzog das geborstene Becken des Springbrunnens mit metallischem Schimmer.

Ferdinand Pistol ging in die Unterkunft, fand aber nur Eisermann vor, der über seiner mühselig zusammengestichelten Hose eingeschlafen war. Das Nähzeug lag auf der Decke. Ferdinand Pistol nahm die Nadel und steckte sie in Eisermanns Jackenrevers. So konnte sie kein Unheil anrichten. Die Schlafstellen von Harry und Trabnach waren unberührt.

Er wird sich wieder mit Friedel getroffen haben, ging es Ferdinand Pistol durch den Kopf, als er an Harry dachte. Die Erinnerung an Todtenbergs Wutausbruch vom Vormittag ließ Ferdinand Pistol für den Kameraden fürchten.

Er verließ die Unterkunft wieder und begab sich zu jenem Gebäude, in dem die gefangenen Verwundeten lagen.

Schwester Roswitha saß am Bett des alten Franzosen. Neben ihr stand ein Gerüst aus weißgetrichenem Metall, in dem eine große Ampulle mit physiologischer Kochsalzlösung befestigt war. Der Schlauch führte zum Arm des Alten. Es war still. Die Atemzüge der Verwundeten gingen so schwach, daß man sie nicht hören konnte. Der Alte schlief. Der englische Captain hingegen, der in einem bis zur Brust reichenden Gipspanzer steckte, lag wach. Er sah Ferdinand Pistol aus seinen grauen Augen gelassen an.

„Wie steht es?“ fragte der Obergefreite, während er sich auf einen Schemel setzte und die Hände zwischen den Knien faltete.

„Der Alte schläft“, sagte Schwester Roswitha, „Sie sollten gehen, Pistol!“

„Macht es Ihnen etwas aus, wenn ich bleibe?“

„Ich habe Dienst", sagte Schwester Roswitha streng, „Feldwebel Knothe hat vorhin hereingeschaut und nach Schwester Friedel gefragt. Er war betrunken und schimpfte. Er roch nach Schnaps wie ein Kutscher." Sie schürzte verächtlich die Lippen.

„Er schimpft immer – das ist sein Lebensinhalt. Vielleicht wird er den Mund halten, wenn er einen richtigen Rausch hat. Menschen seiner Art sind betrunken weniger gefährlich, finden Sie nicht auch?"

„Nein", sagte sie mürrisch, „ich finde Betrunkenheit geschmacklos, besonders in dieser Zeit."

„Sie rennen offene Türen ein, Schwester Roswitha", entgegnete Ferdinand Pistol lächelnd. „Dieser Mann hat keinen Geschmack. Er ist eine Hülle aus Fleisch und Schmutz. Seine Stimme ist menschenähnlich – in Wirklichkeit aber bellt er."

„Es ist besser, wenn Sie jetzt verschwinden, Pistol. Ihre Witze sind halsbrecherisch. Gehen Sie schlafen. Sie sind jung, Sie brauchen Schlaf."

„Ich kann nicht schlafen."

„Wenn man Sie hier antrifft, gibt es Skandal. Sie wissen, daß außer dem Diensttuenden niemand bei den Gefangenen sein soll. Man wird Sie wieder einsperren, Herr Obergefreiter!"

„Und wenn schon."

„Tun Sie nicht so."

„Es ist mir gleichgültig. Man lebt ohnehin wie eingesperrt. Dies Leben ist ein Kerker."

„Sie sind ein Philosoph."

„Danke für Ihr Urteil!" erwiderte er anzüglich.

„Sie sind hier schlecht angeschrieben", sagte Schwester Roswitha unbeirrt. „Wenn ein besserer Assistent da wäre, hätte man Sie schon längst zur Front abgeschoben. Sie stehen völlig allein."

„Das stimmt nicht ganz, Schwester Roswitha!"

„Für Sie legt niemand ein Wort ein. Trabnach hält Sie für

einen Kommunisten und erzählt es jedem. Seien Sie auf der Hut!"

Ferdinand Pistol lachte leise: „Mein Gott! – das müßte mein Vater hören! Der Fabrikantensohn auf den Barrikaden! Ein avant! Völker, hört die . . .!"

„So halten Sie doch den Mund!" unterbrach sie ihn erschrocken.

Er senkte die Stimme: „Aber das ist wirklich kurios, Schwester Roswitha! Da weiß man selbst nicht, was für ein seltenes Exemplar man ist. Der Rebell mit der Rotkreuzbinde! Ich gratuliere Ihnen zu dieser Bekanntschaft!" Er machte aus dem Sitzen eine halbe spöttische Verbeugung. „Ein verkappter Kommunist bei HV 7! Der böse Wolf unter den Lämmern!"

„Ich mag die Kommunisten nicht", sagte sie.

„Was haben Sie gegen die Leute? Soviel ich weiß, wollen sie Hunger, Armut und Ungerechtigkeit abschaffen. Ein christlicher Grundsatz."

„Die Kommunisten sind gegen Gott."

„Das können Sie von mir wenigstens nicht sagen. Ich finde allerdings, daß Gott zu wenig in Erscheinung tritt, wenn er gebraucht wird."

„Über die Dringlichkeit seiner Hilfe entscheidet Gott selbst!"

„Gewiß, er hat jetzt viel zu tun."

„Sie lästern, Pistol!"

„Entschuldigen Sie, das wollte ich nicht. Aber schließlich haben Sie das Gespräch aufgebracht." Er schüttelte verwundert den Kopf, sagte dann: „Immerhin kann ich Sie soweit beruhigen – meine Beziehung zur Revolution erschöpft sich im Gefallen von Chopins besagter Etüde. Ich bin ein verhinderter Musiker."

„O – music?" fragte der Engländer leise. Er lächelte schwach, „a composer at the Red Cross?"

Ferdinand Pistol wehrte ab: „No – only a student of music. Cellist."

„The cello and the war . . .“, sagte der Engländer nachdenklich.

„Sie müssen jetzt ruhig sein, Captain!“ sagte Schwester Roswitha.

Der alte Franzose bewegte sich, ohne aber die Augen zu öffnen. Sein breites Gesicht war hohl und knochig. Auf Kinn und Wangen wucherte ein weißer Bart. Die Schwester tupfte ihm Schweiß von der Stirn. Dann sah sie nach dem Oberflächenspiegel in der Ampulle.

„Ich dachte schon – in der letzten Nacht“, erklärte sie unterdrückt, „aber er lebt noch immer. Es ist unheimlich, woher er diese Kräfte nimmt.“

„Es gibt seltsame Fälle, Schwester Roswitha. Vielleicht kommt er noch durch?“

„Das ist unwahrscheinlich, aber . . .“ sie unterbrach sich, schaute zu Boden, schwieg eine Weile. Als sie den Kopf wieder hob, bemerkte Ferdinand Pistol einen Ausdruck bewegten Ernstes auf ihrem Antlitz. Die sonst verschlossenen und mürrischen Züge wurden fast schön davon. Schwester Roswitha sagte verhalten: „Er wartet auf etwas. Das ist es, warum er noch lebt!“

„Er wartet auf den Priester?“

„Vielleicht.“

„Der Priester war gestern mittag da. Man hat ihn hinausgeworfen.“

„Ich weiß, Pistol“, sagte sie. Dann schien Schwester Roswitha nicht mehr weitersprechen zu wollen. Ferdinand Pistol entging dieses Zögern nicht; er unterließ aber, Fragen zu stellen. Nach einiger Zeit hatte sich Schwester Rotwitha denn auch gefaßt. Sie blickte Ferdinand Pistol eindringlich an und sagte: „Wenn Sie den Mund halten können, sollen Sie es wissen. – Ich glaube nicht, daß der Alte allein auf den Priester wartet. Gehen Sie über den Flur in den Nebenraum. Die Fenster sind dort nicht verdunkelt. Wenn Sie zu dem alten Kiosk hinüberschauen, werden Sie sehen, worauf er wartet. Ich glaube es wenigstens . . .“

„Ich verstehe Sie nicht", sagte Ferdinand Pistol befremdet.

„Gehen Sie nur!"

„A cellist!" murmelte der Engländer verwundert.

Ferdinand Pistol ging hinüber in den Nebenraum, trat ans Fenster und legte die Stirn gegen die Scheiben. Der Lichtunterschied gegenüber dem Krankenzimmer war so stark, daß er vorerst außer dem Springbrunnenbecken und den Umrissen der anderen Kavaliershäuser nichts erkennen konnte.

Die Schatten waren schwarz und flach. Auf dem hellen Kies des vom Mond ausgeleuchteten Blickfeldes ließ sich keine Bewegung feststellen. Der Kiosk, von dem die Rede gewesen war, verschwand fast ganz in der Dunkelheit eines Zwischenraumes der Kavaliershäuser. Ferdinand Pistol verstand nicht, was dies halbverfallene, windschiefe Häuschen, dessen trüber Anblick ihm aus seinen Arresttagen so vertraut war, mit dem alten Franzosen zu tun haben sollte.

Er rückte an seiner Brille, die gegen die Scheibe stieß, konnte jedoch nichts Ungewöhnliches entdecken. Ihm kam der Gedanke, Schwester Roswitha habe ihn mit ihrem Hinweis nur aus dem Krankenzimmer entfernen wollen. Sie konnte mitunter recht schrullig sein, das war bekannt.

Im übrigen wußte man wenig über die Frau. Sie arbeitete schon verhältnismäßig lange in der Einheit und hatte die Schlachten von St. Lô und Quimper mitgemacht. Ihre Arbeitskraft zeigte ebensoviel Beständigkeit wie ihr mürrisch-männliches Wesen. Weibliche Empfindsamkeit und frauliche Güte schienen ihr völlig abzugehen. Schwester Roswitha wurde kaum als Frau angesehen, nur ihre weibliche Kleidung unterschied sie von den Leuten der HV 7. Sie stand außerhalb des männlichen Interesses. Man begegnete ihr kameradschaftlich, weil sie rauh war. Man unterließ lediglich, in ihrer Gegenwart jenen fluchend-eindeutigen Jargon zu gebrauchen, der die allgemeine Umgangssprache bildete. Selbst Kommißstiefel wie Feldwebel Knothe brachten Schwester Roswitha einen gewissen Respekt entgegen. Dem

Vernehmen nach hatte sie früher einmal in einer halb kirchlich, halb fiskalisch verwalteten Stiftsanstalt im Niederrheinischen, in der Nähe von Xanten, gelebt. Die Version, daß sie Nonne gewesen sei und ihren Orden wegen einer gelöbniswidrigen Liebschaft zu einem Pater habe verlassen müssen, gehörte sicher ins Reich der Fabel. Man brauchte schon viel Phantasie für die Vorstellung, daß sie einmal jung gewesen war.

Die Unbekannte

„Sehen Sie nichts?"

Schwester Roswitha war unbemerkt hereingekommen und hinter Ferdinand Pistol getreten.

„Ich begreife nicht, worauf das hinaus soll, Schwester Roswitha!" sagte er unmutig.

„Dort drüben – in der Lücke!" Sie schob ihn an der Schulter erneut zum Fenster. Ferdinand Pistol starrte angestrengt zu der Stelle hinüber, wo sich das brüchige Gehäuse des Kioskes duckte.

„An der Wand!" sagte sie.

Jetzt erkannte Ferdinand Pistol, daß in der schmalen Gasse zwischen dem Haus und der Bretterbude jemand stand. Er konnte nur ein kleines, schimmerndes Gesicht wahrnehmen, das unter einem Tuche halb verborgen war. Die übrige Gestalt zeigte verwaschene Konturen. Das Bild dieses unbekannten Menschen war wie eine Erscheinung. Ihm haftete etwas Mystisches an. Er erinnerte an alte Erzählungen, die um das Unwirkliche kreisen und vom zweiten Gesicht sprechen.

„Ist es die Frau des Alten?"

„Ich glaube nicht – dazu ist sie zu jung", antwortete Schwester Roswitha. „Es kann aber seine Tochter sein – oder eine Verwandte. Sie geht nicht weg. Ich habe schon zweimal nach ihr Ausschau gehalten. Sie steht stumm in ihrem Winkel und schaut herüber. Es ist ein Wunder, daß man sie noch nicht entdeckt hat. Aber diese Menschen wissen hier besser Bescheid als wir." Sie schwieg, als habe sie ihrer Bemerkung eine doppelsinnige Bedeutung geben wollen.

„Sie kann von der Wache über den Haufen geschossen werden!" sagte Ferdinand Pistol.

„Sie hofft wahrscheinlich, heimlich zu ihm gelangen zu können."

„Da sie ihn so beharrlich zu sehen wünscht, muß ihr der Alte sehr nahestehen. Und es kann wirklich in jeder Stunde mit ihm vorbei sein. Warum hat sie nicht am Tage versucht, zu ihm zu gehen? Einer Frau gegenüber würde man vielleicht weniger mißtrauisch sein."

Schwester Roswitha schüttelte den Kopf: „Sie wird von dem Priester wissen, daß es aussichtslos ist. Todtenberg besteht auf seinem Verbot. Seit dem Überfall in Chabrie ist nicht mehr mit ihm zu reden. Ich habe Mühe, die notwendigsten Medikamente für die Patienten zu bekommen."

Ferdinand Pistol wandte sich um: „Man muß die Angehörigen zu einem Sterbenden lassen, Schwester Roswitha! Warum haben *Sie* das Mädchen nicht hereingeholt?"

„Das zu fragen ist bequem."

„Soll Gott ihr helfen? Ist der Fall dringlich genug?"

„Ich habe Ihnen gesagt, daß Knothe hier war."

„Er wird heute kein zweites Mal kommen."

„Dann kann es Todtenberg sein."

„Der Oberstabsarzt hat Angst, nachts hinauszugehen."

Sie schwieg, fragte dann: „Würden Sie Kriegsgericht riskieren?"

„Dafür kommt man nicht vors Kriegsgericht, Sie schon gar nicht."

„Man kann für einen verlorenen Knopf vors Kriegsgericht kommen", sagte sie nüchtern.

„Natürlich! Warum sollte man sich auch die Finger verbrennen?" fuhr Ferdinand Pistol auf. Obwohl er wußte, daß Schwester Roswitha die Wahrheit gesagt hatte, höhnte er weiter: „Auf ein bißchen mehr oder weniger Elend kommt es schon nicht mehr an. Wo gehobelt wird, da fallen Späne, nicht wahr? Dieser Mann wird sterben – folglich hat man sich sogleich mit seinem Tod abzufinden! Sterben ist die Tagesordnung! Man darf den Vorgang nicht durch Nebensächlichkeiten beeinträchtigen. Es wäre disziplinwidrig." Er unterdrückte einen Fluch, wollte gehen. Die Frau hielt ihn zurück.

„Warum haben Sie mich nicht ausreden lassen? Sie wollen mit dem Kopf durch die Wand!"

„Ich kenne diese Weisheit", sagte er unwillig.

„Ich hätte das Mädchen hereingeholt, aber ich war ja allein. Es wäre nicht gut gegangen. Es ist unmöglich, sie zu dem Alten zu führen und gleichzeitig aufzupassen, daß uns niemand überrascht. Begreifen Sie das?"

Er zögerte mit der Antwort. Daß sie keine Ausrede gebraucht und er ihr mit seinem Ausfall Unrecht getan hatte, war ihm klar. Dennoch fand er sich nicht dazu, eine Entschuldigung vorzubringen.

Anscheinend gab es hier niemand, der den Mut hatte, spontan gut und menschlich zu handeln. Jeder fürchtete die Vorgesetzten, die Dienstvorschriften, das in seiner Vollkommenheit diabolische Reglement. Stillschweigend den Dienst zu tun, mechanisch, fühllos dahinzuleben – das war das bequemste, dabei fuhr jeder gut. Darüber schlief das Gewissen ein, verkümmerte. Rechtsempfinden aufzubringen, Mitleid oder Güte walten zu lassen ...? Eine gefährliche Liebhaberei.

Ferdinand Pistol war als einziges Kind in einem fast großbürgerlichen Münchener Haushalt aufgewachsen.

Die Eltern hatten alle Erscheinungen der Umwelt, soweit sie nicht die Geschäftsbranche betrafen, mehr oder weniger liberal und von der behaglichen Warte überlegener Betrachtung angesehen. Sie begriffen den Faschismus als eine krankhafte Zeiterscheinung, die eines Tages ausgeeitert sein würde. Sie suchten sich von ihm frei zu halten und beschränkten ihren Umgang mit den Nazi-Vertretern auf das geschäftlich unumgängliche Maß. Daß sie ihrem Sohn eine musische Berufswahl zubilligten, bedeutete – jedenfalls für den alten Pistol –, eine Art von verhohlenem Protest gegen die nordisch-blasierte Stiefelklotzigkeit des Regimes.

So hatte Ferdinand Pistol mit relativ klaren Sinnen aufwachsen können, hellsichtig und unrteilsfähig. Für die Zeit der Schule und der ersten Studiensemester war er denn auch mit skeptischer Reserve und einem geistig anspruchsvollen Seinerwegegehen ausgekommen. Im Verlauf der Dienstjahre hatte er freilich erkennen müssen, daß es keinen großen Unterschied machte, stumpf und gedankenlos Befehle auszuführen oder aber egoistisch-geschickt die Hände rein zu halten.

Unrecht ohne tätigen Widerspruch geschehen zu lassen, macht auch schuldig.

Diese Einsicht trug er seit langem in sich. Sie machte ihn stark und schwach zugleich. Sie richtete auf, beugte nieder. Sie bedeutete Scham und Hoffnung.

Mitunter suchte er Ruhe in dem scheinbaren Trost, daß er ja nicht kämpfendes Mitglied der nazistischen Armeen, sondern glücklicherweise in einer Funktion tätig war, die die Linderung menschlicher Not zum Ziele hatte. Sogleich sah er aber auch ein, daß dieser Trost im Grunde genommen eine Lüge war. Hier gab es weder Ausweg noch Entschuldigung. Es gab nur zwei Möglichkeiten – das Gewissen abzuschreiben oder sich gegen die Flut des verbrecherischen Geschehens zu stemmen. Persönliche Aussicht bestand in beiden Fällen nur wenig. Entweder gab man die Seele auf, oder aber man opferte den Körper.

Ferdinand Pistol wandte sich wieder dem Fenster zu. Die trockenen Dielen knarrten unter den Füßen. Das Auge hatte sich soweit ans Nachtlicht gewöhnt, daß er die Einzelheiten des Hofes ebensogut wie in der Dämmerung erkennen konnte. Selbst der Raum, in dem er und Schwester Roswitha sich befanden, erschien nun weniger dunkel als vorhin. Das fahle Mondlicht spiegelte vom Kies der Hofwege schwach durch das Fenster gegen die Decke.

Das unbekannte Mädchen stand noch immer zwischen dem Kiosk und der Hauswand. Sie stand regungslos, wie eine Statue. Die dunkle Kleidung und das tief in die Stirn gezogene Kopftuch verliehen ihrer Erscheinung klagenden Nachdruck. Eine geheimnisvolle Figurine.

Ferdinand Pistols anfängliche Erbitterung machte jetzt anderen Empfindungen Platz. Er sah sich vor die Entscheidung gestellt. Er begriff, daß auch von seinem Verhalten abhängig geworden war, was aus diesem Mädchen würde und ob ihr Wunsch eine Erfüllung fände oder nicht. Es gab keine Ausflucht mehr. Möglichkeiten, Notwendigkeiten und Konsequenzen lagen klar vor seinen Augen. Er hatte zu wählen.

Während Ferdinand Pistol sich zu Schwester Roswitha umdrehte, verspürte er am Hals auf einmal das harte Scheuern des Uniformkragens. Die Handflächen waren trocken und heiß. Sie brannten wie aufgeschlagen.

Diese Sache in Ordnung zu bringen ist nur eine Winzigkeit, suchte er sich einzureden. Der eine führt das Mädchen zu dem Alten, der andere achtet darauf, daß niemand hinzukommt. Das ist doch sehr einfach.

„Sie hatten auch Furcht, Schwester Roswitha?" forschte er. Es klang, als richte er die Frage an sich selbst.

„Ja – ich hatte Furcht, Pistol!"

„Alle haben Furcht. Das ist hier nicht anders."

„Werden Sie das Mädchen holen?"

„Man muß es tun."

„Ich habe mir gedacht, daß Sie so sind", sagte Schwester Roswitha.

Sie gingen in das Krankenzimmer zurück. Der alte Franzose war inzwischen erwacht. Er blickte die Schwester aus übernatürlich geweiteten Augen an und murmelte etwas.

„Er will trinken", sagte Ferdinand Pistol.

„Ich weiß.“

„De l’eau – Rosvitte!“ bat der Alte kaum hörbar.

„Sehen Sie sich draußen vor, Pistol!“ warnte Schwester Roswitha, nachdem sie dem Alten zu trinken gegeben hatte.

„Ich werde aufpassen.“

„Gehen Sie nicht über den Hof!“

„Ich werde im Schatten bleiben.“

„Sie dürfen das Mädchen nicht erschrecken!“

Der Alte lauschte diesem Dialog, als könne er verstehen, worum es sich handelte. Er bewegte sogar den Kopf.

Ferdinand Pistol verließ den Raum, steckte sich im Flur eine Pfeife an. Die kleine Verrichtung beruhigte.

Von der Tür, die auf den Hof führte, konnte er das Mädchen nicht sehen. Die Giebelecke eines Kavaliershauses verbarg sie. Das war Ferdinand Pistol durchaus recht. So konnte er sich unbemerkt nähern und lief nicht Gefahr, das Mädchen durch ein verfrühtes Erscheinen zu vertreiben. Während er sich im Mondschatten an den Häuserwänden entlangbewegte, sann er darüber nach, wie er sie ansprechen solle. Sie durfte nicht erschrecken, es war aber wahrscheinlich, daß sie es tun würde.

Ferdinand Pistols Schulkenntnisse im Französischen waren lückenhaft. Er hatte diesen Mangel noch nie so stark wie jetzt empfunden. Er wünschte über gute und warme Worte zu verfügen, die dem Mädchen sogleich begreiflich machen würden, daß sie ihn nicht zu fürchten brauchte.

Was heißt Hilfe? „Aide“. Und Beistand? „Assistance“. Was heißt Furcht? „Crainte“. Ja? Oder „Peur“? Nein, „Peur“ ist Angst!

Er versuchte so leise wie möglich aufzutreten. Wiederholt blieb er stehen und lauschte. Es war alles ruhig in den Gebäuden, die den Hof einschlossen. Dessenungeachtet nahm Ferdinand Pistol sich vor, das unbekannte Mädchen außen um die Häuser zu führen, wo die Gefahr unerwünschter Begegnungen geringer war.

Hoffentlich flieht sie nicht! dachte er.

Er versuchte seine Erregung zu unterdrücken. Obwohl er sich langsam bewegt hatte, war ihm, als habe er einen schnellen Lauf hinter sich.

Er ging um die Ecke.

Sie war so überrascht, daß sie keinen Versuch machte, fortzulaufen, Sie stand hart an die Bretterwand des Kioskes gelehnt, die Arme leicht ausgebreitet, wie wenn sie an den Planken Halt finden wollte. Ein langer dunkler Umhang verbarg ihre Gestalt. Um Kopf und Schultern hatte sie ein Wolltuch geschlagen. Nur das Gesicht blieb handflächengroß frei.

„Ich werde Sie zu ihm führen!“ sagte Ferdinand Pistol in gebrochenem, mühsamem Französisch.

Das Mädchen antwortete nicht.

„Sie wollen zu ihm? Haben Sie keine Angst!“

Sie erwiderte noch immer nichts, löste sich jedoch ein wenig von der Bretterwand des Kioskes und nahm die Hände vor der Brust zusammen.

„Es ist Ihr Vater?“ fragte Ferdinand Pistol. Er war jetzt ruhiger geworden.

„Oui“, sagte sie leise.

„Er wartet auf Sie!“

Sie flüsterte etwas, das Ferdinand Pistol nicht verstehen konnte. Er berührte ihren Arm, versicherte hastig: „Sie können mir glauben. Kommen Sie doch!“

Sie hielt sich noch immer zurück.

„Warum zögern Sie? Sie dürfen ihn nicht warten lassen! Er ist sehr krank. Haben Sie Vertrauen zu mir!“ Ferdinand Pistol bemerkte, daß sie endlich nachgab, daß ihre Verkrampfung sich löste.

„Niemand kann uns sehen.“

Er hatte diese Worte kaum ausgesprochen, als auf der anderen Seite des Hofes die Tür von Todtenbergs Quartier aufsprang und jemand herauskam. Das zu anderer Zeit unbedeutende Geräusch brach wie ein sprengendes Krachen in die Stille.

In dieser Sekunde aufschließenden Schrecks empfand Ferdinand Pistol weniger Furcht, überrascht zu werden, als vielmehr eine bittere, verzweifelte Hilflosigkeit angesichts der naheliegenden Möglichkeit, das Mädchen könnte ihn für einen Lockspitzel halten.

Jemand kam über den Hof gelaufen. Sie hörten das immer lauter werdende Knirschen des Kieses. Jemand kam geradewegs hierher!

Ferdinand Pistol flüsterte dem Mädchen zu, ruhig zu bleiben. Als sie von ihm abrücken wollte, umschloß er sie mit den Armen, drückte sie gegen die Wand des Kioskes. So blieben sie stehen, hielten den Atem an. Er spürte den Druck ihrer Brust und das Stoßen ihres Herzens.

Aus dem Pfeifenkopf war ein wenig Asche in seine Handfläche gefallen. Die kleine, scharfe Wärme zwickte. Aber er tat nichts dagegen.

Nun erschien ein Mensch in dem hellen Bildausschnitt, den die Wände von Haus und Kiosk begrenzten. Ferdinand Pistol konnte erkennen, daß es Schwester Friedel war. Sie kam aus Todtenbergs Quartier, war also nicht mit Harry zusammen gewesen.

Friedel trug die übliche Schwesterntracht, hatte jedoch keine Haube auf.

Sie kam in die Gasse zwischen den Gebäuden gelaufen, blieb unweit von Ferdinand Pistol und dem Mädchen stehen, sah sich zum Hof um. Sie war erregt. Augenscheinlich befürchtete sie, jemand könne ihr folgen. Die Wartenden vernahmen ihren fliegenden Atem. Ferdinand Pistol beobachtete, wie sie vorübergehend das Gesicht in die Hände legte. Offenbar stand sie noch unter dem Eindruck eines beklemmenden Ereignisses. Endlich lief Friedel, ohne der beiden gewahr zu werden, an ihnen vorbei und in den Park hinein. Dann wurde Todtenbergs Stimme laut.

„Schwester Friedel?" rief er, „Schwester Friedel?" Er kam jedoch nicht näher. Man konnte ihn von hier nicht sehen.

Das unbekannte Mädchen machte sich aus Ferdinand Pistols Armen frei und ging einige Schritte in die Dunkelheit des Parks hinein, wo sie stehenblieb. Er vermutete, daß sie wieder mißtrauisch geworden war. Wahrscheinlich hatte sie auch Furcht vor Todtenberg, der schließlich näher kommen und hier nachsuchen konnte.

„Wenn es Ihnen zu gefährlich ist, müssen Sie gehen“, sagte er.

Sie hörten Todtenberg erneut rufen. Dann brach auch Feldwebel Knothes fette, trunkene Stimme in die Stille.

„Gehen Sie, bevor man uns überrascht!“ empfahl Ferdinand Pistol dringend.

Sie schwieg unschlüssig, fragte dann: „Wollen Sie ihn grüßen? Werden Sie ihm sagen, daß ich da war?“

„Gewiß“, erwiderte er schnell, „sagen Sie mir Ihren Namen, dann ist es leichter.“

Eigentümlicherweise zögerte sie, erklärte dann: „Es ist nicht nötig. Er wird Sie schon verstehen.“

Ferdinand Pistol entging es, daß sie jetzt ruhiger geworden war. Einer plötzlichen Eingebung folgend, schlug er vor: „Wenn Sie morgen abend an der Wassermühle sind, werde ich kommen und Ihnen sagen, wie es steht. Vorher wird es kaum möglich sein.“

Das Mädchen nahm seine Hand und sagte leise: „Es ist gut, ich werde dort sein. Ich habe Sie selbst darum bitten wollen. Vielleicht gibt er Ihnen etwas mit. Kommen Sie um neun. Kommen Sie ganz bestimmt!“

Gleich darauf war sie in der Nacht verschwunden.

Ferdinand Pistol schloß die Augen und stand eine Zeitlang leicht vorgebeugt da. Er schien auf ein Echo zu lauschen. Ihm war, als spüre er am Körper noch das Stoßen ihres Herzens und den Druck ihrer Brust. Gleich darauf aber schämte er sich dieser Empfindung.

Die Kühle unterdessen aufgekommenen Windes machte ihm bewußt, daß sein Gesicht schweißbedeckt war. Er fühlte sich wohlig matt, wie nach schwerer körperlicher Arbeit. Weder für Furcht noch für Verwunderung war jetzt Raum in ihm.

Langsam ging er zum Platze der Begegnung zurück. Das Mondlicht hatte einen kleinen leuchtenden Keil in die samtene Dunkelheit dieses Winkels getrieben. Ferdinand Pistol blieb in der Deckung des Kioskes, bis Todtenberg und Knothe in der Unterkunft verschwunden waren.

Dann ging er ruhig zu dem Kavaliershaus hinüber, in dem Schwester Roswitha bei den Gefangenen wartete.

Der Griff aus der Tiefe

Die Moosdecke über dem großen Rundholzende, das Harry als Lehne diente, war weich und bildete ein natürliches Polster. Die Dunkelheit, aus der nur die Wogen des Unterholzes und die hohen Säulen der Buchenstämme schwach sichtbar hervortraten, schuf eine Stimmung der Abgeschlossenheit. Sie lullte ein. Harry hätte sich in Schlaf wiegen lassen, doch Bitterkeit hielt ihn wach.

Seit er am Abend von Trabnach erfahren hatte, daß Friedel einer Einladung Todtenbergs gefolgt war, fühlte Harry sich elend und verlassen. Er war mit seiner Enttäuschung in die Einsamkeit dieses Winkels geflüchtet. Er mochte jetzt niemand sehen oder sprechen. Und er war nicht imstande, darüber nachzudenken, aus welchen Gründen Friedel wohl fortgeblieben und zu Todtenberg gegangen war. Das zweideutige Grinsen Trabnachs verfolgte Harry noch immer, es verspottete ihn. So saß er nun da, starrte vor sich hin. Von Zeit zu Zeit vollzogen seine Hände die gewohnte Manipulation des Zigarettendrehens. Er rauchte hastig. Die Glut des Aschenkegels wurde spitz. Zischend erstarben die Kippen im Wasser des Flüßchens.

Ich war ihr eine Unterhaltung, sagte sich Harry, eine kleine Unterhaltung, weiter nichts! Keines ihrer Worte ist wahr gewesen. Im Scherz hat sie mir das Armkettchen geschenkt. Sie wollte mit mir spielen. Ich bin darauf hereingefallen. Als ein anderer kam, mit mehr Einfluß und höherem Rang, da ist ihr Interesse erloschen.

Harry glaubte sich allein und so verlassen, wie jener junge Tote in seinem riesigen improvisierten Grab. Daß Friedel während der Arbeit im OP für ihn eingetreten war, kam ihm jetzt nicht in den Sinn. Kindliche Verstocktheit machte ihn blind.

Schließlich wurde er aus seinen Gedanken gerissen, horchte auf. Leises Brechen von Ästen drang an sein Ohr. Harry vernahm, wie Füße durch das mürbe, vielschichtige Laub pflügten.

Die Bewegung kam näher. Aber noch war nicht zu erkennen, wer sie hervorrief. Es konnte sich ebenso um einen Menschen wie um ein Tier handeln. Mit den Wachen war nicht zu rechnen, da sie nur den Grenzbereich des Parks zu kontrollieren hatten. Dennoch suchte Harry sich zu erinnern, wie das Losungswort des heutigen Tages lautete.

„Silvester" oder „Tannenberg"? oder „Holderbusch"?

Er fand es nicht.

Gleich darauf versetzte ihn die Vorstellung in Erregung, die Partisanen seien im Park unterwegs, leichtfüßig, sicher, bißbereit, schonunglos wie ein Rudel jagender Wölfe.

Schweiß brach ihm aus. Der Herzschlag hieb dumpf und drohend in den Halsschlagadern. Harry tastete an seinem Koppel umher, fand jedoch keine Waffe, mit der er sich hätte schützen können. So blieb er mit hängenden Armen stehen, den Kopf deckungslos vorgeschoben und die Augen so weit aufgerissen, daß es fast schmerzte. Weder das scharfe Schnappen eines Sicherungsflügels erklang, noch wurde das gespenstisch schwirrende Flüstern einer fremden Sprache hörbar. Nur ein Blätterrascheln erhob sich unvermittelt und rücksichtslos. Ein Zweig schlug jäh zurück.

Ein Mensch stand vor Harry, schemenhaft erkennbar. Er war kaum zu sehen. Atmende Nähe verriet seine Gegenwart.

„Bist du da?“ fragte eine kleine, abgehetzte Stimme.

Friedels unerwartetes Erscheinen überraschte Harry so sehr, daß er nichts zu erwidern wußte.

„Warum antwortest du nicht?“

„Hat dich jemand nach mir geschickt?“ fragte er verwirrt.

„Ich bin so gekommen – allein“, antwortete sie betroffen.

Eine Weile lang standen sie sich in der dunklen Stille gegenüber. Keiner von beiden vermochte ein erklärendes, erlösendes Wort zu finden. Harry versuchte schließlich, Haltung und Festigkeit vorzutäuschen, indem er gleichgültig tat. „Warum rennst du, als ob es brennt? Ist etwas passiert?“

Sie erwiderte nichts.

„Du hättest dich im Park verirren können.“

„Wenn du allein sein willst, gehe ich wieder“, sagte sie.

„Ich habe nicht erwartet, daß du es sein könntest“, wich er aus.

Sie tastete sich an ihm vorbei, nahm auf dem Rundholzende Platz. Aufblickend fragte sie: „Hast du jemand anders erwartet, Harry?“

„Wer sollte schon kommen? Ich war allein, es war niemand da.“

Versöhnlich griff Friedel nach seiner Hand, doch Harry entzog sie ihr. Er setzte sich wortlos, verharrte in linkischem Schweigen. Er wühlte in seinem dummen, unsinnigen Beleidigtsein. Er wollte sich nicht eingestehen, daß er gehofft hatte, sie würde noch kommen.

Friedel hatte die Ellenbogen auf die Knie und das Gesicht in die Hände gestützt. Ihr Atem ging noch immer rasch.

Zu Füßen der beiden schmatzte das Wasser träge in vermodertem Astwerk. Seinem Laut gesellten sich viele kleine Stimmen bei, die die Einbildung schuf oder die der leise Wind in den Baumkronen weckte.

„Bist du den ganzen Abend hier gewesen?“ fragte Friedel verhalten.

„Soll ich in der Unterkunft hocken und die Wände anstarren? Ich bin froh, wenn ich das Loch nicht mehr sehe – das Stroh, den Staub und die Rucksäcke! Wo sollte ich schon hingehen? Ich habe auf dich gewartet, aber du ..." Groll und Verbitterung schnitten ihm die Sprache ab. Als er fortfuhr, klang seine Stimme höhnisch: „Es gibt hier wenig Gelegenheit, sich zu vergnügen, nicht wahr? Man muß zusehen, wo man bleibt."

„Warum sprichst du so?"

„Ach – weshalb kommt du überhaupt noch her?" brach er aus. „Hättest du nicht bei deinem Oberstabsarzt bleiben können? Hat er sich zuwenig um dich bemüht? Hat dir etwas gefehlt – Essen, Trinken, Schnaps, Zigaretten?"

Friedel atmete schwer. Nach einer Pause fragte sie: „Warum sagst du das?"

Jetzt schwieg er verstockt. Tief innen empfand Harry wohl, daß er sich im Unrecht befand. Aber er war durchaus noch nicht bereit, sein kindliches Gekränktsein aufzugeben. „Ich habe allein sein wollen", sagte er. Sogleich wurden ihm Härte und Bosheit dieser Feststellung bewußt. Er nahm an, daß Friedel ihn nun verlassen würde. Er hatte Angst bei der Voraussicht auf die hallende Einsamkeit, die ihrem Weggang folgen mußte. Trotzdem riet er, wenn auch weniger scharf: „Du solltest zurückgehen. Man wird auf dich warten."

„Man wird auf mich warten?" fragte Friedel zitternd. „Gewiß wartet man auf mich. Deshalb bin ich ja weggelaufen!"

Sie legte ihr Gesicht auf die Arme und begann zu weinen. Währenddessen stieß sie abgerissen hervor: „Warum mußt du mir immer wieder weh tun? Habe ich dich jemals verletzt oder beleidigt? Zeigte ich dir nicht, daß ich auf deiner Seite stehe? Und jetzt willst du mir Schuld geben? Ich habe nicht zu Todtenberg gehen wollen, er hat mich holen lassen. Ich bin nur hingegangen, damit *du* keine Ungelegenheiten bekommst! Aber du – du bist auch nicht besser als die anderen, Harry! Du denkst nur an dich!"

Sie weinte noch stärker, ihre Schultern zuckten. Harry schien es, als übertrage sich die Erschütterung ihres Weinens auf den Baumstamm, auf dem sie saßen. Er war bestürzt. Er saß da wie ein Kind, das so lange an seinem Spielzeug herumgebastelt hatte, bis es zerbrochen war.

„Ich – ich habe es nicht so gemeint", murmelte er ungeschickt.

„Jetzt redest du so! Vielleicht wird Todtenberg morgen auch sagen, daß es nur ein Spaß und nicht *so* gemeint gewesen sei! Wenn ich nur früher gewußt hätte, wie niederträchtig das alles ist!"

„Er ist – schlecht zu dir gewesen?"

Sie hob den Kopf: „Glaubst du, daß er mich – zufällig eingeladen hat? Meinst du, er wüßte nicht, was er will? All diese falsche Höflichkeit, all dies Getue! Er ist ja schon im OP mit Schokolade angekommen ...", sie ließ ein kurzes, erbittertes Lachen hören, das Harry mehr als ihre Worte erschreckte. „Die Herren haben Erfahrung. Sie wissen, wie man vorgeht. Zuerst tun sie heiter und harmlos, aber dann führen sie sich wie die Tiere auf." Friedel verstummte, legte den Kopf wieder auf die Arme.

„Hat – er dich denn fortgelassen?" fragte Harry linkisch.

Ohne das Gesicht zu heben, antwortete sie: „Ich habe ihn nicht darum gebeten. Was blieb mir übrig, als fortzulaufen? Ich hätte nicht herkommen sollen. Vorwürfe zu machen ist leicht."

„Ich hab' dir keine Vorwürfe machen wollen, Friedel", sagte er bittend.

„Was denn anders?"

„Du mußt vergessen, daß ich so gewesen bin, Friedel! Ich hab' nicht erklären können, wie mir zumute war. Deshalb habe ich alles falsch gesagt ..." Er verstummte. Er bemerkte, daß er ihr leicht übers Haar gestrichen hatte, daß sein Arm um ihren Schultern lag.

Friedels Weinen ließ nach, das rüttelnde Schluchzen wurde schwächer. Nach einer Weile richtete sie sich auf.

„Du bist sehr traurig gewesen, als ich nicht kam?“ fragte sie still.

„Ja – das war so“, erwiderte er und wurde gleich wieder stumm.

Das große, bebende Schweigen, das sie nun umgab, schien alles einzuschließen: Vergangenheit wie Zukunft.

Mit einem Male fühlte er ihr Gesicht an dem seinen, ihr Atem umflutete seinen Mund, seine Wangen, seinen Hals. Dieser Atem, in dem sich der Geruch ihres Haares und der Duft ihrer Haut mischten, war wie ein guter Märzwind, der aus dunkler, aufgebrochener Erde zu kommen scheint.

Sie küßten sich schnell, ungeschickt. Sie küßten sich mit der kleinen Angst, die diese erste Vereinigung der Lippen immer mit sich bringt. Ihre Körper hatten sich genähert, ohne daß die beiden sich der Bewegung bewußt geworden wären. Friedel hielt seinen Nacken umfaßt, strich über den Verband. Auch die Wärme ihrer Haut war wie ein Kuß. Alle böse Bedrängnis und Drohung dieser Welt versanken in einer Ferne, die weit außerhalb der verständnisvollen Dunkelheit des Parks lag. Die Liebe ließ sie den Totentanz von Chabrie vergessen und ebenso das verseklingende Sterben vom Nachmittag. Sie dachten nicht mehr an den furchtbaren, zerstörerischen Zynismus des Oberstabsarztes, nicht mehr an die schiefmäulige Niedertracht Feldwebel Knothes.

Sie schmiegten die Wangen aneinander. Ein jeder spürte des anderen Blut. Ihr Atem war klein und kurz geworden. Sie strichen einander mit leichten, bebenden Fingern über das Gesicht, über die Stirn, über die Augen, über den Mund. Dann küßten sie sich wieder. Harrys Hand geriet in Friedels Halsausschnitt, den Todtenberg vorhin aufgebrochen hatte. Von der eigenen Schwere gezogen, glitt sie über die warme Haut. Harry fühlte die flaumige Wölbung ihrer kleinen Brust, die sich wohlig und wie ein rundes, pulsierendes Tier anschmiegte. Erregend und ebenso beklemmende Beschämung hervorrufend, beschwor ihm Friedels Gegenwart nun die verheißungsvolle Ahnung auf jenen Augenblick, in dem sein Körper sich in einen anderen graben und das Dasein auf eine letzte, unerklärlich eindeutige Weise zu Bewußtsein kommen würde.

Harrys Beziehungen zu Mädchen lagen ausschließlich vor seiner Dienstzeit. Sie waren kärglich und von Mißerfolgen begleitet gewesen. Ein Mädchen, mit dem ihn noch aus der Zeit verzauberter Kinderspiele eine schöne, hellbrennende Freundschaft verbunden hatte, war in Beziehungen zu älteren, reiferen Menschen getreten und ihm so entglitten. Eine andere Bekannte hatte sich ihm hingeben wollen, doch er war noch zu scheu gewesen, die große Pforte des Mannesalters zu passieren. Ein niederschmetternd Beschämter, war Harry von jenem Mädchen in der ungeheuerlichen Zufälligkeit des Sommerabends stehengelassen worden. Er hatte sie lange nicht vergessen können. Oft noch war sie ihm in den heißen, traumprallen Nächten körperlicher Unruhe erschienen. Ihr Schatten hatte auf seinen Gedanken gelegen.

Jetzt aber war die vertraute, zärtliche Nähe Seligkeit genug. Wünsche, die weitergingen, hielten sich still und warteten. Das klare Licht jugendlich reiner Empfindung erfüllte Harry. Die süße Zweiseinsbefangenheit machte seine Zunge schwer.

Harry und Friedel saßen hier wie Kinder, die sich vor dem trommelnden Gewitter in eine Feldhütte geflüchtet haben. Wenn sie sprachen, wurden ihre Stimmen hauchend.

„Warum hast du mir nicht sagen wollen, daß du mich liebst?" fragte sie.

„Ich wußte nicht, wie man es sagen kann."

„Aber ich habe darauf gewartet, daß du es sagen würdest, Harry! Hast du das nicht gespürt?"

„Es war so schwer zu sagen, Friedel, und . . ."

„Ja . . .?"

„. . . und ich habe auch nicht verstanden, was ich für dich sein könnte. Ich war immer ungeschickt, und ich weiß auch nichts. Vorhin habe ich gedacht, ich sei dir gleichgültig geworden."

„Du bist dumm, Harry, du mußt das nicht sagen."
„Du hast mich vielleicht überschätzt, und nachher warst du enttäuscht?"
Sie strich ihm wieder mit der Hand über den Verband: „Du bist besser, als du glaubst."
„Hast du nicht Furcht, meinetwegen noch mehr Schwierigkeiten zu bekommen? Du weißt, wie Todtenberg heute vormittag ..."
„Wir wollen jetzt nicht davon sprechen, Harry!" unterbrach sie ihn, das Gesicht wieder an seiner Schulter. Nach einer Weile griff sie in ihre Schürzentasche, holte das silberne Kettchen mit den Anhängern hervor. Sie gab es ihm und sagte: „Du darfst es nicht sehen lassen."
„Ich werde es immer bei mir tragen, Friedel."
„Vielleicht wirst du es eines Tages tragen können, ohne daß jemand etwas sagen darf!"
„Vielleicht werden wir eines Tages wieder in der Heimat sein."
„Würdest du dann bei mir bleiben wollen?" fragte sie zärtlich.
Er küßte sie, und Friedel küßte ihn wieder. Sie taten es still und ohne den taumeligen Drang eines letzten Begehrens.
„Ich habe davon geträumt, Friedel. Wir beide waren irgendwo, wo uns niemand kannte. Wir trugen keine Uniform mehr. Wir konnten tun und lassen, was wir wollten. Der Krieg war vorbei."
„Einmal muß es vorbei sein, Harry. Vielleicht kommen wir dann heraus", sie schmiegte sich plötzlich eng und innig an ihn, sie flüsterte: „Ich habe dich immer schützen wollen, so wie du mich schütztest, als die Bombe losging. Ich hatte immer den Wunsch, dir zu helfen und bei dir zu sein, wenn es dir schlecht geht oder wenn du etwas nicht verstehst." Sie hielt inne. Harry empfand, wie ein leises Zittern über ihren Körper ging. „Aber wenn ich dir nun Unglück bringe? Todtenberg haßt uns. Er hat alle Macht. Er kann befehlen, was

er will. Er ist böse. Ich weiß, daß er uns kauptt machen will. Aber womit sollen wir uns wehren?"

„Er hat kein Recht, uns zu quälen."

„Es gibt ja kein Recht."

„Dann müssen wir es darauf ankommen lassen."

„Wir können nichts anderes tun."

„Ich liebe dich!"

Sie drängte sich an ihn, faltete die Hände in seinem Nakken. Harrys Lippen waren in ihr Haar gesunken. Oben wölbte sich die schwarze Haube der Nacht.

Es war ein seltsamer Laut, der die beiden aus ihrer Versunkenheit riß. Es war ein kleines, regelmäßig wiederkehrendes und pochendes Geräusch von eigentümlich gedrosseltem Klang. Den Lauschenden schien es, als komme dieser Ton wechselweise von oben, über die Baumwipfel hinweg, und danach wieder von unten, wie aus dem Grunde des Buschwerks. Auch in ihrer Stärke war die Erscheinung unterschiedlich. Manchmal hatten die Töne Deutlichkeit und Nachdruck, dann wieder flogen sie so schwach und verweht heran, als handele es sich um eine Sinnestäuschung. Sie waren dann fast unhörbar.

„Es klingt wie eine Glocke", murmelte Harry.

„Warum läutet man in der Nacht? Ich habe nicht gewußt, daß es hier eine Glocke gibt."

„Es kann nur im Dorfe sein, dort ist eine Kirche."

„Ob sie jetzt einen Gottesdienst abhalten?" fragte Friedel.

„Vielleicht ist irgendwo ein Feuer?"

„Oder sie läuten, weil jemand gestorben ist?"

„Es kann auch ein Signal sein", sagte er.

Sie verhielten sich still und lauschten weiter. Der reine Klang der Glocke taumelte schnell durch die Nacht. Er rief mehr Unsicherheit und Bedenken hervor, als es ein jäher Granateinschlag vermocht hätte. An einem Granateinschlag ist nichts rätselhaft.

Harry erinnerte sich des Augenblicks, da er den Anruf der Wache oder das unheilverkündende Umschlagen eines

Sicherungsflügels erwartet hatte und da plötzlich und scharf die Furcht vor den Partisanen über ihn gekommen war.

Er erhob sich und half Friedel aufstehen.

„Wir wollen gehen, Friedel", sagte er, „vielleicht ist etwas im Gange."

„Wann ist hier nichts im Gange?" fragte sie leise, ein wenig bitter.

Er küßte behutsam ihre Augen.

Sie tasteten sich an dem großen Rundholzende vorbei, verließen den Platz. Das Blattgewühl des Parks nahm sie auf. Es begleitete ihren Weg wie leiser Wogenschlag die Bahn eines Schwimmers. Harry hielt Friedels Hand und ging etwas vor ihr. Wer die beiden jetzt hätte beobachten können, dem wäre gewiß eine Erinnerung an das Kinderpaar aus Grimms Märchen aufgekommen, an den tiefen irrwegweiten Wald voller Abenteuer.

In Abständen blieben Harry und Friedel stehen. Ihre Körper kamen einander wieder nahe, ihre Münder liebkosten sich sanft und sehnend.

Nach und nach verebbte die Wildnis. Das Unterholz verlor an Masse. Die Räume zwischen den hohen Stämmen wurden weiter. Man konnte sich nun freier bewegen. Die beiden mußten bereits den Bereich betreten haben, von dem aus man bei Tage das Weiß der Kavaliershäuser herüberschimmern sehen konnte, als Friedel unvermittelt strauchelte. Etwas klirrte metallisch.

„Was war das?" fragte Friedel atemlos. Ihre Hand schloß sich fester um die Harrys.

„Jemand wird eine Konservendose weggeworfen haben", sagte er unsicher.

„Es war hart wie eine Waffe!"

„Hier liegt viel umher", suchte er sie zu beruhigen. Dann bückte er sich, griff über den Boden hin. Seine Hand streifte einen kühlen, glatten Gegenstand. Aber bevor er ihn noch hätte aufnehmen können, trat etwas ein, das Harry mit einem lähmenden Schrecken erfüllte.

Eine fremde Hand hatte sich um seinen Arm geschlossen und zog ihn nach unten.

Eine Hand, die körperlos und selbständig dazusein schien. Es war ein gespenstischer Griff aus dem Nachtdunkel, aus der Tiefe.

Zugleich wurde ein Schieben und Rascheln laut, wie es entsteht, wenn sich ein Mensch im Laub wälzt. Jemand ächzte, schnob durch die Nase.

Harry bemühte sich verzweifelt, loszukommen. Aber der Griff von unten gab nicht nach. Er war wie eine Klammer, ein krampfhaftes Umschließen.

„Ein – Männlein – steht im Walde!" Der Mensch am Boden lachte kollernd und trunken. Das Schleifen im Laub wurde stärker. Offenbar versuchte er aufzustehen. „Schö-ön hiergeblieben – Salzknabe, Salzknäbchen! Wir wollen – uns mal – darüber – orientieren!"

„Komm fort, Harry! Komm – um Gottes willen!" stammelte Friedel. Sie hatte noch nicht erkannt, wer hier wen hielt.

„Noch ein Salzknabe – Knäbchen! Seid ihr mich wecken gekommen – ihr Li-ieben? Ihr Kleinen? Das ist brav!" Der Mann am Boden lachte plötzlich. Als er weiterredete, klang schon eine gewisse höhnische Schärfe an: „Was macht ihr hier – im Walde? Muß man denn gleich in den Wa-ald gehen? Muß man da nicht erst fragen?" Er schnalzte mit der Zunge.

Obwohl das Entsetzen ihn noch immer überschauerte, begriff Harry doch, daß es jetzt nur noch eine Rettung gab – sich frei zu machen, davonzulaufen und später alles zu leugnen.

Mit einem plötzlichen Ruck riß er seinen Arm hoch. Aber Knothe ließ ihn nicht aus. Er hing wie ein festgebissener Hund an Harrys Handgelenk. Friedel war zurückgewichen. Harry hoffte, daß sie davonlaufen würde. Diese Sorge, die Einsicht, daß vor allem Friedel sich in Sicherheit bringen mußte, verlieh ihm Kraft und Festigkeit.

Knothe, dem Friedels Bewegung nicht entgangen war, bellte laut: „Hiergeblieben! Ich werd' euch – absolut! Keiner rührt sich! Nicht einen Schritt!"

„Lauf! Lauf doch! Verschwinde!" befahl Harry keuchend.

Sie zauderte noch. Dann aber lief sie davon.

Harry wurde hin und her gezerrt, weil Knothe aufstand. Er zog sich an dem Gefreiten hoch wie an einem jungen Baum. Friedels Schritte verklangen.

„Hiergeblieben! Niemand läuft mir weg! Wo ist der Leu-euchtstab? Gottverfluchte Unzucht!" schrie der Feldwebel. Er bückte sich nach der Lampe, über die Friedel vorhin gestolpert war. Harry erfaßte die Gelegenheit und riß sich mit einem heftigen Ruck los. Knothe schäumte vor Wut, taumelte und schlug schwer hin. Harry rannte davon.

„Wartet – nur – ich krieg' euch schon noch!" schimpfte Knothe. Danach wurde seine Stimme schwächer. Die Trunkenheit mußte ihn wohl erneut und völlig übermannt haben.

Harry traf Friedel noch einmal am Kiosk. Sie hatte auf ihn gewartet, drückte sich an ihn.

„Wo ist er?" fragte sie angstvoll.

„Er ist wieder hingestürzt."

„Wir dürfen nichts zugeben, Harry!"

„Ja, ich weiß. Hab keine Angst. Du mußt jetzt gehen."

Sie küßten sich wieder, schnell, heftig. Ihre Zähne trafen aufeinander.

Als Harry die von Strohgeraschel und verbrauchter Luft erfüllte Unterkunft betrat, da hatte die Glocke von Reinegarde längst zu läuten aufgehört. Nur gelegentlich war verhaltenes Grollen und Rumpeln zu hören – das Nachtlied der Front.

Harry ließ sein Feuerzeug aufspringen. Die Kameraden lagen bereits auf ihren Strohsäcken. Harry zog nur Schuhe und Rock aus. Dann legte er sich nieder. Der Atem ging noch immer heftig.

Er bemerkte nicht, daß in der Ecke des Raumes jemand wach lag und sein Erscheinen aufmerksam beobachtet hatte.

6

Ein Verhör

Oberstabsarzt Todtenberg trug seinen schwarzseidenen Hausmantel, war darunter jedoch in voller Uniform. Der Schlipsknoten saß korrekt an dem hellblauen Kragen. Die Spitzen der Stiefel glänzten, die Frisur schimmerte wohlgebürstet. Das Gesicht war sorgfältig rasiert. Es hatte aber an diesem Morgen noch weniger Farbe als sonst. Das war auf die Flasche Benediktiner zurückzuführen, mit der der Oberstabsarzt in der Nacht seine Wut über die Niederlage betäubt hatte. Der grellbestickte Hausmantel wirkte in Verbindung mit der Uniform ein wenig lächerlich. Er erinnerte an ein Zirkuskostüm.

„Sie bleiben also dabei, Feldwebel Knothe *nicht* getroffen zu haben?“ fragte Todtenberg kalt und gespannt. Der Feldstuhl, in dem er saß, wiegte leise.

„Jawohl, Herr Oberstabsarzt“, antwortete Harry.

„Sie bleiben dabei, während Ihres ‚Spazierganges‘ allein gewesen zu sein, Gefreiter Salandt?“

„Jawohl“, wiederholte Harry.

„Jetzt ist der Spritzer auch noch feige!“ schimpfte Knothe. Er stand seitlich von Todtenberg am Fenster.

„Ich kann nichts anderes sagen.“

Harry stand am Türrahmen, hielt die Absätze aneinandergeschlagen und die Hände an der Hosennaht. Auf dem Kopf trug er keine Mütze, sondern den schweren Stahlhelm, wie bei einer Wachvergatterung. Wer im Stahlhelm bei seinem Kommandeur erscheinen mußte, den erwartete selten Gutes – es sei denn, daß es sich um die Verleihung eines Ordens handelte. Aber davon konnte hier ja keine Rede sein.

Der Stahlhelm saß schief auf dem weißen Kopfverband und drückte gegen die Narbe.

Feldwebel Knothe hatte Harry gleich nach dem Morgenappell in der Platanenallee mit Geschrei und Getobe zu Todtenberg eskortiert; der dicke Eisermann und Ferdinand Pistol waren verschwunden und in „Deckung“ gegangen. Knothes Miene war ungewöhnlich düster und unheilverkündend. Äußerlich schien der Feldwebel den schweren Rausch, der ihn gestern nacht im Park niedergeworfen hatte, wohl überstanden zu haben. In seinem Körper aber konnte die Wirkung des Alkohols noch nicht verebbt sein. Harry erkannte es an Knothes verschleiertem Blick und auch daran, daß der Feldwebel sich heute nicht so straff hielt, wie es für gewöhnlich seine Art war. Augenscheinlich befand sich Knothe wieder in einer Saufsträhne. Diese Anfälle wilder Trunklust folgten einander in Abständen von drei bis vier Wochen.

Harry starrte auf das Fensterkreuz hinter den Vorgesetzten. Alle Fragen, die Todtenberg stellte, waren schon einmal vorgebracht worden. Harry hatte immer abschlägige Antworten gegeben. Er log verzweifelt und beharrlich. Wenn ihm das erbitterte Forschen Todtenbergs Zeit dazu ließ, dann wunderte er sich selbst über die Beständigkeit seiner Haltung. Früher hatte er sich schnell einschüchtern lassen und nicht den Mut aufgebracht, einer befehlsbetonten Frage die entsprechende Antwort zu versagen. Gewiß, auch jetzt flackerte immer wieder Furcht in ihm auf. Aber sie vermochte ihn nicht zu überwältigen.

Harry durfte nichts eingestehen. Was sollte werden, wenn er zugab, mit Friedel im Park gewesen zu sein – wenn er den gespenstisch-komischen Ringkampf mit dem betrunkenen Feldwebel bestätigte? Man würde ihn versetzen oder Friedel anderswohin schicken. Man würde sie auf jeden Fall entschieden und dauerhaft trennen. Allerdings konnte Todtenberg solche Maßnahmen auch ohne beweisende Aussage ergreifen, ohne ein Geständnis. Doch er würde es wohl nicht tun.

Harry bekam jetzt eine erste Vorstellung von dem fanatisch-peniblen Ordnungsprinzip der faschistischen Wehrmacht – jeder Strafspruch sollte formal möglichst exakt fundiert sein. Das einnerte an die Inquisition, die kein Opfer verbrannte, ohne zuvor ein Geständnis erpreßt zu haben.

Harry durfte nichts eingestehen. Ein Geständnis würde nicht nur die Trennung von Friedel zur Folge haben, sondern darüber hinaus auch ein Disziplinarverfahren unbestimmten, gewiß aber üblen Ausganges. Unerlaubtes Entfernen von der Unterkunft, Befehlsverweigerung, Vorgesetztenbeleidigung – das wären einige Punkte der Anklage.

„Sie sollten sich gut überlegen, was Sie sagen, Gefreiter Salandt!" begann Todtenberg von neuem, „noch haben Sie Gelegenheit, diesen Fall klarzustellen. Feldwebel Knothe hat Sie erkannt. Er hat auch gesehen, daß Sie nicht allein waren. Sie haben ganz eindeutige Befehle nicht befolgt. Seien Sie sich bewußt, was das im – Kriege heißt!"

„Ich weiß nichts, Herr Oberstabsarzt", erwiderte Harry, „ich bin nur hinausgegangen, weil mir nicht gut war. Unterwegs ist mir niemand begegnet. Ich habe niemand gesehen. Es war ja dunkel."

Todtenberg wollte scharf antworten, hielt jedoch ein, weil in der Luft ein schweres Brummen aufkam. Staffeln von Bombern flogen in östlicher Richtung über den Park.

Diese Flugzeuge waren nicht die einzige Erscheinung, die auf eine Belebung der Kampftätigkeit hindeutete. Bereits am frühen Morgen hatte sich das Artilleriefeuer an der Front verstärkt. Von den schweren englischen Langrohrgeschützen war einige Male nach Chabrie hineingeschossen worden. Man hatte das schnellzughafte Fluggeräusch der Geschosse und die dumpfen Einschläge gut vernehmen können. Auf der Straße, die in einiger Entfernung vom Dorf Reinegarde nach Chénières führte, war in der zweiten Nachthälfte ein außergewöhnlicher Verkehr gewesen. Wie die Wachen berichteten, wurden neue Truppen nach vorn geworfen. Mehr hatte man bisher noch nicht erfahren können. Es gab bislang weder alarmierende Befehle noch Nachrichten von einem neuen Angriff der Anglo-Amerikaner. Vielleicht würde die Unruhe wieder abklingen. Ebensogut konnten aber auch bald Verwundete eintreffen.

Todtenberg hatte dem Motorengeräusch der Flugzeuge mit abgewandtem Gesicht gelauscht. Seine Züge verrieten Unsicherheit. Jetzt blickte er Harry mit der heftigen Bosheit eines Menschen an, der seine Schwäche erkannt sieht.

Er hat Angst gehabt, dachte Harry, er hatte Angst vor den Bomben.

„Es war dunkel, sagen Sie?“ fragte Todtenberg höhnisch.

„Jawohl, Herr Oberstabsarzt.“

„Hast du schon eine Nacht gesehen, die *nicht* dunkel war, du Trottel?“ bellte Knothe, wobei er einen Schritt vortrat. „Du hast dich mit einem Mädchen im Park herumgetrieben!“ Dann wurde der Feldwebel blaurot und schrie: „Gib das zu, du Arschloch! Du kannst uns nicht für dumm verkaufen, du nicht! Wer bist du überhaupt? Sauereien werden hier nicht geduldet – ich mach' dich das plausibel – absolut!“ Er schnaufte.

Harry war erstaunt darüber, daß Todtenberg den Feldwebel derart in die Vernehmung eingreifen ließ. Dem alten Chef, dem cognacfreundlichen Oberstabsarzt Lindemann wäre das gewiß nicht vorgekommen. Aber Lindemann hatte die einfachen Soldaten ja auch vor Knothe in Schutz genommen, jedenfalls immer, wenn es sich nur irgendwie machen ließ.

„Einen Augenblick bitte, Feldwebel Knothe“, sagte Todtenberg nervös, um sogleich erneut auf Harry loszustoßen: „Sie scheinen den Ernst Ihrer Lage noch immer nicht begriffen zu haben, Gefreiter Salandt! Sie bestreiten einen unzweifelhaft gegebenen Tatbestand mit sinnloser Hartnäckigkeit!“

„Da gibt's überhaupt keinen Zweifel“, murrte Knothe, der Todtenbergs Vorgehen offenbar zu müde fand.

Es klopfte. Der lange Trabnach kam herein. Er trug ein Kännchen mit Kaffee in den Händen. Nachdem er Todtenbergs Täßchen achtsam gefüllt hatte, fragte ihn der Oberstabsarzt: „Wann sind Sie schlafen gegangen, Trabnach?"

„Sofort, Herr Oberstabsarzt! Unmittelbar nachdem Sie mich entlassen hatten."

„Befand sich der Gefreite Salandt zu dieser Zeit bereits in der Unterkunft?"

Trabnach verneinte.

„Na also!" knurrte Knothe.

„War der Gefreite Salandt mit Schwester Friedel zusammen?" fragte Todtenberg.

„Das weiß ich nicht."

„Was wissen Sie überhaupt?" schrie Knothe.

Trabnach schwieg. Ihm war anzusehen, wie sehr er sich über diese Zurechtweisung ärgerte. Trabnach hegte für Harry nicht so tiefe Abneigung wie für Ferdinand Pistol, er haßte ihn nicht gerade. Aber wütend war er auf ihn. Er hatte seinetwegen schon Anpfiffe hinnehmen müssen. Daß Harry sich in Konflikt mit den Vorgesetzten befand, bestimmte Trabnachs Position nun eindeutig und endgültig.

Peinlich war ihm allerdings, in Gegenwart Harrys aussagen zu müssen. Daraus erklärte sich sein Zögern. Trabnach liebte die vertrauliche Mitteilung.

„Daß die beiden oft zusammen gewesen sind, das wissen Sie doch, Trabnach?" fragte Todtenberg nachhelfend.

„Jawohl, Herr Oberstabsarzt." Gehässigkeit und Trotz wechselten in Trabnachs Gesicht. Er blickte Harry nicht an.

„Was war denn gestern abend? Kommen Sie mit der Sprache raus!" sagte Knothe in barschem Wohlwollen.

„Als der Gefreite Salandt in die Unterkunft kam, war er außer Atem", erklärte Trabnach, „er mußte heftig gerannt sein. Warum, weiß ich nicht. Er erweckte aber den Eindruck, als sei jemand hinter ihm her. Bevor er sich hinlegte, sah er andauernd zur Tür." Das Letzte war glatt gelogen.

„Es ist gut, Trabnach", sagte Todtenberg.

„Zu Befehl, Herr Oberstabsarzt!" Trabnach grüßte und trat rasch ab.

Harry starrte wieder den Fensterrahmen an, von dessen Leisten die Farbe abgeblättert war. Er spürte die Schere der Blicke Todtenbergs und Knothes.

Mit der Zeit wurde er abgespannt. Der Druck der Vernehmung und die anbefohlene steife Haltung ermüdeten. Aber er blieb wachsam. Mehr als er es wußte, fühlte er, daß er jetzt nicht nachgeben, sich keine Blöße geben durfte. Zum ersten Male kam die Frage in ihm auf, woher die Vorgesetzten das Recht nahmen, derart mit ihm zu verfahren. Sie behandelten eine eigentlich nebensächliche Angelegenheit wie ein Schwerverbrechen. Was befugte sie, sich eine Allmacht anzumaßen? Gab die Uniform, verliehen irgendwelche Ernennungs- und Beförderungsdekrete oder die Schulterstücke ihnen ein absolutes Urteilsrecht? Waren sie im normalen Leben nicht Menschen wie jeder andere auch gewesen?

In der Schule und in der Hitlerjugend hatte man Harry unablässig vorgestellt, daß das ganze deutsche Volk eine eingeschworene Gemeinschaft sei, deren große Mission darin bestünde, das Gesicht Europas und der Welt zu verändern, neue und bessere Verhältnisse des Lebens zu erkämpfen, Hochmut, Niedertracht und jedwede Ungerechtigkeit zu beseitigen. Aber konnte das durch Menschen zuwege gebracht werden, deren Wesen nicht beispielhafte Tugend, sondern beschränkte Gehässigkeit kennzeichnete? Harry kam der überraschende Gedanke, daß ihm außer dem Oberstabsarzt Lindemann noch kein Vorgesetzter begegnet war, der sich menschlich, kameradschaftlich und hilfsbereit zeigte. Bei allen hatten ein enger Sinn, Kleinlichkeit und menschenverachtende Befehlswollust vorgeherrscht.

Todtenberg beugte sich nun vor und sagte eindringlich: „Wir geben Ihnen noch eine Chance, Gefreiter Salandt. Entweder stellen Sie die Angelegenheit klar, oder aber wir frischen Ihr soldatisches Pflichtgefühl ein wenig auf!"

Harry schwieg.

„Antworte, wenn du gefragt wirst!" schrie Knothe.

„Ich habe alles gesagt, was ich sagen konnte."

Todtenberg lehnte sich überrascht in seinem Feldstuhl zurück. Er war fest davon überzeugt gewesen, daß dieser Bursche umfallen würde. Nun aber hatte der junge Gefreite ihn ebenso eines anderen belehrt, wie es gestern abend durch Schwester Friedel geschehen war.

Wo nahmen diese beiden den Mut her, ihn so nachdrücklich zu brüskieren? Dieser junge Hund von einem Soldaten, dieses blasse Bürschchen Salandt, dieser halbgebildete Gymnasialtropf, dieser Kleinbürgerbengel! Und was maßte sich diese Schwester Friedel denn an, ihm – dem Chef der Einheit – mit Ohrfeigen an Stelle von Willfährigkeit zu begegnen?

Todtenberg hatte in seinem Leben viel haben können, ohne dafür viel geben zu müssen. Fast jede Angelegenheit war so verlaufen, wie es seinen Wünschen entsprochen hatte. Sollte sich das geändert haben? Sollte er in diesem albernen Fall den kürzeren ziehen? Die Wuthitze verletzter Eitelkeit stieg erneut in Todtenberg auf.

Man würde doch wohl sehen, wer hier die Macht hatte. Man würde diesem Bürschchen schon einen gehörigen Marsch blasen. Und man würde diese Schwester Friedel ins Bett bekommen, um sie alsbald wieder hinauszujagen. Ein Mädchen aus der Vorstadt, das wahrscheinlich geflickte Wäsche trug.

Todtenberg stauchte seinen Zigarettenrest in den Aschenbecher und stand auf.

„Sie bilden sich ein, Gefreiter Salandt, daß es Dinge gebe, die uns nichts angehen!“ stieß er mit hoher, schneller, ein wenig pfeifender Stimme hervor. „Ich werde Ihnen beweisen, daß Sie sich in einem Irrtum befinden! Sie werden einsehen müssen, daß das Privatleben mit Ihrem Schulranzen zu Hause geblieben ist, verstehen Sie! Sie sind ein kleiner Sanitätsdienstgrad, der über sein gesamtes Tun und Lassen genaue Rechenschaft abzulegen hat. Betrüblicherweise ist in Ihrer Ausbildung unterlassen worden, Ihnen dies nachhaltig einzuschärfen. Ich werde es nachholen. Es gibt bei uns keine Seitensprünge. Es gibt nur absoluten Gehorsam!“

Harry verspürte, wie ein Muskel in seiner linken Wade sich verkrampfte. Er gab mit dem Knie nach, und veränderte dadurch die anbefohlene Grundstellung. Der Stahlhelm drückte noch stärker als vorhin gegen die Narbe. Ein stechender Schmerz wiederholte sich regelmäßig wie das Zeitzeichen im Radio.

„Stehen Sie gefälligst anständig!" blaffte Knothe.

Todtenberg ließ die Gürtelquasten seines Hausmantels zwischen den Fingern baumeln und fuhr fort: „Ich werde Ihnen beweisen, daß es hier keinen Platz für Sentimentalitäten und persönliche Interessen gibt. Es gibt nichts, das Ihnen gehört. Feldwebel Knothe wird Ihnen eine Arbeit anweisen, bei der Sie Gelegenheit haben, in sich zu gehen. Wenn Sie die richtige Einstellung zu Ihren Vorgesetzten und Ihren Pflichten gefunden haben, werden wir weitersehen. Sie treten jetzt ab und warten vor dem Hause!"

Die gelben Stickereischnörkel auf Todtenbergs Hausmantel sahen wie riesige Pantoffeltierchen aus. Paramaecium, dachte Harry. Das hatte man in der Schule gehabt.

Er grüßte und ging hinaus. Auf dem Hofe war es sehr heiß. Der Kies blendete.

Harry hielt Ausschau nach Friedel. Ihn beschäftigte der Gedanke, daß man nun die Freundin zu einem entwürdigenden Verhör holen würde. In dem Kavaliershause, dessen Obergeschoß die beiden Schwestern beherbergte, standen die Fenster offen. Doch es war kein Laut zu hören.

Für einen Augenblick glaubte Harry eine Bewegung der alten, verschossenen Gardinen, die zwischen den Fensterflügeln hingen, bemerkt zu haben.

Wo mochte Friedel sein? Ob sie ihn gesucht hatte? Vielleicht hielt sie sich bei den „Gefangenen" auf. Daß Harry sie nicht sprechen konnte, bedrückte ihn weniger, als es ihm weh tat, sie nicht sehen zu können – und sei es nur aus der Ferne.

Die Erinnerung an die Zärtlichkeiten des gestrigen Abends hatte etwas Traumhaftes. Zugleich aber weckte sie auch ein neues, eigentümlich ruhiges Kraftgefühl. Die Gewißheit, nicht allein zu sein, und das Bild, das Harry von Friedel in sich trug, ließen ihn dem, was nun kommen sollte, mit Gefaßtheit entgegensehen. Harry gab sich keinen Täuschungen darüber hin, daß der voraufgegangene Zusammenstoß erst einen Auftakt zu Schlimmerem bildete. Die ganze Grausamkeit und malmende Macht des Getriebes, in das ihn die Entwicklung der Dinge geführt hatte, war ihm indes noch nicht bewußt geworden.

Er wünschte innig, daß Friedel nichts geschähe.

Das Feuer ist da

Friedel stand vor einem Wandspiegelchen und ordnete das Haar. Während sie sich kämmte, betrachtete sie gedankenverloren lächelnd ihr Spiegelbild. Gelegentlich unterbrach sie die Verrichtung und lauschte dem Gezwitscher der Vögel, die das Weinlaub an den Hauswänden bevölkerten. Meisen schwirrten umher, kamen herangeflogen und pickten auf das äußere blecherne Fensterbord. Vorsichtig äugten sie in den Raum, um sich gleich darauf, wie von Katapulten abgeschossen, in die Bläue des Tages emporzuschleudern. Die bunten Farbkleckse ihres Gefieders verzuckten in dem flirrenden Sonnenlicht.

Friedel empfand eine leichte, wohlige Müdigkeit, die zum Betrachten und Träumen verlockte. Dieses Gefühl gab allen Gefahren größeren Abstand, ließ sie weniger scharf und bedrohlich erscheinen.

Einmal lief Friedel zum Fenster und schaute in den Hof hinunter. Der lange Trabnach schritt gerade mit einer Kaffeekanne zu Todtenbergs Quartier hinüber. Harry war nicht zu sehen. Sie vermutete, daß er zu einer dringenden Arbeit fortgeholt worden war. Sie hoffte, daß er sich später schon melden würde. Harrys Abwesenheit mit Knothe in Zusammenhang zu bringen, kam ihr nicht in den Sinn. Die unheimliche nächtliche Auseinandersetzung mit dem Feldwebel lag jetzt seltsamerweise fast außerhalb ihrer Aufmerksamkeit. Wie sehr sie sie zuerst erschreckt hatte, so wenig bedenklich erschien sie ihr nun. Knothe konnte ja niemand erkannt haben, er war zu betrunken gewesen. Friedel mochte nicht daran denken.

Nachdem sie ihre Toilettenutensilien in eine Wachstuchtasche gesammelt hatte, bemerkte Friedel das Fehlen der runden Brosche.

Sie suchte in ihren Taschen, auf dem Feldbett und dem Tischchen nach. Das runde Stück Metall ließ sich nicht auffinden.

Der Gedankte an Todtenberg erfüllte sie mit lähmender Kälte. Alle zärtliche Gedankenverspieltheit war mit einem Schlage verflogen. Friedel sah Todtenbergs erregtes, lüsternes Gesicht wieder. Sie spürte seinen feuchtdunklen Blick, der auf ihren Körper stieß, bevor die schönen, weißen und frauenhaften Hände nach ihr griffen. Sie vernahm erneut das Reißen des Kragens und begriff, wo die Brosche verlorengegangen war.

Das Ticken von Schwester Roswithas kleinem Reisewekker erinnerte an die Notwendigkeit, das Zimmer aufzuräumen. Die Ältere war Verpflegung holen gegangen und mußte bald zurück sein. Friedel ordnete die Schlafplätze, wischte den Tisch ab und machte sich daran, das Waschwasser aus der Schüssel in einen zusammenlegbaren Stoffeimer zu gießen, der vor dem Fenster stand. Aber in diesem Augenblick empfing Friedel einen so bestürzenden Eindruck, daß sie einen Teil des Wassers verschüttete. Die Schüssel stieß gegen die Wand, schepperte.

Friedel sah, wie Harry von Feldwebel Knothe die Platanenallee hinuntergetrieben wurde.

Der Feldwebel ging langsam in der Mitte der Straße. Er hatte die Hände auf dem Rücken zusammengetan und die Mütze tief in die Stirn gezogen. Mit halber, brüchiger

Stimme bellte er seine Befehle heraus. Sein Gesicht war hölzern, bretthaft. Friedel konnte es sehen, wenn Knothe den Kopf wandte. Das Gesicht war genarbt von Suff und Unausgeschlafenheit.

Harry mußte ihn währenddessen mit einer Schaufel über der Schulter im Laufschritt umkreisen, so, wie ein Hund seinen Herrn während eines Spazierganges umkreist.

Harry lief an Knothe vorbei, rannte geradeaus weiter, die Schaufel gleich einem Gewehr über der linken Schulter. Er mußte jeweils so weit laufen, bis Knothes nächster Befehl ihn erreichte. Dann kam Harry zurück, nachdem er mit jener fallend taumelnden Bewegung kehrtgemacht hatte, die das Wenden im Laufschritt etwas erleichtert. Wenn er den Weg zurück und auf sie zu gelaufen kam, dann trat Friedel hinter die Gardine, um nicht gesehen zu werden. Es drängte sie, sich vorzubeugen und ihm etwas Tröstliches und Ermutigendes zurufen. Doch Friedel befürchtete, Knothes Aufmerksamkeit zu wecken und das Unheil, dem Harry ohnehin schon ausgesetzt war, noch zu vergrößern.

Ihre Augen begannen zu brennen, als sie Harrys blasses, gespanntes Gesicht sah und beobachtete, wie die Schaufel bei jedem Schritt auf der Schulter auf und nieder sprang. Friedel glaubte die Schläge des hölzernen Stiels auf dem eigenen Schlüsselbein zu spüren. Sobald Harry sich in Knothes Rücken befand, mäßigte er das Lauftempo etwas, um mehr Atem zu bekommen. Auf der weißen Kappe des Verbandes wippte der schwere Stahlhelm.

Friedel schmeckte die Bitterkeit der Ohnmacht, nicht helfen zu können. Schließlich vermochte sie nicht mehr, diesem barbarischen Kreiselspiel, das sich langsam die Platanenallee hinunterbewegte, weiter zuzusehen. Sie hockte sich auf ihren Schlafplatz und starrte auf das kleine Kruzifix, das über Schwester Roswithas Lager an der Wand hing. Die beinerne Kraftlosigkeit des Gekreuzigten wirkte eher verstörend, als daß sie besänftigt hätte.

An das Fenster zu gehen wagte Friedel nicht mehr. Obwohl unterdes draußen Ruhe eingetreten war, klangen ihr Knothes rauhe Befehle noch immer in den Ohren. Vor ihrem inneren Auge sah sie Harry unablässig demütigende Kurven um den Feldwebel ziehen.

Ich habe ihn in diese Lage gebracht, warf sie sich vor, ich hätte gestern abend nicht zu ihm gehen dürfen. Nun ist doch alles herausgekommen. Warum müssen wir für unsere Liebe zahlen? Sie hat ja kaum begonnen. Wer bestimmt den Preis?

Von ihrem Pflegevater, einem Korbmachermeister mit dunklen, borkigen Händen, war Friedel geschlagen worden, sobald er sie mit einem Jungen nur sprechen sah. An ihn mußte sie nun denken.

Friedel blieb mit ihren Fragen und Selbstvorwürfen auf dem Schlafplatz sitzen, bis Schwester Roswitha die Morgenrationen und den Kaffee brachte. Die Ältere blickte unmutig im Raume umher.

„Warum sitzt du so da?" fragte sie, „gibt es nichts zu tun? Oder – ist dir schlecht?"

Sie trat näher, setzte die Verpflegung auf den Tisch und wies mit einer Kopfbewegung auf die Pfütze am Fenster.

„Soll *ich* das aufwischen?"

Friedel erhob sich wortlos, nahm das Wasser mit einem Lappen auf und trug den Stoffeimer hinunter. Als sie zurückkam, hatte Schwester Roswitha den Tisch bereits gedeckt.

„Setz dich und iß."

Friedel nahm Platz, legte die Hände in den Schoß. Das mürrische Gerede der anderen glitt von ihr ab, sie hörte es kaum. Sie wußte keinen Grund für die schwere, ungewöhnliche Mißstimmung von Schwester Roswitha. Es interessierte sie auch nicht, einen zu finden. Sie mußte unausgesetzt an Harry denken.

„So ein Getue am Morgen habe ich gern", fuhr Schwester Roswitha fort, während sie das Brot anschnitt. „Was ist eigentlich in dich gefahren? Du bist unausgeschlafen, nicht wahr? Du hast einen Kater von gestern abend – und üble Laune. Es scheint dir nicht blendend bekommen zu sein."

Friedel nahm eine Schnitte von dem Brot, bestrich sie mit der bitteren gelben Quittenmarmelade, die Offiziere und Schwestern an Stelle von Kunsthonig erhielten. Sie hantierte mit der Schnitte, aber sie führte sie nicht zum Munde.

„Was spielst du mit dem Brot herum?" fragte Schwester Roswitha gereizt. Ihre Verärgerung verstärkte sich mit jedem Satz, den sie sprach. „Du solltest inzwischen gelernt haben, daß es hier keine Torten gibt. Hier ist überhaupt alles anders als daheim. Warum bist du nicht zu Hause geblieben?" Sie aß mit finsterer Miene und redete zwischendurch weiter. „Du hast gefürchtet, zuwenig vom Leben mitzubekommen? Du hast dich ein bißchen in der Welt herumtreiben wollen? Du hast geglaubt, das Leben sei ein Vergnügen – wie der Tanzboden!"

„Hören Sie schon auf, es ist ja gut", murmelte Friedel.

„Gar nichts ist gut!" Schwester Roswitha stellte ihre Tasse klirrend auf den Teller zurück. „Überhaupt nichts ist gut! Was bist du bloß für ein Mensch? Während andere umkommen, amüsierst du dich."

„Sie verstehen das alles nicht."

„Natürlich – ich verstehe nichts! Ich bin zu alt, nicht wahr? Aber so viel verstehe ich immerhin, daß du kaputt sein mußt, wenn du dich am Abend vorher in fremden Betten gewälzt hast!"

„Sie haben kein Recht, das zu sagen."

„Hast du bei Todtenberg Verbände anlegen geübt?"

„Ich war nicht freiwillig dort."

„Du mußtest wissen, was er wollte. Sie wollen alle das gleiche."

„Ich bin nicht lange geblieben."

„Ich weiß – du bist weggelaufen."

„Sie brauchen sich darum nicht zu kümmern. Warum reden Sie überhaupt davon?"

Schwester Roswitha stand auf, begann den Tisch abzuräumen. Nach einer Weile sagte sie: „Alles hat hier seine Folgen – auch Folgen, die du gar nicht kennst." Sie schwieg und dachte wieder an das Mißlingen des Unternehmens, das unbekannte französische Mädchen zu dem Alten zu führen. Fast sarkastisch fügte sie jetzt hinzu: „Daß dein kleiner Gefreiter Salandt gerade von Knothe geschliffen wird, weißt du hoffentlich! Die einen werden geschunden, die anderen machen sich einen Spaß daraus, sie zu schinden."

„Der Gefreite Salandt hat keine Schuld!" stieß Friedel hervor.

„Wem sagst du das? Natürlich hat der Landser am wenigsten Schuld . . .", sie hielt inne und blickte überrascht auf Friedel.

Das Mädchen hatte die Haltung nicht verändert. Aber auf ihren Wangen glänzten jetzt Tränen – so unerwartet, als wären es Tropfen eines plötzlichen und flüchtigen Regenschauers.

„Warum heulst du?" fragte Schwester Roswitha barsch. „Überleg dir gefälligst vorher, was du tust!" Dann erkundigte sie sich weniger rauh: „Ist etwas passiert?"

Friedel wischte die Tränen vom Gesicht und wandte sich zum Fenster. Ohne die andere anzublicken, erwiderte sie: „Es ist nichts passiert, jedenfalls nicht so, wie Sie es meinen." Sie starrte die grüngolden flimmernde Platanenallee hinunter. Wie eine leibliche Schwäche spürte sie die Hilflosigkeit am ganzen Körper. Um etwas zu tun, legte sie die Schürze um, zog die Haube übers Haar. Ihre Hände waren unsicher.

„Wo hast du deine Brosche?" fragte Schwester Roswitha mit neuer Galligkeit.

„Ich muß sie verloren haben."

„So – verloren! Vielleicht läufst du eines Tages im Unterrock über den Hof!"

Friedel schrie zitternd: „So lassen Sie mich doch in Ruhe! Mischen Sie sich nicht in meine Angelegenheiten! Ich habe darunter zu leiden, nicht Sie!"

„Natürlich *du*, wer denn sonst!“ sagte Schwester Roswitha. Dann verließ sie den Raum, um zu den „Gefangenen“ hinunterzugehen. Ein Nachhall ihrer Mürrischkeit schien im Zimmer zu bleiben.

Was hat sie davon, mich zu quälen? fragte sich Friedel, als sie allein war. Warum tut sie so, als seien ihr selbst Unannehmlichkeiten entstanden? Woher weiß sie überhaupt, daß ich von Todtenberg fortgelaufen bin? Vielleicht hat mich jemand gesehen, und man spricht darüber?

Diese Vermutung und das Bewußtsein, falscher Nachrede nicht entgegentreten zu können, erbitterten Friedel. Dabei war es durchaus nicht einfältige Besorgnis um ihren guten Ruf, die sie bewegte. Es war die Empörung über die Ungerechtigkeit, schuldlos falschen Urteilen ausgesetzt zu sein. Friedel hatte kennengelernt, wie schnell ein Gerücht in einer Einheit umlief, wie rasch es den Anschein festen Tatbestands gewann. Jedes Gerücht wurde begierig aufgegriffen und ausgemalt. Niemand fragte nach seinem sachlichen Wert. Die Gerüchte in einer Einheit, vornehmlich, wenn sie Frauen betrafen, waren wie die Sensationen in einer Kleinstadt. Vorübergehend belebten sie die dumpfe Dösigkeit des Alltags. Friedel hatte Furcht, hinunterzugehen. Sie glaubte sich bereits von einem Flüstern verfolgt, das tückisch war wie ein Mückenschwarm.

Schließlich sammelte sie die Brotschnitten ihrer Ration in eine Blechbüchse. Sie wollte sie Harry im Laufe des Tages zustellen. Die Soldaten kamen mit ihrer Verpflegung nicht aus. Sie durchsuchte ihren Koffer und fand noch eine angebrochene Zigarettenschachtel, die sie zu der Blechbüchse mit dem Brot legte. Das kleine fürsorgliche Vorhaben hatte alle Gedanken wieder zu Harry zurückgeführt.

Friedel fragte sich, wohin Knothe ihn gebracht haben mochte. Es war nicht das erstemal gewesen, daß sie erlebte, wie ein Soldat geschliffen wurde. Bei anderen Gelegenheiten war ihr dieser Vorgang ganz selbstverständlich vorgekommen. Sie hatte sich darin beschieden, daß Zwang und

Drill unumgängliche Folgeerscheinungen der Dienstgradunterschiede seien. Nun aber hatte der Vorgang sie tief aufgewühlt. Wiederholt empfand Friedel das Bedürfnis, hinunterzulaufen, um Knothe oder Todtenberg Harrys Schuldlosigkeit zu beteuern und ihnen die Schmählichkeit ihres Vorgehens vorzustellen. Doch sie wußte, daß in den Gesichtern der Vorgesetzten kein Platz für Güte war.

Friedels Blick fiel erneut auf das Kruzifix an der Wand. Sie empfand die Lockung des religiösen Symbols. Abgesehen von der heiteren Erinnerung an den freundlichen, auf bunten Psalmenkärtchen abgebildeten Weißbart, spielte Gott in ihrer Vorstellungswelt keine Rolle. Friedels Pflegevater, der Korbmachermeister, hatte als scharfer Nazi-Mann seiner Familie den Kirchgang untersagt. Friedel kannte nur die Legenden, das Tretharmonium und die einfältig süßen Lieder des Kindergottesdienstes, dem sie ein paarmal beigewohnt hatte. Das lag weit zurück.

Vor dem Kruzifix überkam sie nun eine eigentümlich beklemmende Verlegenheit.

Vielleicht gibt es jemand, oben im Himmel oder in den Bäumen, der alles sieht und leitet? fragte sie sich. Vielleicht gibt es wirklich jemand, der alles beschließen und entscheiden kann und dem auch Todtenberg und Knothe Rechenschaft schuldig sind? Aber wird er auch helfen, wenn man nur in der Not an ihn herantritt? Wie soll ich beten?

Vater unser? Ich habe keinen Vater.

Friedel schloß die Augen, um ihrer Verwirrung Herr zu werden. Vergebens suchte sie nach einer Bittformel. Schwester Roswitha betete jeden Abend mit gesenkter, halbsingender Stimme. Doch sie betete lateinisch.

Ich bitte ja nicht für mich! Wenn es wirklich eine Hilfe gibt, muß sie dann nicht gewährt werden?

Sie neigte leicht den Kopf, legte die Hände vor der Brust zusammen und stammelte wortlos, mit geschlossenen Augen, ihre Wünsche heraus. Nach und nach trat die narkotische Wirkung des Gebets ein. Die aufgewühlten Empfindungen erfuhren Beruhigung, das Toben der Angst um Harry legte sich. Das Gebet betäubte die Sinne. Dämmer trat vor die Wirklichkeit. Die Eindrücke schienen nun größere Zeit zu brauchen, bis sie an das Bewußtsein gelangten.

Als Friedel den Kopf wieder hob und sich in den Raum wandte, erblickte sie Todtenberg. Ihr war, als sähe sie eine Erscheinung.

„Ich habe gar nicht gewußt, daß Sie fromm sind", sagte er und legte betont grüßend die Hand an die Mütze. Er war in vollem Dienstanzug und trug einen gestreiften Waffenrock aus Leinen.

Ohne sich dessen bewußt geworden zu sein, hatte Friedel eine Hand zum Blusenkragen geführt, wo die Brosche fehlte.

„Ich komme, Sie zu einem Spaziergang abzuholen, Schwester Friedel", erklärte Todtenberg höflich, „einen solchen Morgen nicht zu nützen wäre eine Schande." Er wies mit einer würdig empfehlenden Handbewegung zum Fenster hin und bemerkte: „Schauen Sie nur – dieses Licht! Diese Farben! Und ist diese Luft kein Segen?"

Friedel schwieg noch immer.

„Sie sehen blaß aus. Etwas Bewegung wird Ihnen gut tun."

„Haben Sie einen Befehl?" fragte sie heiser.

„Alles zu seiner Zeit."

Was kann er nur vorhaben? Es ist eine neue Niedertracht im Gange!

Friedel machte sich keine Hoffnungen, daß Todtenberg die Schläge etwa vergessen oder gar verziehen haben könnte.

„Sie sind betrübt? Jeder Mensch hat Stimmungen, man ist nicht jeden Tag gleich aufgelegt. Kommen Sie hinaus – Sie werden wieder so lebhaft wie gestern abend!" Er lächelte kalt und falsch. Friedel spürte die Wut, die hinter seiner Höflichkeit lauerte.

Sie gingen auf den Hof hinunter, dann über den knirschenden Kies in die Platanenallee hinein. Ferdinand Pistol begegnete ihnen. Er grüßte stumm und schritt zu dem Kavaliershaus hinüber, in dem die verwundeten „Gefangenen" lagen. Friedel hatte den Blick niedergeschlagen.

Sie gingen langsam durch die in morgendlicher Pracht glänzende Allee. Todtenberg sprach leise und wohlgeformt von Bäumen, Pflanzen, von Bildern, Häusern und seiner Vaterstadt Düsseldorf. Er unterließ jede Anspielung auf das, was geschehen war. Er gab sich völlig privat und schien keinen Anstoß daran zu nehmen, daß Friedel nichts erwiderte.

Als sie den Kraftfahrzeughof passierten, erstarrten alle Bewegungen. Die Soldaten unterbrachen ihre Arbeit, nahmen Haltung an. Ihr Schweigen und ihre Regungslosigkeit gaben ihnen ein puppenhaftes Aussehen. Man konnte an ein Freiluftpanoptikum denken. Todtenberg grüßte gelassen. Das Grinsen und Kopfschütteln der Soldaten setzte erst ein, als der Oberstabsarzt mit Friedel vorbeigegangen war.

Friedel vernahm ein spöttisches, zotenhaftes Raunen. Es kroch hinter ihnen her. Todtenberg ergriff vertraulich ihren Arm, ohne in seiner Rede einzuhalten. Jeder Mann auf dem Kraftfahrzeughof mußte das sehen. Friedel erschauerte. Es brauchte eine Weile, bis sie sich soweit gefaßt hatte, ihren Ellenbogen ruhig und bestimmt aus seinem Griff lösen zu können.

„Sie träumen?" fragte er. „Sie sind so schweigsam. In Ihrem Alter träumt man gern – warum auch nicht. Mit der Zeit kommt alles ins Lot. Einsicht ist immer eine Sache der Erfahrung."

Todtenberg brach eine Rute und wirbelte sie geschickt zwischen den Fingern.

Sie gingen noch ein Stück weiter, machten dann kehrt. An dieser Stelle erlaubte eine breite Schneise, tief in den Park hineinzublicken. Friedel blieb stehen, sah bestürzt in die lange Baumschlucht.

Am Rand einer überdachten Pfahlwerkanlage stand

Harry und wühlte mit seiner Schaufel in der Erde. Den schweren Stahlhelm hatte er noch immer auf dem Kopf. Die schwerfällige Folge seiner Bewegungen ließ auf die Mühseligkeit der Arbeit schließen. Er war allein. Er wurde nicht sogleich auf Friedel aufmerksam. Als er sie erblickt hatte, ließ er sein Werkzeug sinken, richtete sich auf und schaute stumm zu ihr hin. Er lächelte nicht. Er gab auch kein Zeichen. Er sah nur unverwandt, schweigend herüber. Erst nach einer Weile hob er langsam die Hand. Friedel konnte diese Geste ebenso als Aufforderung zum Weitergehen wie auch als Erklärung begreifen, daß Harry seinen Platz nicht verlassen durfte.

„Schwester Friedel", rief Todtenberg, der bereits vorausgegangen war, „wo bleiben Sie denn?"

Friedel machte einige Schritte, ohne Harry aus dem Auge zu lassen.

Sein Blick folgte ihr. Erst jetzt begriff sie, womit er zu tun hatte. Ihr wurde übel. Ein Würgen spreizte sich in ihrer Kehle.

„Haben Sie etwas Hübsches entdeckt, Schwester Friedel?" fragte Todtenberg. Die Rute wippte in seinen Händen. „Man findet viel Schönes in diesem Park; man muß nur die Augen aufhalten, nicht wahr?" Er atmete tief ein, schaute zum Himmel auf, der sich weit und weiß gläsern wölbte und unter dem die Schwalben hin und her schossen. „Wir können froh sein, daß uns diese Tage in Reinegarde vergönnt sind. Man erholt sich. Man hat Zeit nachzudenken."

Friedel sah geradeaus, während sie weitergingen. Ihr Blick verlor sich in den Wogen des Grüns.

„Heute abend werden Sie mir erzählen, wovon Sie geträumt haben."

Friedel stieß einen Laut aus, der wie ein Stöhnen oder wie ein unterdrückter Schrei klang. Dann lief sie davon. Todtenbergs scharfer, bestimmter Zuruf vermochte nicht, sie zurückzuhalten. Als Friedel durch den Kraftfahrzeughof kam, da lachten die Soldaten.

„Sie hat die Decke vergessen“, schrie einer.

Der Furier Vedder schnitt auf einem Tisch Tabakpäckchen in vier Teile. Die Lippen spitzend, sagte er: „So eine Karbolmaus.“

Feldwebel Knothe, der in der Platanenallee den dicken Eisermann schliff, sagte nichts. Er sah Friedel lediglich schief an, wie ein Hund, der beißen möchte. Der dicke Eisermann hüpfte, einen Autoreifen in der Vorhalte, im Kreis umher. Der gestern abend geflickte Hosenboden war wieder aufgerissen.

Friedel lief bis in die Unterkunft, wo sie sich auf den Schlafplatz warf und hemmungslos zu weinen begann. Die Tränen brachten nur wenig Linderung.

Bald darauf rief Todtenberg nach ihr. Er stand auf dem Hof. Vom Fenster aus konnte Friedel sehen, daß sein Gesicht böse geworden war.

Er befahl ihr hinunterzukommen.

Verbandwechsel

Der alte beinamputierte Franzose in Schwester Roswithas Revier lebte noch immer.

Diese Tatsache grenzte, wenn man den Zustand seiner Verletzung und die Hoffnungslosigkeit der körperlichen Gesamtverfassung in Betracht zog, geradezu ans Wunderbare. Zugleich aber hatte sie auch etwas Unheimliches und Rätselhaftes.

Denn dieser Greis mit seinem kraftentleerten Organismus, in dem Millionen Staphylokokken wüteten, dieser alter Bauer, in dessen Blutbahnen mehr barmherzig ausfüllende Kochsalzlösung als lebendiges Hämoglobin enthalten sein mußte – dieser zusehends verwitternde Mensch bezog offenbar aus einer geheimnisvollen Quelle Energien, die seiner winzigen Lebensflamme weiterhin Nahrung gaben. Daß er noch atmete, daß sein Herz noch schlug, daß seinem geschoßzerfetzten und skalpellgepeinigten Körper noch Reste von Wärme innewohnten, war auf andere Weise nicht zu erklären.

Schließlich ruhte hier ein Mensch, der fraglos den Befehl zum Scheiden erhalten hatte. Er war schon gezeichnet. Er gehörte bereits in die Bestandslisten der anderen Welt.

Warum ging er dennoch nicht?

Was erhielt ihn am Leben?

Worauf wartete er?

Die Tochter hatte ihn grüßen lassen. Erhoffte er so viel gütige Zeit, sie doch noch sehen zu können? Die große Müdigkeit hüllte ihn bereits ein.

Warum ließ er sich nicht dankbar vom Schlafe fortnehmen?

Seine Züge zeigten weder Jammer noch Furcht. Stets lag ein eigentümlich forschender Ausdruck auf dem verfallenen, runenhaften und von grauweißem Bart gesäumten Gesicht. Von den Augen aber ließ sich seine erstaunliche und wunderbare Lebenskraft am deutlichsten ablesen.

Obwohl sie jene flinke Beweglichkeit eingebüßt hatten, die ihnen früher eigen gewesen war, so konnten sie den Vorgängen in dieser kleinen Revierstube doch klar und bewußt folgen. Sehr dunkel waren diese Augen. Sie lagen tief in den Höhlen. Aber die Nähe des Todes hatte sie noch nicht getrübt.

In der Nacht, als Ferdinand Pistol ihm die Grüße der Tochter überbracht hatte, war eine Welle der Erregung, ein von tiefer innerer Anspannung zeugendes Beben durch die Züge des Alten gegangen. Es hatte ebenso als Ausdruck des Verzichts wie als der Versuch eines kleinen, dankbaren Lächelns verstanden werden können. Der überaus hinfällige Zustand des Alten machte es sehr schwer, Wesen und Absicht seiner kargen Äußerungen zu begreifen.

Später, gegen Morgen, als Ferdinand Pistol sich längst in seiner Unterkunft befand, hatte der Alte wiederholt zu sprechen versucht. Seine Worte waren jedoch so leise und ungeformt über die Lippen gekommen, daß Schwester Roswitha sie nicht hatte erfassen können. Danach hatte sich wieder Ruhe auf dem Gesicht ausgebreitet. Nur den Augen war jene ungewöhnliche, erwartungsvolle Lebendigkeit geblieben.

Jetzt ruhte des Alten Blick mit aller fragenden und forschenden Offenheit auf Ferdinand Pistol, der Schwester Roswitha beim Verbandwechsel helfen gekommen war. Auch der gipsumpanzerte Engländer auf der anderen Seite des Raumes schaute Ferdinand Pistol an, aber er tat es mit der gewohnten, gelassen-höflichen Aufmerksamkeit und ohne inneren Antrieb.

„Da er die Tochter doch nicht sehen kann, wäre es besser gewesen, wir hätten ihm gar nichts gesagt“, bemerkte Schwester Roswitha, während sie das frische Verbandzeug zurechtlegte.

Ferdinand Pistol stand am Fenster, wo er besseres Licht hatte, und schnitt mit einer gebogenen Schere kleine Gummischläuche zurecht, die als Drains Verwendung finden sollten. Er blickte Schwester Roswitha verwundert an, fragte dann: „Glauben Sie denn, daß er sich nun mehr grämt als zuvor? Vielleicht haben Sie recht, obschon es anders besser wäre. Müßte er nicht zufriedener sein? Er weiß immerhin, daß jemand von seinen Angehörigen hier gewesen ist, um ihn zu sehen. Er weiß, daß man seiner gedenkt. Es gibt nichts Furchtbareres als die Empfindung, allein und vergessen zu sein.“

„Heute abend kann es vorbei sein, Pistol.“ Schwester Roswitha blickte zu Boden.

„Wenn es nach seinem Körper ginge, hätte es längst vorbei sein müssen. So aber bleibt die Hoffnung, daß er auch diesen Tag durchsteht.“ Ferdinand Pistol schaute Schwester Roswitha grüblerisch durch seine Brille an. „Er lebt ja nicht mehr wie andere Menschen. Etwas Unangreifbares, Unauslöschliches scheint in ihm zu sein. Ich habe in der Nacht darüber nachgedacht, aber ...", er schwieg, aufs neue bewegt und verwirrt von der zähen Beständigkeit, der wunderbar unentwegten Hoffnung, die dem Blick des Alten innewohnte. Alle Reste verbliebener Spannkraft schienen in diesem Greis darauf gelenkt zu sein, die Augen aufzuhalten, zu schauen, sich nichts entgehen zu lassen, dazubleiben, als gäbe es noch eine große Pflicht zu erfüllen.

Aber woher kam diese Kraft, dieser unerhörte Drang zum Ausharren? Was für ein Pflichtbegriff konnte es sein, der den Alten am Leben erhielt?

„Vielleicht ist es wirklich der Glaube an Gott, der ihm diese Kraft verleiht?" fragte Ferdinand Pistol sinnend, „aber bescheidet sich der gläubige Mensch nicht am ehesten und willigsten, wenn seine Stunde gekommen ist, Schwester Roswitha? Er vermeint doch zu wissen, wohin es geht. Er hat eine feste Vorstellung vom anderen Leben. Sie macht ihm das Scheiden leicht. Aber wie ist das mit *ihm*? Wir werden ihm nur helfen können, wenn wir wissen, wie es in ihm aussieht. Ob er heute nacht die Glocke gehört hat?"

„Mir schien es, als ob er lausche."

„Sie werden im Dorf für ihn gebetet haben. Ein Dorf ist wie eine große Familie; wer aus der Stadt kommt, kennt das nicht."

„Ich bin zum erstenmal in Frankreich; ich weiß mit den hiesigen Bräuchen nicht Bescheid", sagte Schwester Roswitha unwirsch.

Ferdinand Pistol lächelte kaum merklich: „Warum machen Sie uns Vorwürfe? Daß wir gestern nichts erreicht haben, lag nicht an uns. Wie konnten wir ahnen, daß etwas dazwischenkommen würde?"

Auf einmal brach die Frau aus, leise zwar, doch mit unverhülltem und zornigem Nachdruck: „An allem ist diese Schwester Friedel schuld. Es war ja nicht weit davon, daß sie uns Todtenberg und Knothe auf den Hals gehetzt hätte." Schwester Roswithas Kinn zitterte leicht.

„Sie hat es nicht mit Absicht getan", sagte Ferdinand Pistol begütigend.

„Was heißt hier ‚Absicht'? Warum läuft sie davon, wenn sie schon zu Todtenberg geht, um sich zu amüsieren?" fragte die Frau ärgerlich. „Jetzt sitzt sie in der Unterkunft und weint. Knothe schleift den kleinen Salandt. Vielleicht ist sie mit ihm auch zusammen gewesen?"

„Was haben Sie gegen das Mädchen? Gönnen Sie ihr das bißchen Glück. Sie wird es noch bezahlen müssen, fürchte ich."

„Glück! Als ob es hier Glück gäbe. Sie selbst haben dieses Leben mit einem Kerker verglichen, Pistol!"

„Eben deshalb."

Was ist dies für ein seltsamer Mensch? fragte sich Ferdinand Pistol im stillen. Einerseits läßt sie sich auf das Unternehmen mit des Alten Tochter ein, das uns böse Unannehmlichkeiten einbringen kann – und andererseits mißgönnt sie Friedel die Freundschaft mit Harry Salandt. Warum wird sie so böse? Vielleicht neidet sie Friedel die Jugend? Aus diesem Grunde hassen ältere Frauen oft Mädchen. Der Gedanke, daß Schwester Roswitha in dieser Hinsicht keine Ausnahme machte, verwunderte und erbitterte Ferdinand Pistol. Zugleich, und ohne daß er es eigentlich wollte, wandten sich seine Gedanken wieder der jungen unbekannten Französin zu.

Das war nun so, als müsse er auch sie vor dem bitteren Mißmut Schwester Roswithas verteidigen. Wieder stellte sich ein merkwürdiges Gefühl der Verbundenheit mit jener Unbekannten ein. Woher es kam, konnte er sich nicht erklären. Zum Teil wollte er diese Empfindung auch gar nicht wahrhaben. Sie schien ihm mit seiner Pflicht des Helfenmüssens unvereinbar zu sein. Deshalb glaubte er ihr keinen Raum geben zu dürfen. Sie beschämte ihn nicht anders, als er gestern abend von dem Bewußtsein beschämt worden war, Brust an Brust mit dem fremden Mädchen gestanden, ihren Herzschlag und Körper gespürt und es schön gefunden zu haben. So geschah es, daß er, als Schwester Roswitha noch einmal auf Friedel zu sprechen kam, barsch befahl: „Halten Sie doch den Mund!"

Er war im gleichen Augenblick aufs heftigste erschrokken. Er hätte jede Zurechtweisung widerspruchslos hingenommen. Seine Unhöflichkeit, sein rüder und befehlshafter Ton schmerzten ihn. Schwester Roswitha schwieg, blickte ihn auch nicht an. Erst nach einiger Zeit sagte sie kurz und rauh: „Wir müssen anfangen."

„Ich bitte Sie um Entschuldigung", murmelte Ferdinand Pistol.

„Machen Sie nicht soviel Worte."

Der Oberschenkelstumpf des Alten bot einen üblen Anblick. Es waren keinerlei Anzeichen von Heilung festzustellen. Statt dessen hatte sich von der Amputationsgrenze her eine schwere gasbrandige Vereiterung fast bist zur Hüfte ausgebreitet. Der Stumpf war an beiden Seiten geöffnet und mit Gummischläuchen durchzogen worden, um den Zersetzungsprodukten einen Abfluß zu gewähren. Das es hier keine Rettung mehr gab, soviel Sulfonamide man auch hätte verspritzen mögen, stand außer Zweifel. Alle medizinischen Maßnahmen geschahen mehr der Ordnung halber. Sie vermochten bestenfalls den Ausbruch der totalen Sepsis noch ein wenig hinauszuzögern. Die Wunde verbreitete einen furchtbaren Geruch.

Ferdinand Pistol, der Stumpf und Drainagebahn mit Tampons reinigte, und Schwester Roswitha, die ihm wortlos die notwendigen Handreichungen leistete, mußten von Zeit zu Zeit zurücktreten, um frische Luft schöpfen zu können. Der Engländer hatte das Gesicht abgewandt und blickte gegen die Decke.

Die Behandlung, vor allem aber das Einziehen des neuen Schlauches, mußte dem Alten heftige Schmerzen bereiten. Dennoch ließ er weder einen Laut hören, noch zuckte er oder bewegte sich. Nur sein Blick, dieser fesselnde, unerlöste Blick, ruhte womöglich noch dringlicher auf den Gesichtern der beiden Deutschen. Der Alte sah sie an, als müsse er sich ihre Züge tief, unauslöschlich einprägen.

„In der Nacht, als die Glocke läutete, hat er mehrmals ein Wort gemurmelt. Es klang wie ein Name", sagte jetzt Schwester Roswitha, „vielleicht ist es der Name seiner Tochter gewesen."

Ferdinand Pistol schaute von seiner Arbeit auf: „Wie hieß das Wort?" fragte er rasch.

„Colling – oder Collina. Es kann auch anders gewesen sein. Ich habe es nicht ganz verstehen können. Aber so ähnlich wie Collina war es doch. Ich habe solchen Namen nie gehört.

Bei Schwester Roswithas Worten hatte der Alte plötzlich die weißen buschigen Augenbrauen bewegt. Seine farblosen Lippen lösten sich langsam, verschoben sich, wie wenn er artikulieren wollte.

Ferdinand Pistol schaute ihm gespannt ins Gesicht. Nachdem es dem Alten nicht gelungen war, ein Wort hervorzubringen, sagte Ferdinand Pistol nachdenklich: „Ich glaube nicht, daß es ein Name ist. Sie werden ihn falsch verstanden haben, Schwester Roswitha. Möglicherweise hat er nur phantasiert."

„Ich bin überzeugt, daß er bei Bewußtsein war, Pistol! Es ist ausgeschlossen, daß ein Mensch mit solchem Blick *nicht* über klare Gedanken und Empfindungen verfügt!"

„Das stimmt allerdings, man . . .", Ferdinand Pistol unterbrach sich unvermittelt, wich etwas zurück. Der schreckliche Geruch bedrängte ihn so sehr, daß er schlucken mußte. Schwester Roswitha stieß die Tür auf. Ein Luftzug entstand und reinigte die verseuchte Luft etwas.

Ferdinand Pistol wischte sich mit dem Handrücken verstohlen den Schweiß von der Stirn, fragte dann: „Collina – sagten Sie?"

„So ähnlich. Ein ‚C' und ein ‚N' waren bestimmt darin enthalten."

Zur gleichen Zeit war ein Laut über die Lippen des Alten

gekommen. Schwester Roswitha hatte in ihrer Rede nicht mehr innehalten können. So war wiederum nichts zu verstehen gewesen. Nach einer Weile angespannten, begierigen Schweigens fiel das Wort wie ein Steinchen in die Stille.

„*Colline ...*", hatte der Alte herausgebracht. Jetzt sprach er den Zweisilbenklang erneut, kaum hörbar freilich, jedoch mit erregender Inständigkeit: „*Colline.*"

Stirnrunzelnd nahm Ferdinand Pistol die Brille ab; sein Gesicht bekam jetzt einen fast kindlich einfältigen Ausdruck. Nachdem er die Gläser am Rockärmel blankgerieben und das verbogene Gestell wieder angelegt hatte, sagte er sinnend: „Ein Name kann es nicht sein, Schwester Roswitha. Soviel ich weiß, heißt ‚la colline' – der *Hügel.* Was soll man damit anfangen."

„Möglicherweise wird ein Gehöft so genannt, eine Ferme?"

„In Reinegarde gibt es keine Hügel, auch in der näheren Umgebung nicht. Ein Höhenzug beginnt erst vor Chénières." Ferdinand schüttelte den Kopf, beugte sich dann über den Alten und fragte, wobei er so genau wie möglich zu artikulieren bemüht war: „Que veut dire cela? Expliquez!"

Die winzige Kraftreserve, die dem Alten eine Wiederholung des Wortes erlaubt hatte, mußte wohl aufgebraucht sein. Jedenfalls war er jetzt nicht mehr imstande, die Sprache zu verwenden. Ein grauer, feuchter Schimmer zeigte sich auf den Wangen. Die Augen hatten einen Teil ihrer erstaunlichen Ausdruckskraft verloren. Ein schwarzer Schleier dämpfte ihren Glanz. Das war bedenklich.

„Wir dürfen nicht weiter mit ihm reden, Pistol!" warnte Schwester Roswitha. „Wenn es gelingt, das Mädchen heute abend herzubringen, wird sich herausstellen, was dieses Wort bedeutet."

Ferdinand Pistol nickte. Er wollte noch etwas hinzufügen, unterließ es dann aber. Seine Gedanken gingen durcheinander. Auch wußte er nicht, ob er Schwester Roswitha von dem Kenntnis geben sollte, was ihn nun beschäftigte.

Er erinnerte sich an die Weigerung der Unbekannten, den Namen zu nennen, auch die rätselhafte Äußerung des Alten ging ihm wieder durch den Kopf. Beides ließ in Ferdinand Pistol die Vermutung wachwerden, daß diese ganze Angelegenheit möglicherweise nicht so eindeutig war, wie sie sich auf den ersten Blick hin dargestellt hatte.

Warum hatte das Mädchen in der Nacht und nicht am Tage zu ihrem Vater zu gelangen versucht? Vielleicht des Priesters wegen, der wiederholt abgewiesen worden war. Warum aber hatte sie, nachdem sie bis in die Nähe des Vaters vorgedrungen war, keinerlei Gemütsbewegung gezeigt, was doch das Natürlichste gewesen wäre? Jedes andere Mädchen in dieser Lage hätte Tränen vergossen, vielleicht sogar geschluchzt und gefleht. Von alledem aber hatte Ferdinand Pistol nichts bemerkt.

Als er sah, daß er mit diesen Überlegungen nicht weiterkam, begann er sich unwürdiger Gespensterfurcht zu schelten. Konnte dieses Wort „colline" im hiesigen, volksmundlichen Sprachgebrauch nicht ohne weiteres doppelsinnige Bedeutung haben? Konnte es nicht auch im familiären Bereich irgendwie Verwendung finden?

Ferdinand Pistol wurde, während er die neuen Drains beiderseits des Oberschenkelstumpfes mit großen Sicherheitsnadeln blockierte, wieder von dem Lebenswunder dieses Todgeweihten völlig in den Bann geschlagen.

Welche Mächte setzten hier der Macht des Todes eine Grenze?

Von welch ungeheurer Kraft muß ein Wille sein, wenn er selbst dem Drängen des Sensenmannes Geduld anbefiehlt?

Verglich Ferdinand Pistol jenen jungen deutschen Soldaten, der gestern in dem riesigen Deckungsloch bestattet worden war, mit diesem französischen Bauern, so fiel das Urteil zugunsten des Alten aus.

Beider körperliche Schäden waren gleich ernst. Aber der eine hatte sich, obwohl er doch jünger war, schnell und widerstandslos hinübernehmen lassen. Er war gestorben inmitten von der Agonie herangespiegelter Kindheitsbilder, die ihm jene süßen, träumerischen Verse auf die Lippen geführt hatten. Dieser junge Deutsche hatte sein Leben hergeben müssen, ohne zu wissen, warum. Lag darin der Grund für seinen kampflosen Verzicht? Vielleicht jedoch war ihm gar nicht zum Bewußtsein gekommen, daß er sterben mußte? fragte sich Ferdinand Pistol.

Wie aber verhielt es sich mit diesem Greis? Wußte er, warum und wofür er sterben sollte? Hatte er sich darauf eingerichtet und lediglich eine Frist für notwendiges Verharren ausbedungen?

Der Alte war in der Nähe des Parks von einem hysterischen Posten niedergeknallt worden. Er war einem blöden, fahrlässigen Unfall zum Opfer gefallen. Aber muß ein Unfall, überlegte Ferdinand Pistol, muß solch unsinniges und zweckloses Aus-der-Bahn-Geworfensein nicht Niedergeschlagenheit und Verzweiflung zur Folge haben? Hier war das Gegenteil der Fall.

Ferdinand Pistol wurde aus seinem gedankenverlorenen Tun in die Gegenwart zurückgerufen, als Schwester Roswitha dem Alten zu trinken brachte. Ferdinand Pistol half ihr, den Patienten zu stützen. Der Alte mußte auf die Erfrischung gewartet haben. Sein Blick wurde sogleich klarer.

Ferdinand Pistol bemerkte zuerst, daß Todtenberg und Friedel den Raum betreten hatten. Er war erleichtert, daß jetzt nicht mehr von dem Alten die Rede gewesen war.

Der Oberstabsarzt war offensichtlich übler Laune. Während Friedel stumm, seltsam verstört an der Tür stehenblieb, kam Todtenberg näher. Er fixierte die Anwesenden und fragte mit leise schwirrender Stimme: „Warum ist der Verband noch nicht fertig?“

Schwester Roswitha stellte den Trinkbecher fort. Sie antwortete kalt: „Es mußten neue Drains gezogen werden.“

„Dazu braucht man keine Ewigkeit! Dies ist kein Ort, Siesta zu halten!“ Todtenberg schaute ärgerlich vor sich hin, blickte dann hastig von einem zum anderen, als wolle er sich von der Wirkung seines Anpfiffs überzeugen. Die Wunde des Alten verlangte er nicht zu sehen. Seine Mundwinkel waren wie vor etwas Ekelhaftem herabgezogen. Ferdinand Pistol gab sich ein gleichmütiges Aussehen.

„Schwester Friedel!“ befahl Todtenberg, wobei ein kleines höhnisches Lächeln in seinem Gesicht umherkroch. „Schwester Friedel wird Ihnen zeigen, wie man einen kunstgerechten Verband schneller anlegt!“

Als das Mädchen sich über den Alten beugte, bemerkte Ferdinand Pistol, daß ihre Hände zitterten und die Bewegungen fahrig waren. Auch Todtenberg mußte dies sehen, trotzdem sagte er nichts. Er verfolgte Friedels Tun mit einer Miene, in der sich Beleidigtsein und Gehässigkeit mischten.

Er ist so widerlich selbsteingenommen, daß er vor Eitelkeit Zustände bekommt, dachte Ferdinand Pistol.

Er mochte nicht weiter zusehen und wandte sich halb zum Fenster. Unter dem hitzegläsernen Himmel zog eine kleine weiße Wolke dahin. In den Luftströmen veränderte sie fortwährend ihre Gestalt; sie wallte und wogte, zerfaserte schließlich und verschwand dann gänzlich. Das war schön anzusehen. Es beruhigte. Es erinnerte an Ferien, als Ferdinand Pistol, im kniehohen, starkduftenden Wiesengras liegend, in seiner Vorstellung mit den Wolken gesegelt war.

Jetzt fühlte er Todtenbergs Blick im Nacken. Er hörte ein Räuspern, einmal, zweimal. Er wußte, daß es ihm galt. Dennoch fuhr er fort, aus dem Fenster zu blicken. Er machte erst kehrt, als ihn der Oberstabsarzt böse anrief: „Sie halten es für nicht notwendig, herzuschauen, Herr Obergefreiter Pistol? Ihre Gedanken gehen eigene Wege? Ihre Gedanken haben hier zu sein, bei der Sache!“

Die Sache – das ist dieses jämmerliche und gemeine Spiel mit der armen Friedel, erwiderte Ferdinand Pistol im stillen. Er hielt dem Blick des Oberstabsarztes ruhig stand. Er sah auch, wie der stumm-trotzige Widerstand, mit dem Schwester Roswitha ihm ebenfalls begegnete, Todtenberg in Zorn brachte.

Dann war die pfeifende kleine Stimme des Oberstabsarztes wieder da: „Niemand soll sich einbilden, hier ein Eigenleben führen zu können! Ich werde Ihnen zu tun geben! Ihnen allen werde ich zu tun geben!" Er stampfte erbittert mit dem Fuß auf. „Sie ziehen heute abend auf Wache, Obergefreiter Pistol!"

„Jawohl, Herr Oberstabsarzt."

Nachdem Friedel das Verbinden besorgt hatte, wies Todtenberg sie an: „Sie werden hierbleiben und Schwester Roswithas Dienst übernehmen."

„Das dürfte nicht gut sein", wandte die Ältere ein. „Die Verwundeten sind an mich gewöhnt."

„Dann werden die Gefangenen sich an Schwester Friedel gewöhnen müssen!"

Ferdinand Pistol warf einen traurigen Blick auf den Alten. Der Gedanke, daß er nun doch würde einsam sterben müssen, betrübte ihn sehr. Die neue Lage würde wohl kaum gestatten, mit dem Mädchen zusammenzukommen, geschweige denn, sie hierherzuführen. Schwester Roswitha mochte das gleiche denken. Ihr Gesicht war wieder hart und ledern geworden.

„Was stehen Sie hier noch herum, Obergefreiter Pistol! Wollen Sie ein Kränzchen abhalten?" spottete Todtenberg.

Ferdinand Pistol tat das Verbandmaterial zusammen. Der Oberstabsarzt griff in die Tasche und händigte Friedel einen Gegenstand aus. Er sagte: „In unvollständiger Uniform dürfen Sie nicht Dienst tun!"

Ferdinand Pistol ging hinaus. Wiederum empfand er ein Würgen in der Kehle. Dieses Mal hatte es mit dem Geruch nichts zu tun.

Friedel blieb bei den Verwundeten zurück. Sie hielt die Brosche in der offenen Hand. Sie fühlte sich leer und konnte nicht weinen. Das blendende Licht des Tages schmerzte sie.

Erwähnung unumgänglich

Die Latrine von HV 7 lag jenseits des Kraftfahrzeughofes in einer Parkschneise. Sie bestand aus einem fünf bis sechs Meter langen, mit Unrat gefülltem Graben und war mit einem Bretterdach versehen, das auf Pfählen ruhte.

Diese Einrichtung, bereits von früheren Einheiten angelegt, fand jetzt selten Zuspruch. Sie bot umherstreifenden Vorgesetzten viel zu guten Einblick, als daß Leute von HV 7 sich hierher in „Deckung“ begeben hätten. Überhaupt empfahl es sich nicht, sie in ihrer eigentlichen Bestimmung zu benutzen. Die Ausdünstungen des Grabens sowie die unter dem flachen Dache sich komprimierende Hitze machten um diese Jahreszeit jeden Aufenthalt zur Qual. Die Leute fanden es daher angenehmer, sich in die Büsche zu schlagen; der Park war groß genug. Diese Latrine wäre keiner Erwähnung wert gewesen, hätte Feldwebel Knothe sie nicht zum Schauplatz eines sardonischen Disziplinarexperiments gemacht.

Die Anlage befand sich in einem so abscheulichen Zustande, daß man den alten Graben einfach hätte zuschütten und einen neuen an einem anderen, geschützteren Platze ausheben sollen. An solchen Maßnahmen fürsorglicher Hygiene war Knothe jedoch nichts gelegen – sinnvolle Anordnungen vermochten seinen stumpfen Machtwahn nicht zu befriedigen. So hatte er Harry den Befehl erteilt, gleich hinter der Latrine einen Parallelgraben auszuheben, der mit der ursprünglichen Senkgrube verbunden werden und dem aufgestauten Unrat eine Abflußmöglichkeit bieten sollte.

Daß dieses Vorhaben jedes sanitären Wertes entbehrte, lag auf der Hand. Die scheußliche Verfassung des Ortes würde unverändert bestehen bleiben. In seinem wütenden, unablässigen Trieb, die Untergebenen körperlich und seelisch in den Schmutz zu zwingen, hatte der Feldwebel ein neues, niederträchtiges Spiel ersonnen. Harry war von Knothe angewiesen worden, in Stahlhelm und Koppelzeug zu arbeiten, so, wie er bereits Todtenbergs morgendliches Verhör und das Laufschrittexerzieren in der Platanenallee über sich hatte ergehen lassen müssen.

Eine Viertelstunde nachdem der Oberstabsarzt und Friedel in einiger Entfernung von diesem Platz zu sehen gewesen waren, hatte Eisermann sich zu Harry gesellt. Knothe hatte ihn der zerrissenen Hose wegen wieder gedrillt. Und natürlich auch wegen der Zigarre, deren Diebstahl Eisermann nach wie vor hartnäckig leugnete.

Jetzt ging es auf Mittag. Die Sonne stand fast im Zenit. Ihre Konturen zerflossen, das gleißende Gestirn schien größer zu werden und sich gleich einem Meter flüssigen, leuchtenden Metalls über die ganze Himmelswölbung ausbreiten zu wollen. Ihre Strahlen prallten mit voller Kraft auf die Köpfe der Arbeitenden. Hitze wogte in der Schneise, brandete flirrend gegen die Blattmauern der Bäume, wurde wieder zurückgeworfen, staute sich. Das Holzwerk der Latrine knarrte und sprang in der Wärme. Die Vögel schwiegen. Große Schwärme schillernder Schmeißfliegen kreisten unablässig über dem Platz. Der Tag stand unbeweglich. Eine Glocke aus glühendem Glas.

Sie hatten den neuen Graben ungefähr zur Hälfte ausgeworfen. Eisermanns Abschnitt war weiter vorgeschritten. An diesem Ort untätig zu bleiben war noch schlimmer, als sich zu beschäftigen. Also arbeiteten die beiden. Und wie idiotisch und sinnlos die Tätigkeit auch sein mochte, so schaffte sie doch ein wenig Ablenkung. Hitze und Gestank wurden nicht bis zur Unerträglichkeit bewußt.

Harry und Eisermann schippten langsam, die Lippen aufeinandergepreßt, die Nasenflügel gestrafft. Um die Empfindlichkeit der Geruchsnerven herabzumindern, atmeten sie in kurzen, harten Stößen. Sie bekamen zuwenig Luft. Das Herz hatte schwer zu arbeiten.

Harry mußte sich von Zeit zu Zeit an die Wand des Grabens lehnen, um neue Kräfte zu sammeln. Der schwere Stahlhelm schloß sich wie eine bleierne Kappe um seinen

Schädel, zwängte den Verband ein, preßte ihn auf die halbverheilte Wunde. Obwohl Eisermann es ihm wiederholt angeraten hatte, wagte Harry nicht, den Stahlhelm abzunehmen. Ebensowenig getraute er sich, einen schattigen Platz aufzusuchen, wonach es ihn heftig verlangte. Hätte er nicht den Schaufelstiel zerbrechen und so Veranlassung für einen erholsamen Gang zum Materialwagen finden können? Auch dazu war er nicht mehr imstande. Er hatte bereits zuviel physische Energie eingebüßt.

So stand Harry denn minutenlang, keuchend, gegen die Grabenwand gelehnt und wartete, bis sein Herz sich wieder beruhigt hatte. Die großen, schmierigen Fliegen kamen, setzten sich auf Nacken und Hände. Nichts bot Frische und Erleichterung.

Jedesmal, bevor Harry wieder zu arbeiten begann, sandte er einen Blick zu der Stelle hinüber, wo sich Friedel gezeigt hatte. Daß sie gestern abend in der kühlen Tiefe des Parks gesessen hatten, aneinandergeschmiegt, kam Harry nun unwirklich vor. Er vermochte kaum noch zu denken. Die Nähe des Pfuhls drohte alles Empfinden auf ein taubes Halbbewußtsein herabzudrosseln.

„Was gibt's da bloß zu sehen?" fragte Eisermann schließlich, wobei er sich auf seinen Spaten stützte. Das rote Haar klebte ihm schweißnaß an den Schläfen. Er war die ganze Zeit über verdrossen und schweigsam gewesen. Anscheinend maß er Harry einen Teil der Schuld bei, hier arbeiten zu müssen.

„Glaubst du vielleicht, daß uns jemand ablösen kommt?" fragte er nun. „Einen Dreck wird man tun! Wenn's nach denen ginge, könnten wir hier verrecken." Er spuckte aus, verzog angewidert das Gesicht. Nachdem er sich umgeschaut hatte, ob sie beobachtet würden, fuhr er langsam fort: „Wie konntest du auch so blöd sein, dich mit der Hubinger einzulassen? Die Schwestern sind für die Offiziere da, hast du das nicht gewußt? Der Schnäpser gehört in den Puff, wenn ihm so zumute ist. Dafür kriegt er seinen Sold.

Du machst dir dein Vergnügen, wirst mit Silbernitrat saniert – und fertig ist die Laube. Wer sich nicht daran hält, fängt mit Garantie Strafdienst ein.“ Eisermann schlug erbost nach Fliegen, die in seinen Kragen kriechen wollten. „Daß sie dich bald am Arsch haben würden, hätt' ich dir gleich sagen können. Jetzt wirst du's wenigstens kapieren.“

„Ich verstehe nicht, was du willst“, sagte Harry an ihm vorbei.

„Tu nicht so“, brach Eisermann wütend aus, hielt aber sogleich inne, um dann voll plötzlicher, erschrockener Teilnahme festzustellen: „Du bist ja weiß wie 'ne Wand, Mensch!“ Er warf seinen Spaten auf den Erdwall längs des Grabens und trat auf Harry zu. „Setz dich doch. Du kippst gleich um! Unter diesem dämlichen Helm muß man ja 'n Klaps kriegen. Das Schwein von Knothe ...“ Eisermann hob Harry resolut den Stahlhelm vom Kopf. Harry hockte sich hin.

„Es geht schon wieder.“

„Du mußt in den Schatten gehen.“

„Wir dürfen hier nicht weg.“

„Quatsch! Sie können uns nicht mehr als einsperren. Die Eintragung im Soldbuch tut nicht weh.“

Harry schwieg. Für ihn war Arrest gleichbedeutend mit Vorbestraftsein.

„Außerdem ist's Essenzeit“, sagte Eisermann.

„Ich kann nicht essen.“

„Ich auch nicht.“

„Mir ist schlecht.“

„Ich werde Wasser holen“, entschied Eisermann. „Du bleibst derweilen sitzen. Da unten ist der Gestank nicht so groß.“

Schnaufend kletterte Eisermann aus dem Graben, nahm dann Richtung auf den Platz, an dem die Feldküchen standen. Dort bekam man desinfiziertes Wasser.

Eisermanns schwere Schritte verklangen. Danach trat wieder die vom Summen der Schmeißfliegen erfüllte Stille ein. Harry ließ den Kopf auf die Seite sinken, schloß die Augen bis auf einen schmalen Spalt, vor dem das grausame Mittagslicht tobte. Eine Weile verging, bis Harrys Blick wieder Klarheit gewonnen hatte.

Die gegenüberliegende Grabenwand war von unregelmäßigen, auf und ab schwingenden Geschiebelinien schraffiert wie ein Schichtkuchen. Obenauf lag eine dünne Decke grauschwarzen Mutterbodens, darunter folgte eine eigelbe Sandformation mit rotem Geäder von Eisensalzen. Ganz unten wurde das Erdreich fast weiß.

Zwischen den Knien lag plump und hilflos, wie eine auf den Rücken geworfene Schildkröte, der Stahlhelm.

Daß Eisermann seinen Kameraden vorübergehend alleingelassen hatte, war gut. In diesen Minuten wünschte Harry nicht einmal Friedel herbei. Er war gerade noch an einem Zusammenbruch vorbeigekommen. Er schämte sich seiner Schwäche. Zu einem Protest gegen die Urheber dieser Drangsal reichte die Kraft nicht mehr aus. Die Erschöpfung hielt ihn wie eine Fessel aus weichen Banden nieder.

Die andern werden doch stärker sein, dachte er in seiner Niedergeschlagenheit. Die andern werden stärker sein, weil sie gemein sind. Sie kennen nichts, wovor sie schweigen müßten. Sie reden von der Liebe wie von einem Paar Schuhe. Auch Eisermann tut das. Darum kann er uns nicht verstehen.

Harry hätte sich mit seiner Bitterkeit irgendwohin verkriechen mögen, mit der Gewißheit, daß dieser Leidensweg erst begonnen hatte.

Nach einiger Zeit mäßigten sich Atemlosigkeit und Herztrommeln. Wohlige Mattigkeit überkam Harry. Er wünschte, daß die Dunkelheit herabsänke. Das blendende Licht des Tages schmerzte ihn. Wenn wenigstens Dämmerung wäre, jene sanfte, wehmütige Dämmerung, wie sie zu Herbstabenden auf Friedhöfen herrscht.

Die Kraftfahrer, die sich gelegentlich auf der Platanenallee zeigten, und die Sanitätsdienstgrade, die mit ihrem

Essen von den Feldküchen kamen, konnten Harry nicht bemerken. Und sie nahmen ja ohnehin keine Notiz von der Latrine. Anderswo hätten sie es getan. Denn die Bedeutung der Latrine erschöpfte sich beim Kommiß durchaus nicht in ihrer sanitären Funktion.

Diese Anlage genoß im Dasein dressierter Menschenhaufen oft ungewöhnliches Ansehen. Nicht selten nämlich stellte die Latrine den einzigen Ort dar, an dem sich der einfache, schutzlose Soldat vorübergehend aus dem Bannkreis unablässig drohender Befehlstyrannei flüchten konnte. Hier boten sich ein paar Minuten der Ruhe und des Verschnaufens an, Gelegenheit eine Zigarette zu rauchen, einige Worte zu wechseln, auch Neuigkeiten zu erfahren, die von Wichtigkeit sein konnten. Es war schon eine groteske Eigentümlichkeit, daß gerade dieser Platz häufig den friedlichsten und versöhnlichsten Punkt bildete, den man im Bereich einer Einheit aufsuchen konnte. Hier fiel die egoistische Schärfe des Umgangstones ab und gab freundlicherer Redeweise Raum. Wer nichts zu rauchen besaß, bekam hier etwas – und mochte es auch nur eine sorgsam aufgesparte Kippe sein. Wessen Stimmungen einen Tiefpunkt erreicht hatten, dem wurde hier mit gutmütigem Spott oder einem bezwingend saftigen Witz wieder Mut gemacht.

Auf der Latrine konnte der Soldat einige Minuten verweilen, ohne daß ihn sogleich die Aufforderung traf, Haltung einzunehmen, die „Knochen zusammenzureißen". Selbst mancher Vorgesetzte zeigte, sofern er nicht dienstlich unterwegs war, in solchem Bretterlokal zugänglicheres Wesen.

Die Latrine allein hatte der faschistische Staat seinen Soldaten als private Zuflucht übriggelassen!

Doch auch dieses Zugeständnis hatte seine Schattenseiten. Der rüde und ein vernichtendes Abgeschriebensein formulierende Ausdruck „verschissen" hatte seinen Ursprung in der Latrine. Wehe dem Untergebenen, der hier vom patrouillierenden Wachhabenden oder gar vom Spieß in beschaulicher „Deckung“ überrascht wurde! Er sollte seines ohnehin kläglichen Daseins für lange Zeit nicht mehr froh werden. Er hatte eben „verschissen“. Als erste Straflektion bekam er meist eine minuziös grausame Reinigung der ganzen Einrichtung aufgebrummt. Nicht selten wurde ihm befohlen, mit einer Zahnbürste zu arbeiten. Gerade ihrer Widerlichkeit wegen war die Latrine als disziplinarischer Schindanger ungemein beliebt.

Lieber Gott – welch gemütlichen Anblick bieten doch die zivilländlichen Abtritthäuschen mit dem Herzen in der Tür!

Harry hätte sich am liebsten ausgestreckt und die Augen geschlossen. Da er aber befürchtete, einzuschlafen und überrascht zu werden, erhob er sich wieder, setzte auch den Stahlhelm auf. Vor Schweiß klebte ihm das Hemd an der Brust. Die Knie zitterten noch immer. Harry schien es, als habe eine große Kneifzange ihre Kiefer in sein Kreuz geschlagen. Dumpfer Druck stemmte gegen die Schädeldecke.

Wäre nur erst Eisermann mit dem Wasser da!

Langsam, wie mit gebundenen Gliedern, begann Harry erneut zu arbeiten.

Die Schwestern sind für die Offiziere da, erinnerte er sich der Worte Eisermanns. Die Schwestern sind für die Offiziere da, wie ein Teil besserer Verpflegung. Es gibt niemand, der uns versteht. Alle reden anders von der Liebe. Alle reden von ihr wie vom Alkohol, den man kaufen kann und der betrunken macht.

Harry fragte sich, ob man ihn weniger schlimm behandeln würde, wenn er seine Gefühle für Friedel so schön und klar ausdrücken könnte, wie er sie empfand. Mit einem Male wurde er wach wie ein Tier des Waldes, das die Büchse knallen hört.

Feldwebel Knothe kam von der Platanenallee herüber.

Er hatte eine schwarze Zigarrenhälfte im Munde, der dadurch noch stärker verzogen war. Harry erwartete, daß der Feldwebel wieder toben und ihn schleifen würde. Er rechnete damit, scharf befragt zu werden. Er nahm sich fest vor, nicht mehr als am Morgen zu sagen, gleichviel, was daraus entstehen könnte. Aber Knothe verhielt sich ruhig. Grinsend und seiner Zigarre dicke Rauchschwaden entlockend, schlenderte er um die Latrine herum, blieb dann auf dem Erdwall stehen, fragte, wo Eisermann sei. Die Auskunft schien ihn zu befriedigen. Er wies Harry an, in der Arbeit fortzufahren.

Dann ging er unter das Bretterdach, entblößte sich und nahm auf dem Balken Platz, um seinem Bedürfnis nachzukommen.

Harry verspürte ein Klemmen in den Kiefergelenken.

„Du siehst ganz schön käsig aus", bemerkte Knothe. Von wohligem Ächzen unterbrochen, fuhr er fort: „Hast du's dir inzwischen überlegt? Nicht? Laß nur, am Nachmittag wirst du schon kirre sein, das erklär' ich dich, plausibel, ganz plausibel! Du scheinst nicht viel zu vertragen. Und so ein Kerlchen will mit Frauen schlafen! Du weißt doch noch gar nicht, was Männchen oder Weibchen ist. Hast du überhaupt schon 'ne Frau ohne Kleider gesehen? Na also! Ein Grashüpfer!" Knothe lachte vor sich hin. „Da hat der Knopf auf die hohe Schule Bildung gelernt und ist zu behämmert, die einfachsten Sachen zu begreifen. Mir kann es egal sein – warum machst du deinen Dienst nicht, wie man es von dir verlangt. Also – was war heut' nacht?"

„Ich weiß nichts, Herr Feldwebel."

„Du weißt nichts? Schön. Wahrscheinlich weißt du auch nicht, daß deine Schnecke schon mit anderen herumrammelt!"

„Das ist nicht wahr!" stieß Harry hervor.

„Aber doch!" Knothe grinste, rückte sich behaglich zurecht.

„Das lügen Sie!" schrie Harry.

Knothe stutzte. Dann sagte er knarrend: „Nu halte mal schön die Schnauze, sonst laß ich dich pumpen! Du hast noch immer nicht gefressen ...", er ächzte erneut, „was

Ordnung ist und wer hier zu bestimmen hat! Aber das bring' ich dich bei – und wenn du im Dreck baden solltest! Gib mir Papier!"

Harry warf einen kurzen Blick nach oben und erschauerte.

Dies also ist *Ordnung?* Dieser Mensch, der sich wie Vieh gebärdet. Diese stumpfe Kreatur, die da oben auf dem Balken der Latrine hockte, grinsend, das breite weiße Gesäß höhnisch entblößend!

Der Feldwebel erschien Harry in diesem Augenblick wie eine ungeheuerliche Verkörperung all dessen, was es an überwältigend gemeiner Niedertracht auf der Welt gab. Er empfand drängende Empörung, wütenden Ekel. Das Aufkommen ersten Hasses verlieh ihm neue Kraft. Harry begann nachzufühlen, warum Eisermann gestern den Feldwebel wie eine Ratte hatte totschlagen wollen.

„Du sollst mir Papier geben!"

„Ich habe keins."

„Ein Soldat hat stets Papier für seinen Feldwebel mit sich zu führen!"

Harry arbeitete stumm weiter. Wenn ihn solange Hitze und Gestank bis an den Rand einer Ohnmacht getrieben hatten, jetzt verspürte er Kälte und frostiges Erschauern vor soviel menschlicher Verkommenheit. Er schaufelte mit abgewandtem Gesicht.

„'n Mädchenpopo ist schöner, was?" fragte Knothe, während er den Zigarrenrest durch heftiges Paffen in neue Glut zu bringen suchte. „Da hast du übrigens ganz recht, es geht nichts über 'nen niedlichen, zarten Mädchenpopo! Diese alten Ärsche in den Puffs . . ."

Schritte kamen näher, es war Eisermann.

Der rothaarige Gefreite bot ein völlig anderes Bild als vorhin. Es hatte den Anschein, als habe er einen schweren Schlag ins Genick bekommen und als drohe er jeden Augenblick hinzustürzen. In der linken Hand hielt er achtlos eine hohe Weißblechdose, aus der bei jedem Schritt Wasser schwappte. Eisermann schien niemand zu sehen. Er kam bis an das Kopfende des neuen Grabens, aus dem Harry zu ihm aufsah. Eisermann stellte die Blechdose ab, hockte sich daneben nieder und legte das Gesicht in die Hände. Plötzlich sah Harry, daß ein leises Rütteln durch seine Schultern ging. Im Schüttelfrost, bei Fieber, gibt es diese Bewegung. War Eisermann krank?

Knothe hatte sich erhoben und kam, schiefmäulig den Zigarrenstummel balancierend, unter dem Dache hervor. Er war sichtlich verblüfft. Noch an seiner Hose herumknöpfend, trat er hinter Eisermann, stieß ihn mit der Stiefelspitze an.

„Hast du Gras gefressen?"

Eisermann verharrte unbeweglich.

„Was los ist, habe ich gefragt! Das Großmaul macht schlapp!"

Der rothaarige Kopf des Gefreiten kippte auf die Seite, blieb aber in den Händen liegen. Diese Regung hatte nichts mit Knothes Anranzer zu tun.

Erschreckt, voll ungläubigen Staunens, starrte Harry auf den dicken Eisermann.

„Der flennt ja!" schrie Knothe plötzlich und brach in ein Gelächter aus. Dann aber rötete sich das Gesicht. Und war sein Wesen solange noch durch eine halb außerdienstliche, rohe Jovialität gekennzeichnet, so nahm es jetzt wieder die alte, gefürchtete Bissigkeit an. Der Feldwebel spie den Zigarrenrest aus, straffte sich, stemmte die Fäuste in die Seiten und bellte: „Das Würstchen plärrt! Ein bißchen Hitze, ein bißchen Strafdienst – und schon kriegt man Zustände wie ein Pipimädchen! Eisermann! Adalbert, Adalbertchen! Feuermelder! Ochse, rothaariger! Da hat ja der Mündungsschoner Salandt, dieser junge Spritzer, mehr Mumm! Benimmt sich so ein deutscher Soldat? Hast du vergessen, daß wir im Feindesland sind?"

Knothes Flüche glitten scheinbar wirkungslos an Eisermann ab. Der Feldwebel glotzte ihn fassungslos an. Mit einem Male holte er aus und hieb dem Kauernden die Stiefelspitze in die Weichen: „Aufstehen – Idiot!"

Eisermann verlor durch den Stoß das Gleichgewicht. Er fiel auf die Seite, mußte sich mit einer Hand aufstützen. Die Weißblechdose stürzte um, das Wasser lief in den Graben. Aber noch immer machte Eisermann keine Anstalten, sich zu erheben.

„Du sollst Haltung einnehmen, dreckiger Kadaver!" schrie Knothe, blaurot im Gesicht. „Gibt's denn so was! Einer allein kann doch nicht so besengt sein! Du mußt eine Masse Verwandte haben!"

Jetzt begann etwas Furchtbares. Eisermann rührte sich, griff umher, fand den Spaten, fuhr mit einem dumpfen, unheimlichen Stöhnen aus seiner Hockstellung empor. Und nun stürzte er sich, das Gesicht von Zorn, Schmerz und Klage zerrissen, mit dem hocherhobenen Werkzeug auf Knothe. Der Feldwebel wurde aschfahl, duckte sich, schrie leise auf. Bevor Eisermann noch zuschlagen konnte, war Knothe mit erstaunlicher Behendigkeit zurückgewichen. Dann brach der Rand des alten Latrinengrabens ein. Knothe stürzte bis über die Knie in den Kot hinab.

Während Harry vor Entsetzen erstarrte, folgte Eisermann dem Feldwebel nach – etwas vorgebeugt, den Unterkiefer vorgeschoben, in seiner Physiognomie kaum noch menschenähnlich. Harry sah, daß die um den Spatenstiel geschlossenen Fäuste weiß geworden waren. Und er sah, wie Eisermann jetzt langsam den Spaten hob, um ihn mit aller Gewalt auf den Schädel Knothes niedersausen zu lassen. Das Metall blitzte in der Sonne. Ohne daß er es wollte, schrie Harry:

„Eisermann – nicht!"

Aber im gleichen Augenblick zerriß ein vulkanisches, höllenhaftes, den Tag sprengendes Krachen die Luft. Das war ein Geräusch von unbeschreiblicher Kraft. Es brandete nicht allein gegen die Trommelfelle, sondern auch gegen die Körper der Menschen an, gegen ihre Augen, ihre Kehlen und ihre Hände. Hinter dem Park, in Richtung Chénières, schoß eine gelbschwarze Feuer- und Rauchfontäne zum Himmel empor, breitete sich rasch aus wie die Keimwolke eines ungeheuren Gewitters. Die Erde schien sich dort aufzutun. Der ersten großen Explosion folgten sogleich Detonationen von wechselnder Stärke. Dann wurde auch das Flattern von aufgewirbelten Projektilen vernehmbar, Einschläge von Geschossen, die eine urweltliche Riesenhand ausgestreut zu haben schien. Das Getöse dauerte an.

Eisermann stand bewegungslos, mit noch immer erhobenem Spaten, über dem vor zwiefacher Bedrängnis in den Schmutz rutschenden Feldwebel. Knothe hielt den Kopf zwischen die Schultern gezogen und sah in höchster Angst schief zu Eisermann auf. Aber ihre Blicke begegneten einander nicht mehr. Wie aus einem schweren Traume erwacht, hatte Eisermann das Gesicht abgewandt und lauschte in die Ferne. Der Spaten sank langsam herunter. Oben zog ein wirr fauchendes, in seiner Art unbekanntes Unwetter durch die Lüfte. Wie ein Hase zusammengekauert, hockte Harry auf der Sohle des Grabens.

Im Park ertönten Rufe und Befehle. Die kleine Handsirene von HV 7 begann zu heulen.

Ein Blatt Papier war Harry vor die Füße geweht. Es war schwarz umrandet – eine Todesanzeige.

Es war die Mitteilung, daß beide Brüder Eisermanns in Rußland gefallen waren.

Ein Zwischenspiel

Jedermann hatte angenommen, bei Chénières sei ein neuer amerikanischer Angriff losgebrochen, mit einem mächtigen Artillerieschlag als Auftakt. Es verhielt sich jedoch anders. Das weit gegen die Front vorgeschobene Munitionslager von Rouaux war in die Luft geflogen. Partisanen.

Inmitten der toten und verwundeten Wachen des Depots hatte man auch die Leiche eines unbekannten französischen Zivilisten gefunden. Sein Gesicht war durch die Feuerwelle der Explosion bis zur Unkenntlichkeit versengt. Seine Taschen enthielten nichts außer etwas Leitungsdraht, einer kleinen Kombizange und zwei elektromagnetischen Zündsätzen englischer Herkunft. Ihn zu identifizieren war ausgeschlossen. Ein Mann ohne Gesicht. Der inmitten der Munitionswälle gelegte Sprengkeim mußte zu früh krepiert sein, als daß der Unbekannte sich noch hätte in Sicherheit bringen können. Möglicherweise waren ihm auch Wachen in den Weg gekommen, die er nicht hatte umgehen können.

Daß es den Partisanen gelungen war, am hellichten Tag ein so bedeutendes und wohlgesichertes Nachschublager in die Luft zu jagen, ließ sie unheimlicher, fürchterlicher und noch allmächtiger als zuvor erscheinen. Die rasch einsetzenden Vergeltungsaktionen der deutschen Kommandantur, die Erschießung von zwanzig Bürgern des benachbarten Städtchens, die über den ganzen Distrikt verhängte strenge Ausgangssperre sowie der beträchtliche Aufwand von Feldgendarmerie und SS-Sicherheitsdienst, welche die Landschaft durchkämmten, vermochten das neuerliche Grauen der Besatzungssoldaten und ihre Befürchtung, einem unsichtbaren, unerbittlichen Gegner wehrlos ausgeliefert zu sein, kaum zu dämpfen.

In diesen Stunden beschlich selbst den abgestumpftesten Landser lähmende Furcht. Dem Bewußtsein herrschender und herrenhafter Überlegenheit war ein neuer schwerer Schlag zugefügt worden. Die Faust der legitimen Herren des Landes hatte ihn ausgeteilt. Weil sie unsichtbar blieb, flößte sie um so größeren Schrecken ein. Daß sie in Aktion war, ließ sich allein an der Wirkung ihres Hiebes erkennen.

Bei HV 7 hatte man während des Nachmittags mit der Versorgung jener Verwundeten zu tun gehabt, die durch die Explosion zu Schaden gekommen waren. Man hatte ihre versengten, zerrissenen Leiber halbwegs zurechtgeflickt und sie per LKW nach Chabrie weitergeleitet. Nun der Abend nahte, war das Stöhnen der Patienten, welches sich solange mit dem Klirren der Instrumente vermischt hatte, verstummt.

Der Operationsraum bot ein chaotisches Bild. Zerschnittene Uniformen, verbrauchte Tupfer und Knäuel alter Binden bedeckten den Fußboden. Auf den Tischen häuften sich in wirrem Durcheinander Instrumente, die wieder keimfrei gemacht werden mußten – Skalpelle und Pinzetten, Klemmen zum Schließen der Blutgefäße, Lanzetten, Sonden mit abgeplattetem oder knopfartigem Ende, Nadelhalter, in denen sich noch Reste von blassem, durchsichtigem Katgut krümmten. Von den Operationstischen hingen blutfleckige Abdecktücher. Ein schwerer Geruch von Schweiß, Desinfektionsmitteln und Äther stand noch in der Luft. Todtenberg hatte sich erschöpft in sein Quartier zurückgezogen, bleich und schweigsam. Der lange Trabnach war ihm gefolgt.

„Ihr solltet jetzt gehen", sagte Schwester Roswitha zu Ferdinand Pistol und Harry. „Ihr müßt euch vor der Wache noch ausruhen."

„Es lohnt sich nicht mehr. Außerdem können Sie das Zeug nicht allein wegräumen", erwiderte Ferdinand Pistol, während er Instrumente in einen Sterilisationskocher legte.

„Ich werde damit schon fertig", sagte Schwester Roswitha. „Geht essen."

„Wem ist danach zumute?" murmelte Ferdinand Pistol. „Dieser Mann mit der abgerissenen Hand! – Haben Sie so etwas schon erlebt? Er hatte sich bis dahin noch keine Gedanken über den Krieg gemacht."

Während der Behandlung der Verwundeten war es zu einem Zwischenfall von verblüffend bitterer Komik gekommen. Ein älterer Landesschütze, dem die linke Hand durch einen Splitter glatt vom Arm getrennt worden war, hatte das gespenstisch verkrümmte Glied in der Tasche mitgebracht und durchaus nicht verstehen wollen, daß es nicht mehr angesetzt werden konnte. Erst nachdem Todtenberg den Stumpf zurechtgestutzt und vernäht hatte, war dem Soldaten klargeworden, daß er fortan mit nur einer Hand würde leben müssen. Diese harte Gewißheit hatte ihn dann umgeworfen.

„Es muß ihnen immer erst ans eigene Fell gehen“, sagte Schwester Roswitha.

„Er war wie ein Kind.“ Ferdinand Pistol seufzte.

Harry stand am Fenster und blickte zu dem Kavaliershause hinüber, in dem die „Gefangenen“ lagen und in dem Friedel seit ihrer morgendlichen Auseinandersetzung mit Todtenberg Dienst tun mußte. Harry hoffte die Freundin zu sehen. Hinüberzugehen war ausgeschlossen. Feldwebel Knothe strich wieder umher, nachdem er sich zwei Stunden lang nicht hatte blicken lassen. Jetzt trug er eine neue Uniform; die alte hatte der Kleiderkammerbulle vergraben müssen. Knothe war gereizt wie ein tollwütiger Hund.

Nun erschien Friedel wirklich drüben am Fenster. Sie winkte Harry zu, schwach lächelnd. Dann deutete sie mit einer Geste, die er nicht verstand, zur Mannschaftsunterkunft hinüber. Obwohl nur eine kurze Strecke Hofraum zwischen ihnen lag, schauten die beiden sich an, als seien sie durch ein eisernes Gitter voneinander geschieden oder als gebe es hier wilde, reißende Wasser, über die sie nicht zueinander konnten. Sie streichelten sich mit Blicken. Sie waren bemüht, zuversichtlich zu erscheinen. Zwei uniformierte Kinder, die sich Mut machen wollten. Aber ganz gelang es ihnen doch nicht, die Schatten der Niedergeschlagenheit aus ihren Mienen zu löschen. Angst und Zärtlichkeit standen hinter dem Lächeln. So teilten sie mit, nicht verzichten zu wollen. Sie glaubten an ihre Beständigkeit, weil sie aneinander glaubten. Einer machte nun des anderen einzigen Daseinsinhalt aus und bot dem anderen die einzige tröstende, nährende Hoffnung in dieser Wüste von Herzlosigkeit und Entartung.

Harry gab sich dieser Minute süß-wehmütigen Schauens

ganz hin, diesem Umarmen ohne Berührung. Er beachtete nicht, was hinter ihm gesprochen wurde. Aller Empfindungen Weg lief durch die Augen.

„Und wenn ich von der Wache aus versuche, ins Dorf zu gelangen?“ sagte Ferdinand Pistol leise zu Schwester Roswitha. Sie standen sehr dicht nebeneinander, hatten ihre Tätigkeit aber nicht unterbrochen. Äußerlich schienen sie unbefangen.

„Sie wissen doch gar nicht, mit wem Sie Posten stehen müssen“, entgegnete die Frau.

„Es wird sich einrichten lassen, daß ich mit ihm zusammenkomme.“ Ferdinand Pistol wies mit dem Kopf auf Harry.

„Wer sagt Ihnen, daß er den Mund hält? Er hat Angst, er ist verschreckt. Ich glaube nicht, daß er Sie wird gehen lassen, Pistol. Eine Mitwisserschaft in dieser Sache kann ihm noch mehr Schwierigkeiten bereiten, als er sie schon hat. Wenn er Sie nun verrät?“ Schwester Roswitha flüsterte, wie in Anwesenheit eines Kranken, der über sein Leiden nichts hören soll.

„Das wird er nicht tun, Schwester Roswitha. Er ist nicht so. Wer hat in der Nacht beim Alten Dienst?“

Die Frau hob die Schultern und sagte: „Vorerst noch Schwester Friedel. Todtenberg sagte nichts davon, daß sie abgelöst werden soll. Ich will aber zu ihr gehen, wenn es dunkel ist.“ Nach kurzem Schweigen setzte sie hinzu: „Sie werden die Tochter des Alten doch nicht herbringen können. Heute sieht alles anders aus als gestern. Dieses Attentat in Rouaux hat zuviel Staub aufgewirbelt. Jeder befürchtet, daß sich auch hier etwas ereignet.“

„Die Partisanen greifen keine Sanitätseinheit an.“

„Und das Zeug im Kraftfahrzeugpark?“

Ferdinand Pistol wußte nur zu gut, worauf sie anspielte. Entgegen den Bestimmungen der Genfer Konvention war jeder Sanitätsdienstgrad von HV 7 mit Karabiner und Seitengewehr ausgerüstet. Die Einheit verfügte auch über Maschinenpistolen. Überdies lagerten im Kraftfahrzeughof MGs und Kisten mit Panzerfäusten. Der moralische und effektive Schutz, den die Rotkreuzembleme auf den Fahrzeugen und Armbinden für gewöhnlich gewährten, war durch diese Tatsachen sehr in Frage gestellt. Er konnte sogar in sein Gegenteil umschlagen. Ein Sanitäter, der bewaffnet in englische oder amerikanische Gefangenschaft geriet, wurde wie ein Spion füsiliert. Die meisten Leute von HV 7 waren sich über diese Aussicht im klaren. So standen sie zwischen zwei Feuern und konnten in weit üblere Situationen geraten als die regulären Frontsoldaten.

„Sie haben in allem recht, Schwester Roswitha", sagte langsam Ferdinand Pistol, „aber wir müssen dennoch etwas tun."

„Wenn Sie mit dem Mädchen anderen Posten in die Arme laufen, wird man Sie nicht nur wegen Wachvergehens belangen, Pistol! Sie riskieren, als Verräter behandelt zu werden . . ."

„Sie scheinen Furcht bekommen zu haben?"

„Machen Sie kein Theater! Ich will nur, daß Sie sich über die Gefährlichkeit der Angelegenheit nicht täuschen", entgegnete die Frau mit erhobener Stimme. Sie blickten zu Harry hin. Er hatte nichts bemerkt.

„Gewissen hat immer etwas mit Risiko zu tun", sagte Ferdinand Pistol still.

„Große Worte!" spottete Schwester Roswitha. Dann aber lächelte sie. Ihr hartes, häßliches Gesicht verschönte sich auf wunderbare Weise. „Ich habe Angst um Sie, Pistol, weiter nichts."

Sie blickten sich eine Weile stumm an, wie Mutter und Sohn es in einer ernsten Stunde tun würden. Er strich zart über ihre Hand, sagte: „Ich danke Ihnen."

Bald darauf verließen Ferdinand Pistol und Harry den OP. Die Sonne war bereits hinter die Bäume gesunken. Ein schwimmendes, grünlich fluoreszierendes Licht wie in einem Bassin erfüllte den Hof. Die Fenster von Todtenbergs Quartier waren bereits verdunkelt.

Er hat sich verkrochen, dachte Ferdinand Pistol, er hat wieder Angst. Vielleicht sitzt er im Dunkeln? Er will den Feinden kein Ziel bieten.

Diese Feststellungen und Vermutungen erfüllten Ferdinand Pistol mit einer Genugtuung, wie der Mensch sie empfindet, wenn er das Böse schwach werden sieht. Zugleich aber rührte sich in ihm auch die Ahnung, daß dieser Park noch Schauplatz eines fürchterlichen Geschehens sein würde.

Harry schritt wie im Halbtraum neben ihm her.

Sie kamen in die strohstauberfüllte, backofenheiße Unterkunft. Harry fand eine Blechbüchse voller Brot und eine halbe Schachtel Zigaretten auf seinem Platz. Friedel mußte diese Dinge im Laufe des Tages eingeschmuggelt haben.

„Sie ist ein gutes Mädchen", sagte Ferdinand Pistol. Er bemerkte, daß Harry sich über diese Äußerung freute. „Du mußt dich nachher bei ihr bedanken."

„Wir dürfen nicht mehr zusammenkommen."

„Es wird sich schon eine Gelegenheit ergeben."

„Ich weiß nicht, was wir Böses getan haben. Warum verfolgen sie uns so?"

„Ihr dürft euch nicht kleinkriegen lassen, Harry."

„Vielleicht haben sie jetzt genug und geben Ruhe."

„Das kann sein", erwiderte Ferdinand Pistol, obwohl er nicht daran glaubte. Er glaubte ganz und gar nicht daran.

Das einzige, wozu es keiner Macht und keines Reichtums bedarf, so dachte er, ist die Liebe. Sie macht selbständig. Deshalb wird sie hier bestraft. Alles Menschliche, Natürliche ist hier strafbar. Die beiden werden ihren Weg bis zu Ende gehen müssen. Wie dieses Ende aussehen wird, weiß jetzt niemand – gut aber gewiß nicht.

Ferdinand Pistol bedauerte Harry. Zugleich aber beneidete er ihn auch um seiner ungebrochenen Naivität willen.

Er kennt die Bitterkeit von Erkenntnissen noch nicht. Er weiß nicht, wie es ist, sehen zu müssen, wo man lieber die Augen schließen möchte.

Sie aßen eine kärgliche, durch Friedels Brot etwas gestreckte Abendration. Sie tranken dazu bitteren Kräutertee, der wie das im OP verwendete gelbe Rivanol aussah und vor Sommerdurchfällen schützen sollte. Als sie damit fertig waren, bot Harry zu rauchen an. Ferdinand Pistol steckte die Zigarette in eine Brusttasche seines Fliegerhemdes.

„Du brauchst sie nicht aufzuheben", sagte Harry, „wir haben noch mehr."

„Ich will sie Eisermann geben", sagte Ferdinand Pistol.

„Natürlich . . .", murmelte Harry betroffen, weil er nicht daran gedacht hatte. Er teilte die Zigaretten, auf jeden entfiel nun ein Drittel.

Eisermann war bald nach dem Zwischenfall an der Latrine abgeführt und in Arrest gebracht worden. Furchtsam sprach man davon, daß er erschossen würde. Befehlsverweigerung, Widersetzlichkeit, tätlicher Angriff auf einen Vorgesetzten – diese Vergehen ließen keine Hoffnung mehr für ihn übrig. Hätte der Vorfall sich unmittelbar an der Front abgespielt, so wäre der Delinquent unverzüglich füsiliert worden. Knothe hätte ihn einfach über den Haufen schießen können. Da HV 7 derzeitig jedoch als Etappeneinheit rangierte, mußte man Eisermann der Gerichtsbarkeit höherer Dienststellen überantworten. Der Nachmittag war von der Behandlung der „Zugänge" aus Rouaux in Anspruch genommen gewesen, das neue Attentat der Partisanen hatte dringlichere Aufmerksamkeit erfordert als ein widerspenstiger Kraftfahrer. So befand Eisermann sich noch immer in dem grüngekachelten Anatomie-Arrest von HV 7. Vor morgen würde man ihn kaum abtransportieren. Die näheren Umstände seines Vergehens waren schnell bekannt geworden. Die meisten Leute von HV 7 standen auf seiner Seite. Es gab nur wenige, die Knothe nicht haßten.

Dieser Fall hatte vielen die Fragwürdigkeit der eigenen Existenz erneut zu Bewußtsein gebracht.

„Glaubst du auch, daß man ihn an die Wand stellen wird?" fragte Harry, während sie in voller Uniform und mit ihren Karabinern die Platanenallee zum Wachlokal hinuntergingen.

Ferdinand Pistol antwortete nicht sogleich. Leises, rhythmisches Zucken ging durch seine Kinnbacken. Diese Äußerung von Spannung und innerer Erregung war selten an ihm zu beobachten.

„Ich weiß, daß sie ihn umbringen wollen“, sagte er schließlich. „Ihre Gesetze sind so. Wer sich gegen sie stellt, den können sie nicht leben lassen!“

„Aber Eisermann wußte nicht mehr, was er tat. Er war wie von Sinnen. Knothe hat ihn verhöhnt und gequält. Er hat ihn wie einen Hund getreten.“ Harrys Stimme zitterte.

„Knothe ist Feldwebel – darin liegt der Unterschied!“

Im Weitergehen suchte Harry sich vorzustellen, was ohne die Auseinandersetzung zwischen Eisermann und Knothe und ohne den Zwischenfall von Rouaux aus ihm selbst geworden wäre. Wahrscheinlich hätte er noch immer an der Latrine arbeiten müssen – oder er wäre längst zusammengebrochen. Jetzt aber war ihm neue Zeit zum Verschnaufen gegeben. Er hätte darüber heilfroh sein können, wäre diese Zeit nicht auf Kosten Eisermanns gegangen. Eisermann mußte zahlen.

Daß hier immer jemand zu zahlen hatte!

Erregt wandte Harry sich an Ferdinand Pistol, der dunkel und ernst vor sich hin sah und etwas vorgebeugt ging. „Wenn Eisermann vor ein Gericht gestellt wird, dann müssen sie's auch mit Knothe tun! Ich kann bezeugen, daß Eisermann wegen seiner gefallenen Brüder . . .“

„Du wirst den Mund halten!“ unterbrach ihn Ferdinand Pistol. „Was du sagen könntest, ist bekannt. Außerdem fällt es auch gar nicht ins Gewicht. Du träumst noch immer von einer Gerechtigkeit, die es nicht gibt.“

Daraufhin schwieg Harry. Erst in der Nähe des Wachlokals fragte er beklommen: „Wenn sie ihn erschießen, haben seine Eltern überhaupt keinen Sohn mehr.“

„Er ist der letzte", sagte Ferdinand Pistol und blickte zur Seite.

Gegen zwanzig Uhr bezogen sie ihren Posten am Parkrand. Die Stelle lag zwischen Straße und Flüßchen und war schätzungsweise vierhundert Meter vom Dorf Reinegarde entfernt. Im Gegensatz zur üblichen Regelung mußten heute nicht zwei, sondern vier Stunden bis zur Ablösung gewacht werden. Auf diese Weise hoffte man sich doppelt sichern zu können. Ein Teil der Wachen war als Standposten, der andere als Streifen eingesetzt. Die Patrouillen hatten besonders wichtige oder unübersichtliche Abschnitte des Gebiets abzuschreiten.

Es war eine gefährliche Einsamkeit, die man waffenstarrend in diesem fremden Lande behauptete.

Ferdinand Pistol und Harry richteten sich in einer Buchtung des nahe dem Flüßchen wuchernden Erlengestrüpps ein. Sie brachen einige Armvoll stark belaubter Zweige herunter, bereiteten ein Polster zum Sitzen. Das Laubwerk war trocken. Es strahlte noch die Wärme des Tages aus. Vom Flüßchen her drang das Quaken der Frösche herüber. Im Park selbst war es ruhiger als an anderen Abenden. Weder Mundharmonikaspiel ertönte, noch war Gelächter zu hören. Die Stille eines Hühnerhofes, über dem der Habicht sich gezeigt hatte. Auf der Straße nach Chénières, die von hier aus nicht zu sehen war, rollten Nachschubfahrzeuge. Die Front knurrte schwer und ingrimmig.

Die beiden hockten sich nieder, hielten die Gewehre lokker zwischen den Knien und rauchten. Die Glut der Zigaretten bargen sie in der hohlen Hand. Sie sprachen nicht. Die Rauchwölkchen stiegen gegen den dunkelorangeroten Himmel auf, verwehten jäh. Nur diese flüchtige Erscheinung und das Kürzerwerden der Zigaretten zeugten vom Fluß der Zeit.

Harry lag mehr, als daß er saß. Saugende Müdigkeit hatte von seinem ganzen Körper Besitz ergriffen. In den Schultergelenken, in den Rückenmuskeln oberhalb vom

Kreuz und in den Waden krampfte zäher Schmerz. Er allein hielt wach.

Ferdinand Pistol blickte abwechselnd zum Dorf und zu dem sichtoffenen Stück der Straße hinüber, die in den Park führte. Die Wassermühle, bei der er die Tochter des Alten treffen wollte, lag außerhalb seines Blickfeldes. Er hatte einsehen müssen, daß es unter den veränderten, neuen Verhältnissen keinesfalls möglich sein würde, sie zu ihrem Vater zu geleiten. Ebenso unmöglich war auch, zur vereinbarten Stunde an der Wassermühle zu sein. Das Mädchen würde unverrichteterdinge umkehren oder – noch schlimmer – einen neuen Versuch wagen, allein in den Park zu gelangen, und dabei von den Wachen gestellt werden.

Erste Schatten der Nacht dunkelten die Landschaft ein. Ferdinand Pistol wurde immer unruhiger. Er stand auf, begann hin und her zu gehen. In seinem bauschigen Knochensack wirkte er gedrungen und ungeschlacht wie ein Bauer. Lediglich das scharfbegrenzte, sich deutlich vom verblassenden Himmel abhebende Halbrund des Stahlhelms wies seine schattenhafte Gestalt als die eines Soldaten aus. Bisweilen hob er sich auf die Fußspitzen, sah angestrengt zum Dorfe hinüber.

„Meinst du, daß sie hierherkommen werden?" fragte Harry bang.

Ferdinand Pistol sah verwundert auf ihn herunter. Er hatte offenbar nicht begriffen, was der andere meinte.

„Was sollen wir tun, wenn sie uns angreifen?"

„Uns wird jetzt niemand angreifen, Harry."

„Die Leute in Rouaux wurden auch überrascht."

Ferdinand Pistol beugte sich zu ihm herunter und sagte, beruhigend und auch warnend: „Das wichtigste bei einer Gefangennahme ist, daß du dein Gewehr rechtzeitig wegwirfst. Später mußt du abstreiten, jemals eins getragen zu haben."

„Wir können nichts dafür, daß wir Waffen tragen müssen."

„Danach wird man nicht fragen."

„Andauernd muß man Sachen verantworten, für die man gar nichts kann."

„Das ist hier so, Harry. Man hat ständig etwas auf dem Kerbholz und weiß es nicht."

„Sie behandeln uns, als seien wir selbst Feinde."

„Jeder Mensch ist ihr Feind, jeder Mensch!" Ferdinand Pistol sprach das letzte Wort eigentümlich betont aus. Aber Harry verstand das wohl nicht. Als Ferdinand Pistol ihn nach der Zeit fragte, blickte er auf das mattgrün schimmernde Zifferblatt seiner Uhr, sagte: „Gleich neun – noch nicht einmal eine Stunde . . ."

Ferdinand Pistol stieß ungeduldig Luft durch die Zähne, sah dann wieder zum Dorfe hinüber.

„Nirgendwo vergeht die Zeit so langsam wic auf der Wache." Harry seufzte. „In den Morgenstunden, wenn die Kühle kommt, ist es am schlimmsten. Man muß dann immerzu daran denken, wie schön es wäre, in einem Bett zu liegen – zu Hause."

„Du denkst oft an zu Hause?" fragte Ferdinand Pistol. „Es schadet nichts, wenn du es tust. Du brauchst dich dessen nicht zu schämen. Manche, die schon lange an der Front sind, vergessen, daß sie ein Zuhause haben. Und dann wissen sie auch nicht mehr, wozu sie da sind."

„Abends im Bett habe ich immer gelesen. Meine Mutter sah es nicht gern, aber ich tat es trotzdem. Man konnte in Gedanken sein, wo man nur wollte."

Obwohl ihm nicht danach zumute war, mußte Ferdinand Pistol lächeln.

„Wenn der Wachhabende vorbei ist, können wir's uns bequemer machen."

„Wäre er schon da!" sagte Ferdinand Pistol für sich.

Der Platz war gut gewählt. Sie konnten das Gelände sicher überblicken, befanden sich aber in Deckung. Dieser Winkel war wie eine Laube. Sobald sich jemand aus dem Park näherte, würden sie es am Brechen von Ästen und am Füßeschlurfen im Laub leicht erkennen können.

Als es Nacht geworden war, erschien der Wachhabende, Trabnach begleitete ihn. Es war jener Unteroffizier, unter dessen Aufsicht Eisermann gestern den „Bodeneinsatz“ hatte absolvieren müssen. Ein stets mißmutiger Vorgesetzter mit eingefallenem Gesicht. Meistens sprach er in hoher Stimmlage und keifend wie eine hysterische Frau. Jetzt allerdings verhielt er sich ruhig. Augenscheinlich lag ihm daran, so schnell wie möglich weiterzukommen. Die Katastrophe von Rouaux hatte selbst die rüdesten Scharfmacher in den Furchtzustand von Kindern versetzt, die sich nach dem Erzählen eines gruseligen Märchens nicht mehr über den finstern Hof wagen.

Ferdinand Pistol erstattete Meldung. Der Wachhabende gebot auf jede verdächtige Regung achtzuhaben. Dabei blickte er wiederholt zum Dorf Reinegarde hin, dessen Häuser wie durcheinandergestreute, schwach leuchtende Bauklötze in der Landschaft lagen. Sie machten einen gänzlich unbelebten Eindruck.

Nachdem der schwarze, gewölbehafte Park den Wachhabenden und Trabnach wieder eingesogen hatte, trat Ferdinand Pistol so dicht an Harry heran, daß sie Brust an Brust standen. Leise, eindringlich sagte er zu ihm: „Du wirst niemandem etwas davon sagen – ich muß jetzt für kurze Zeit weg!“

Harry erschrak, bewegte bestürzt Schultern und Hände.

„Ich werde bald wieder zurück sein“, setzte Ferdinand Pistol beschwörend hinzu.

„Du darfst den Posten nicht verlassen!“

Sie flüsterten.

„Es muß sein!“

„Wo willst du hin?“

„Du erfährst es später.“

„Wenn es herauskommt, fliegen wir furchtbar herein. Du weißt, was für eine Wut Todtenberg und Knothe auf mich haben.“

Ferdinand Pistol schwieg. Des anderen Angst rührte ihn.

Langsam hob er sein Gewehr am Riemen auf die Schulter. Dann fragte er unvermittelt: „Würdest du nicht alles für Schwester Friedel riskieren?“

„Du hast hier ein Mädchen?“

„Du wirst noch alles erfahren.“

Vor Verwunderung wußte Harry nichts mehr zu sagen.

Ferdinand Pistol schlug ihm leicht auf die Schulter und wandte sich zum Gehen. Langsam und bemüht, möglichst wenig Geräusche zu verursachen, schritt er längs des Parkrandes dahin. Dann bewegte er sich im Schutze des Ufergebüschs am Flüßchen weiter fort. Um die Deckung voll auszunutzen, ging er gebückt wie ein Lastträger, mit weichen Knien. Obwohl kaum noch Aussicht bestand, die Tochter des Alten anzutreffen, hatte er das heftige Verlangen, in Laufschritt überzugehen. Diesen Weg heute und jetzt noch einzuschlagen war vermessen, mehr als leichtsinnig. Ferdinand Pistol war sich der Gefahren bewußt. Aber ein heißer Impuls trieb ihn immer weiter. Einmal blieb er stehen, voller Verwunderung, daß er das Gewehr mitgenommen hatte. Was sollte er jetzt damit?

Menschen im Dunkel

An der Wassermühle fand Ferdinand Pistol niemand vor. Die geheimnisvolle nächtliche Öde des Dorfes umlauerte ihn wie am Vorabend. Sein Blick streifte über die kalkfarbigen Häuserfronten und die hohen, jalousieschlitzigen Fensterläden. Kein Kind lachte, kein Hund bellte. Alles atmete Versunkenheit. Ungefähr in der Mitte des Dorfes blieb er stehen, überlegte, ob er das fruchtlose Suchen nicht aufgeben und umkehren solle. Da jedoch glitt aus einem Winkel der Häuser flink und schattenhaft jemand auf ihn zu.

Ferdinand Pistol riß sein Gewehr instinktiv in die Hüfte.

Die Mündung der Waffe tanzte seinem Gegenüber vor dem Leib herum, beschrieb kleine Kreise.

„Wenn Sie es wünschen, werde ich die Hände heben", sagte der Unbekannte ruhig, in leicht rheinisch gefärbtem Deutsch. Eine milde Stimme, die väterlich geklungen hätte, wäre sie älter gewesen.

Ferdinand Pistol ließ die Waffe etwas sinken. Er war verwirrt. Um sich Haltung zu geben, um überhaupt etwas zu tun, fragte er übertrieben streng: „Was machen Sie hier draußen? Sie müssen doch wissen, daß Ausgangssperre ist!"

Da er deutsch spricht, ist es vielleicht ein Deserteur? dachte er und versuchte das Gesicht seines Gegenübers oder Einzelheiten des Anzugs zu erfassen. Er vermochte aber nur ein blasses Oval über einer dunklen, flächigen Masse von Kleidung auszumachen.

„Wollen Sie mich abführen?" fragte der andere jetzt, „heute sind schon viele Menschen abgeführt worden, einige für immer!" Trotz des Ernstes dieser Bemerkung war keine Erregung aus der Stimme des Mannes herauszuhören. Sie ließ eher auf Gelassenheit, auf fast spöttisch überlegene Gefaßtheit schließen. Ferdinand Pistol fand es albern, die scharfe, dienstliche Frage gestellt zu haben. Zugleich überfiel ihn Beklemmung. Er hatte begriffen, daß er schließlich wehrlos war.

Ein Messerstich würde genügen, ein schneller, lautloser, gleitender Stoß!

Ferdinand Pistols Furcht erhielt neue Nahrung, als er in der Finsternis jenes Winkels, aus dem der Fremde auf die Straße getreten war, eine flüchtige Regung wahrnahm.

Dort mußte noch jemand sein! Vielleicht gar mehrere!

Während er zwei Schritte zurücktrat, hob er das Gewehr wieder fest in die Hüfte und legte mit dem Daumen den Sicherungsflügel auf die andere Seite. Der Mechanismus des Schlosses knackte hart, schien nachzuhallen, sich echohaft zu wiederholen.

Oder wurde dieser Nachhall von einer anderen, zweiten

Waffe hervorgerufen? Suggerierten die überreizten Nerven trügerische Sinneseindrücke? Ging tatsächlich Bedrohliches vor?

Ferdinand Pistol machte Anstalten, noch weiter zurückzutreten.

Da sagte sein Gegenüber sanft: „Sie brauchen sich nicht zu fürchten. Nehmen Sie Ihr Gewehr unbesorgt auf die Schulter."

Ferdinand Pistol zögerte.

„Das Mädchen erwartet Sie. Leider haben Sie sich verspätet."

Jetzt erkannte er an dem eigentümlich schleifenden Rauschen des Gewandes, wen er vor sich hatte.

„Ich werde Sie zu ihr bringen", sagte der Priester.

Ferdinand Pistol hob sein Gewehr auf die Schulter, nahm es noch einmal herunter, um den Sicherungsflügel zurückzudrücken.

„Woher können Sie Deutsch – wie ein Deutscher?" fragte er.

„Ich stamme aus dem Elsaß."

„Es war seltsam, in diesem Augenblick Deutsch zu hören."

„Kommen Sie!"

Sie gingen die Straße hinunter. Der dicke, pudrige Staub fing die Schritte auf, machte sie lautlos. Der Priester ging voraus. Ferdinand Pistol hielt sich dicht hinter ihm. Sie gingen sehr nahe an den Häusern entlang, wie es Soldaten im Straßenkampf tun. Wieder spürte Ferdinand Pistol die große Stille, die hier alles einschloß – Steine, Menschen und Getier, jene Stille, die dies Dorf so rätselhaft und unwirklich machte und die ihn aus vielen ernsten Augen zu beobachten schien. Er wußte, daß diese Stille nicht weniger Krieg war als das Gebrüll der Geschütze an der Front.

Auch der Mann, der ihnen lautlos, schemenhaft folgte, schien aus dieser Stille geboren zu sein. Sich nach ihm umzudrehen oder den Priester nach der Rolle dieses Dritten zu befragen, brachte Ferdinand vor Befangenheit nicht über sich.

Die Straße war lang. Es verging geraume Zeit, bis sie ihr Ende erreicht hatten. Die glatte, seidige Soutane des Priesters zischelte bei jedem Schritt. Sie gelangten zum Friedhof, passierten ein Gittertürchen. Kurz, trotzig stemmte die kleine Kirche sich gegen den tief bezogenen Nachthimmel auf. Um das Portal zu öffnen, mußte der Priester eine Schulter gegen das Bohlenwerk stemmen. Hinter sich vernahm Ferdinand Pistol das Atmen des Dritten. Aber er sah sich auch jetzt noch nicht um.

In der winzigen Sakristei brannten zwei kurze Kerzen. Die Fenster waren mit groben Decken verhängt. Der Priester forderte Ferdinand Pistol zu warten auf. ging noch einmal hinaus.

Ein türloses Schränkchen mit neusilbernem Meßgerät, ein eichener Tisch mit zwei strohgeflochtenen Stühlen sowie ein schmalbrüstiges Harmonium, auf dem Noten und eine sorgfältig zusammengefaltete Stola lag, bildeten die karge Einrichtung des Raumes. Es roch nach Wachs, Weihrauch und Kleidern.

Ferdinand Pistol wäre wohler zumute gewesen, hätte nicht jener Dritte an der Tür gestanden, einer Schildwache gleich. Das war, wie er jetzt bemerkte, ein junger Bursche mit breitem, düsterem Gesicht und schwarzen Haaren, die sich über den Ohren zu filzigen Knäueln ballten. Er sah wie ein Schäfer oder Gutsknecht aus. Seine rechte Hand blieb ständig in der Jackentasche. Es lag ein brennender Haß in den Augen dieses Dörflers.

Sie haben mich in eine Falle gelockt, erschrak Ferdinand Pistol. Sie könnten mich verschwinden lassen wie einen Stein im Wasser. Niemand würde eine Spur finden. Ohne die Tochter des Alten kann ich nicht beweisen, daß ich kein Faschist bin. Warum ist der Priester wieder weggegangen? Wenn sie mich zu lange hierbehalten, dann werde ich nicht mehr rechtzeitig zur Wache zurück sein können.

Wenn sie mich überhaupt noch einmal hinauslassen!

In diesen sich unerträglich dehnenden Augenblicken verspürte Ferdinand Pistol nichts mehr von dem guten Gefühl des Helfenwollens, das die Not des Alten und seiner Tochter ihm solange eingeflößt hatte. Wie er in dieser Sakristei hockte, den unförmigen Helm auf dem Kopf, das Gewehr zwischen den Knien, kam er sich linkisch und verloren vor. Zweifel wühlten in ihm. Warum hatte das Mädchen nicht selbst auf ihn gewartet? Warum hatte man ihn hierhergeführt? Diese ganze Angelegenheit hatte viele noch ungeklärte Zusammenhänge. Sie wurde immer unheimlicher. Allein das Wissen um die Existenz des Priesters beruhigte Ferdinand Pistol etwas.

Dieser Bursche an der Tür würde mich gewiß totschlagen, wenn er nur dürfte!

Nach einiger Zeit kehrte der Priester in Begleitung der Tochter des alten Franzosen zurück. Wie gestern abend im Park, so trug sie auch heute einen schwarzen bäuerlichen Umhang und ein Kopftuch, welches nur das Gesicht frei ließ – ein schönes, ebenmäßiges Gesicht, das an alte Madonnenbilder erinnerte. Die finstere Miene des Burschen an der Tür hellte sich bei ihrem Erscheinen ein wenig auf. Ferdinand Pistol bemerkte diese Veränderung nicht mehr. Er hatte nur noch Augen für das fremde Mädchen.

Sie trat ruhig auf ihn zu, gab ihm die Hand. Der Bursche stieß einen knurrenden Laut aus. Der Priester machte eine beschwichtigende Geste, wandte sich an Ferdinand Pistol:

„Sie läßt Sie fragen, wie es ...", er verhielt einen Augenblick lang, als sei er soeben im Begriffe gewesen, sich zu versprechen. Dann aber fuhr er geläufig fort: „... wie es ihrem Vater geht. Sahen Sie ihn? Wird es heute möglich sein, sie zu ihm zu führen?"

Ferdinand Pistol schüttelte den Kopf, sah zu Boden, erwiderte verlegen: „Nein – es wird nicht möglich sein, beim besten Willen nicht. Es liegt nicht an mir. Man hat doppelte Posten aufgestellt. Ständig gehen Streifen das Gelände ab.

Ich habe nur herkommen können, weil ich selbst zur Wache gehöre. Sie müssen verstehen – dieser Vorfall in Rouaux . . ."

Die Franzosen schwiegen. Ferdinand Pistol wunderte sich über die Fassung des Mädchens.

„Ich soll Sie von ihm grüßen", setzte er hinzu.

Der Priester machte dem Mädchen davon Mitteilung. Sie nickte dankend. In ihren klaren, ruhigen Augen gab es nicht die Spur einer Träne.

„Wie geht es ihm heute?" fragte der Priester.

„Es ist selten, daß ein Mensch in solcher Verfassung noch zu leben vermag."

Der Priester fragte dringlich und ohne dem Mädchen Ferdinand Pistols letzte Auskunft übersetzt zu haben: „Halten Sie es für ganz ausgeschlossen, zu ihm zu gelangen? Wir bitten Sie herzlich!"

„Ich habe selbst daran geglaubt", sagte Ferdinand Pistol, „doch so, wie die Lage jetzt ist, hieße es Menschenleben aufs Spiel setzen. Die Posten sind angewiesen, ohne Anruf zu schießen."

Jetzt wechselte der Priester einige Worte mit dem anderen. Der junge Bursche mit dem schwarzen Haar hatte sich Ferdinand Pistol bis auf Reichweite genähert und ließ nun eine rauhe Bemerkung hören. Ferdinand Pistol verstand nichts von alledem.

„Hat er Ihnen nichts mitgeteilt, außer einem Gruß, meine ich?" fragte der Priester langsam, wie unentschlossen.

„Er kann kaum noch sprechen. Er hat nur einige Worte hervorgebracht, nichts Zusammenhängendes."

„Was haben Sie verstehen können?"

„*Ein* Wort hieß ‚colline'."

„Rien de plus?" fragte das Mädchen hastig.

Wiederum wechselten die drei Blicke, bedeutsame Blicke, wie es Ferdinand Pistol schien. Er wußte nun überhaupt nicht mehr, was er von dieser Situation halten sollte. Wesen und Ausdrucksweise dieser Menschen entsprachen ja kaum verwandtschaftlich mitfühlender Besorgnis, wie zu erwarten gewesen wäre. Hier mußte vielmehr ein hochgespanntes Interesse wirksam sein. Konnte dieses Mädchen so stolz sein, daß es ihren Schmerz um den Vater nicht zeigen wollte? All das verwirrte und erregte Ferdinand Pistol.

Er war auch enttäuscht, daß er nicht helfen konnte. Er hatte helfen wollen. Es gab aber keine Gelegenheit mehr zu helfen.

Der Priester wies mit einer rügenden Kopfbewegung den Burschen, der gerade nach Ferdinand Pistols Gewehr hatte greifen wollen, an die Tür zurück. Dann fragte er:

„Sie sind ein gebildeter Mensch, man erkennt es an Ihrer Sprache. Konnten Sie den Worten des Alten wirklich nicht mehr entnehmen? Denken Sie bitte genau nach! Letzte Worte sind mitunter von großer Wichtigkeit!"

Ferdinand Pistol schüttelte den Kopf.

„Gar nichts?"

„Nein."

Das Mädchen machte eine ungeduldige, enttäuschte Bewegung. Sie fuhr sich mit der Handkante über die Stirn und unter das Kopftuch, als sei ihr zu heiß geworden. Dabei rutschte das Tuch bis zur Hälfte des Hinterkopfes zurück.

Obwohl außer gelegentlichem Füßescharren und dem kaum hörbaren Rascheln der Kleider kein Geräusch in die Stille des Raumes schnitt, war es Ferdinand Pistol in dieser Sekunde doch, als vernehme er das Peitschen von Schüssen, das berstende Krachen von Explosionen, die Schreie und die hetzenden Schritte schutzsuchender Menschen.

Ihm war, als erblicke er Feuer und Blut.

Die Tochter des Alten hatte blondes Haar. Er hatte sie erkannt.

Vor ihm stand die Französin, welche in Chabrie die bunte Handtasche geworfen hatte.

Der hochbeinige, graziöse Tod.

Nun war nichts mehr unklar. Ferdinand Pistol begriff mit einem Male, daß es hier gar nicht um die Vermittlung letzter Grüße zwischen einem Scheidenden und den Angehörigen ging. Jener Alte auf dem Sterbebette wußte etwas, das für seine Nachbarn oder Gefährten von außerordentlicher Bedeutung sein mußte. Daraus erklärte sich auch das Phänomen seines wunderbaren Lebenswillens. Die Wichtigkeit der ungesagten Mitteilung ließ sich allein daran ermessen, daß diese junge Französin, die seit dem Anschlag in Chabrie von allen Streifen des Distrikts gesucht wurde, den todesmutigen Versuch unternommen hatte, gestern abend zu dem Alten zu gelangen. Seine Tochter war sie nicht.

Ferdinand Pistol begriff auch, daß dies alles für ihn nichts mehr mit einem bloßen Wachvergehen, mit einer mittleren dienstlichen Verfehlung zu tun hatte. Gewiß, auch bisher war ein gehöriges Risiko mit dieser Angelegenheit verbunden gewesen.

Jetzt aber ging es um den Kopf.

Diese Menschen hier, die sehr aufmerksam und prüfend auf ihn niederblickten, dieser Priester mit dem sanften, schmalen Gesicht, dieses Mädchen in dem geheimnisvoll verhüllenden Umhang und dieser Bursche schließlich, der die rechte Hand nicht aus der Tasche nahm – waren Partisanen. Von dem blonden Mädchen wußte Ferdinand Pistol es aus eigener Anschauung. Den beiden anderen konnte er es aus dem Gesicht lesen.

In seiner Brust wurde es heiß.

Er ächzte.

Plötzliche Schwäche überkam ihn.

„Wie sehen Sie aus?“ fragte der Priester. „Möchten Sie Wasser?“

Ferdinand Pistol schob den Helm in den Nacken, stützte die Stirn in die Hände und murmelte: „Vielleicht ist es die Luft.“ Dann aber blickte er auf, sah dem Mädchen gerade ins Gesicht und sagte in seinem harten Schulfranzösisch:

„La poche bigarrée!“

Sie öffnete den Mund in jähem, schreckhaftem Staunen

und zog den Umhang enger über der Brust zusammen. Der Bursche mit dem schwarzen Haar stieß etwas hervor, sehr böse. Einen Augenblick lang schien es so, als wolle er sich auf Ferdinand Pistol stürzen. Das Mädchen richtete rasch einige Worte an den Priester. Ferdinand Pistol konnte sie nicht verstehen. Der Priester schüttelte abwehrend den Kopf, gab dem Burschen einen kurzen Befehl. Widerwillig stellte der Bursche sich wieder an der Tür auf. Dann redeten sie hastig flüsternd miteinander.

Nachdem der Deutsche sich dem Mädchen gegenüber als ein Augenzeuge des Anschlags von Chabrie zu erkennen gegeben hatte, waren sie offenbar geteilter Meinung, was jetzt geschehen sollte. Hier saß ein Mitwisser in feindlicher Uniform!

Wer war er? Was wußten sie von ihm?

Die Gesetze ihres unterirdischen Kampfes geboten, ihn zu vernichten. Die besondere Situation von Reinegarde jedoch, die unbedingte Notwendigkeit, des Alten Mitteilung zu erhalten, sprachen dafür, sich seiner zu bedienen.

Ferdinand Pistol starrte aus halbgeschlossenen Augen zu Boden. Mehr als die Gefahr, in der er sich nun befand, bestürzte ihn der Gedanke, hintergangen und mißbraucht zu sein. Er hatte einen einfachen menschlichen Liebesdienst leisten wollen. Oder noch mehr? Wäre sein Vorhaben nicht nur auf eine Halbheit hinausgelaufen?

Ferdinand Pistol hatte sein gepeinigtes Gewissen besänftigen, aber nicht mehr als eine verbotene private Gefälligkeit wagen wollen. Und war er sich dabei nicht wer weiß wie kühn vorgekommen?

Jetzt indes stand alles auf einer Karte. Er mußte sich entscheiden.

Die Gerechtigkeit des Widerstandskampfes war ihm seit langem klargewesen. Nun er sich jedoch in den Fäden der Unternehmungen dieses Kampfes gefangen wußte, kroch ihn die alte Unentschlossenheit wieder an – jene Handlungsträgheit, die ihn schon auf Kreta, dann an der

Wjasma-Front und schließlich im Schlosse von Chénières, wo er desertieren wollte, das Richtige zu tun gehindert hatte.

Wo gab es Glauben, Zuversicht, wo Vertrauen?

Waren dies wirkliche Menschengesichter, die ihn umgaben – und keine Masken? Stand hinter der zarten Sanftmut, hinter dem mädchenhaften Zauber von der Blonden Antlitz nicht feste Entschlossenheit zu blutigem Kampf?

Aber war Jeanne d'Arc, die Jungfrau von Orleans, so wie man sie aus der Überlieferung kannte, nicht auch schön gewesen?

Die schreckgeborstenen Gesichter der Verwundeten von Rouaux traten Ferdinand Pistol wieder vor Augen, ihre Schreie stießen ins Trommelfell. Auf wessen Konto ging ihr Blut, ihr Jammer, ihre Qual? Zeichnete die Gerechtigkeit dafür verantwortlich? Gab es keinen anderen Weg, als der Gewalt mit Gewalt zu begegnen? Jedermann hatte blutige Hände.

Was sollte werden, wenn er sich nun für die Seite der kämpfenden Gerechtigkeit entschied?

Er würde mitschuldig werden am Tode eigener Landsleute.

„Vous-n'êtes pas un hitlérien?"

Das blonde Mädchen stand jetzt neben ihm, neigte sich heran. Ihr Atem streifte ihn wie gestern abend, wie in jener Minute schutzsuchender Umarmung.

„Je suis un allemand." Das klang wie eine Verdammung.

„Wollen Sie nicht nach Hause – bald? So schnell wie möglich? Ihre Schule wartet auf Sie! Sie sehen wie ein Lehrer aus."

„Ich bin Musiker."

„Und dieses Gewehr in *Ihren* Händen?"

Der Priester ging langsam zum Harmonium, blätterte in den Noten, nahm ein Blatt heraus und sagte: „Sehen Sie hier – *Bach!* Ich liebe ihn, ich spielte dies Stück noch gestern abend. Wahrscheinlich lieben wir ihn beide. Jetzt mag der Gedanke an einen Tag, wo wir ihn gemeinsam spielen könnten, wie ein Traum erscheinen. Aber sollte er wirklich so fern sein? Diese Front und diese Uniform sind nicht von Ewigkeit. Bach wird länger währen. Und einmal wird seine Musik alle denkenden und fühlenden Menschen unserer Völker wieder umschließen und verbinden. Und er verbindet sie ja auch jetzt. Die Liebe zur Musik ist unauslöschlich, weil sie ein Teil der Liebe zum Menschen ist. Habe ich nicht recht?" Ein feines, teilnahmsvolles Lächeln erschien auf dem Gesicht des Priesters. „Sie sind traurig? Sie fühlen sich betrogen? Das zeigt, daß Sie ehrlich sind. Andernfalls würden wir mit Ihnen auch nicht reden."

„Il faut le tuer!" sagte der Bursche an der Tür.

„Was wollen Sie?" fragte Ferdinand Pistol. Das Notenblatt verschwamm vor seinen Augen. Der Priester nahm es fort.

„Wir haben Sie nicht betrogen."

„Il faut le tuer!" wiederholte der Bursche. Er zog den Revolver aus der Tasche, entsicherte mit dem Daumen.

„C'est Dieu, qui punit!" herrschte ihn der Priester an.

„Was wollen Sie?" fragte Ferdinand Pistol erneut.

„Wollen Sie uns helfen?"

Ferdinand Pistol schwieg. Er spürte, wie Tränen in seine Augen traten.

„Wollen Sie *sich* helfen?" fragte der Priester mit tiefem Ernst.

Da bemerkte Ferdinand Pistol, daß die Linke des blonden Mädchens auf seiner Schulter lag und leise hin und her glitt, als sei er ein Kind, dessen Schmerz man fortstreicheln kann.

„Denken Sie an Ihre Mutter", sagte der Priester.

Die Hand des Mädchens berührte flüchtig Ferdinand Pistols Nacken. Wärme sprang auf ihn über. Einer Frauenhand kann aller Trost der Welt innewohnen, so wie er der Musik innewohnt.

Die beiden Kerzenstümpfe zischelten und blakten.

„Fürchten Sie keinen Verrat?“ fragte Ferdinand Pistol heiser.

Der Priester sagte ruhig: „Man würde hier niemand antreffen, keinen Menschen. Warum fragen Sie? Das zu wissen sind Sie klug genug. Sie könnten auch gar keinen Verrat üben. Am Ende jedes Verrats steht Verzweiflung.“

„Was soll ich tun?“

Wer ist ein Verräter? fragte sich Ferdinand Pistol im stillen. Judas? Der verzweifelte wirklich und ging aus dem Leben. Wen würde ich verraten? Die Häscher, die Pharisäer, Pontius Pilatus. Das ist kein Verrat.

„Was soll ich tun?“ fragte er erneut.

„Sie müssen *wollen*!“ sagte der Priester beschwörend.

„Ich will.“ Und nun wurde Ferdinand Pistol ganz ruhig und gefaßt.

Der Priester machte eine kurze Bemerkung zu seinen beiden Gefährten. Dann nahm er einen Stuhl, setzte sich Ferdinand Pistol gegenüber und sagte: „Zu dem Wort ‚colline‘ gehört ein zweiter Begriff – ein Name. Diesen Namen brauchen wir. Werden Sie versuchen, ihn von dem Alten zu erfahren?“

„Ich weiß nicht, ob er ihn noch wird aussprechen können.“

„Sie müssen es versuchen. Es gibt nur drei Möglichkeiten.“

Der Priester sann nach. Dann zeichnete er drei kreisartige Figuren auf die Rückseite des Notenblatts. Neben jede schrieb er zwei Worte.

„Das ist eine Karte?“ fragte Ferdinand Pistol.

„Es handelt sich um drei Hügel. Wir müssen wissen, welcher es ist. Noch besser wird sein, wenn wir auch die richtige Seite erfahren. Davon hängt viel ab. Sie müssen den Alten nach der Himmelsrichtung fragen.“

„Glauben Sie, daß er eine Karte versteht?“

„Wenn er bei Bewußtsein ist – ja!“

„Ich werde es tun.“

„Sie fragen nicht danach, worum es geht?“

„Nein."

„Wenn man dieses Papier bei Ihnen findet, dann sind Sie verloren!"

„Ich weiß es."

„Man wird Sie erschießen!"

„Ich weiß es."

„Il est sincère", sagte der Priester zu dem blonden Mädchen. Daraufhin fragte er Ferdinand Pistol: „Bis wann können Sie uns Bescheid geben?"

„Ich glaube nicht, daß es vor morgen abend geht."

„Sie müssen den Alten früher aufsuchen."

„Das werde ich tun. Ich werde aber kaum früher zu Ihnen kommen können."

„Wenn es viel später werden sollte, dann hat es keinen Sinn mehr. In diesem Falle dürfte es besser sein, Sie bleiben, wo Sie sind."

„Ich würde trotzdem kommen."

Wieder sagte der Priester etwas zu dem blonden Mädchen und dem Burschen an der Tür. Das Mädchen nickte wortlos. Der Bursche blieb nach wie vor finster und verschlossen.

„Vielleicht werden wir Sie noch brauchen können", sagte der Priester und stand auf. „Sobald Sie etwas von dem Alten erfahren haben, müssen Sie das Papier vernichten!"

„Ich werde es tun."

„Dieser Mann hier", sagte der Priester, „wird Sie ein Stück begleiten."

Darauf blies er die Kerzen aus. Alle verließen den Raum. Vor der Kirche reichte das Mädchen Ferdinand Pistol die Hand. Der Priester murmelte etwas, schlug flüchtig ein Kreuz.

Gleich darauf waren beide in der Dunkelheit verschwunden.

Der Deutsche und sein stummer, düsterer Begleiter gingen durch die große Stille der staubweichen Dorfstraße. In sehr großer Höhe zogen Bomberpulks dahin. Ferdinand Pistol fühlte sich klar im Kopf. Obgleich ihm bewußt war, vielleicht schon bald vor die Schranken eines Kriegsgerichts treten zu müssen, erfüllte ihn ruhiges, tiefes Glücksgefühl.

Ich habe ein neues Leben angefangen, sagte er sich. Vielleicht wird es nur kurz sein, sehr kurz. Aber ich werde es nicht versäumt haben!

Der Bursche mit dem schwarzen Haar ging lautlos hinter ihm. Er ging einen halben Meter hinter ihm. Er hatte die Hand wieder in der rechten Jackentasche.

Von sich reden machen

Seitdem Todtenberg, durch die Ereignisse des Tages verschreckt, sich in sein Quartier geflüchtet hatte, waren drei Stunden vergangen. Der Oberstabsarzt hatte die Zeit damit verbracht, in dem verdunkelten Raum auf und ab zu gehen oder sich so lange in dem Feldstuhl zu wiegen, bis ihn eine leichte Übelkeit befiel und er wieder aufstehen mußte. Furcht, Verärgerung, Unschlüssigkeit und ein Gefühl quälender Langeweile lösten sich in ihm ab. Da er doch keinen Schlaf finden würde, unterließ er es, sich überhaupt erst hinzulegen. In die Dunkelheit der frühen Nacht hinauszugehen wagte er nicht. Die Finsternis des Parks erschien ihm heute rätselvoller und bedrohlicher als sonst. Daran änderte auch das Vorhandensein einer verstärkten Postenkette nichts. Selbst der lange Trabnach hatte mit aufziehen müssen. Das Krachen der Explosion von Rouaux schien noch immer in der Luft zu schwingen.

Manchmal trat der Oberstabsarzt ans Fenster, schob die Verdunklung ein wenig zur Seite und blickte auf den menschenleeren, dunkeldämmerigen Hof hinaus. Die Stille, die von dem schweren Brummen der nach Osten fliegenden Bomberverbände eher vertieft als verdrängt wurde, ließ Todtenberg die dumpfe, kastenartige Enge seines Quartiers besonders stark empfinden. Die Wände schienen ihm näher auf den Leib zu rücken, Decke und Fußboden geringeren Abstand zu bekommen. Wenn er vom Fenster zurücktrat und sein Blick jene Dinge streifte, die ihm einen Abglanz des alten Lebenskreises vortäuschen sollten – diese Gobelins und mürben Altardecken, dieses Dutzend schweinslederner Bücher, dieses groteske Ensemble der scheinlebendigen, kopfnickenden Silbermusikanten – dann fragte sich Todtenberg wieder protestierend, was er hier überhaupt solle.

Hatte man keinen anderen Kommandeur für diesen widerwärtigen Menschenhaufen von Einheit, keinen anderen Chirurgen für die anfallenden medizinischen Metzgerarbeiten finden können? Wäre nicht mancher tumbe Dorfdoktor und Landarzt froh gewesen, den klapprigen Dogcart für eine Weile mit einem forschen Mercedes und den abgestoßenen Paletot mit einer Oberstabsarztuniform vertauschen zu dürfen? Todtenberg hielt nichts von dem „grauen Ehrenkleid der Nation".

Er durchschaute das simpel-grandiose Spiel, das seit eh und je mit der militanten Begeisterung der Massen betrieben wurde. Er erkannte es zwar als eine machtpolitische Notwendigkeit an, nur wollte er selbst damit nichts zu tun haben. Daß die Menschen gläubig aufgehobenen Blicks der verheißungsvollsten Fahne nachliefen, ließ ihm diese Einfältigen um so verachtungswerter erscheinen. Offenbar konnte die Masse, diese schlaksigen jungen Burschen, diese stets zu Tränen der Rührung geneigten Muttchen und selbst die zahnlosen Veteranen ohne all den Rummel, der sie auf lebensgefährliche Weise an der Nase herumführte, nicht glücklich sein. Aus tiefster Seele bedurften sie des grollenden Tribünengeschreis, in dem der Führer sich gefiel, und des hellkrähenden Geschwafels von Propagandaminister Goebbels, dem Hinkefuß. Er haßte sie, wie manche Menschen, die sich selbst für gesund halten, Kranke hassen.

Todtenberg hatte sich stets für einen Ausnahmemenschen

gehalten. So war er schwer erzürnt, daß ihn das Regime, welches er auf seine Art wohl schätzte, einer postalischen Sendung gleich erfaßt, registriert und an die Front verfrachtet hatte. Was nutzte ihm denn der blanke Tand seiner Schulterstücke? Was bedeutete ihm die Befehlsgewalt über ein gutes Hundert schmutziger Soldaten? Er konnte nicht schreien, er konnte nicht zuschlagen. Hier hatte nur Autorität, wer brüllte.

Der Gedanke an Friedel und Harry versetzte ihn in neue, helle, knabenhafte Wut. Er hätte sich der beiden nicht gehässiger erinnern können, wären sie die tatsächlichen Urheber seiner mißlichen Lage gewesen.

Wieder im Raum auf und nieder schreitend, versuchte Todtenberg zu überschlagen, was erreicht worden war. Er hatte mit den beiden spielen, sie gegeneinandersetzen wollen wie Figuren auf einem Schachbrett. Er hatte den heißen Durst verletzter Eitelkeit und unbeachteter Eigenliebe an der Zerstörung ihrer Beständigkeit, an ihrer Pein, an ihrem kindlich-wehrlosen Ausgesetztsein zu stillen gehofft. Er hatte Repressalien gegen sic angewendet. Dann war er von der scharfen Lockung ergriffen worden, eine Liebe zu erzwingen, die einem anderen gehörte. Der rücksichtslose, haßvolle Einsatz seiner Macht war fruchtlos geblieben.

Friedels Schläge begannen wieder auf seinem Gesicht zu brennen.

Ihn überkam Lust, das Mädchen an den Haaren herbeizuzerren, zu beuteln, mit den Füßen zu treten. Er keuchte. Er schleuderte einen Stiefel in die Ecke. Das erleichterte.

Nachdem er eine Zigarre angezündet hatte, wurde ihm wohler. Er schalt sich unnötiger Aufregung. Er redete sich ein, daß Friedel nach den Maßregelungen, denen er sie und Harry inzwischen ausgesetzt hatte, bestimmt gefügiger geworden sei. Diese Mutmaßung ließ sein männliches Interesse an ihr etwas abklingen. Auch beschäftigten ihn noch zwei andere Überlegungen.

Todtenberg befürchtete, daß die Leute der Einheit ihn

für einen Hasenfuß halten könnten, weil er sich bereits am Nachmittag in sein sorgsam verdunkeltes Quartier zurückgezogen hatte. Und zum anderen empfand er eine leise Angst. Die Panzerfäuste und Maschinengewehre im Kraftfahrzeughof bereiteten ihm Unbehagen. Sie konnten bei überraschenden Zwischenfällen eine üble Rolle spielen. Er wäre sie jetzt herzlich gern losgewesen. Wen anders als ihn würde man im Fall einer Gefangennahme für diesen Bruch der Genfer Konvention verantwortlich machen?

In seinem Bemühen, auf andere Gedanken zu kommen, hatte Todtenberg einen Einfall, der seinem Selbstgefühl schmeichelte und ihm fast heroisch erschien. Eine fixe Idee, die er in die Tat umsetzen wollte, und müßte er dazu auch die ganze Einheit auf die Beine bringen.

Todtenberg wollte baden.

Als Feldwebel Knothe in funkelnagelneuer Uniform und stark nach Kölnischwasser duftend zum abendlichen Rapport erschien, gab Todtenberg ihm die Anweisung, alles Erforderliche in die Wege zu leiten. Nachdem der Feldwebel genügend Leute zusammengetrommelt hatte, ließ Todtenberg in der Mitte des Raumes eine faltbare, aus starkem gummiertem Leinen bestehende Reisewanne aufstellen. Warmes Wasser mußte in Eimern von den Feldküchen hergeschleppt werden. Im seidenen Hausmantel, den hohen weißen Aschenkegel seiner Zigarre balancierend, beobachtete der Oberstabsarzt das Tun der Soldaten, älterer Männer mit den sorgengezeichneten Gesichtern von Familienvätern. Sie verrichteten ihre Arbeit scheinbar gleichmütig, mit unbewegten Mienen. Dennoch konnte Todtenberg spüren, wie sehr sie sich über den unerwarteten Dienst ärgerten.

Daß die Geschichte von diesem Bad noch heute die Runde durch die ganze Einheit machen würde, freute ihn. Etwas aber fehlte noch an dieser Inszenierung. Etwas mußte noch hinzukommen, damit sie von vollkommener Wirkung sei.

Als die Soldaten, die fast eine Viertelstunde lang Wasser

schleppen mußten, die Wanne gefüllt hatten, befahl ihnen der Oberstabsarzt, hinauszugehen und auf dem Hofe zu warten.

Knothe aber wies Todtenberg an, Schwester Friedel aus dem Revier der „Gefangenen“ herüberzuholen.

Der Feldwebel grinste breit: „Sie wird nicht kommen wollen!“

„Wer ist hier Hauptfeldwebeldiensttuer – Sie oder Schwester Friedel?“ fragte Todtenberg. „Mit den beiden Ausländern geht es sowieso zu Ende. Daß wir dort noch jemand sitzenlassen, ist regelrechte Zeitverschwendung!“

Todtenberg stieß einen ärgerlichen Laut aus, weil der Aschenkegel der Zigarre nun doch abgebrochen und am Boden zerstoben war. „Was ist eigentlich mit diesem Salandt?“ .

Knothe zog selbstgefällig das Kinn an die Halsbinde und erwiderte:

„Er hat noch nichts zugegeben, ich garantiere Sie aber, daß er bald mürbe sein wird. Augenblicklich schiebt er Wache mit dem Pistol.“

„Dieser bornierte Bursche verdient auch kürzere Zügel!“

„Jawohl, Herr Oberstabsarzt.“

„Nehmen Sie eine Zigarre, Knothe.“

„Danke gehorsamst!“

„Bingen Sie das Mädchen auf jeden Fall her, Knothe. Aber nicht sofort – in einigen Minuten!“

„Herr Oberstabsarzt können sich auf mir verlassen.“

Als Knothe gegangen war, legte Todtenberg die Kleider ab und betrachtete seinen sauberen weißen, mit sanften dünnschichtigen Fettpolstern ausgestatteten Körper. Fast in der gleichen süßen und hungrig tastenden Weise glitt sein Blick über die vom Kerzenschein warm erhellten Lenden und Schenkel, wie es vor langen Jahren geschehen war, als der Knabe sich zum ersten Male Lust bereitet hatte.

Die Kühle des Wassers ernüchterte Todtenberg vorübergehend. Dann aber umfing ihn das Bad kosend und wohlig.

Die duftende französische Seife überzog Arme und Schultern weich schmeichelnd. Mit liebevollen Griffen massierte Todtenberg die Haut. Er dehnte und reckte sich, soweit das enge Behältnis es nur zuließ.

Selbstverständlich war dies Bad nicht mit jenem zu vergleichen, das er täglich in seiner Düsseldorfer Wohnung genommen hatte. Keine blinkenden, chromgefaßten Spiegel schmückten hier den Raum. Die Glasregale mit den Batterien teurer Kosmetika fehlten, die großen italienischen Schwämme und ebenso die dicken Matten aus Kork und Gummi. Auch verfügte Todtenberg nicht über die weiten, plüschigen Badelaken, diese Frotteedecken, die einen nach dem Bade so unbeschreiblich wohltuend umfingen. Todtenberg konnte sich kaum bewegen, ohne Gefahr zu laufen, das Quartier in eine einzige Pfütze zu verwandeln.

Trotzdem bereitete ihm dies improvisierte Bad einen fast wollüstigen Genuß. Er schmeckte etwas aus, dessen er hier so selten teilhaftig wurde – die Genugtuung des eigenen Ichs.

So saß Todtenberg in dem durch winklige Stahlrohre gespannten Stoffsack und wartete auf Schwester Friedel. Er berauschte sich im voraus an ihrer Verlegenheit und Scham. Er weidete sich an der Aussicht, das Mädchen aufs heftigste brüskieren zu können. Er wußte, daß eine pikante Anekdote in der Einheit umlaufen würde.

Friedel sollte ihm den Rücken abseifen.

Vorstellungen erregten Todtenberg.

Abendlieder

Dem englischen Fliegercaptain ging es seit Mittag schlechter. Wenn solch ein Zusammenhang überhaupt denkbar war, dann durfte man annehmen, das Krachen von Rouaux habe dem lauernden, aufgestauten Fieber in seinem Körper alle Schleusen geöffnet.

Der Patient delirierte, führte verworrene, unverständliche Reden, die an niemand oder jedenfalls nur an Traumwesen aus seiner überhitzten Vorstellungswelt gerichtet waren. Mitunter sang er auch heimatliche Lieder, rauh, rasselnd. Dann wiederum machte er vergebliche Anstrengungen, das schwere weiße Gipsgehäuse, das seinen Körper bis zur Brust hinauf einschloß, mit den Händen aufzubrechen.

Friedel hatte Mühe, ihn zu besänftigen.

Wenn eine Fieberwoge verebbt war, kam der Engländer zeitweilig zur Ruhe. Er blickte dann still zur Decke auf und schloß wohl auch für einige Minuten die Augen. In solchem Zustand schien er nachzudenken oder begütigenden Wachträumen nachzuhängen.

Und konnte nicht sein, daß er in Gedanken durch die weiten goldenen Getreidefelder von Suffolk schweifte? Vielleicht hörte er das Brausen, das Dröhnen der Schmieden und Hochöfen Sheffields, vielleicht kamen ihm Bilder aus friedlichen Tagen in den Sinn, Erinnerungen an Ferien, die er auf den romantisch zerklüfteten, graudunstigen Steilküsten von Solway Firth verbracht hatte?

Einmal schien es, als ob er weine. Friedel wollte ihm die schweißnasse Stirn abtrocknen. Aber er wandte das Gesicht zur Wand.

Der Krieg macht viele Männer weinen.

Bereits am Nachmittag hatte Friedel dem Oberstabsarzt Mitteilung vom Befinden des Engländers zugehen lassen. Todtenberg war nicht erschienen – möglicherweise wegen der Verwundeten von Rouaux, die um jene Zeit durchgeschleust werden mußten. Später, gegen Abend, hatte Friedel ihm noch einmal Nachricht gegeben. Er hatte sich wiederum nicht blicken lassen. In den Pausen, wenn der Engländer sich ruhig verhielt, wartete Friedel und lauschte.

Der alte Franzose lag ganz still, mit offenen Augen, hinfälliger noch als am Morgen, aber wach. Er wartete. Ein Wrack von einem Menschen. Ein Gigant an Willenskraft.

Friedel horchte auf. Knothes bellende Stimme war draußen laut geworden. Geschepper von metallenen Gefäßen, Quietschen von Tragehenkeln drang herüber. Aber diese Unruhe verging wieder. Friedel blieb sitzen. Nachdem Harry am Abend auf Wache gegangen war und keine Aussicht mehr bestand, ihn heute noch einmal zu sehen, hielt sie es für besser, in der Abgeschlossenheit dieses Reviers zu verharren. Fast war sie jetzt froh, hier Dienst tun zu müssen.

Dann erschien Schwester Roswitha. Der alte Franzose erkannte sie sogleich. Er bewegte sogar den Kopf ein wenig, als wolle er seiner Erleichterung Ausdruck geben. Schwester Roswitha setzte sich zu ihm ans Bett, nahm seine blasse, kraftlose Hand. Unerwartet warm und freundschaftlich sagte sie zu Friedel: „Du wirst jetzt schlafen gehen, man kann nicht Tag und Nacht Dienst tun."

„Der Captain hat vierzig Fieber!"

„Hast du ihm etwas eingegeben?"

„Am Nachmittag und vorhin."

„Mehr können wir auch nicht tun", entschied Schwester Roswitha. Dann wiederholte sie nachdenklich: „Es ist Zeit, daß du schlafen gehst, Friedel. Und – iß etwas."

„Ich habe Todtenberg wegen des Captains zweimal Bescheid gegeben. Er ist nicht gekommen."

„Du brauchst nicht länger auf ihn zu warten."

„Er muß doch etwas unternehmen!"

„Man kann da nichts machen. Der Patient ist nicht transportfähig."

„Ich will warten, bis Todtenberg kommt", sagte Friedel bestimmt.

Schwester Roswitha runzelte die Stirn. Sie wurde ungeduldig. „Er wird nicht kommen, weil er im Bade sitzt", sagte sie höhnisch. „Der Herr badet, verstehst du? Die Leute mußten ihm das Wasser in die Unterkunft schleppen, von den Feldküchen. Morgen früh wird nichts zu trinken dasein, weil man erst neues Wasser abkochen muß. Glaubst du denn, daß Todtenberg jetzt noch herauskommt? In der Dunkelheit? Alle haben Angst vor den Partisanen."

Der alte Franzose rührte sich wieder, kaum merklich, murmelte etwas.

„Nun geh endlich!" forderte Schwester Roswitha unwirsch. „Du siehst ganz elend aus."

Friedel blickte sie mißtrauisch an. Die verhohlene Ungeduld in Schwester Roswithas Stimme war ihr nicht entgangen. „Warum sind Sie auf einmal so besorgt um mich?" fragte sie. „Heute morgen haben Sie mich verspottet!"

„Jammre nicht gleich!"

„Ich muß hierbleiben. Ich habe keinen anderen Befehl bekommen."

„Laß das meine Sorge sein."

„Ist Ihnen befohlen worden, mich abzulösen?" fragte Friedel.

„. . . ja."

An dem winzigen Zögern, das dieser Antwort vorausging, erkannte Friedel, daß Schwester Roswitha log.

„Es ist ja nicht wahr, was Sie sagen!" stieß sie hervor.

„Geh schon!" sagte die Ältere.

„Ich weiß nicht, was Sie wollen oder vorhaben", entgegnete Friedel erbittert, „ich werde aber hierbleiben! Warum lügen Sie mich an?"

Schwester Roswitha schwieg.

„Niemand sagt hier die Wahrheit! Einer hintergeht den anderen! Jeder führt irgend etwas im Schilde! Überall ist eine Gemeinheit im Spiele!"

Die andere wollte auffahren. Dann aber sagte sie merkwürdig ruhig: „Es ist besser für dich, wenn du mir den Dienst übergibst. Es ist besser für *euch*!"

„Was wissen denn Sie von uns? Ausgerechnet Sie?" Friedel zitterte vor Erregung.

„Nimm doch Vernunft an, Kind! Der Oberstabsarzt wird nicht mehr kommen. Er ist kein Mensch, der nach dem Bade noch etwas unternimmt."

„Sie müssen ihn genau kennen."

„Du verdientest Ohrfeigen."

„Das würde Ihnen so passen, nicht!" schrie Friedel. „Wenn Sie mit Ihrer Weisheit am Ende sind, dann wollen Sie prügeln! Was ist denn überhaupt an Ihnen wahr? Einen Rosenkranz und ein Kruzefix kann sich jeder kaufen. Es wäre besser, wenn Sie weniger beteten und mehr Verständnis für die Not anderer haben würden!" Ein trockenes Schluchzen hinderte Friedel am Weitersprechen. Sie wendete sich ab. Sie hätte ihren Tränen wohl freien Lauf gelassen. Da aber begann der Engländer sich wieder zu regen. Mehr stöhnend als sprechend stieß er kurze Sätze aus, die wie Befehle klangen. Seine Fäuste trommelten auf dem Gipspanzer. Der Kopf fiel von einer Seite auf die andere.

Nachdem die Frauen ihn beruhigt hatten und er wieder still, als sei nichts geschehen, zur Decke aufsah, sagte Schwester Roswitha zu Friedel: „Es gibt Angelegenheiten, die du wohl verstehen würdest, in denen du aber doch nichts tun könntest. Da ist es schon besser, wenn du gar nichts davon weißt."

„Ich verstehe nur, daß dem Oberstabsarzt ein Bad wichtiger ist als diese Patienten, die morgen vielleicht nicht mehr leben werden!"

„Ich verteidige ihn nicht", sagte Schwester Roswitha.

Daraufhin nahm sie ihren Platz am Bett des alten Franzosen wieder ein. Sie holte einen Rosenkranz hervor, legte die eine Hand des Alten sanft in die Schlinge der Perlenkette und begann leise zu beten. Der Alte schaute sie unverwandt an. Friedel erkannte, daß ihn Schwester Roswithas Gegenwart beruhigte. Darum schwieg sie.

Wenig später kam Feldwebel Knothe. Er sah erstaunt auf Schwester Roswitha und den Rosenkranz, schien aber keinen Anstoß an ihrem Vorhandensein zu nehmen. Offenbar war ihm auch daran gelegen, den Raum möglichst bald wieder zu verlassen. Den englischen Captain, dessen Uhr er gestohlen hatte, sah Knothe nicht an. Er sagte geschäftig:

„Nicht schlecht, daß Sie beide hier sind. Schwester Friedel soll gleich mal zum Chef kommen."

„Der Engländer ist in der Krisis, ich kann nicht kommen", sagte Friedel.

Knothe grinste schief, rückte die Schultern hin und her. Die neue Uniform schien ihm nicht ganz zu passen. Schließlich sagte der Feldwebel: „Kommen Sie erst mal mit. Der Chef wird schon entscheiden!"

Knothe ging zur Tür, anscheinend fest davon überzeugt, daß Friedel ihm sogleich folgen würde. Als er sich in dieser Annahme getäuscht sah, erklärte Knothe mit merklicher Drohung in der Stimme: „Sie müssen nicht immer gleich so empfindlich sein, Schwester Friedel! Das bekommt Sie nicht – und anderen auch nicht!" Wiederum grinste er schiefmäulig.

Sie schwieg. Das Grinsen auf Knothes Gesicht erlosch. Er stemmte die Fäuste in die Hüften, zuckte leicht mit dem rechten Knie, wie er es auch beim Morgenappell zu tun pflegte, wenn ihm etwas nicht schnell genug ging.

„Na – was denn?" Die Stimme knarrte.

„Ich kann hier nicht fort."

Knothe stutzte, hob sich leicht auf die Fußballen, sagte dann scharf: „Machen Sie keine Sprüche!"

„Sie wagen sich nur an andere, wenn sie wehrlos sind!"

„Ich weiß schon, was ich tue!"

„Vielleicht sind Sie noch stolz auf Ihre Gemeinheit."

„Kümmern Sie sich um sich!" schrie Knothe. Sein Gesicht war schon wieder tomatenrot.

Schwester Roswitha blickte langsam von einem zum anderen. Wenn sie auch wünschte, Friedel aus dem Raume zu haben, weil Ferdinand Pistol vielleicht mit der Tochter des Alten kommen würde, so sah sie sich dennoch außerstande, Friedel zu bewegen, den übermittelten Befehl auszuführen. Es bedurfte ja auch keiner langen Überlegungen, zu erkennen, daß der Oberstabsarzt hier eine neue Gemeinheit plante. Friedel tat ihr leid.

„Also machen Sie schon!"

„Ich habe Ihnen gesagt, daß ich nicht fort kann."

„Ich habe Sie einen Befehl überbracht!"

„Ihre Art von Befehlen haben wir inzwischen kennengelernt!"

Knothe, dem es heute zum zweiten Male widerfuhr, daß jemand seine Anordnungen nicht befolgte, und der sich leicht ausrechnen konnte, daß sich Todtenbergs Unmut wieder auf seinem Haupt entladen würde, ging kurz entschlossen auf Friedel zu, packte ihren Arm, um sie mit Gewalt zum Verlassen des Raumes zu bewegen. Das Mädchen wurde totenbleich, widersetzte sich. Dennoch wäre es dem kräftigen, untersetzten Knothe wahrscheinlich gelungen, sie hinauszuzerren.

In diesem Augenblick aber fühlte er sich an der Schulter heftig zurückgerissen. Ein Stuhl kippte, scharrte an der Wand nieder.

„Lassen Sie das Mädchen los!"

Knothe wollte aufbrausen.

„Machen Sie, daß Sie hinauskommen, Sie – Schinder!"

Nun geschah das Seltsame. Ob es nun an Knothes ungeheurer Verblüffung lag oder auf die unerbittliche Strenge von Schwester Roswithas Auftreten zurückzuführen war – jedenfalls gab der Feldwebel Friedel frei, ging mit eingezogenem Kopf bis an die Tür zurück und verschwand dann.

„Euch beiden wird es noch schlecht gehen, glaube ich", sagte Schwester Roswitha zu Friedel, die an der Wand lehnte und die Augen geschlossen hielt.

„... contre une femme – le misérable!" sagte der alte Franzose mühsam.

Der Engländer begann wieder zu singen.

Friedel weinte. Auf einmal spürte sie Schwester Roswithas Hände auf ihren Armen. Sie ließ den Kopf gegen die Schulter der Älteren sinken.

„Aber ihr seid ja jung", sagte Schwester Roswitha still und mütterlich. „Es wird noch ein anderes Leben für euch geben."

Das Wasser hatte sich inzwischen abgekühlt. Die Seife war Todtenbergs Händen entglitten. Sie lag irgendwo auf dem Grunde der Reisebadewanne. Er tastete vergebens nach ihr. Das machte ihn neuerlich nervös.

Warum kam diese Schwester Friedel nicht?

Möglicherweise hatte Knothe sie gar nicht gefunden? Vielleicht war sie, allen Verboten zum Trotz, wieder mit dem Gefreiten Salandt zusammengetroffen, der im Park Posten stand? Vielleicht lachten die beiden gerade in dieser Minute über ihn, dem es nicht gelungen war, sie voneinander zu trennen?

Diese Vermutung drängte sich Todtenberg so mächtig auf, daß er sie schon als Tatsache empfand.

Auch die Wasserträger draußen vor der Tür begannen ihn zu ärgern. Tröstlich für ihn war nur, daß er sie der Muße dienstfreier Stunden beraubt und ihnen mühselige Arbeit aufgebürdet hatte. Natürlich waren sie erbost. Kleine Leute, die ihn anwiderten.

War es nicht Sache der kleinen Leute, daß sie kleine Leute waren?

All diese Schützen und Gefreiten in den entstellend pludrigen Uniformen und den klobigen Stiefeln, all diese Arbeiter mit den verschmutzten Händen, die sie nicht einmal feiertags sauber bekamen! Seit je hatte Todtenberg die kleinen Leute nicht leiden mögen. Sie waren ihm stets wie Haustiere der Gesellschaft vorgekommen. Demgegenüber hatte er aber auch nicht selten einen versteckten, halbeingestandenen Neid auf sie empfunden. Sie wußten sich praktischer, natürlicher im Leben zu bewegen. Wie die dicken Bierkutscher auf dem Bock lachen konnten!

Todtenberg spie ärgerlich aus. Das tat er selten.

Durch einen Zufall fand er das verlorengegangene Seifenstück wieder. Er ließ es aus einer Hand in die andere schlickern und starrte voll zorniger Ungewißheit auf die Tür. Sollte dieses Mädchen wirklich nicht erscheinen?

Selbstverständlich würde sie kommen! Ebenso selbstverständlich, wie diese kleinen Leute dort draußen das Wasser hatten schleppen müssen. Sie gehörte zu ihnen.

Mit der Zeit wurde der Körper klamm. Todtenberg fröstelte. Die Haut hatte einen bläulichen Farbton angenommen. Der duftige Seifenschaum war vergangen und lag nun als dünne, graufettige Schicht auf der Oberfläche des Wassers. Was vorhin Lust bereitet hatte, wurde zur Pein. Todtenberg erwog, ob er nicht besser aus der Wanne steigen und sich abtrocknen solle. Die schon recht krampfhafte Hoffnung, Friedel doch noch zu demütigen und durch seine Nacktheit verletzen zu können, hielt Todtenberg im Wasser. Er beschloß, einen der Wasserträger nach ihr und Knothe auszuschicken.

„Da draußen . . .!“ rief Todtenberg.

Keine Antwort. Waren die Leute etwa fort? Er hatte sie doch vorhin noch sprechen hören.

„Kommen Sie herein!“ befahl Todtenberg, so laut er konnte.

Aber auch jetzt war außer dem Brummen der Flugzeuge nichts zu vernehmen. Todtenberg suchte sich der Namen der Wasserträger zu entsinnen. Er kannte sie nicht. Er hätte diese Leute vielleicht nicht einmal wiedererkannt, wenn sie jetzt hereingekommen wären. Alle hatten für ihn das gleiche Gesicht. Am Tage erschienen ihm ihre grauen Gestalten so unterschiedslos wie die Buchenstämme im Park.

Daß Schwester Friedel nicht kommen würde, erkannte Todtenberg sogleich an der Art, in der Feldwebel Knothe den Raum betrat. Ohnmächtiger Grimm erfüllte den Oberstabsarzt in diesem Augenblick. Er war außerstande, auch nur ein Wort hervorzubringen.

Knothe hatte Haltung eingenommen. Er stand jetzt vor seinem in der Wanne sitzenden Chef wie ein Rekrut vor dem Ausbildungsgefreiten.

„Drehen Sie sich um!" fauchte Todtenberg.

Knothe machte auf dem Absatz kehrt, stand nun mit dem Gesicht zur Wand.

„Sie will nicht kommen, wegen des Engländers. Er hat Krisis", suchte er sich halblaut zu entschuldigen.

„Halten Sie den Mund!" Todtenbergs Stimme schwirrte.

Er kletterte aus der Wanne, trocknete sich ab. Dann stieg er in Unterzeug und Hose, warf den seidenen Hausmantel um.

Ein Klemmen in der Nasenhöhle zeigte Todtenberg an, daß er sich einen Schnupfen geholt hatte.

„Sie sind nicht in der Lage, die Ausführung eines so einfachen Befehls durchzusetzen! Das grenzt an Idiotie – Knothe!"

„Ich habe alles versucht, Herr Oberstabsarzt", sprach Knothe gegen die Wand.

Todtenberg sah Knothes breiten Rücken, den Hinterkopf, die Mütze, die wie der Deckel auf einer Keksdose saß.

Ein Ochse! dachte er. Ihm fiel ein, daß Knothes Beförderungsantrag noch immer unter seinen Papieren lag. Er mußte niesen, erklärte dann schnaubend und in der Ausdrucksfähigkeit gehemmt:

„Solange Sie Ihren Dienst nicht besser zu versehen gelernt haben, wird aus Ihrer Beförderung nichts, Feldwebel Knothe!"

„Gehen Sie selbst hinüber!" wagte Knothe in dumpfem Trotz zu erwidern.

„Behalten Sie Ihre Empfehlungen für sich!" fuhr Todtenberg ihn an, wobei er von wiederholtem Niesen unterbrochen wurde. „Warum stehen Sie da wie eine Jahrmarktsfigur und glotzen die Wand an? Drehen Sie sich um!"

Der Feldwebel wandte ihm nun das Gesicht zu, verbissen. Die Augen waren blutunterlaufen.

Todtenberg sah davon ab, weitere Bemerkungen zu machen.

Er befahl Knothe lediglich, die Wanne entleeren und abbauen zu lassen.

Als er wieder allein war, setzte sich Todtenberg auf sein Feldbett. Die Nase lief. Das Gesicht brannte. In der Stirnhöhle fühlte er einen dumpfen Druck.

Er wußte, daß er nun selbst ins Revier der „Gefangenen" würde hinübergehen müssen. Das war er seiner Autorität schuldig. Er wußte aber auch, daß er es nicht tun würde – seines Zustands und auch der Dunkelheit wegen. Morgen früh wollte er weitersehen.

Noch waren ja nicht alle Register gezogen!

Gemeinsamkeit gibt Kraft

Ferdinand Pistols unerwarteter Fortgang hatte Harry in eigentümliche Erregung versetzt. Die großartige Selbstverständlichkeit, mit der der Kamerad handelte, beeindruckte ihn. Natürlich war es befremdlich, daß Ferdinand Pistol Beziehungen zu einem französischen Mädchen unterhielt. Aber diese Annahme verlor für Harry an Wichtigkeit angesichts der Tatsache, daß hier noch jemand um einer Liebe willen Verboten zuwiderhandelte und sich dabei erheblichen Gefahren aussetzte.

Harry war wieder hellwach, während er nun unter dem Erlengebüsch hockte und dem vereinzelten Krächzen lauschte, das Vögel auf ihren Schlafbäumen hören ließen.

Wie mochte dieses Mädchen aussehen, zu dem Ferdinand Pistol gegangen war? Wo hatte er sie kennengelernt? Auf welchem Wege konnten die beiden sich verständigen?

Harry fand es gut, an einem Geheimnis teilhaben zu dürfen. Das ermutigte auch in eigener Sache. Ihn freute, daß Ferdinand Pistol die Beziehung zu Friedel guthieß und anerkannte, daß er darüber nicht spottete. Das war tröstlich. Harry fragte sich, ob der Kamerad ihm behilflich sein würde, heimlich mit Friedel zusammenzukommen. Er wußte, daß der andere es tun würde.

Die Gewißheit, einen Gefährten zu besitzen, stärkte Harrys Widerstandswillen. Todtenberg und Knothe kamen ihm nun weniger mächtig vor. Die Aussicht, ihnen mit Erfolg zuwiderhandeln zu können, verlor an Unwahrscheinlichkeit.

Harry horchte auf. Aus der Richtung, wo die Chaussee in den Park einmündete, wurde das Geräusch von Schritten vernehmbar. Harry duckte sich, hob das Gewehr, entsicherte lautlos. Dann hörte er leise nach dem Posten rufen. Harry forderte die Losung. Das Kennwort kam.

Der Wachhabende und der lange Trabnach hatten ihren Kontrollgang aus irgendeinem Grunde wiederholt und traten nun aus der Dunkelheit. Der Unteroffizier fragte: „Warum sind Sie allein? Wo ist der zweite Mann?"

Harry wußte selbst nicht, wie er nach kurzem Zögern die sichere Antwort geben konnte: „Wir haben verdächtige Geräusche gehört. Der Obergefreite Pistol ist ihnen nachgegangen!"

„Wo war das?" fragte der Unteroffizier stockend.

Als Harry die Unsicherheit des Wachhabenden bemerkte, wurde seine Rede vollends geläufig: „Das Geräusch kam aus dem Park. Aber es war nicht der Schritt einer Patrouille. Den hätten wir sofort erkannt. Es hörte sich so an, als ob jemand mit aller Vorsicht in Richtung des Kraftfahrzeughofes schleicht. Pistol sagte, daß wir uns unbedingt darum kümmern müßten. Es kann natürlich auch ein Tier gewesen sein, Herr Unteroffizier. Wir wollten aber sichergehen."

Angespannt lauschten sie in den Park hinein. Bis auf die Furcht, daß Ferdinand Pistol vorzeitig zurückkommen und sich verraten könnte, war Harry jetzt ganz ruhig.

„Warum habt ihr nicht geschossen?" fragte der lange Trabnach mißtrauisch.

„Wir wollten nicht in den Park hineinfeuern. Wir hätten eigene Leute treffen können."

„Das ist richtig", bestätigte der Wachhabende hastig.

„Wenn wir hätten schießen können, dann wäre Pistol gar nicht fortgegangen", erklärte Harry, „er muß jeden Augenblick zurücksein."

„Es ist gut", entschied der Wachhabende, „seien Sie weiterhin wachsam! Keineswegs aber dürfen in solchen Fällen beide Posten ihren Platz verlassen!"

Harrys Erleichterung, diese bedenkliche Situation so gut gemeistert zu haben, hielt nicht lange an. Nachdem die beiden verschwunden waren, blickte er auf die Uhr und stellte fest, daß Ferdinand Pistol schon fast eine volle Stunde ausgeblieben war. Der Gedanke, daß Partisanen Ferdinand Pistol abgefangen haben konnten, erschreckte Harry sehr.

Vielleicht wurde gerade Gericht über den Kameraden gehalten, still, flüsternd, grausam und unerbittlich? Konnte nicht jenes unbekannte Mädchen, zu dem Ferdinand Pistol gegangen war, als Köder gedient haben? Harry fiel die Vorstellung schwer, daß es bei diesen Menschen, die Fremde waren und Feinde hießen, Liebe geben konnte.

Um auch den feinsten Laut auffangen zu können, der auf Ferdinand Pistols Rückkehr hätte schließen lassen, hielt Harry wiederholt den Atem an. Einer Gewohnheit aus den abenteuerlichen Spielen der Kindheit erinnerte er sich. Er streckte sich aus, preßte das Ohr an den Boden. Doch er vernahm nichts außer dem eigenen Blutrauschen und dem Geknister trockenen Laubes unter seiner Wange.

Plötzlich stand Ferdinand Pistol vor ihm, völlig ruhig. Er war mit geisterhafter Lautlosigkeit aufgetaucht.

„Ich dachte schon – sie hätten dich gefangen", sagte Harry verlegen.

„Wie kommst du darauf?" fragte Ferdinand Pistol wachsam.

„Du hättest in eine Falle gehen können."

„Es bestand keine Gefahr."

„Hast du sie getroffen? Hat sie dich erwartet?"

Ferdinand Pistol schien nicht reden zu wollen. Nach einer Weile sagte er, wie für sich: „Ja – ich habe sie getroffen."

Seine Schweigsamkeit verletzte Harry. Nun er sich als Vertrauter fühlte, hätte er gern mehr erfahren. Aber Ferdinand Pistol blieb wortkarg. Seine Zurückhaltung schwand erst, als Harry ihm von der zweiten Inspektion des Wachhabenden berichtet hatte.

„Du weißt nicht, was du damit abgewendet hast!" sagte Ferdinand Pistol herzlich, wobei er den Arm des Kameraden leise drückte. „Das war großartig, Harry. Du hättest dich nicht besser verhalten können." Danach verfiel er wieder in Schweigen. Aber jetzt empfand Harry es nicht mehr als fremd, abstandgebietend oder gar verletzend.

Er wird in Gedanken noch bei ihr sein, dachte er.

Daß Ferdinand Pistol von Zeit zu Zeit in die Tasche griff, um sich vom Vorhandensein eines Papiers zu überzeugen, entging ihm.

Kurz nach Mitternacht löste man sie ab. Um vier Uhr morgens sollten sie noch einmal aufziehen. Um acht würde ihr Wachdienst beendet sein.

Ferdinand Pistol und Harry hatten sich geeinigt, ihren Weg zum Wachlokal über den Hof zu nehmen, an dem das Revier der „Gefangenen" und Eisermanns Arrestzelle lagen. Ferdinand Pistol wollte sich vergewissern, ob er um diese Zeit ungefährdet zu dem alten Franzosen gelangen könne. Harry hatte eine schwache Hoffnung, Friedel zu treffen. Außerdem wollten sie Eisermann die Zigaretten zukommen lassen. Es stand allerdings nur wenig Zeit zur Verfügung. Der Befehl gebot den Posten, sich auf dem kürzesten Weg ins Wachlokal zu verfügen.

Sie gelangten ungehindert auf den Hof zwischen den Kavaliershäusern. Sie konnten Eisermann die Zigaretten in die Zelle werfen. Gleich darauf aber mußten sie sich wieder in die schützende Dunkelheit des Parks zurückziehen.

Aus der Platanenallee war Feldwebel Knothe aufgetaucht. Er schwankte, während er auf den Hof hinaustrat. Offenbar hatte er wieder getrunken. Die Saufsträhne.

Ferdinand Pistol und Harry konnten verfolgen, wie er

zur Unterkunft der Schwestern hinaufschaute, dann zum Revier der „Gefangenen“ hinüberging, ohne das Gebäude jedoch zu betreten. Endlich schlenderte Knothe, dumpf vor sich hin redend, zu Eisermanns Zelle. Er brachte sein Gesicht vors Fenster und rief den Arrestanten an. Ob Eisermann antwortete, konnten Ferdinand Pistol und Harry nicht feststellen. Es war aber zu sehen, daß sein Verhalten Knothe aufbrachte. Sie wurden Zeugen, wie der Feldwebel Eisermann verhöhnte. Sie konnten alles hören, was er mit seiner rohen, schweren Stimme gegen ihn vorbrachte. Sie sahen, wie Knothe einmal zurücktaumelte und fast fiel.

Währenddessen ereignete sich etwas für Ferdinand Pistol wie für Harry gleicherweise Unerwartetes. Nachdem der Feldwebel seine Wut eine Zeitlang in Eisermanns Zelle gespien hatte, bemerkte Ferdinand Pistol plötzlich, daß Harry sein Gewehr gehoben und fast auf Knothe in Anschlag gebracht hatte.

Er drückte den Lauf der Waffe rasch herunter und zog Harry tiefer in den Park hinein. Dort sagte er sehr eindringlich: „Du mußt es dir sehr genau überlegen, wenn du etwas tun willst!“

„Ich weiß selbst nicht, wie das kam“, murmelte Harry, über sich erschrocken.

„Du darfst nichts *zufällig* tun!“

Dann gingen sie auf Umwegen ins Wachlokal. Ferdinand Pistol wiederholte dem Wachhabenden die Darstellung, die Harry bei der zweiten Inspektion gegeben hatte. Der Unteroffizier ließ es damit bewenden.

Gelobt sei der Haß

Eisermann hatte mehrere Stunden in einem Zustande völliger Niedergeschlagenheit verbracht. Seine Teilnahmslosigkeit allen äußeren Erscheinungen und Eindrücken gegenüber war so tief, daß ihn das Eingeschlossensein gar nicht berührte.

Wie er auf der Pritsche dieser Arrestzelle saß, vorgebeugt, einem alten Manne gleich, niedergehalten durch die Last schrecklicher Gewißheit, so hätte er auch anderswo sitzen können. Sein Zustand wäre dadurch nicht geändert worden. Der Ort des Aufenthaltes war unwesentlich. Eisermann sah weder die grünen Kacheln der Zelle, noch wurde seine Aufmerksamkeit durch den Fahrzeuglärm in Anspruch genommen, den am Nachmittag der An- und Abtransport der Verwundeten von Rouaux hervorrief. Es gab nichts, das seine Sinne von außen her anrühren konnte. Die Auseinandersetzung mit Knothe beschäftigte Eisermanns Denken während dieser Zeit so wenig, als habe sie überhaupt nicht stattgefunden.

Eisermann war ganz von Schmerz, von lastender, unbeweglicher Trauer erfüllt. Nichts anderem blieb Raum.

Dabei hatte Adalbert Eisermann seine beiden Brüder, die wesentlich älter als er waren, nie sonderlich geliebt.

Als Jüngster war Eisermann von seinen Brüdern oft gehänselt, manchmal auch geschlagen worden. Als noch der Besitz einer kompletten Kollektion von Vanadium-Schraubenschlüsseln für ihn der Inbegriff höchsten Glückes gewesen war, da hatten die Brüder bereits Umgang mit Mädchen gehabt. Sie waren ihm immer ein gutes Stück voraus gewesen. Die Spanne des Altersunterschiedes hatte sie daran gehindert, sich nachhaltig um ihn zu kümmern.

Jetzt aber sollten sie tot sein?

Der Krieg hatte eine Verbrauchsquittung ausgestellt. Sie lag vor, schneidend eindeutig, unmißverständlich und trotzdem unbegreiflich.

Eisermann konnte sich nicht vorstellen, daß er die Brüder nicht mehr sehen sollte – so, wie sie in seiner Erinnerung lebten. Würden sie wirklich nie mehr auf dem kleinen Hof des Grundstücks hocken, ölverschmiert, den Zigarettenstummel im Mundwinkel, wortlos an Maschinen herumbauend? Würden sie nie mehr mit dem Alten streiten, wenn sie seinem Werkzeugschrank unerlaubterweise eine Schneidkluppe oder einen Steckschlüssel entnommen hatten? Nie mehr würden sie der Mutter durch nachlässig liegengelassene Strümpfe oder Schlipse Ärgernis bereiten? Nie mehr würden sie am Gartenzaun stehen, um mit den Töchtern der Nachbarschaft zu tändeln? Würden sie nie mehr Dahlien von den sorgsam gehüteten väterlichen Blumenbeeten stehlen? Und würde es keinen Sonntagmorgen mehr geben, an dem sie angeheitert und auch ein wenig zerprügelt vom Kleingärtnerball kamen?

Ihre Betten würden leerstehen.

Jetzt, da er sie verloren wußte, begriff Eisermann, was sie ihm gewesen waren.

Wer hatte ihn, trotz des mürrischen väterlichen Einspruchs, zum erstenmal auf ein Motorrad gesetzt? Von wem war ihm das Schlipsbinden beigebracht worden? Als Eisermann zum erstenmal die Liebe erlebte und darüber die Nacht vergaß, da hatten die Brüder für ihn gutgesagt, vorgebend, daß er mit ihnen zusammen gewesen sei. Manchmal waren sie dem Alten sogar in den Arm gefallen, wenn er ihn prügeln wollte.

Eisermann wog nun nicht, wie oft sie gut zu ihm gewesen waren und wie oft sie es unterlassen hatten. Wie man das Selbstverständliche meist zuletzt begreift, so erkannte auch er erst jetzt, daß die Brüder ihm Fährten in den Weg des Lebens getreten, denen er leicht hatte folgen können. Und wie dies bei jeder Trauer ist, so kreiste nun auch durch Eisermanns Schmerz die Frage, ob er den Verlorenen nicht Liebe vorenthalten habe. Der Schmerz des Verlusts ist oft ein Schmerz um Versäumtes.

Gegen Abend löste Eisermann sich aus seiner Erstarrung. Er konnte ein wenig weinen. Er begann auch die eigene Situation zu überdenken. Doch jeder Gedankengang verband sich sogleich mit Fragen, die das Schicksal seiner Brüder aufwarf.

Wie waren sie umgekommen?

Was Eisermann hier im Park von Reinegarde und zuvor in Chénières an Erfahrungen und Erlebnissen zuteil geworden war, drängte sich jetzt in sein Bewußtsein, als Beispiel, zum Vergleich, als Antwort.

Die Brüder waren in Rußland gefallen. Für Eisermann war Rußland gleichbedeutend mit einer ungeheuren, unendlichen steppengraswogenden Ebene. Er konnte diese Ferne in seine Vorstellungen nicht einbeziehen. So sah er die Brüder verscharrt in einer Bodenmulde, wie es sie auch hier überall gab. So sah er sie in sinnloser Erloschenheit fortgetan, gleich jenem Leichnam, den man hier in dem riesigen Deckungsloch bestattet hatte, begleitet von Knothes heulendem Mundharmonikaspiel.

Der Begriff „Gefallen" gab keine Erklärung.

Für Eisermann waren die Brüder umgekommen, zu Tode gebracht, weil man zu spät Blut transfundiert hatte oder weil der Spender nicht rechtzeitig zur Stelle gewesen war.

Je mehr er darüber nachdachte, desto weniger konnte er ihr Ende als unbedingt und schicksalhaft begreifen. Sein schmerzgetriebenes Sinnen vermochte sich nicht mit der Weisheit zu bescheiden, daß der Tod der Hausmeister des Krieges ist. Eisermann forschte nach Schuldigen, die greifbar und körperlich waren und deren Befehle den Tod der Brüder zur Folge gehabt hatten.

Wer waren sie? Wie hießen sie?

Da Eisermann die Weite bis in die russische Ebene nicht überbrücken konnte, begannen seine Gedankenkreise sich wieder um die Feinde und Widersacher des hiesigen Bereichs zu schließen.

Der weibisch-glatte Oberstabsarzt!

Der schiefmäulige Feldwebel! Gerade er!

Gestern war der Drang in Eisermann aufgestanden, Knothe totzuschlagen. Heute mittag hatte er es fast getan. Jetzt wußte er, daß er es unbedingt tun mußte.

Die aus der Drangsal der letzten Tage geborenen Rachegefühle vereinten sich mit der zwingenden Forderung, für die Brüder Vergeltung zu üben, Gericht zu halten, das Urteil zu vollstrecken.

Über die das Urteil gesprochen war, hatten verschiedene Namen, verschiedene Gesichter, verschiedenen Rang. Aber es waren die gleichen.

Knothe! Die Bestie! Man mußte sie totschlagen wie eine Ratte!

Das war für Eisermann nun, als könne er ohne diesen Vorsatz nicht weiterleben. Jetzt fand er wieder Kraft, jetzt war der Verzweiflung Halt geboten.

Nur frei sein – und er würde keines Spatens, keiner anderen Waffe mehr bedürfen. Er hatte seine Hände.

Als die Dunkelheit hereingebrochen war, wußte Eisermann, daß man ihn vor morgen nicht abtransportieren würde. Er begann den Raum zu untersuchen.

Die Tür war aus starkem Eisenblech. Eisermanns kundige Hand tastete die Fugen und Beschläge des Schlosses ab. Er erkannte, daß er die Zelle auf diesem Wege nicht würde verlassen können. Dennoch warf er sich einige Male mit der Schulter gegen die Tür. Das Blech dröhnte. Die Tür gab um keinen Zentimeter nach.

Die Fensteröffnung hatte weder Rahmen noch Glas. Sie war jedoch durch flache, kreuzweise angeordnete Bandeisen versperrt. Eisermann rüttelte an ihnen. Dann machte er eine mächtige Anstrengung, sie auseinander zu biegen. Auch diese Bemühung blieb erfolglos. Wäre er im Besitz einer Feile gewesen, so hätte er das Hindernis rasch beseitigen können. Aber er hatte nicht einmal ein Taschenmesser.

Wieder auf der Pritsche hockend, grübelte er angestrengt nach. Von Zeit zu Zeit horchte Eisermann auf, ob sich nicht jemand nähere. Einige Male vernahm er Schritte, Reden und andere Geräusche auf dem Hofe. Aber es kam niemand. Es kam niemand, der ihm helfen konnte. Schließlich erwog Eisermann, ob es nicht möglich sein sollte, die Bandeisen aus ihrer Zementierung zu lösen. Es würde davon abhängen, wie tief sie ins Mauerwerk eingesetzt waren. Es würde auch auf das Werkzeug ankommen.

Erneut durchsuchte er seine Taschen nach einem festen, harten Gegenstand. Das Kettchen mit den flachen und ausgezahnten Autoschlüsseln geriet ihm in die Hände. Er wählte den größten und stärksten aus, aber die Ausmaße dieses Stückchen Metall blieben dennoch so gering, daß er es nur mit Daumen, Zeige- und Mittelfinger halten konnte – wie einen Bleistift.

Der Zement war weniger hart, als Eisermann befürchtet hatte. Er war aber mit feinem Kies durchsetzt. Das erschwerte die Arbeit außerordentlich. Nachdem Eisermann die Einbettung des einen Bandeisens eine halbe Stunde lang ringsherum aufgekratzt hatte, war er kaum über einen Zentimeter in die Tiefe gedrungen. Um die Eisen wenigstens zur Seite biegen zu können, mußten vier Enden aus ihrer Einbettung befreit werden. Selbst wenn er ununterbrochen arbeiten würde, bot dies Unternehmen kaum Aussicht auf Erfolg. Trotzdem ließ Eisermann den Schlüssel weiter im Zement nagen. Weil er das winzige Werkzeug nicht mit der ganzen Hand halten konnte und mit bis zur Schulterhöhe aufgehobenem Arm arbeiten mußte, war er zu häufigen Pausen gezwungen. Das Handgelenk wurde bald steif. In der Wurzel des Mittelhandknochens und im Daumen stellte sich ein zuckender Schmerz ein.

Nach einer Weile kam Eisermann auf den Einfall, die Pritsche unter das Fenster zu schieben und sich daraufzustellen. Dies erleichterte seinen Stand so sehr, daß er nun auch die linke Hand verwenden konnte.

Eisermann arbeitete zwei Stunden hindurch. Er kam bis auf den Grund der einen Einbettung. Dann aber mußte er pausieren und sich auf die Pritsche hocken. Er hatte kein Gefühl mehr in den Handgelenken. Die Fingerspitzen waren aufgeschürft und brannten wie nach einem Sturz. Die Muskeln der Arme hatten sich verhärtet, schmerzten bei jeder Bewegung. Eisermann massierte die Glieder, so gut es ging. Er hoffte wieder zu Kräften zu kommen. Aber die Zweifel, ob es ihm mit den zur Verfügung stehenden Mitteln gelingen würde, sich einen Fluchtweg zu bahnen, bedrängten ihn doch hart. Ihn erbitterte auch, daß Ferdinand Pistol, für den er sogar einen Kameradendiebstahl auf sich genommen hatte, nicht erschienen war.

Dann hörte er draußen Schritte und jenes eigentümliche Geräusch, das der beim Gehen gegen den Oberschenkel schlagende Kolben eines Gewehrs hervorruft.

„Eisermann?“ flüsterte jemand.

„Ja.“

„Faß zu!“

Eine Hand kam durchs Gitter. Etwas fiel leicht und fast ohne Geräusch auf die Pritsche. Eisermann wollte es auffangen, aber er griff daneben.

„Eisermann“, hörte er Ferdinand Pistol hervorstoßen, „wir müssen weg!“

Bevor Eisermann sich noch zu einer Entgegnung oder Frage gefaßt hatte, war Ferdinand Pistol verschwunden.

„Warte doch!“ rief er leise, fast flehend. Es kam keine Antwort.

Eisermann bückte sich, tastete in der Dunkelheit auf der Pritsche umher. Er fand eine Schachtel, die einige Zigaretten, ein paar Streichhölzer und eine Reibfläche enthielt. Eisermann verspürte kein Bedürfnis zu rauchen.

Ein Werkzeug brauchte er! Ein Messer! Oder einen starken Schraubenzieher, den man wie ein Stemmeisen führen konnte!

Er begriff nicht, warum Ferdinand Pistol so unvermittelt verschwunden war. Durch das Fenster wehte ihn die Kühle der Nachtluft an. Eisermann wollte noch einmal rufen, öffnete den Mund.

„Eisermann!“ sagte da vor ihm eine schwerfällige, satte Stimme, „Adalbert – Gefreiter!“

Eisermann hielt sich bewegungslos, schwieg. Vor dem Fenster schwankte der Schulter- und Kopfumriß Knothes.

Diese Begegnung war wie eine schlimme Traumvorstellung. Eisermann sah Knothes kugligen Kopf. Er hörte, wie der Feldwebel auf dem Sims umherfingerte.

Hoffentlich entdeckt er das Loch nicht ...!

„Du schläfst, Eisermann?“ fragte Knothe breit. „Die letzte Nacht bei unserm lieben Haufen! Scheiden und Meiden! Wach mal auf! Du hast ein dickes Fell, Adalbertchen!“

In der Annahme, Knothe könne ihn vielleicht sehen, wollte Eisermann zur Seite treten. Dabei knarrten die Bretter der Pritsche.

„Du tust nur so, Eisermannchen“, höhnte der Feldwebel triumphierend. „Du schläfst gar nicht. Du hast immer nur so getan, du sturer Hund! Aber damit ist's nu aus.“

Eisermann stand völlig regungslos. Er hatte die Arme angewinkelt, wie beim Laufen. Er hatte die Fäuste geballt. Alles in ihm war kalt. Eisermann stellte sich vor, über eine Pistole zu verfügen, über eine „08“-Parabellum.

Wenn ich ihm direkt ins Gesicht schieße, fliegt sein Schädel wie ein Tontopf auseinander ...!

Knothes Stimme schlug fortwährend um. Sie schwankte zwischen gehässigem Siegesbewußtsein und auskostender Befriedigung. Er sagte: „Du tust natürlich, als ob du immer noch schläfst. Aber du hörst mich, du hörst mich ganz genau. Du stehst da irgendwo im Dunkeln und möch'st mir in die Schnauze hauen. Is aber nicht, Adalbertchen. Is nicht, war nicht und wird nicht sein! Is aus mit so was! Du hast wohl geglaubt, dem Spieß ewig dämlich kommen zu können, Eisermann, Gefreiter? Und du dachtest wohl, ich werd' mir ewig vom Chef anscheißen lassen wegen eure Sauereien! Der Knothe is behämmert, was! Aber ich kriege euch noch alle am Arsch – auch die andern, diesen Pinkel von Pistol, diesen Mündungsschoner Salandt und auch diese Nutte Friedel! Du bist der erste, der drankommt, plausibel, absolut, völlig absolut!“

Die Kugel muß ihn genau in die Nasenwurzel treffen ...!

Eisermann hatte seine Haltung nicht im geringsten verändert. Aber er empfand jetzt, wie eine Spannung in ihm aufsprang und immer mehr anzog.

Knothe taumelte leicht gegen die Mauer, fing sich brummend, kam in die alte Stellung zurück. Dann fuhr er fort: „Morgen kriegst du deine Rechnung, Eisermann, in Chabrie! Kein Schwein wird dir aus der Patsche holen, keine Hoffnung, ist nicht! Du hast dein' Ball ausgeschoben! Morgenrot, Morgenrötchen! Plärr doch ein bißchen, Pfeife! Warum plärrst du nicht?"

Eisermann spürte, daß er es nicht mehr lange so aushalten könnte, daß er bald etwas tun müßte – schreien oder mit den Fäusten auf die Wand losgehen. Das einzige, was ihm Halt gab, war der Gedanke an die Pistole, an die „08", die er nicht besaß.

Die Gewalt des Schusses wird ihn bis an den Kiosk schleudern ...!

„Ihr könnt alle machen, was ihr wollt – ihr Säcke! Sieger bleiben doch wir! *Wir* – die Leute vom alten Stamm!" Knothe unterbrach sich, sagte dann feixend: „Na siehste, nu bewegste dir doch! Jetzt hörste auf meine Lehren!"

Ich würde das ganze Magazin leerschießen ...!

„Warum hast du nicht früher gespurt, Eisermann? Hätt'st es nicht übel bei mich gehabt. Aber du warst eben unbelehrbar, stur wie ein Panzer, du Feuermelder, rothaariger! Dafür ist morgen Zahltag – c'est la vie! Gestern noch auf stolzen Rossen, heute durch die Brust ..."

Eisermanns Arm fuhr wie ein Dampfkolben zum Fenster hinaus. Seine Hand griff schwer um Knothes Hals. Der Daumen traf auf den Kehlkopf, preßte ihn in die Tiefe. Knothe stieß ein Gurgeln aus, rutschte auf die Seite, schlug hin, entwich dadurch.

Eisermann zog seinen Arm wieder herein, hockte sich nieder. Es konnte sein, daß Knothe zum Fenster hineinschießen würde. Eisermann wartete, strich sich währenddessen über Ellenbogen und Handgelenk. Er hatte sich die ganze

Partie aufgeschürft. Sie brannte, als sei er einer Herdplatte zu nahe gekommen.

Dann war Knothe wieder da. Eisermann hörte ihn auf dem Kies umhertrampeln. Kalt bis ins Innerste, wartete Eisermann nun ab, was kommen würde.

„Kommunistenschwein, dreckiges!“ keuchte Knothe plötzlich, „dreckiges Kommunistenschwein!“

Er kam aber nicht mehr ans Fenster.

„Dreckiges Kommunistenschwein!“ bellte Knothe noch einmal. Dann stapfte er mit unsicherem Schritt davon.

„Ich werde ihn totschlagen!“ sagte Eisermann ruhig.

Nach einer Weile machte er sich erneut daran, die Einbettungen der Bandeisen freizulegen. Keine Minute kam ihm der Gedanke, daß er hier als ein Todeskandidat saß.

Der gute Haß segnete seine Kräfte.

Beständigkeit

Der Morgen war von unwirklicher Schönheit. Feine Dunstschleier breiteten sich unter dem Himmel hin und dämpften sein sonnenspiegelndes Gleißen. Helle und Schatten schieden sich noch nicht so unerbittlich voneinander, wie es in den mittleren Tagesstunden der Fall ist. Die vom tiefen Grün bis zum feuerwarmen Gelb reichenden Farben des Parks, die matte Blässe des Himmels sowie das Mörtelgrau der Kavaliershäuser woben ineinander, verschmolzen leicht und flüchtig. Sie schienen von jener gleichsam dahingewehten Durchsichtigkeit zu sein, die Pastell- oder Lasurbildnissen eigen ist. Das Licht strömte weich. Lau und schmeichelnd wogte die Morgenluft. Aus den Kehlen der Vögel sprühte Silber.

Die Wache war vorbei.

Ferdinand Pistol und Harry saßen in ihrer Unterkunft am geöffneten Fenster. Gleich anderen Leuten von HV 7, die in der Nacht Posten gestanden hatten, brauchten auch sie an dem Morgenappell in der Platanenallee nicht teilzunehmen. So blieb ihnen Zeit, in Ruhe zu frühstücken.

An diesem Morgen war vom Furier Vedder jene Butter verteilt worden, die seit Chénières in einem Sanka gelagert hatte. Jedem Mann war ein halbes Pfund ausgehändigt worden. Diese Reichlichkeit der Ration hatte jedoch nichts mit freundlichen Regungen Vedders oder Knothes zu tun. Sie erklärte sich sehr einfach – die Butter war verdorben. Sie roch ranzig und zeigte auf ihrer Oberfläche grünlichgelbe Flecke von freigesetzter Fettsäure, die wie Furunkel in die Tiefe gingen. Ein fragwürdiger Segen.

Ferdinand Pistol und Harry machten es so wie alle anderen; sie gruben mit ihren Messern den bei einiger Selbstüberwindung noch eßbaren Rest des Fetts aus der Ration, die verdorbene Butter strichen sie an einem Blechdeckel ab, der gewöhnlich als Aschenbecher diente.

Die Mahlzeit war jetzt beendet. Ferdinand Pistol und Harry saßen schweigsam rauchend auf den Strohsäcken. Das Gewicht der durchwachten Stunden zog in ihren Gliedern. Eigentliche Müdigkeit hatte sich aber noch nicht eingestellt. Das Licht und die Frische des Morgens hinderten am Schlafen. Völlige, kräfteerneuernde Ruhe hätte der Dunkelheit bedurft.

Harry war in Gedanken bei Friedel. Ferdinand Pistol dachte an die blonde Französin, an seinen Auftrag, an das gefährliche Papier in seiner Tasche. Er hatte noch keine Gelegenheit gefunden, den alten Franzosen aufzusuchen.

Beide dachten auch an Eisermann, der drüben in seiner Zelle saß und den man wohl bald nach Chabrie schaffen würde. Zu ihm zu gehen war jetzt unmöglich. Beide hätten sich gern von ihm verabschiedet. Aber – welchen Nutzen sollte solch ein Lebewohl haben?

Dann wurden sie aus ihren Gedanken gerissen, mußten aufspringen und jene puppenhaft steife Haltung einnehmen, die „Grundstellung“ hieß.

Todtenberg und Knothe, vom Morgenappell kommend, betraten den Raum. Das Gesicht des Oberstabsarztes war blaß und unbewegt. Die Augen saßen darin wie Knöpfe aus Achat. Knothe glotzte finster. Den Kopf leicht auf die Seite geneigt, dehnte und reckte er wiederholt seinen Hals. Einmal führte er auch die Hand zur Kehle, strich darüber hin. Dabei hustete er vorsichtig. Eisermann hatte gut zugegriffen.

Es geht wieder los!

Das war alles, was Harry zu denken vermochte.

Ferdinand Pistol erstattete Meldung. Todtenberg unterließ es, auch nur durch formellen Gruß zu danken. Er ging eine Runde in der Unterkunft, stieß mit der Stiefelspitze gegen Strohsäcke und Gepäckstücke.

„Man könnte Eisermanns Zeug gleich hinausschaffen lassen", empfahl Knothe.

„Dazu kommen wir noch", erwiderte Todtenberg verdrossen. Er rümpfte die Nase, deren Flügel stark gerötet waren. Der Schnupfen, den er sich beim Baden geholt hatte, klemmte seine Stimme.

Als Todtenberg die verdorbene Butter auf dem Blechdekkel wahrnahm, wurde er lebhaft. Das Behältnis mit spitzen Fingern aufnehmend, fragte er gespannt: „Dies ist Ihnen nicht gut genug, Gefreiter Salandt?"

Harry schwieg. Er wußte, daß Todtenbergs Frage mit ihrem Gegenstand überhaupt nichts zu tun hatte.

„Sie wünschen Fasan mit Preiselbeeren? Oder Langusten?"

„Diese Butter ist schlecht", sagte Harry.

„Ihr werdet noch Erde zu fressen bekommen!" fluchte Knothe und reckte seinen Hals wieder.

Sie haben mich schon, dachte Harry. Es gibt keinen Ausweg!

„Die Butter ist bereits in Zersetzung übergegangen", erklärte Ferdinand Pistol.

„Ich habe nicht *Sie* gefragt!" wies Todtenberg ihn zurecht.

„Sie sollten endlich begreifen, daß Ihre Meinung weit weniger Wert hat, als Sie augenscheinlich annehmen, Obergefreiter Pistol!“

Daraufhin wandte der Oberstabsarzt sich wieder an Harry: „Sie bleiben dabei, daß die Butter ungenießbar ist?“

„Jawohl!“ sagte Harry.

„Ich habe den verdorbenen Teil meiner Butter ebenfalls auf das Blech getan“, wagte Ferdinand Pistol festzustellen.

„Du sollst dein Maul halten! Du redest frisiert, Brillenaffe, studierter Idiot!“ blaffte Knothe.

Todtenberg warf dem Feldwebel einen kleinen, prüfenden Blick zu, sagte aber nichts. Vom Fenster aus rief er über den Hof: „Obergefreiter Trabnach!“

Der lange Putzer erschien sogleich in der Tür von Todtenbergs Quartier, kam dann im zappligen Laufschritt herüber.

Der Oberstabsarzt präsentierte ihm den Blechdeckel, fragte: „Halten auch Sie diese Butter für schlecht?“

Trabnach zögerte. Offenbar wußte er nicht, wie er sich hier verhalten solle. Erst nachdem Knothe ein ungeduldiges, antwortheischendes Räuspern hatte laut werden lassen, beugte Trabnach sich über den Deckel und tat so, als ob er rieche. Dann erklärte er entschieden: „Diese Butter ist gut, Herr Oberstabsarzt!“

„Sie können gehen, Trabnach“, gebot Todtenberg.

„Trabnach irrt sich!“ sagte Ferdinand Pistol in der Hoffnung, wenigstens einen Teil des heraufziehenden Unwetters von Harry ablenken zu können. Todtenberg lächelte böse und ging darauf nicht ein. Er hieß sogar Knothe, der wiederum losschimpfen wollte, mit einer Handbewegung schweigen.

„Die Butter ist verdorben!“ Trotzige Entschlossenheit, vor der ungerechten Frage auf keinen Fall zu kapitulieren, straffte Harrys Züge.

Das Spiel war wieder im Gange.

„Nehmen Sie Ihr Gewehr, Gefreiter Salandt!“ befahl der Oberstabsarzt.

Außer Ferdinand Pistol verließen alle den Raum.

Der Tag glänzte wie ein ungeheurer Festsaal aus Jade und lauterem Gold.

Todtenberg ging bis zu dem Springbrunnenbecken, von wo aus er den Hof gut übersehen und auch die geöffneten Fenster des „Gefangenen"reviers im Auge behalten konnte. Er lächelte spitz und begann Harry zu schleifen. Es war das erstemal, daß der Oberstabsarzt öffentlich in der Rolle eines Menschendompteurs auftrat. Im allgemeinen war Knothe hierin der erste Mann.

Todtenberg befahl Harry, den Karabiner in „Vorhalte" zu nehmen, eine Kniebeuge zu machen und in dieser Haltung zu hüpfen.

Harry mußte rings um den Springbrunnen hüpfen. Todtenberg begleitete ihn gemessenen Schritts, so wie man einem Kinde folgt, das laufen lernt. Er hielt die Hände auf dem Rücken und gab seine Befehle mit schwacher, kostender Stimme. Sobald der Delinquent eine Runde hinter sich gebracht hatte, hieß ihn der Oberstabsarzt einhalten und fragte in Harrys vor Anstrengung verzerrtes Gesicht:

„Halten Sie an Ihrer Meinung fest, daß die Butter nicht zu genießen sei?"

„Jawohl!" stieß Harry hervor.

„Hüpfen!"

Todtenberg blickte aus den Augenwinkeln zum Revier der „Gefangenen" hinüber, wo Friedel halb versteckt hinter dem Fenster stand. Daß sie aufmerksam werde und – voller Angst um Harry – den Vorgängen folge, hatte er erreichen wollen. Er wurde jetzt fast heiter. Das grausame Spiel bot Entspannung. Angenehm war auch, in Knothe, Trabnach und einigen Kraftfahrern, die am Eingange der Platanenallee einen Anhänger reparierten, Publikum für den Auftritt zu haben. So würde sich herumsprechen, was hier geschah.

„Hüpfen! Hüpfen! Die Arme waagerecht! Das Gewehr nicht sinken lassen!" befahl Todtenberg mit ironischer Freundlichkeit, während er hinter Harry herschritt und beobachtete, wie dessen malträtierte Gelenke immer mehr Spannkraft verloren.

Und wieder fragte er ihn: „Halten Sie die Butter noch immer für schlecht?"

„Jawohl!"

„Während in der Heimat äußerste Sparsamkeit obwaltet, finden Sie Gefallen daran, mit Lebensmitteln zu aasen! Das wird Ihnen teuer zu stehen kommen!" dozierte Todtenberg, wiederum verstohlen zu dem Revier der „Gefangenen" hinüberschauend. Jetzt kam ihm ein neuer Einfall.

Er befahl Harry, in das Springbrunnenbecken zu steigen und dort weiterzuhüpfen. Knothe, diese Nuance von der dressurtechnischen Seite anerkennend, lachte meckernd.

War das Hüpfen, dieses beim faschistischen Militär so ungemein beliebte Schinderexerzitium, schon zu ebener Erde eine Qual gewesen, so wurde es in dem gewölbten, von Rissen durchzogenen Springbrunnenbecken vollends zur Tortur. Aber noch immer bewahrte Harry seine Entschlossenheit, zu widerstehen und durchzuhalten.

Wie schwer das Gewehr wog!

Sie werden ihn noch umbringen! dachte Ferdinand Pistol, der das Geschehen vom Fenster der Unterkunft aus verfolgte. Sie quälen ihn um nichts und wieder nichts!

„Auf! Nieder!" kommandierte Todtenberg. „Auf! Nieder!"

Harry mußte nun auf der Stelle Kniebeugen machen, das Gewehr noch immer in „Vorhalte". Der lange Trabnach klopfte mit dem Fuß den Takt zu Todtenbergs Befehlen. Feldwebel Knothe schien nicht mehr ganz bei der Sache zu sein. Seinen Hals reibend, blickte er des öfteren zu jenem Kavaliershaus hinüber, in dem Eisermann gefangen saß.

„Auf! Nieder! Weiterhüpfen!"

Ferdinand Pistol wandte sich ab; er konnte nicht mehr zusehen. Gleich darauf aber ertönte ein schmetterndes, schlagendes Geräusch. Wieder hinschauend erkannte Ferdinand Pistol, daß Harry gestürzt war. Er mußte mit dem

Fuß in einer Fuge des Beckens hängengeblieben sein. Der Sturz hatte ihm das Gewehr aus den Händen geprellt.

„Wie gehen Sie mit Ihrer Ausrüstung um?“ fragte Todtenberg tückisch. „Nehmen Sie das Gewehr auf! Das Gewehr ist die Braut des Soldaten! Folglich schleudert man es nicht hin, sondern erweist ihm Zärtlichkeit!“

Knothe lachte mit halber Kraft.

Während Harry sich schwankend und mühsam wie ein Betrunkener erhob, schickte Todtenberg den Feldwebel mit einem Befehl fort. Bald darauf kehrte Knothe in Begleitung Friedels zurück.

Sie sah krank aus. Ihre Augen waren umschattet, die Wangen eingefallen, die Lippen ohne Frische. Das Haar hing ihr unordentlich in die Schläfen.

Harry stand noch immer in dem Springbrunnenbecken, das einer großen Schüssel ähnelte. Da ihm von Todtenberg kein neuer Befehl gegeben war, hielt er das staubüberpuderte Gewehr bei Fuß. Sein Gesicht war vor Erschöpfung bleifarben. Die Schultern hoben und senkten sich krampfhaft bei jedem Atemzug.

Es ist ein Wunder, daß er solange durchgestanden hat, dachte Ferdinand Pistol; wahrscheinlich hält ihn der Trotz auf den Beinen. Er wird wohl auch Friedel seine Schwäche nicht merken lassen wollen. Bei anderer Gelegenheit würde man darüber lächeln. Jetzt aber erschien dies Verhalten fast heroisch.

„Steigen Sie heraus!“ befahl Todtenberg, wobei er etwas zurücktrat.

Als Harry, dessen Lunge noch immer wie ein Blasebalg arbeitete, der Aufforderung nachgekommen war, stand er Friedel gegenüber. Aller Aufmerksamkeit konzentrierte sich nun ganz auf diese beiden jungen Menschen. Selbst die an dem Anhänger arbeitenden Kraftfahrer, die zum Zeichen ihrer Solidarität mit Harry solange weggeschaut hatten, blickten her.

„Ihr Siegfried hat an Standhaftigkeit gewonnen, Schwester

Friedel!“ sagte Todtenberg, mit den Fingerspritzen lose Haarsträhnen unter den Mützenrand schiebend. „Liebe muß leiden!“

„Die Butter ist ungenießbar“, unterbrach ihn Harry völlig unerwartet. Seine Stimme war rauh und schwer geworden.

Die fahlen Brauen in Todtenbergs Gesicht begannen zu zucken.

„Es ist Markenbutter, feinste Markenbutter! Beurre de fine!“ sagte er und fuhr ohne Übergang fort: „Liebe muß leiden, wie man sieht. Der Ritter ist um der Minne willen harter Unbill ausgesetzt.“

„Der englische Captain ist vorhin gestorben“, sagte Friedel mit gläserner Stimme.

Todtenberg stutzte, sagte dann dürr: „Jedem das Seine. Alles wird gewogen auf der großen Waage des Lebens. Auch dieser kleine Ritter soll seinen Lohn erhalten, Schwester Friedel! Wollen Sie ihn nicht küssen? Er hat es verdient!“

Trabnach pruschte heraus, wie ein Schuljunge angesichts eines Streichs. Er hielt sich die Hand vors Gesicht.

Friedel regte sich nicht. Ihr Blick ruhte jetzt voll auf Harry. Auch er sah sie an. Und obwohl man ihm die Spuren der voraufgegangenen schweren Anstrengung noch immer ablesen konnte, leuchtete aus seinen Zügen doch ein Widerschein von bekennendem Stolz. Das war so, als wolle er sagen: Ihr werdet uns nicht bezwingen!

„Sie sollen ihn küssen, Schwester Friedel!“ befahl Todtenberg barsch.

Nun geschah etwas, womit niemand gerechnet hatte.

Friedel trat zu Harry, hob die Hände, wie um sie auf seine Schultern zu legen. Doch sie küßte ihn nicht.

Sie nahm sein Gesicht und wischte ihm behutsam den Schweiß von Stirn und Wangen.

Ferdinand Pistol war ergriffen von dieser entschlossenen, fürsorglich zärtlichen Geste.

„Sie sollen ihn küssen!“ wiederholte Todtenberg sein Ansinnen unbeherrscht. Dabei machte er einen Schritt auf Friedel zu.

„Das Schwein!" sagte einer der Kraftfahrer.

„Küssen Sie ihn!" Die kleine Stimme schwirrte vor Wut.

Voller Bestürzung sah Ferdinand Pistol, daß Harry den Absatz eines Stiefels langsam hob. Unzweifelhaft wollte Harry auf Todtenberg losgehen, sobald dieser sich Tätlichkeiten gegenüber Friedel erlauben würde. Ferdinand Pistol begann ernstlich für den Kameraden zu fürchten. Man würde Harry niederschießen.

Da kam der Schreibstubenunteroffizier in höchster Eile die Platanenallee hinaufgelaufen. Er brachte die Texte von zwei telephonisch durchgegebenen Befehlen.

Todtenberg wollte ihn unwirsch abweisen. Nachdem er jedoch einen Blick auf die Papiere geworfen hatte, wurde er still. Auch Knothe, der hinter ihn getreten war, sah plötzlich überrascht drein.

Dann aber begann er zu grinsen.

Ohne eine Äußerung über das Vorausgegangene machte Todtenberg kehrt und ging in Richtung der Schreibstube davon. Der Unteroffizier, Feldwebel Knothe und auch der lange Trabnach folgten ihm.

Dieser jähe Abgang wirkte geradezu gespenstisch. Niemand wußte eine Erklärung zu geben.

„Hoffentlich haben sie einen Anschiß von oben bekommen!" murmelte einer der Kraftfahrer.

Nun die Gefahr zumindest vorübergehend behoben war, übermannte Harry plötzlich Schwäche. Er ließ sich auf den Rand des Springbrunnenbeckens zurücksinken. Friedel trat zu ihm, nahm seinen Kopf wieder in ihre Hände. So blieb er sitzen, das Gesicht an ihrer Brust geborgen. Leise, mütterlich ruhig, strich sie ihm übers Haar. Sie hielt ihn voller Innigkeit. Er gab sich diesem Nahesein hin, das die Feinde ihnen beschert hatten.

Alle Umgebung schien von ihnen abgerückt.

Die Kraftfahrer sahen nicht her.

Ferdinand Pistol hatte nicht gehofft, den alten Franzosen so bald aufsuchen zu können. Jetzt aber bot sich eine vielleicht einmalige Gelegenheit. Niemand würde ihn jetzt stören oder das Unternehmen gar vereiteln können. Friedel hatte mit Harry zu tun. Todtenberg und Knothe waren fort.

Entschlossen ging er geradewegs über den Hof zum Revier. Friedel und Harry achteten nicht auf ihn. Das Notenblatt mit der geheimnisvollen Karte befand sich in seiner Hosentasche. Er hielt die Hand fest darum. Die drei Hügelnamen wußte Ferdinand Pistol auswendig. Er atmete auf, als er keinen Zeugen in dem Krankenzimmer vorfand. Wohl war ein Dritter zugegen. Aber dessen Lippen hatten sich für immer geschlossen.

Gesicht und Körper des englischen Captains waren unter einem weißen Laken geborgen. Die gefalteten Hände und die Randwülste des Gipspanzers buckelten das Tuch an einigen Stellen seltsam. Hügel in einer verschneiten Ebene.

Der alte Franzose lebte wunderbarerweise noch immer. Er lebte und sah. Er atmete. Nur schien er noch kleiner und schmächtiger geworden zu sein. Die mächtige Anstrengung, den Tod Stunde um Stunde auf Distanz zu halten, hatte ihn so viel Kräfte gekostet, daß die natürlichen Formen von Brust und Schultern flacher, ausgeleerter geworden waren. Gesicht und Händen des Alten aber hatte sich eine letzte, rührende Schönheit mitgeteilt. Die Haut war wieder glatt geworden, fast durchsichtig. Wie leicht sein Körper wog!

Ferdinand Pistol empfand es, als er seinen Arm um des Alten Schultern schlang, damit er höher liege.

„Je vous apporte les salutations de vos amis!"

Die großen dunklen Augen, deren schwacher Glanz von innen zu kommen schien, waren auf den Deutschen gerichtet. Aber der Alte erwiderte nichts. Ferdinand Pistol fand kein Anzeichen dafür, daß er überhaupt verstanden wurde. Er setzte sich auf das Bett, rückte dem Alten so nahe, daß ihre Schultern einander berührten. Dann wies er ihm das Notenblatt mit der Karte vor, wiederholte langsam und übergenau akzentuierend die Namen der drei Hügel, deutete auch jedesmal auf den entsprechenden Teil der Zeichnung.

Immer wieder sprach er die Namen der Reihe nach vor und beobachtete, ob der Alte seinen Blick überhaupt noch auf das kartographische Bild einstellen konnte. Aber das ließ sich nicht mit Sicherheit erkennen.

Manchmal hatte Ferdinand Pistol den Eindruck, daß nun eine Reaktion bevorstünde. Doch alle atemlose, hochgespannte Erwartung blieb vorerst vergebens. Allerdings wollte es Ferdinand Pistol einige Male scheinen, als hindere den Alten nur die Furcht am Sprechen, seine Mitteilung könne in ein falsches Ohr gelangen. Ferdinand Pistol bemühte sich, alle Lauterkeit und Aufrichtigkeit des Herzens in seiner Stimme widerklingen zu lassen. Zeitweise vergaß er über seinen Bemühungen völlig die Gefahr, in der er schwebte.

Vielleicht, so fragte er sich wiederholt, wohnt nur in der Hülle dieses Menschen noch ein leises, letztes Leben?

Bei solcher Vermutung ließ er das Notenblatt sinken, rückte von dem Alten ab, versuchte, ihn voll mit dem Blick zu erfassen. Er durfte sich nicht das geringste Zeichen entgehen lassen – ein bestätigendes Senken der Augenlider etwa oder eine millimeterweite Regung der Hand. Schließlich begann er wieder in das Ohr des Alten hineinzusprechen, vorstellend und fragend zugleich.

Als Ferdinand Pistol die letzte Hoffnung fast aufgegeben hatte, sah er eine Bewegung durch den Körper des Alten gehen.

Plötzlich, kaum vernehmbar, aber dennoch klar, war die Stimme da.

„La craie! La craie!“ sagte der Alte. „Le puits de mine! Le puits vieux! La Sainte Jeanette!“

„La collin de la Sainte Jeannette?“ fragte Ferdinand Pistol

zitternd. Er fürchtete um die Richtigkeit der Mitteilung. Dieser Begriff war auf der Karte nicht vermerkt. Aber da erklang die Stimme noch einmal:

„La Sainte Jeannette!"

Gleich darauf ging wieder eine Bewegung durch den Körper. Jetzt jedoch war sie von ganz anderer Art als vorhin. Jetzt war sie entschieden und endgültig. Das war ein schweres, einem Kampf ähnliches Verzucken. Dabei hob sich der Kopf, der solange unbewegt in den Kissen gelegen hatte, ein letztes Mal. Der Widerschein des sich im Hofe stauenden Sonnenlichts fiel auf das Gesicht des Alten, verklärte es.

Die Augen tranken den ewigen Tag.

Sein Kopf fiel auf das Lager zurück, die Augen brachen. Es war vorbei. Es war getan.

Als seine Fingerspitzen dem Alten endlich über Stirn und Lider glitten und jene letzte Gefälligkeit erwiesen, die sich in der ernstesten und zugleich sanftesten Bewegung der Welt ausdrückt, da wußte Ferdinand Pistol nicht mehr, wie lange er schon so verharrt hatte.

Alles, was er nunmehr tat, geschah gefaßt und ohne das Beben innerer Erregung.

Er legte die Hände des Alten ineinander, breitete ein Tuch über das Gesicht.

Wenig später nahm er das Notenblatt und setzte es mit dem Feuerzeug in Brand. Das Papier wurde seltsam lebendig in der Hitze, es krümmte und dehnte sich, die Notenlinien, die Schraffen der Karte wurden verzerrt. Gleich darauf verschwanden sie in der heißen Schwärze. Ferdinand Pistol zerrieb die spröde Aschenfolie zu Staub.

Beim Verlassen des Raumes begegnete er Schwester Roswitha, die Traubenzucker aus dem Apothekensanka im Kraftfahrzeughof geholt hatte. Ferdinand Pistol brauchte nichts zu sagen. Nach einer kleinen Weile fragte Schwester Roswitha still: „So haben wir doch nicht helfen können?"

„Er ist glücklich gewesen."

Auf ihren fragenden Blick hin setzte er hinzu: „Er hat an das Vaterland gedacht."

Feuerpause

Harry saß auf seinem Strohsack in der Unterkunft, die Arme über den Knien und den Kopf darauf gelegt. Friedel hockte neben ihm, die eine Hand auf seiner Schulter. Sie erschraken nicht, als Ferdinand Pistol erschien. Sie hatten wohl keine Furcht mehr, überrascht zu werden. Oder glaubten sie vielleicht, daß schon alles überstanden sei? Harrys Gewehr lag auf dem Boden.

Ferdinand Pistol wollte in der Tür kehrtmachen. Da sagte Friedel: „Du kannst ruhig hierbleiben."

Ferdinand Pistol trat näher. Sein Blick streifte den Aschenbecher mit der verdorbenen Butter, die sich nun in der Hitze aufgelöst hatte. Er nahm den Deckel, warf ihn aus dem Fenster.

„Warum legst du dich nicht hin, Harry?" fragte er danach. „Ruh dich aus."

Harry schüttelte den Kopf, trotzig, einem Knaben gleich, der sich nicht umsorgt sehen will.

„Alle sind jetzt zur Schreibstube. Es muß etwas Wichtiges im Gange sein."

„Sie hätten mich sonst ganz fertiggemacht", sagte Harry heiser.

„Na – laß schon."

„Wenn sie damit nicht aufhören, geschieht etwas! Ich weiß nicht was, aber irgend etwas werde ich tun!"

„Vorläufig kommen sie nicht zurück. Leg dich hin! Du bist völlig ausgepumpt, Harry", sagte Ferdinand Pistol. Schließlich drückte er ihn mit sanfter Gewalt auf das Lager. Die Anstrengung hatte Harrys Gesicht ausgehöhlt. Seine Lippen waren papiertrocken und aufgesprungen. Auch jetzt noch, als er lag, jagte ihm die Erschöpfung in regelmäßigen Abständen Schauer über den Leib. Schultern und Arme zitterten.

„Macht nicht so ein Wesen, als ob ich sterben müßte!" sagte er mit gespieltem Gleichmut.

Ferdinand Pistol brachte einen Feldbecher voll bitteren Tees. Harry trank gierig, ein Teil der Flüssigkeit lief ihm die Mundwinkel hinab. Die Zähne stießen gegen das Metall des Bechers. Dann sank Harry mit einem Seufzer auf den Strohsack zurück. Seine Augen blickten nun klarer.

Er versuchte sogar zu lächeln.

„An der Front wüßte man wenigstens, warum man kaputt ist."

„Red nicht von der Front, Harry. Dort ist es noch schlimmer."

„Hier töten sie einen mit ihrem Haß."

„Alles wird ein Ende haben", sagte Ferdinand Pistol.

Friedel stand auf. Ferdinand Pistol sah, daß sie nur mit Mühe Haltung bewahrte. Sie tat ihm sehr leid. Er suchte nach etwas Tröstlichem, das er ihr sagen könnte. Er erbot sich: „Ich werde hinausgehen und auf dem Hof bleiben – falls jemand kommt. Ihr habt wenig Gelegenheit, zusammen zu sein."

„Ich muß nach dem alten Franzosen sehen, Pistol", sagte Friedel.

„Du brauchst nicht mehr hinüberzugehen. Schwester Roswitha ist dort." Nach einer Pause setzte er hinzu: „Außerdem ist es nun vorbei."

Ihre Augen füllten sich mit Tränen.

„Und niemand war bei ihm?" fragte sie leise.

„Ich bin bei ihm gewesen."

„Daß er solange leben konnte!"

„Er hatte ein sehr langes Leben, Friedel!" sagte Ferdinand Pistol.

Als er bereits in der Tür war, fragte Harry ihn: „Gehst du heute abend wieder ins Dorf?"

„Ich weiß nicht. Wenn es sich machen läßt . . .“, erwiderte Ferdinand Pistol zögernd.

„Wenn wir zusammen Wache haben, dann wird es gehen.“

„Daß du mich gestern herausgerissen hast, werde ich dir nicht vergessen, Harry!“ sagte Ferdinand Pistol.

„Es war nicht so schlimm.“

„Ich weiß nicht, wovon ihr redet“, sagte Friedel.

„Er kann es dir erzählen“, antwortete Ferdinand Pistol.

Aber ich werde ihn nicht mitnehmen können, dachte er draußen. Es wäre schön, wenn ich jemand mitnehmen könnte. Ich komme nicht mehr wieder!

Auf dem Wege zur Schreibstube, wo er Meldung vom Ableben des alten Franzosen erstatten wollte, begegnete ihm Schwester Roswitha noch einmal.

Sie fragte:

„Wissen Sie, wo Schwester Friedel ist, Pistol?“

„In unserer Unterkunft, bei Harry.“

„Man muß die Toten zurechtmachen.“

„Sie können hineingehen, Schwester Roswitha. Aber seien Sie gut zu ihr.“

„Sie sind ein seltsamer Mensch, Pistol“, sagte sie im Weitergehen.

„Wir werden dazu gemacht.“

Ferdinand Pistol bemerkte, daß seine Brille beschlagen war. Er nahm sie ab. Er wischte sich mit dem Handrücken über die Augen.

Heute abend werde ich woanders sein!

Wer die besseren Nerven hat

Wenn Sie den Divisionsstab haben wollen, müssen Sie ‚Frieda‘ verlangen“, sagte Feldwebel Knothe.

Er stand an eine Wand der Schreibstube gelehnt, grinste mit unverhohlener Schadenfreude. Einen kurzen Zigarrenstummel, dessen Brandfläche wie ein Reiserbesen zerfasert war, behielt er beim Sprechen frech im Mund. Todtenberg sah überhaupt nicht auf.

Der Schreibstubenunteroffizier wartete in der Nähe des offenen Fensters, das auf den Kraftfahrzeughof hinausging. Es war jener Unteroffizier, der mit Trabnach verkehrte und der sich angeblich im Besitze seidener Unterwäsche befand. Dieser Mensch hatte ein eigentümlich weiches Gesicht, einen sehr vollen Mund, um den stets ein Zug kokett zärtlichen Schmollens lag. Auch seine Haltung war von geradezu weiblicher Weichheit. Er liebte es, mit übereinandergeschlagenen Knien und herausgeschobener Hüfte dazustehen.

„Es dürfte gewiß von Vorteil sein, sicherheitshalber mit Chénières Verbindung aufzunehmen, Herr Oberstabsarzt! – wenn die Empfehlung gestattet ist“, ließ er sich bald nach Knothe vernehmen. Er sprach etwas gedehnt, mit leise singendem Tonfall.

Auch auf diese Anrede reagierte Todtenberg in keiner Weise. Er saß an einem der beiden Klapptische, die neben einigen Feldstühlen und zwei eisenbeschlagenen Kisten, in denen die Personal- und Bestandspapiere von HV 7 untergebracht waren, das Mobiliar der Schreibstube bildeten. An den Wänden hingen ein Führerbild und Ausschnitte aus Filmillustrierten, auf denen weibliche wie auch männliche Stars in anregenden Posen abgebildet waren. Es roch nach Akten, Staub, Curaçao und Soir de Paris.

Der Oberstabsarzt starrte abwechselnd auf den braunen Bakelitkasten des Feldtelephons und auf die beiden Meldungen, die von Chénières durchgesagt worden waren. Knothe oder den Unteroffizier anzusehen vermied er.

Auf dem Kraftfahrzeughof herrschte lärmende Betriebsamkeit. Man vernahm das Geklapper von Werkzeugen, den dumpfen, federnden Aufprall fallender Reifen, das Fauchen eines Gebläses, das schnurrende Kettenrasseln eines Flaschenzuges, an dem ein Motorenblock hing, sowie von Zeit zu Zeit auch das Knattern eines Auspuffs, dessen

Topf defekt oder abmontiert war. Unweit des Schreibstubenfensters stand ein großer weißer Phänomen-Sanka, der nicht anspringen wollte. Nach gelegentlichen, sich schlürfend erschöpfenden Kolbenzügen verstummte die Maschine immer wieder. Die mißtönende Lautfolge dieser Anlage machte auf die Dauer nervös, wie ein unentwegt falschgespieltes Instrument.

„Man wird in Chénières einer Rückfrage zweifellos Verständnis entgegenbringen", bemerkte der Unteroffizier schmeichelnd. Er sprach wie eine Nonne.

„Das Kennwort für den Divisionsstab ist ‚Frieda'!" Knothe grinste.

Todtenberg sprang mit einem Ächzen auf, lief zum Fenster und schlug es heftig zu. Die wenigen Scheiben schepperten. Das Schnurren des Anlassers war genauso stark zu hören wie zuvor.

„Es ist gewiß nicht leicht, sich bei diesem Lärm zu konzentrieren", sagte der Unteroffizier sanft, nachfühlend. Er wich mit einer erschrockenen, aber fast tänzerisch gleitenden Bewegung gegen die Tür zurück, als Todtenberg ihn unvermutet anfuhr: „Unterlassen Sie Ihre Kommentare, Sie Schafsgesicht, Sie!"

Der Oberstabsarzt ächzte erneut, setzte sich wieder an den Tisch, auf dem das Feldtelephon stand. Der Unteroffizier machte eine Miene wie ein gekränkter Backfisch. Mehr als die Zurechtweisung schien ihn der heftige Ton verletzt zu haben, in dem sie vorgebracht worden war.

Das Grinsen hatte nunmehr von Knothes ganzem Gesicht Besitz ergriffen. Eine schadenfrohe Grimasse, die seine ungefügen Züge schräg sprengte, bis zu den abstehenden Ohren hinauf. Die schwarzen, ungepflegten Zähne bleckten.

„Gestern war ‚Euryanthe', Herr Oberstabsarzt! Heute haben wir ‚Frieda' ", erläuterte er herausfordernd. Er hatte nun sogar eine Hand in der Hosentasche.

Todtenberg krümmte sich. Ein Schauer durchlief ihn. Seine Hand, die eine Zigarette hielt, bebte.

Ja – es war schon eine Lust für Knothe, eine schwarze, saftige Genugtuung, den Oberstabsarzt in dieser Verfassung wütender und zugleich verängstigter Unentschlossenheit zu sehen! Jetzt wußte Knothe ihn in einer Lage, in der alle Verantwortung bei Todtenberg war. Jetzt war es ausgeschlossen, ihn, den Feldwebel, zum Sündenbock zu erklären und zusammenzustauchen. Auch Knothe empfand die Ursachen der Situation nicht gerade als angenehm, aber schließlich hatte er ein dickes Fell. Und Kommandeur von HV 7 war nun einmal Todtenberg, nicht er.

Was sich hier abspielte, hing natürlich mit den beiden Befehlen zusammen, die vom Divisionsstab eingetroffen waren. Die eine Mitteilung brachte zur Kenntnis, daß die unversehrt gebliebenen Munitionsbestände des Depots von Rouaux noch heute in den Park von Reinegarde übergeführt werden müßten. HV 7 sollte unverzüglich die notwendigen Lagergruben ausheben und alle verfügbaren Fahrzeuge für den Transport bereitstellen.

Die andere Mitteilung kündigte für morgen vormittag eine Besichtigung durch den allgemein gefürchteten Divisionskommandeur Gammer an.

Unter „Besichtigung" war selbstverständlich ein Appell zu verstehen, bei dem Gammer die Einheit auf frontverwendungsfähige Leute durchkämmen würde, um sie alsdann den frisch aufgestellten sogenannten „Sturmkompanien" einzureihen. Mit solcher Maßnahme war schon lange zu rechnen gewesen. Der Feuerofen der Front würde nach der jetzigen und gewiß nicht mehr lange anhaltenden Pause neuen Brennstoff brauchen, menschliche, blutwarme Substanz, die er verschlingen und verheizen konnte.

Vorhin war Todtenberg aufgebraust und hatte Knothe und dem Schreibstubenunteroffizier gegenüber verlauten lassen, daß er den Befehl über die Munitionseinlagerung strikt zurückweisen und sich auf den neutralen Charakter seiner Einheit, auf das Genfer Rot-Kreuz-Abkommen berufen würde. Er war fest entschlossen gewesen, den Divisionsstab hiervon selbst in Kenntnis zu setzen. Seitdem er nun aber vor dem Feldtelephon saß, hatte er sich nicht dazu aufraffen können, den Worten auch die Tat folgen zu lassen. Wie zerfahren und verschreckt er war, zeigte sich schon darin, daß er ununterbrochen Zigaretten rauchte.

Knothe sah dem Oberstabsarzt die Furcht an, mit der Munition von Rouaux auch die Partisanen auf den Hals zu bekommen. Und obwohl ihm selbst nicht sehr wohl bei der Voraussicht war, daß der jetzt noch ungefährdete Park von Reinegarde in wenigen Stunden zu einem strategischen Angriffspunkt für den Feind werden sollte, freute er sich über Todtenbergs Dilemma.

Ruf ihn doch an! dachte er. Verweigere den Befehl! Gammer wird einen Marsch blasen, daß dir Hören und Sehen vergeht, du lackierter Affe, du Viertelsoldat! Gammer wird dir die Schulterstücke herunterreißen! Ruf ihn nur an, du geschniegeltes Großmaul! Jetzt hast du die Hosen voll, jawohl! Wenn uns die Amis eines Tages wirklich schnappen sollten, dann wird man nicht nach dem Feldwebel Knothe fragen, dessen Beförderung du hintertreibst, sondern nach dem Chef der Einheit. Der ist verantwortlich! Unsereins schlägt sich schon durch.

Knothe war so sehr von wollüstig gehässiger Schadenfreude erfüllt, daß er den schlimmen Hals und Eisermann gänzlich vergaß. Zwar hielt er seinen Kopf noch immer schräg, er war sich dessen aber nicht bewußt. Der schiefe Hals verlieh seinem Grinsen noch mehr Hohn.

Draußen schnurrte der Anlasser.

Du Scheißer! dachte Knothe. Du Pinsel! Im Krieg gibt's keine feinen Leute mehr, Gott sei Dank!

Laut sagte er: „Wenn man über die Vermittlung ‚Frieda' verlangt, dann meldet sich sogleich der Divisionsstab, absolut, völlig absolut!"

Todtenberg griff nach dem Hörer, zog die Hand aber wieder zurück.

„Ein Gespräch würde bestimmt zur Beseitigung mißlicher

Irrtümer beitragen", sagte der Unteroffizier mit empfehlender Zuvorkommenheit. Seine Redeweise erinnerte etwa an die eines Drogisten, der auf die Unschädlichkeit von Pepsinwein hinweist.

Der Anlasser surrte. Jetzt fiel mit schmetterndem Klirren eine Felge auf die Steine.

Todtenberg preßte die Hände auf die Ohren, keuchte gequält: „Aufhören! Man muß das abstellen! Aufhören!"

Als der Schreibstubenunteroffizier sah, daß Knothe keinerlei Anstalten machte, die Anweisung weiterzugeben, öffnete er das Fenster, beugte sich hinaus und sagte: „Herr Oberstabsarzt Todtenberg befiehlt, dieses ruhestörende und lästige Geräusch unverzüglich abzustellen!"

Er sprach mit milder Stimme. Er mußte die Anweisung wiederholen. Die Kraftfahrer wurden erst aufmerksam, als Trabnach, der draußen wartete, sie scharf anfuhr.

„Ich danke dir!" sagte der Unteroffizier zärtlich zu Trabnach.

„Dann kriegen wir die Karre überhaupt nicht in Gang!" murrte der eine Kraftfahrer.

Der Unteroffizier schloß das Fenster so sorgfältig, als könne er jeden Schall fernhalten.

Knothe nahm den Zigarrenstummel aus dem Munde, trat hinter Todtenberg und erbot sich: „Ich werde die Verbindung herstellen, Herr Oberstabsarzt! Man muß ‚Frieda' verlangen!"

Er hob den Hörer von der Gabel und sprach mit fester, zufriedener Stimme in die Muschel: „Frieda? Geben Sie mir Frieda! Ja, genau das! Friii-ieda!"

„Nein", sagte Todtenberg gepreßt, „lassen Sie!"

Er blickte auf. Kleine Schweißtropfen bedeckten seine Stirn. Die Mundwinkel bebten wie die Hand mit der Zigarette. Schräg über ihm stand Knothes vom Grinsen zersprengtes Gesicht – frech wie eine Fastnachtsmaske.

„Nein", wiederholte der Oberstabsarzt. Seine Stimme klang dumpf. Die Nase hatte wieder zu laufen begonnen.

Todtenberg streckte die Hand aus, drückte die Gabel des Feldtelephons nieder.

„Wir können unmöglich länger warten, Herr Oberstabsarzt!“ gab Knothe in hohndurchtränktem Eifer zu bedenken.

„Das ist allerdings auch wahr“, bestätigte geziert der Unteroffizier.

Todtenberg strich sich über das von Furcht, Zweifeln und Schwäche gezeichnete Gesicht. Er seufzte. Dann murmelte er kapitulierend: „Erledigen Sie alles, was notwendig ist. Rufen Sie die Leute zusammen – zum Schippen. Schicken Sie die Wagen nach Rouaux.“

Knothe legte den Hörer auf die Gabel, die Todtenberg solange niedergehalten hatte. Dann ging der Feldwebel hinaus, ohne jede Erwiderung, ja – ohne seinen Chef noch eines Blickes zu würdigen.

Du feiger Hund! dachte er.

Sogleich wurde auch seine bellende Stimme auf dem Hofe laut, wieder schmetternd, prall und satt in der Lust des Befehlenkönnens. Der Triumph über Todtenbergs Niederlage schien Knothe aller Beschwerden seines mißhandelten Halses enthoben zu haben. Mit Unterstützung des eilfertig assistierenden Schreibstubenunteroffiziers trommelte er die Leute zusammen und setzte sie an verschiedenen auseinanderliegenden Stellen des Parks zum Graben ein. Lastwagen und eine Anzahl würfelförmiger Sankas wurden für die Fahrt nach Rouaux bestimmt.

Bald nachdem Knothe die Schreibstube verlassen hatte, erschien Ferdinand Pistol und teilte mit, daß nun auch der alte Franzose verschieden sei. Todtenberg starrte ihn wie abwesend an. Ferdinand Pistol mußte seine Meldung wiederholen.

Dann fragte der Oberstabsarzt: „Wozu erzählen Sie mir das? Was soll ich damit?“

„Wir müssen wissen, was mit den Toten geschehen soll. Mitunter ist eine Sektion notwendig.“

„Was gehen uns die Toten an?“ fragte Todtenberg, mehr

für sich. Er sprach ohne jeden autoritären Nachdruck. Das hatte Ferdinand Pistol an ihm noch nicht beobachtet. Es verwunderte ihn. Todtenberg verharrte nun so lange in Schweigen, daß Ferdinand Pistol schon überlegte, ob er nicht einfach abtreten solle. Da jedoch fragte der Oberstabsarzt leise:

„Was halten Sie von der Lage, Obergefreiter Pistol?"

War das eine Falle? Hatte jemand etwas bemerkt? Ferdinand Pistol hatte Mühe, eine jäh und heiß aufschießende Angst niederzukämpfen. Er wurde innerlich ganz straff vor Mißtrauen und Wachsamkeit.

„Was ist Ihre Meinung?" fragte Todtenberg erneut, eher bittend als ungeduldig.

„Ich verstehe nichts von Stategie, Herr Oberstabsarzt". erwiderte Ferdinand Pistol zögernd.

„Sie sind lange genug Soldat, um eine Situation beurteilen zu können!"

„Es ist schwer, sich ein klares Bild zu machen. Wir haben nur wenig Nachrichten. Außerdem steht die Front."

„Glauben Sie, daß sie wieder in Bewegung kommen wird?"

„Das kann man nie voraussagen."

„Nach welcher Seite hin wird sie sich bewegen?"

„Das hängt von den Kräfteverhältnissen ab", wich Ferdinand Pistol aus.

„Aber wir sind in der letzten Zeit immer zurückgegangen, Obergefreiter Pistol! Gibt Ihnen das nicht zu denken? Sie werden doch Überlegungen anstellen, nicht wahr? Der größte Teil Ihrer Kameraden lebt bedauerlicherweise dumpf in den Tag hinein. Ich nehme nicht an, daß dies auch für Sie zutrifft. Sie haben studiert."

Entweder will er mich ausholen, weil er etwas erfahren hat, dachte Ferdinand Pistol, oder aber er hat große Angst vor einer neuen Entwicklung. Andernfalls würde er sich zu solchen Fragen nicht herbeilassen. Ich muß auf der Hut sein. Einige Stunden lang muß ich noch auf der Hut sein!

Er antwortete: „Ich bin auf keiner Kriegsschule gewesen, Herr Oberstabsarzt. Ich habe Musik studiert. Was den Rückzug angeht, so erklärt unser Oberkommando, daß es sich dabei um taktische Ausweichmanöver handele, die den Gegner verwirren und ermüden sollen."

Nach einer Weile fragte Todtenberg hastig, mit ein wenig erhobener Stimme: „Wer wird Ihrer Meinung nach länger durchhalten? Auf welcher Seite wird der Sieg sein?"

„Auf unserer!" antwortete Ferdinand Pistol, das zweite Wort stark betonend. Er log nicht einmal. Er war verblüfft darüber, wie es der Lauf des Gesprächs gefügt hatte, daß er seine wahre Meinung so unverhohlen und dennoch unverdächtig äußern konnte.

„Woher nehmen Sie diese Gewißheit?" fragte Todtenberg wieder. Anscheinend war er verwirrt.

„Ich glaube, daß die Gerechtigkeit siegen wird, Herr Oberstabsarzt!" Ferdinand Pistol hielt den Atem an, in der Furcht, zu weit gegangen zu sein.

„Sie operieren mit sehr weiten Begriffen, Obergefreiter Pistol. Liegt es daran, daß Sie Musiker sind? *Gerechtigkeit?* Was verstehen Sie darunter?"

Die Handflächen wurden feucht und heiß.

Lockte Todtenberg ihn nicht, immer mehr preiszugeben, bis er sich schließlich verraten haben würde? Wie sollte man diese Unterhaltung anders verstehen? Aber wiederum lag da etwas in Todtenbergs Art, das gegen diese Vermutung sprach. Der Oberstabsarzt machte den Eindruck eines Menschen, dessen Selbstgefühl schwer angeschlagen ist, der sich nicht mehr zurechtfindet und Hilfe sucht, beruhigenden, kräftigenden Anhalt. Andernfalls wäre er wohl auch verärgert gewesen, ein zweites Mal fragen zu müssen: „Was verstehen Sie unter Gerechtigkeit?"

„Gerechtigkeit ist oft nur eine Hoffnung, die man in der Brust trägt. Aber gerade dadurch gewinnt sie Macht und Stärke. Letztlich ist Gerechtigkeit jeder Sieg der besseren sittlichen Grundsätze!"

„Ich verstehe Sie nicht."

„Die Kehrseite blinder Gewalt ist Hoffnungslosigkeit. Die Gerechtigkeit hat keine Kehrseite, sie ist ganz und gar unteilbar!"

„Ich verstehe Sie noch immer nicht."

„Ich kann es nicht anders erklären", sagte Ferdinand Pistol. Er war sich bewußt, bis an die Grenze des Möglichen gegangen zu sein.

Plötzlich fuhr Todtenberg auf. Er flog am ganzen Körper, als ob ein Anfall bevorstände. Er schrie: „Ich habe Sie gebeten, mir eine klare Antwort zu geben, Obergefreiter Pistol! Statt dessen gefallen Sie sich in Phrasen aus dem Deutschunterricht! Halten Sie mich für beschränkt? Die Zehn Gebote kann ich Ihnen auch hersagen! Sie sind ein eingebildeter Schwätzer! Scheren Sie sich hinaus."

Die Stimme brach, hysterisch, mißtönend.

„Was soll mit den Toten geschehen?"

Der Oberstabsarzt fiel wieder in sich zusammen. Er sah Ferdinand Pistol an, als sei dies ein gänzlich Fremder, den er zum erstenmal erblicke. Endlich erwiderte er: „Die Toten sollen froh sein, daß sie tot sind. Wir haben andere Sorgen. Wenden Sie sich an Feldwebel Knothe."

Ferdinand Pistol trat ab.

Vor der Tür begegnete ihm der Schreibstubenunteroffizier, der anscheinend gelauscht hatte. Jetzt lächelte er kokett.

Feldwebel Knothe fand, daß die Toten im „Gefangenen"revier ganz uninteressant seien und vorläufig zu warten hätten. Er teilte Ferdinand Pistol einem Schippkommando zu und gab ihm den Auftrag, auch Harry unverzüglich dorthin zu beordern.

Ein Gruß aus dem Orkus

Nach den Tagen verhältnismäßig ungestörten Dahindämmerns war die Einheit HV 7 jetzt von Bewegung und scharfer Unruhe erfüllt. Aber diese durch die Divisionsbefehle hervorgerufene Regsamkeit hatte nichts Befreiendes oder die Unsicherheit Lösendes. Im Gegenteil. Die bedenkliche und furchtsame Stimmung, die sich nach der Explosion von Rouaux ausgebreitet hatte, war noch bedrückender geworden. Man hatte erfahren, wozu Gruben ausgeschachtet werden und Fahrzeuge nach Rouaux geschickt werden sollten. Man konnte voraussagen, daß der morgige Appell die Reihen von HV 7 lichten und für manchen wohl den Anfang vom Ende bedeuten würde. Wer nach der Besichtigung durch Gammer seinen Rucksack schnüren mußte, der konnte schon in der nächsten Nacht vom hinterhältigen Schlag eines feindlichen Granatwerfers ausgelöscht sein.

Viele Leute von HV 7 hatten, bis in Rouaux der Vulkan ausbrach, in einer fast behaglichen Winterschlafsturheit dahingeduselt. Man hatte lediglich vor Knothe auf der Hut sein müssen. Nun aber waren alle wieder nüchtern geworden, hellwach.

Die fernen Geräusche der noch träge scharmützelnden Front schienen mit einem Male näher gerückt. Stärker als zuvor achtete man auf das harmlos wirkende Puckern der „V 1", auf das dunkle Brummen der großen Bomberpulks, die in achttausend Meter Höhe nach Deutschland flogen. Die Gespräche über Frauen und Puffs verstummten. Die Wirtinnenverse schmeckten plötzlich nicht mehr. Die Fragen der Verpflegung und Tabakzuteilung waren weniger wichtig geworden.

Man besann sich auf die eigene gefährdete Existenz, man dachte an zu Hause.

Mancher wünschte sich nun einen kleinen, überzeugenden Schußbruch der Speiche oder ein Dutzend Splitter im Oberschenkel, die Wochen zum Herauseitern brauchten und darum willkommener gewesen wären als ein Urlaubsschein, den es freilich ohnehin nicht mehr gab. Es wurden auch Überlegungen angestellt, wie man auf unverfängliche Weise zu einer Fraktur des Handgelenks oder einer mächtigen, den ganzen Körper lahmlegenden Diarrhöe kommen könnte. Sich beim Gewehrreinigen in den Fuß zu schießen, fiel aus. Das wäre mit Sicherheit als Selbstverstümmelung ausgelegt und entsprechend bestraft worden. Man lag nicht mehr in einer Garnison, wo derlei mit einem Ausbildungsfehler hätte erklärt werden können. Und desertieren?

Wer kannte von diesem Volk der Franzosen denn mehr als den Wein, die miserablen Zigaretten, die Huren und den – *Haß!* Der Haß schlug einem allenthalben entgegen.

Das Unbehagen der Leute von HV 7 wuchs noch, als sie sahen, wie sehr die neue Lage Todtenberg aus der Fassung gebracht hatte.

Seit der Niederlage in der Schreibstube und dem seltsamen Gespräch mit Ferdinand Pistol streifte der Oberstabsarzt im Park umher. Er hatte kein festes Ziel. Er floh vor sich selbst. Oder aber er suchte bei diesem Schweifen wieder Fassung und Selbstvertrauen zu gewinnen. Ermutigend konnte allerdings nicht genannt werden, was ihm währenddessen begegnete.

Da waren Rotten verdrossen in der Erde wühlender Soldaten; da war fluchendes Raunen hinter seinem Rücken. Wenn Todtenberg bei ihnen haltmachte und ihrer Arbeit zusah, dann suchte er nach Hinweisen, Anordnungen und Befehlen, mit denen er Sicherheit hätte vortäuschen können. Ihm fiel aber nichts ein. Er spürte, daß die Leute, diese kleinen Leute, seine Angst witterten.

Im Verlauf des Nachmittags konnte man den erstaunlichen Vorgang beobachten, daß Todtenberg sich immer mehr Feldwebel Knothe anschloß. Wären ihre Rangabzeichen nicht gewesen, so hätte man Knothe für den Vorgesetzten und Todtenberg für seinen Adjutanten halten können. Der Oberstabsarzt verhielt sich ganz still. Er gab weder Empfehlungen, noch korrigierte er etwa Knothes Anordnungen. Todtenberg hatte sich in den Schutz von Knothes blaffender, maulschmetternder Befehlsunbekümmertheit geflüchtet.

In dem Bewußtsein, HV 7 zwar nicht rangmäßig, aber doch tatsächlich zu befehligen, blähte der Feldwebel sich nach Kräften auf. Obschon nun alles geregelt und glatt im Gange war, wollte und wollte sein Gebell nicht enden. Knothe überschüttete die Leute mit ganzen Salven von Flüchen und Drohungen. Er wetzte sein Maul unermüdlich. Todtenberg stand blaß und schweigsam dabei, wie ein schwächlicher Knabe, der dem Spiel robusterer Kameraden nicht gewachsen ist.

Einmal aber bekam auch Knothes Großspurigkeit einen Dämpfer aufgesetzt.

Unter den Stellen, an denen Gruben zur Munitionseinlagerung ausgehoben wurden, befand sich auch jener Platz, an dem während der letzten Tage „Bodeneinsatz" durchgeführt worden war. Die von unliebsam aufgefallenen Soldaten ausgehobenen und wieder zugeschütteten Deckungsschneisen befanden sich hier. An diesem Ort, wo zwei ältere Leute arbeiteten, gab es plötzlich einen Auflauf. Die Soldaten drängten sich um den Grabeplatz.

„Was ist los? Auseinander!" bellte Knothe, als er die Zusammenrottung bemerkte.

Wider Erwarten kamen die Soldaten dieser Aufforderung nicht nach. Wie eine Herde zusammengeschart, blieben sie stumm stehen.

„Auseinander!" schrie Knothe. „Habt ihr Putzwolle in den Ohren?" Er kam mit großen Schritten herbeigelaufen. „Was gibt's da zu glotzen? Blödmänner!"

Der Feldwebel knallte wie abgeschossen gegen den Wall der Soldaten, bohrte sich fluchend hinein, wobei er die Leute mit den Ellenbogen auseinanderkeilte.

„Habt ihr den Verstand verloren? Ich werd' euch schleifen, bis . . ."

Als er den inneren, freien Raum des Kreises erreicht hatte, blieb ihm das Wort im Halse stecken.

Jene zwei älteren Soldaten standen völlig verstört in der Grube. Zwischen ihnen lag, als sei er soeben aus der Tiefe emporgestiegen – ein Toter.

Der in eine braune Gasplane gehüllte Leichnam war noch bis zur Brust hinauf mit Erde bedeckt. Er wäre wahrscheinlich gar nicht so bald als sterblicher Überrest eines Menschen erkannt worden, hätte nicht ein Spatenstich die wachstuchartige Umhüllung am Kopf aufgerissen und einen Teil des Gesichts freigelegt.

Es war jener Tote, den Ferdinand Pistol, Harry und Eisermann vorgestern abend an dieser Stelle bestattet hatten, begleitet von Knothes heulendem Mundharmonikaspiel.

Natürlich hatte das Auftauchen dieses Leichnams nichts mit der Regelwidrigkeit zu tun, daß er den Kopf voran zu Grabe getragen worden war. Nicht mystische Gewalten hatten ihn noch einmal an die Oberwelt, in den verlorenen Bereich des Tageslichts geführt. Dennoch wirkte sein Auftreten jetzt so atembeklemmend, als habe der Orkus selbst einen unterweltlichen Boten heraufgeschickt.

Die Soldaten schwiegen stumpf und zugleich erwartungsvoll. Sie wendeten ihre Blicke nicht von dem fahlen Antlitz des Toten, in dessen Augen- und Mundwinkeln sich feiner Sand festgesetzt hatte. Das war ein Schweigen ohne beruhigende Besinnung. Es konzentrierte alle Befürchtungen und schweren Ahnungen. Es konnte leicht zu einem unmittelbaren Entsetzensausbruch, zu einer Panik führen. Jeder empfand eine Spannung, die immer schwerer erträglich wurde. Auch Todtenberg, der jetzt in der von Knothe gebahnten Gasse stand, erging es nicht anders.

Der Feldwebel brauchte Zeit, bis er sich gefaßt hatte; selbst er war bleich geworden. Seine Stimme gehorchte ihm erst nach einer Weile wieder. Aber auch dann noch brauchte es Zeit, bis sie den anfänglich dünnen, blechernen Klang verlor und wieder volltönend wurde.

„Warum steht ihr hier wie die Schafe und gafft?“ fragte er heiser. „Habt ihr noch keinen Toten gesehn? Los – den Mann aus der Grube! Hopp, hopp! Welche Idioten haben den Kerl ausgerechnet hier abgeladen? Diese Mündungsschoner aus dem OP!“

Und schon heulte er in voller Wut auf: „Obergefreiter Pistol! Gefreiter Salandt! Scheißkerle! Hierher!“

Zögernd begannen die beiden älteren Soldaten den Leichnam weiter freizulegen. Das ging nicht ohne Schwierigkeiten vor sich, weil die Spaten sich immer wieder in den Falten der Gasplane verfingen. Erst nachdem Knothe die beiden angeblasen hatte, gefälligst die Hände zu verwenden, machte die Exhumierung Fortschritte.

Die zuschauenden Soldaten standen wie gebannt. Sie reagierten nicht auf Knothes heftige Aufforderungen, den Platz zu räumen. Dieses mumienhafte Bündel, das einmal ein Mensch gewesen war, faszinierte sie. Als der Tote aus der Grube gehoben war, trafen Ferdinand Pistol und Harry von ihrem ziemlich weit entfernten Grabeplatz ein. Sie hatten von dem Zwischenfall nichts bemerkt. Knothe blaffte sie an:

„Ihr seid zu blöd, einen Toten wegzuschaffen, ohne daß man gleich drüber stolpert! Der Mann sollte begraben und nicht verscharrt werden! Ihr haltet euch für was Besonderes, ihr Pfeifen, aber Bildung habt ihr auch nicht gelernt! Begräbt man so einen Kameraden, der fürs Vaterland gefallen ist?“ Der Feldwebel schmatzte, als wolle er die Widerlichkeit seines verlogenen Pathos auskosten. Bellend fuhr er fort: „Los – wegschaffen den Mann! Aber mit ein bißchen Caracho!“

„Wir müssen erst eine Trage holen“, sagte Ferdinand Pistol. Sein Gesicht war hart und knochig geworden.

„Halt die Fresse! Wozu Trage? Vielleicht brauchst du noch ’n Leichenwagen mit Gäulen und schwarzen Bommeln! Ihr nehmt den Mann, so wie ihr seid, verstanden?“

„Wo soll er hin?“

„Das ist völlig piepe. Er soll uns nicht noch mal in die Quere kommen!" entschied Knothe. „Packt ihn meinetwegen zu den beiden Gefangenen. Da wird er sich wenigstens nicht graulen. Zum Skat gehör'n drei Mann!"

Knothe sah sich beifallheischend um. Aber keiner der Soldaten lachte. Alle sahen sehr ernst auf den Toten.

Ferdinand Pistol und Harry hoben den Leichnam an Oberkörper und Beinen auf. Sie gingen mit ihm in die Tiefe des Parks hinein.

„Laufschritt – marsch, marsch!" schrie Knothe.

Das kalte, schmutzige Bündel an sich gepreßt, liefen die beiden keuchend und stolpernd weiter. Als sie außer Sichtweite gekommen waren, machten sie halt, legten den Toten nieder und versuchten, wieder zu Atem zu kommen.

Ferdinand Pistol nahm seine Brille ab, fuhr sich mit dem Handrücken langsam über das Gesicht. Seine Zähne hatten sich in die Unterlippe gegraben. Seine Kiefer bebten. Harry hockte neben ihm, vor Erschöpfung wieder bleifarben im Gesicht. Sein Kopfverband leuchtete wie ein weißer Karnevalsturban.

Als Ferdinand Pistol wieder sprechen konnte, sagte er: „Deutschland, Deutschland über alles . . ."

Die an der Grube Zurückgebliebenen wurden von Feldwebel Knothe auseinandergetrieben. Wortlos gingen sie an ihre Plätze.

Einer der beiden älteren Soldaten, die den Toten ausgegraben hatten, lehnte mit zurückgeworfenem Kopf an der Wand der Grube. Stoßend zuckte ein Brechreiz durch seinen Körper.

Als die Arbeit wieder in vollem Gange war, fuhren die ersten Wagen nach Rouaux ab. Auf der Platanenallee begegnete ihnen eine kleine Fahrzeugkolonne, die vom Dorf Reinegarde her in den Park gerollt kam. Es waren Wagen einer fremden Einheit, insgesamt vier Fahrzeuge.

Jede Maschine hatte ein Zwillingsflakgeschütz im Schlepp.

Noch einmal unterbrachen die Leute von HV 7 ihre Arbeit.

Mit diesen Geschützen, die fürs erste wohl zur Luftdekkung des neuen Depots bestimmt waren, hielt auch die Front ihren Einzug in den Jardin du Reinegarde.

Die Front.

Das Fleisch versagt

Fast die ganze Nacht hindurch hatte Eisermann mit seinen Starterschlüsseln das Zementbett des Fenstergitters aufgegraben. Trotz der übermenschlichen Anstrengung waren am Morgen erst die Enden von drei Bandeisen soweit freigelegt, daß sie gegebenenfalls herausgebogen werden konnten. Da jedoch vier Streben das Fensterloch verriegelten, mußte noch ein Ende aus seiner Fassung geschält werden. Diese Arbeit sogleich in Angriff zu nehmen, überstieg Eisermanns Vermögen.

Seine Hände bluteten. Die Innenflächen der Finger waren von den Schlüsselkanten und dem körnigen Zementstaub stellenweise bis auf das rohe Fleisch aufgerieben. Die schwere Abschürfung zwischen Mittelhand und Ellenbogen des rechten Arms, die er sich bei dem Angriff auf Knothe zugefügt hatte, glühte. Daß er die Wundflächen wiederholt mit Speichel benetzte, vermochte den Schmerz nur wenig zu lindern.

Als am Morgen das Kochgeschirrklappern der Kaffeeholer laut geworden war, hatte Eisermann sich wieder auf die Pritsche gelegt. Er mußte neue Kräfte sammeln, bevor die Eskorte kam, die ihn nach Chabrie bringen sollte. Er war fest entschlossen, ihr zu entfliehen – nicht erst außerhalb des Parks, sondern möglichst bald nach Verlassen der Zelle. Er mußte Knothe noch einmal treffen. Dieses Mal würde er sicherer zugreifen als in der vergangenen Nacht.

Seine schweren Hände schmeckten im voraus den würgenden Griff, der den Feldwebel vernichten sollte.

Was danach kommen würde, war Eisermann gleich.

Stunde um Stunde verstrich, doch weder eine Eskorte noch Knothe erschien. Eisermann fragte sich, ob man ihn vergessen habe. Aber das war ausgeschlossen – Knothe würde ihn bestimmt nicht vergessen. Daß bis jetzt noch kein Befehl zu seinem Abtransport gegeben war, konnte nur einen Grund haben – etwas Besonderes mußte im Gange sein. Verschiedene Anzeichen sprachen dafür. Am meisten beschäftigte Eisermann die Frage, warum der gewohnte alltägliche Arbeitslärm auf dem Kraftfahrzeughof nach und nach verstummte. Jetzt war nur noch vereinzelt Knallen von Sankatüren zu hören.

Standen neue Verwundetentransporte bevor? Aber woher sollten die Zugänge kommen? Die Front raunte nur, wie an anderen Tagen. Das Gebrüll einer neuen Schlacht wäre auch hier vernehmbar gewesen. Oder packte HV 7 etwa? Sollte die Einheit verlegt werden?

Die Aussicht, daß Knothe ihn möglicherweise in dem Steinsarg des grünen Fliesengefängnisses zurückzulassen gedachte und keine Gelegenheit mehr sein würde, ihm noch einmal zu begegnen, weckte Eisermanns Tatkraft zu neuer, gegen sich selbst rücksichtsloser Aktivität. Verbissen machte er sich an die Freilegung des letzten Bandeisens.

Jeder schabend gegen das rauhe Gestein vordrängende Griff jagte Eisermann Stöße feurigen Schmerzes in den Körper. Zeitweise wurden seine Hände ganz empfindungslos. Jedes Gefühl schien in ihnen erstorben zu sein. Er gebrauchte sie wie tote Werkzeuge. Eisermann schuftete so lange, bis die Muskulatur sich zitternd verkrampfte und er vorübergehend innehalten mußte.

Er verspürte weder Hunger noch das Bedürfnis zu rauchen; sein Rachen wurde schließlich so trocken, als seien die Schleimhäute weggeätzt. Er verfügte über keinen Speichel mehr, mit dem er das Brennen der Wundflächen hätte lindern können. Nicht einmal die Notwendigkeit zu urinieren empfand er. Die unerhörte Anstrengung schien alle Feuchtigkeitsreserven des Körpers verbraucht zu haben.

Am späten Nachmittag, von dessen leuchtend warmer Lichtflut sich auch ein Rinnsal in die Zelle verirrte, hörte Eisermann Fahrzeuge von HV 7 abfahren. Sie setzten sich nicht geschlossen, sondern in weiten Abständen in Marsch. Am Motorengeräusch konnte Eisermann erkennen, welche Wagen dabei waren – die meisten LKWs und einige Sanka. Dann vernahm er jedoch, daß auch Fahrzeuge in den Park gerollt kamen, deren Motoren er nie gehört hatte. Sie mußten also fremd sein. Das deutete darauf hin, daß HV 7 doch abgelöst und verlegt wurde.

In der Dämmerung erschien der Wachhabende, ein älterer, ruhiger Unteroffizier, der gewöhnlich den Ersatzteilwagen im Kraftfahrzeughof verwaltete und den Eisermann gut kannte. Er befand sich in Begleitung eines Postens. Wider Erwarten war der Wachhabende nicht gekommen, um Eisermann abzuholen. Er brachte einen halben Laib Brot und ein Kochgeschirr voll Wasser. Der Posten war vor dem Hause stehengeblieben. Eisermann trank so hastig, daß er sich verschluckte. Begütigend klopfte ihm der Wachhabende auf den Rücken. Nachdem das Kochgeschirr bis auf einen Rest geleert war und Eisermann von der neuen Situation bei HV 7 Kenntnis bekommen hatte, fragte er: „Hat Knothe gesagt, wann ich fortgebracht werde?"

„Vorläufig werden sie dich wohl noch in Ruhe lassen. Die Einrichtung des Depots wird den größten Teil der Nacht in Anspruch nehmen. Unsere Wagen dürfen auch erst in der Dunkelheit zurückkommen, wegen der Tiefflieger. Und morgen ist die Besichtigung. Es werden verschiedene daran glauben müssen, fürcht' ich. Was nachher wird, weiß kein Mensch. Wir sitzen dann wie auf einem Pulverfaß. Möglicherweise jagen sie uns die ganze Geschichte unterm Hintern hoch, wie in Rouaux. Bestimmt aber werden die Flieger bald von oben reinballern. Deswegen hat man uns auch die

Zwillingsflak in den Pelz gesetzt. Eine Spritze steht mitten im Kraftfahrzeughof, eine andere vorm OP. Aber auch das wird uns wenig nützen."

„Wo ist Knothe jetzt?" fragte Eisermann. Er stellte sich so, daß der Wachhabende keine Gelegenheit hatte, auf das Fenster zu blicken.

„Wahrscheinlich frißt er, oder er säuft wieder. Knothe hat sogar Witze gerissen, als sie beim Graben auf eine Leiche stießen!"

„In den Deckungslöchern?"

„Wieso weißt du davon?"

„Ich war dabei, als der Tote eingegraben wurde", sagte Eisermann langsam.

„Da kannst du dir vorstellen, was das für 'n Anblick war. Aber mach dir jetzt keine Gedanken um so was. Vielleicht läuft deine Angelegenheit gar nicht so schlimm aus. Je länger du hier hockst, desto besser. Am Ende verraucht Knothes Wut sogar und man läßt die Strafe mit dem Arrest abgegolten sein. Oder – sie geben dir Frontbewährung."

All das hatte der Wachhabende freundschaftlich, kameradschaftlich ermutigend vorgebracht. Dann aber änderte seine Haltung sich mit einem Schlag. Er hatte den aufgebrochenen Fenstersims bemerkt. Er hatte auch erkannt, daß Eisermanns Hände von Schmutz und Blut verkrustet waren.

„Du willst fliehen?" fragte er stotternd und machte große Augen.

Eisermann ging schnell um ihn herum, so daß er dem Wachhabenden den Weg zur Tür versperrte.

„Was hast du vor?" fragte der andere ängstlich. „Wenn du fliehst, verschlimmerst du deine Lage noch mehr. Du kannst nirgendwohin. Sie schnappen dich überall!"

Eisermann spuckte in die Hände, verrieb die Feuchtigkeit langsam auf den Wundflächen. Er war sich unschlüssig, was er jetzt tun sollte. Der Wachhabende mußte seine Bewegung mißverstanden haben. Schreckhaft rief er: „Posten! Entsichern!"

Draußen rasselte ein Gewehrschloß. Der Posten hatte noch gar nicht durchgeladen gehabt.

„Du brauchst keine Angst zu haben", sagte Eisermann, „du hast keine Schuld." Er wußte noch immer nicht, was er machen sollte. Einfach hinauszulaufen war sinnlos. Er konnte direkt in die Kugel hineinrennen. Bei einer blinden Flucht würde es auch gleich Alarm geben. Gerade das mußte er vermeiden. Er wollte Knothe allein treffen, ungestört.

„Flieh nicht!" bat ihn der Wachhabende inständig. „Wenn du abhaust, bist du ein Deserteur. Dann hast du keine Hoffnung mehr!"

„*Fliehen* will ich nicht."

„Weshalb brichst du die Stäbe los?"

Beide sprachen nun ganz leise. Der Posten konnte sie nicht hören. Eisermann schaute auf seine Hände, empfahl schließlich: „Es wird am besten sein, wenn du jetzt gehst. Laß den Schlüssel stecken, oder – mach die Tür nicht zu!"

Der Wachhabende wich zurück: „Bist du verrückt? Was verlangst du von mir? Ich kann das nicht tun. Ich darf nicht. Heute bin *ich* für dich verantwortlich! Verlang nicht so was!"

„Du bist feige."

„Ich habe Frau und Kinder."

„An der Front würdest du rufen ‚spring du zuerst!' "

„Ich habe Familie! Verstehst du nicht? Ich *muß* nach Hause kommen! Ich darf mir nichts zuschulden kommen lassen!"

„Ich *hatte* zwei Brüder."

Jetzt schwieg der andere.

„Du willst mir nicht helfen?"

„Ich kann nichts für dich tun."

„Du willst mich melden!"

Der Wachhabende blickte zu Boden.

Eisermann trat dicht an ihn heran und sagte: „Wenn du Meldung machst, stellen sie mich noch heute abend an die

Wand – wegen Fluchtversuchs. Dann bist du mitschuldig an der Ermordung eines Kameraden. Willst du das auf dich nehmen?"

Der Wachhabende schluckte schwer.

„Ob du das auf dich nehmen willst, frage ich!"

„Warum tust du so, als sei ich dein Feind", entgegnete zögernd und bedrängt der Wachhabende. „Ich kann nichts dafür, daß du hier sitzt. Ich hab' das alles ebenso satt! Ich will auch raus, nach Hause, weiter nichts!" Jetzt fuhr er hastig fort, wie ein rückhaltlos Beichtender: „Zwanzig Jahre meines Lebens würde ich dafür hingeben, wenn ich nur noch ein paar Jahre in aller Ruhe auf meiner Tankstelle sitzen könnte! Meine Frau muß die Arbeit allein machen. Sie wartet auf mich. Alle warten sie auf uns – zu Hause! Aber wenn der Krieg nicht bald ein Ende hat, dann werden wir krepieren wie die Fliegen. Irgendwo steckt die Kugel schon im Lauf. Das hängt nur davon ab, wann sie abgeschossen wird. Irgendeine Kugel trifft immer! Wir hocken hier auf einer Insel, und um uns ist die Hölle. Sie warten auf uns, draußen, in den Büschen, in den Wäldern. Sie hassen uns auf den Tod!"

„Ich frage, ob du mich melden wirst!"

Der Wachhabende brauchte einige Zeit, bis er sich beruhigt hatte. Dann sagte er still: „Du mußt wissen, was du tust, Eisermann. Ich habe dich gewarnt. Ich habe nichts gesehen."

Nachdem er die Tür von draußen wieder geschlossen hatte, sagte er zu dem Posten: „Ich glaubte zuerst, daß er den Verstand verloren habe. Ihm war aber nur übel. Er hatte seit gestern nichts mehr getrunken. Ich habe ihm ein bißchen zugeredet."

„Er kann einem leid tun", sagte der Posten. „Ich möchte nicht in seiner Haut stecken."

Danach gingen sie davon.

Einige Zeit nach Einbruch der Dunkelheit hatte Eisermann auch das vierte Ende der Gitterbänder aus der Einbettung im Fenstersims gelöst. Jedes Bandeisen war nur noch mit einer Seite im Mauerwerk verankert. Es würde nun möglich sein, die Metallschienen herein- oder hinauszubiegen, vielleicht sogar so lange hin und her zu bewegen, bis sie abbrachen. Eisermann fühlte sich sehr zerschlagen.

Er begann das Brot zu essen. Er kaute jeden Brocken der muffigen, nach Holz schmeckenden Masse gut, bevor er ihn hinunterschluckte. Als das Brot verzehrt war, trank er den Rest des Wassers. Wieder auf der Pritsche liegend, rauchte er eine der Zigaretten, die ihm Ferdinand Pistol und Harry gestern abend in die Zelle geworfen hatten. Wie dies meist der Fall ist, wenn man in erschöpftem Zustande Tabak genießt, so befiel auch Eisermann nach den ersten Zügen leichter Schwindel. Er mußte vorsichtiger rauchen. Er inhalierte nur noch einen Teil des Rauches. Das bekam ihm besser.

Eisermanns Entschlossenheit, sein Vorhaben auszuführen, war unbedingt. Es gab keine Bedenken, die ihn schwankend oder wankelmütig gemacht hätten. Es gab kein Zaudern. Der Wunsch, Knothe zu töten, beherrschte ihn ganz. Etwas anderes zu tun gab es nicht. Es war das Wichtigste, was getan werden mußte. Weil dieses Verlangen Eisermann so völlig erfüllte, vermochten Schmerz, Trauer und Verzweiflung keine Gewalt mehr über ihn zu gewinnen. Zu einem Gefühl von wunderbarer Reinheit und Selbstverständlichkeit hatte sein Haß sich geläutert. Der Rachedurst war umgewandelt in mächtiges Pflichtbewußtsein. Heute nachmittag hatte Knothe die Toten wiederum verhöhnt.

Ein Mörder lachte und soff. Eine Bestie heulte ihre blindwütige Schandbesessenheit in den lichten Tag hinaus.

Man muß ihn töten, ihm die Zähne ausschlagen! Man muß ihn ganz und gar auslöschen!

Aus dem Park war das Dröhnen zurückkehrender Fahrzeuge zu vernehmen. Weil die Wagen beladen waren, klang ihr Motorengeräusch tiefer und dunkler. Eisermann konnte sogar unterscheiden, daß die Getriebe der Schaltung nur widerwillig gehorchten und schwerer gingen unter der Last, die sie zu bewegen hatten. Waren die Wagen entladen, so rollten sie wieder in die Nacht hinaus. Trotz der Mächtigkeit der Explosion mußte noch viel in Rouaux übriggeblieben sein.

Eisermann lag ungefähr eine halbe Stunde, als Ferdinand Pistol erschien.

„Ich konnte nicht früher kommen", sagte der Obergefreite. „Sie saßen uns den ganzen Tag über auf dem Hals. Der Teufel ist los."

„Ich weiß schon."

„Vor morgen mittag können sie dich nicht fortbringen."

„Das weiß ich auch."

Ferdinand Pistol schwieg eine Weile, bevor er vorsichtig fragte: „Brauchst du etwas, Eisermann? Kann ich dir irgendwie helfen?"

„Wo ist Knothe?"

„Er überwacht die Unterbringung der Munition. Er hat alles in Bewegung gebracht. Warum fragst du nach ihm?"

„Nur so", sagte Eisermann ruhig.

Dann schwiegen sie. Ferdinand Pistols breites, stilles Gesicht unter dem Stahlhelm stand unbeweglich vorm Fenster. Die Ringe der Nickelbrille blinkten schwach. Eisermann spürte auch während dieser Pause die tiefe und gute Anteilnahme des anderen. Sie machte ihn verlegen. Er hätte Ferdinand Pistol gern etwas Herzliches gesagt, doch er fand keine rechten Worte.

So fragte er schließlich beiläufig: „Warum hast du die Dunstkiepe auf?"

„Wir müssen wieder Wache schieben."

„Dann trab los, du bekommst sonst Scherereien."

Ferdinand Pistol brachte sein Gesicht dicht an das Fenstergitter und sagte fast unhörbar: „Ich bin die *letzte* Stunde hier, Eisermann: Ich gehe weg!"

„Du gehst auf die – andere Seite?"

„Wenn du wolltest, würde ich dich mitnehmen. Aber du kannst hier nicht heraus."

„Ich will dableiben."

Eisermanns bestimmte Antwort setzte Ferdinand Pistol in Erstaunen; überrascht und ungläubig fragte er:

„Hast du dir nicht überlegt, was dich erwartet?"

„Ich muß hierbleiben, Pistol."

„Sie werden dich an die Wand stellen! Du mußt doch irgend etwas tun."

„Ich kann nicht fort", beharrte Eisermann.

„Knothe?" fragte Ferdinand Pistol mit angehaltenem Atem.

„Ich bin hier noch nicht fertig."

„Wenn du ihn umbringst, bist du vollends verloren!" warnte Ferdinand Pistol bestürzt.

Er schien die Schwierigkeit seiner eigenen Lage vergessen zu haben.

Dringlich hielt er Eisermann vor: „Du mußt bei der ersten Gelegenheit fliehen, es ist das einzige, was du tun kannst. Indem du Knothe totschlägst, änderst du nichts. Warte, es wird eine andere Zeit kommen. Dann wollen wir sprechen und Sühne fordern. Jetzt haben noch sie die Gewalt."

„Ich kann nicht warten."

„Denk an deine Eltern!"

„Rede nicht davon, Pistol." Ein Zittern überkam Eisermann.

„Aber du kannst doch hier nicht heraus?"

„Faß auf den Sims!"

Eisermann hörte, wie der andere das aufgebrochene Mauerwerk abtastete.

„Und wenn du es nicht allein schaffst?" fragte Ferdinand Pistol erregt. „Wir wollen es gleich tun! Ich werde dir helfen! Für zwei ist es weniger schwer!"

„Die Eisen sind dünn, ich bekomme sie allein heraus. Ich muß auch noch warten, Pistol. Die Nacht ist lang. Verschwinde jetzt. Nimm Harry mit – hier bringen sie ihn noch um."

„Er würde nicht mitgehen, wegen Friedel. Deshalb habe ich ihm gar nichts gesagt“, erwiderte Ferdinand Pistol. „Er wartet drüben an der Platanenallee und gibt acht, daß uns niemand überrascht. Ich soll dich von ihm grüßen.“ Ferdinand Pistols Stimme klang weich.

Eisermann griff durch das Fenstergitter, nahm die Hand des Kameraden, die noch immer auf dem von Steinstaub und feinen Zementbrocken übersäten Sims lag. Obwohl es ihn schmerzte, drückte er sie fest.

„Wir sehen uns wieder“, sagte Ferdinand Pistol heiser.

„Komm gut rüber, Pistol! Laß dich nicht erwischen!“

„Eisermann!“

„Hau ab!“ Eisermann entließ Ferdinand Pistols Hand mit einer fast brüsken Bewegung. Dann trat er zurück, stieg von der Pritsche.

„Leb wohl, Eisermann!“

„Mach's gut, Pistol! Sieh dich vor!“

Im Park lärmten noch immer Fahrzeuge. Von der Front her waren Granatwerfer und dann und wann auch der wüste, rammende Einschlag schwerer Geschosse zu vernehmen. Puckernd zogen in regelmäßigen Abständen „V 1“ über den Park. Das Geräusch wirkte so harmlos. Und doch hockte in den unbemannten Geschoßflugzeugen der Tod. Er starrte voraus zur Küste, wo sie niedergehen sollten.

Gegen Mitternacht zog Eisermann sein Hemd aus. Er zerriß es zu Streifen und umwickelte mit ihnen die Hände. Dann stieg er wieder auf die Pritsche, ergriff ein Ende der freigelegten Bandeisen. Mit einer schweren, zerrenden Bewegung bog er es weit in den Raum herein. Da die Hände bandagiert waren, verursachte der Griff nur mäßige Schmerzen. Eisermann packte das schräg abwärts in den Raum stehende Gitterband von unten, um es mit mächtigem Druck nach oben zu treiben und so aus der Fensteröffnung zu befördern. Das gelang. Als er aber, den Körper wie eine Stahlfeder angespannt, das Eisen fast bis in die gewünschte Höhe hinaufgedrängt hatte, da brach der Bretterboden der

Pritsche krachend unter ihm ein. Während der Körper bereits fiel, stießen die Arme in die Höhe. Das scharfkantige Ende des Gitterbandes riß Eisermanns linken Ballen bis zur Handwurzel hinunter auf.

Breit und warm schoß das Blut aus der zerfetzten Bandage.

Als Eisermann die Hand von den Tuchstreifen befreite und eine Untersuchung der Wunde vornahm, empfand er noch keinen Schmerz. Dann jedoch, als er einen notdürftigen Verband angelegt hatte und nach dem nächsten Bandeisen griff, ging ein rasender Schmerz durch die Hand. Eisermann krümmte sich Halt suchend an der Wand, barg die verletzte Hand an der Brust. Er schloß die Augen.

Das Krachen der eingebrochenen Pritsche schien noch immer im Raume widerzuhallen. Das Blut rauschte in den Ohren. Schwer wie ein Hammer ging das Herz. Eisermann mußte sich hinhocken. In dieser Stellung verharrte er regungslos, bis die erste Morgenkühle ihn zwang, sich zu bewegen.

Obwohl das Licht des neuen Tages nun in die Zelle zu rinnen begann, sah Eisermann sich so vollständig und ausweglos eingeschlossen, als befände er sich in einem unterirdischen Verlies. Das Fleisch hatte versagt. Seine guten, schweren Hände hatten ihn im Stich gelassen.

Der eine aufgebogene Gitterstab, gekrümmt wie ein Bockshorn, schien ihn zu verspotten; Eisermann sah schon Feldwebel Knothe schadenfroh grinsen.

Der große Befehl

Der Priester von Reinegarde sowie der Bursche mit dem schwarzen Haar und dem drohenden Gesichtsausdruck erwarteten Ferdinand Pistol am Dorfeingang. Sie hatten sich auf dem Boden der Wassermühle versteckt gehalten. Sie nahmen ihn in ihre Mitte. Sie eskortierten ihn wie gestern abend. Der Priester ging voraus. Ferdinand Pistol folgte. Hinter ihm schritt der junge Bursche, dessen Blick drängend und greifend war wie eine körperliche Berührung.

In dieser Nacht gingen sie nicht über die staubweiche Dorfstraße, sondern durch Höfe und Gärten. Auf der Straße kamen fortwährend mit Munition beladene LKWs angerollt, andere wiederum befanden sich auf neuer Fahrt nach Rouaux. Der Flieger wegen fuhren sie mit abgeblendeten Lichtern. In den offenen Wagenkästen der Fahrzeuge hockten Leute vom Verladepersonal, die den kobaltblauen, schwach leuchtenden Himmel nach Tieffliegern absuchten.

Auf der Dorfstraße bestand Gefahr, gesehen zu werden. Im Bereiche des Möglichen lag auch, daß jemand schießen würde, blindlings, aus Nervosität. Eine Schießerei konnten die Partisanen jetzt nicht brauchen.

Der Priester blieb öfter stehen, um Ferdinand Pistol auf das Vorhandensein von Hindernissen aufmerksam zu machen. Er leitete ihn an Holzschobern vorbei und über straffgespannte, unsichtbare Koppeldrähte. Bei solchen Gelegenheiten ergriff er den Arm des Deutschen mit kameradschaftlicher Selbstverständlichkeit. Der schwarzhaarige Bursche hielt immer Abstand und rührte keine Hand.

Einmal begegneten sie einer Katze, deren Augen smaragden in der Finsternis leuchteten. Das Tier fauchte scharf und wutspuckend, bevor es leichtfüßig zur Seite glitt. Ferdinand Pistol verspürte die Zementhärte von Dreschböden und die lockere Nachgiebigkeit von Gemüsebeeten unter seinen Sohlen. Manchmal zertrat er Stauden.

Als sie den Friedhof erreicht hatten und sich zwischen den efeuumsponnenen Grabstätten zur Kirche hindurchtasteten, stolperte Ferdinand Pistol über einen Ast. Er stürzte, schlug mit dem Gesicht ins Buschwerk. Ein kratzender Schmerz schürfte seine Wange. Nachdem er sich erhoben hatte, stellte er fest, daß das rechte Halteband seiner Brille zerrissen war.

„Pourquoi ne l'aides tu pas, Jean-Marie?“ fragte der Priester vorwurfsvoll den jungen Burschen, welcher stehengeblieben war. Der Schwarzhaarige gab keine Antwort, sondern schaute zum Himmel auf, wo mit blaßrot züngelndem Feuerschweif eine „V 1“ dahinknatterte. Ferdinand Pistol wischte sich Schmutz vom Gesicht.

In dem stockdunklen Gang vor der Sakristei hielten sie an. Der Priester pochte in einem bestimmten Rhythmus gegen die Tür. Daß er in diesem seinem Haus um Einlaß bitten mußte, konnte verwundern. Auf das Pochen hin ertönte eine undeutliche Antwort. Aber noch öffnete die Tür der Sakristei sich nicht. Ferdinand Pistol hörte, während sie warteten und er seiner defekten Brille vergebens Halt zu geben suchte, gedämpftes Hinundhergleiten von Schritten. Leises Klirren, das von einer Menge zusammengeschütteter Schlüssel herrühren konnte, war vernehmbar. Dann faßten hölzerne Fugen knarrend ineinander. Daraufhin trat noch einmal Stille ein. Endlich wurde ein Schlüssel im Schloß gedreht. In der Sakristei herrschte ebenso Dunkelheit wie in diesem Gange.

„Des allumettes, Louise?“ fragte der Priester und trat in den Raum.

„Un instant!“

Daß das Mädchen anwesend war, erleichterte Ferdinand Pistol. Die Gewißheit, sie anzutreffen, besänftigte seine fiebernden Sinne. Insgeheim hatte er befürchtet, sie nicht mehr wiederzusehen.

Ein Streichholz zischte über die Reibfläche.

Das Mädchen stand vor dem Harmonium und entzündete eine Kerze, die im Leuchter über dem Notenhalter befestigt war. Dämmrig-trauliches Licht erfüllte den Raum. Um klar und scharf sehen zu können, mußte Ferdinand Pistol seine Brille mit einer Hand festhalten.

Das Mädchen hatte heute kein Tuch umgeworfen. Frei fließend, voller Glanz säumte das goldene Haar ihr Gesicht. Sie hatte ein einfaches gelbliches Leinenkleid an, und sie erschien Ferdinand Pistol darin noch jünger. Sie sah sehr schön aus. Die alte, feine Zärtlichkeit, der er glaubte keinen Raum geben zu dürfen, schlich wieder in sein Herz.

Louise! Sie könnte keinen anderen Namen tragen.

Eine Sehnsucht kam in Ferdinand Pistol auf, mit dem Mädchen allein sprechen und schweigen zu dürfen.

„Kommen Sie herein“, sagte der Priester. Ferdinand Pistol nahm auf einem der strohgeflochtenen Stühle Platz. Mit der Linken hielt er das Gewehr, mit der Rechten die Brille. Der junge Bursche war wieder an der Tür stehengeblieben, finster und verschlossen. Seine dichten holzkohlefarbenen Augenbrauen waren über der Nasenwurzel zusammengewachsen. Vielleicht rührte der stets drohende Gesichtsausdruck daher. Auch jetzt steckte seine Hand wieder in der rechten Jackentasche. Louise lehnte am Harmonium, die Arme vor der Brust verschränkt. Der Priester stand an der Wand neben dem türlosen Schränkchen mit den Meßgeräten.

„Haben Sie etwas erfahren?“ fragte er.

„Ich glaube zu wissen, was Sie brauchen“, antwortete Ferdinand Pistol. Dann gab er die Nachricht weiter, die der alte Franzose in seiner letzten Stunde hatte verlauten lassen.

„A Sainte Jeannette?“ murmelte der Priester überrascht.

„Soweit ich verstanden habe, handelt es sich um eine Grube, um ein Bergwerk“, setzte Ferdinand Pistol hinzu.

„Ganz recht. Man hat dort in früheren Jahren Kreide gewonnen, seitdem aber ...“, der Priester verstummte. Offenbar befürchtete er, etwas auszuplaudern. Diese Vorsicht verletzte Ferdinand Pistol.

„Sie mißtrauen mir noch immer?“ fragte er stirnrunzelnd.

„Durchaus nicht“, entgegnete der Priester und schüttelte den Kopf.

Ferdinand Pistol schwieg.

„Wir sind Ihnen außerordentlich dankbar“, versicherte der Priester. „Sie können nicht ermessen, welchen Dienst Sie uns geleistet haben.“

„Sie brauchen sich nicht zu bedanken. Ich wußte, was ich tat."

„Wir glauben Ihnen", sagte der Priester warm. Sein schmales, blasses Gesicht rötete sich leicht. „Ich habe Sie wirklich nicht kränken wollen. Ich kann mir denken, daß Sie ein größeres Vertrauen erwarten, als ich Ihnen augenblicklich erweisen kann und darf. Aber ich trage nicht für meine Person allein die Verantwortung. Sie werden das verstehen. Schweigenmüssen und die Notwendigkeit, oft auf das klärende und auch verbindende Wort zu verzichten, können härter sein als der Kampf selbst. Wir haben in diesen Jahren schweigen gelernt. Und mit dem Vertrauen müssen wir haushalten, um ihm seine Kraft zu bewahren." Der Priester lächelte fein, als er nun hinzufügte: „Mein Zögern hatte übrigens nichts auf sich und geschah nur aus Gewohnheit. Mit dem Namen, den Sie uns gebracht haben, wissen Sie fast soviel wie wir. Sie stehen ja bereits im Bereiche unseres Vertrauens."

„Ich werde Ihnen immer fremd bleiben", sagte Ferdinand Pistol leise.

„Jetzt zählt nur die Partei, der man angehört – nicht die Nationalität!" erwiderte der Priester. Dann fragte er: „Die Skizze ist vernichtet?"

„Ich habe sie sofort verbrannt. Dem Satz Ihrer Bach-Noten wird ein Stück fehlen."

„Man kann es später ersetzen."

In diesem Augenblick trat Louise näher, um etwas an sich zu nehmen, das solange auf der im Schatten befindlichen Seite des Tisches gelegen hatte und nicht bemerkt worden war. Ein kleiner Gegenstand.

Es war ein leicht gebogener Karabinerladestreifen mit fünf spitzen Patronen, den Louise jetzt in einer Tasche ihres Kleides verbarg.

Ferdinand Pistol begriff, warum die Tür vorhin nicht sogleich aufgegangen war und worauf jenes eigentümliche metallische Klirren zurückgeführt werden mußte. Louise hatte in der Dunkelheit gesessen und Ladestreifen gefüllt. Diese Arbeit konnte tatsächlich ohne Licht vorgenommen werden. Unwillkürlich blickte Ferdinand Pistol auf die Dielen, unter denen die Munition versteckt sein mochte.

Sie mißtrauen mir doch, dachte er dann. Der Priester sagt, daß der Krieg ihnen dies Mißtrauen anerzogen habe. Es umkleidet sie wie eine gläserne Wand. Man kann sie wohl sehen, aber man kann nicht an sie heran. Warum lassen sie mich merken, daß sie meine Person nicht von dieser Uniform zu trennen vermögen?

Während dieser bitteren Überlegung hatte Ferdinand Pistol die Hand mit der Brille sinken lassen. Er konnte seine Umgebung nur noch undeutlich und wie durch einen blassen grauen Dunst sehen. Seine Züge verschlossen sich mehr und mehr. Die Augen blickten gleichsam ins Leere.

Louise war wieder ans Harmonium zurückgetreten.

Vorübergehend herrschte Schweigen. Dann fragte der Priester in einem Tone, als sei ihm die bittere Antwort auf seine Frage schon bekannt: „Wie geht es ihm?"

„Es ist überstanden", sagte Ferdinand Pistol in die Dämmerung vor sich. Die Erinnerung an den alten Franzosen lenkte zeitweilig von den übersteigerten, bitterscharfen Zweifeln ab. „Er hat alles hinter sich. Er verschied gleich, nachdem ich seine Mitteilung wußte."

„Er hatte ein großes, starkes Herz", sagte der Priester und schlug ein Kreuz.

„Ich habe nie zuvor einen Helden gesehen."

„Wir danken Ihnen für dieses Wort", sagte der Priester.

Sie sagen Dank – in Wirklichkeit aber wären sie froh, mich los zu sein!

Wieder verfiel Ferdinand Pistol in ein Sinnen voller Bitterkeit und Resignation.

„Qu'est-ce-qu'il dit de Papa?" fragte gepreßt der Bursche an der Tür. Er trat einen Schritt in den Raum. Sein Gesicht war plötzlich aufgerissen von angstvoller Erwartung.

„Jean-Marie . . .", sagte Louise leise.

Der Priester wandte sich von Ferdinand Pistol ab, ging auf den Burschen zu, legte ihm die Hand an die Wange und sagte: „Il a déjà rendu l'âme, mon fils!"

Ein stöhnender Laut brach aus dem jungen Menschen. Ein schweres, zuckendes Stoßen ging durch seinen Körper. Während der Priester den Kopf des Burschen an seine Schulter zog und ihm Trost zusprach, begann Jean-Marie zu schluchzen. Nach einiger Zeit machte er sich aus dem begütigenden Griff des Priesters frei, kam so weit auf Ferdinand Pistol zu, daß dieser das von Schmerz und Zorn zerpflügte Gesicht des anderen deutlich sehen konnte, und schrie:

„Bourreaux! Bourreaux! Vous l'avez assassiné! Je vous maudis!"

Der Priester zog ihn mit sanfter Gewalt zurück, murmelte: „Ce n'est pas un assassin, mais un ennemi des assassins! Il fait partie de nous!" Daraufhin geleitete er ihn zur Tür und gab Louise einen Wink. Das Mädchen nahm Jean-Marie am Arm, führte ihn hinaus. Draußen schlug eine zweite Tür zu. Dann wurde es wieder still.

„Der Schmerz macht ihn blind", sagte der Priester. Er hatte Ferdinand Pistol gegenüber Platz genommen. „Vor dem Vater hat Jean-Marie bereits einen älteren Bruder verloren."

„Gefallen?"

„Gestern in Rouaux."

„Er wurde erschossen?"

„Er kam bei der Explosion um."

Dann muß es jener Unbekannte gewesen sein, der das Lager in die Luft gejagt hat, dachte Ferdinand Pistol.

„Jean-Marie fühlt nur Haß in sich, deshalb vermag er nicht zu unterscheiden."

„Der Haß ist Ihre stärkste Waffe."

„Der Feind hat sie uns gegeben."

Die Tür öffnete sich wieder. Louise kam zurück.

„Il aime rester seul", erklärte sie und nahm ihren Platz am Harmonium wieder ein.

Ferdinand Pistol konnte ihr Bild nicht mit voller Schärfe wahrnehmen. Er hielt die Brille noch immer zwischen den Knien. Er suchte vorauszusagen, was nun kommen würde. Was hatte man mit ihm vor?

Vielleicht verstecken sie mich fürs erste, in einem Keller oder in einer Scheune? Vielleicht muß ich auch gleich an irgendeiner Aktion teilnehmen? Warum schweigt der Priester?

„Ich muß die Uniform loswerden", sagte Ferdinand Pistol schließlich.

„Warten Sie bitte!" fiel der Priester hastig ein. Dann aber zögerte er wiederum. Er suchte offenbar nach Worten, um das, was beschlossen war, möglichst behutsam und überzeugend vorbringen zu können. Endlich sagte er: „Sie dürfen diese Uniform noch nicht ausziehen."

„Was wollen Sie damit sagen?" fragte Ferdinand Pistol.

„Alles, was ich Ihnen sage, ist völlig ehrlich gemeint. Ich habe lange und genau darüber nachgedacht. Wir haben eine weitere Bitte an Sie. Ihre Mission ist noch nicht erfüllt."

„Warum reden Sie nicht offen? Ich bin kein Kind."

Eine bittere Ahnung kam in Ferdinand Pistol auf, eine erste Vorstellung von etwas Unvorstellbarem.

„Ich muß Sie auffordern, zu Ihrer Einheit zurückzukehren!" sagte der Priester langsam und deutlich.

Es war unglaubhaft. Es war ungeheuerlich. Die Enttäuschung schmetterte nieder.

Nun, da Ferdinand Pistol sich endlich aus der jahrelangen quälenden Unschlüssigkeit befreit zu haben glaubte, wurde ihm befohlen – in die Gefangenschaft zurückzukehren! Hier, im Dorf Reinegarde, bei diesen Menschen, hatte er Gerechtigkeit, menschliche Lauterkeit und Geradsinnigkeit zu finden gehofft. Statt dessen widerfuhr ihm Verrat. Wie anders sollte er diese Aufforderung begreifen?

Sie haben mich benutzt wie eine gedungene Kreatur, dachte er. Jetzt brauchen sie mich nicht mehr, schicken mich fort. Ein paar schöne Worte sollen der Lohn sein. An schönen Worten hat es auf der Welt nie Mangel gegeben. Sie sind seit je die billigste Münze gewesen. Man kann sie jederzeit leicht nachprägen. Schöne Worte und Erklärungen. Mit den Erklärungen verhält es sich genauso – sie sind wohlfeil, weil sich *alles* erklären läßt.

In seiner furchtbaren Niedergeschlagenheit spürte Ferdinand Pistol, daß er keinen Grund für die Wendung der Lage anerkennen würde.

Warum sagen sie nicht einfach, daß ich ihnen stets ein Feind bleiben werde? Ich bin ein Gezeichneter für sie – gebrandmarkt durch Uniform und Herkommen. Es gibt keine Brückc über die Kluft.

Eine übermächtige Bitterkeit ging in ihm auf. Seine Augen begannen zu brennen. Verzweiflung höhlte ihn aus. Aufstehend, sagte er müde: „Sie hätten mich lieber gleich erschießen sollen. Lassen Sie es doch Jean-Marie nachholen!"

Der Priester hob abwehrend die Hände: „Sie schmähen einen Trauernden."

Ferdinand Pistol wandte sich zur Tür. Der Priester trat ihm in den Weg, zwang ihn, sich erneut zu setzen. Dann rückte er einen Stuhl heran. Ihre Knie berührten einander.

„Sollten Sie nicht mehr Vertrauen zu uns haben?" fragte er behutsam.

„Dieses Wort hat hier wohl nichts zu suchen." Eine Träne rann Ferdinand Pistol übers Gesicht. Er ließ es geschehen. Louise sah ihn unverwandt an.

„Sie werden begreifen, warum wir so entscheiden mußten", sagte der Priester geduldig. „Steigern Sie sich nicht in eine Verbitterung hinein, für die es keinen Anlaß gibt. Sie haben keinen Grund, verbittert zu sein, verstehen Sie?"

„Ich verstehe nur, daß Sie mich fortschicken."

„Sie müssen zurückgehen, weil es für uns alle notwendig ist!"

„Sie brauchen mich nicht mehr."

„Was wir von Ihnen verlangen, geschieht, *weil* wir Sie

brauchen! Es ist eine Aufgabe, ein Befehl! Wenn Sie uns angehören wollen, dann gelten auch für Sie die Gesetze, denen wir folgen müssen."

„Ich *kann* nicht zurückgehen!" stieß Ferdinand Pistol hervor. „Ich würde mich in der ersten Minute verraten! Ich habe das alles hinter mir gelassen!"

Der Priester nahm Ferdinand Pistols Rechte in seine Hände und sagte beschwörend: „Um dessentwillen, wofür wir kämpfen, müssen Sie gehen! Wenn Sie bleiben, wären wir aufs äußerste gefährdet. Auch Sie selbst befänden sich hier in ungleich größerer Gefahr als im Bereich Ihrer Einheit. Überlegen Sie bitte, was für Folgen die Entdeckung Ihrer Abwesenheit haben würde. Man würde nach Ihnen fahnden und – da Sie ja nicht weit gekommen sein können – zuerst einmal Reinegarde durchkämmen. Es würde Haussuchungen und Vernehmungen geben. Gerade das können wir jetzt nicht brauchen. Aus diesem Grunde müssen Sie zurück. Und Sie dürfen auch nicht anderweitig überzulaufen versuchen, auf keinen Fall! Es würden die gleichen Folgen eintreten. Sagen Sie mir, daß Sie mich verstanden haben!"

Alles, was der Priester gesagt hatte, leuchtete ein. Die Vernunft schloß den Verdacht, belogen zu werden, aus. Ferdinand Pistol empfand die Wärme von des anderen Händen und ebenso die ernste Aufrichtigkeit in seiner Stimme.

Aber kam das, was hier gefordert wurde, nicht einem Urteil gleich? Verlangte der Befehl nicht, auf einen verlorenen Posten zurückzukehren – ohne Aussicht auf Erlösung?

Ferdinand Pistol biß die Zähne aufeinander, um ein Schluchzen zu ersticken.

Der Priester wartete. Von der Dorfstraße wehte schwacher Motorenlärm herüber. Sonst war es ruhig. Nur die Kerze zischte bisweilen, oder ein leises Knacken kam aus den Dielen. Jetzt sagte das Mädchen leise etwas.

„Louise sagt", so erklärte der Priester, „daß Sie nicht weniger zu uns gehören, wenn Sie sich wieder auf der Seite des

Feindes aufhalten müssen. Wir werden an Sie denken, weil Sie einer der Unseren sind!"

„Wann darf ich wieder zu Ihnen kommen – endgültig?" fragte Ferdinand Pistol, ohne aufzublicken.

„Ich kann es Ihnen nicht sagen", erwiderte der Priester ernst. „Ich weiß es selbst nicht. Aber ich hoffe, daß es bald sein wird."

„Das gibt mir wenig Hoffnung", sagte Ferdinand Pistol. Wieder wurden die alten Zweifel in ihm wach.

„Sie können nur eine Hoffnung haben – sie lebt durch das Vertrauen!" sagte der Priester.

„Woran werde ich erkennen können, daß meine Aufgabe erfüllt ist? Sie werden mir kaum eine Mitteilung zustellen."

„Nein", sagte der Priester ruhig, „wir werden Ihnen keine Nachricht geben können. Dennoch werden Sie selbst sehen, wann es soweit ist. Sie werden uns in der rechten Stunde finden! Ich weiß nicht, ob Sie ein gläubiger Mensch sind, ein Christ – aber ich bitte Sie zu *glauben*!"

Ferdinand Pistol hob den Kopf, weil der Priester aufstand und zurücktrat. Er nahm Louise und den Geistlichen jetzt noch verschwommener wahr. Ein Schleier halbgeweinter Tränen trübte seinen Blick.

„Was ist mit Ihrer Brille?" fragte der Priester. Er kam noch einmal heran, nahm Ferdinand Pistol das Glas aus der Hand. Dann sagte er zu Louise: „Un ruban de sa lunette est déchiré."

„Je veux le réparer", sagte sie und verließ den Raum.

Der Priester legte die Brille auf den Tisch und streckte Ferdinand Pistol die Hand hin: „Ich muß jetzt gehen. Ich weiß nicht, wann wir uns wiedersehen. Aber ich will mich von Ihnen nicht verabschieden. Ich werde beten, daß Sie stark sein mögen im Glauben an sich selbst und im Vertrauen auf uns. Seien Sie wachsam! Lassen Sie sich nicht herausfordern! Nehmen Sie lieber eine Demütigung hin, als daß Sie sich und andere gefährden. Sie werden warten müssen, um später einmal einzusehen, daß Sie gar nicht lange zu warten brauchten. Seien Sie unbeirrbar in der Hoffnung auf das Licht, das diese Welt einmal groß und immerwährend erhellen wird!"

Bei diesen Worten hatte der Priester Ferdinand Pistol mit einem Ausdruck von ernster Innigkeit, von brüderlich sorgender Anteilnahme angeblickt. Vorübergehend hatte es den Anschein, als wolle er sich mit einer Umarmung von dem Deutschen verabschieden. Dann aber schlug er nur rasch und flüchtig ein Kreuz.

Ferdinand Pistol war allein. Draußen bewegten sich Türen von anderen Räumen. Er hörte Louises Stimme, danach auch die dunkle Jean-Maries. Die schweren Schritte der Männer entfernten sich, versanken in der Nacht.

Sekunde Seligkeit

Wenig später kam Louise zurück. Sie hatte Nadel und Faden geholt. Nachdem sie die Kerze vom Harmonium auf den Tisch gestellt hatte, begann sie das zerrissene Band von Ferdinand Pistols Brille zusammenzunähen. Sie saß dicht vor ihm. Jetzt waren sie so allein, wie er es vorhin gewünscht hatte. Dieses Nahesein beruhigte. Je weiter Ferdinand Pistol die Fähigkeit zurückgewann, klar und nüchtern zu denken, desto mehr kam ihm zum Bewußtsein, daß diese Menschen kein falsches Spiel mit ihm treiben konnten. Die Vernunft nötigte ihn unwiderstehlich, des Priesters Entscheidung anzuerkennen. Nach und nach wuchs auch in seinem Herzen die Bereitschaft, der ihm auferlegten bitteren Pflicht zu genügen.

Aber was würde morgen sein, nach der Besichtigung durch General Gammer? Jeder wußte doch genau, zu welchem Zweck sie stattfinden sollte. Wie mußte er sich verhalten, wenn man auch ihn den sogenannten „Freiwilligen" zuordnen und an die Front schicken würde? In einem unbekannten Gebiet zu den Amerikanern überzulaufen war fast aussichtslos. Er würde in die Minenfelder geraten oder von vorgeschobenen Posten abgeschossen werden. Konnte es dort eine Andere Seite noch geben, nachdem er sie hier bereits gefunden hatte?

Die Andere Seite – das waren diese Menschen, der Priester, Louise, Jean-Marie.

Ferdinand Pistol wußte, daß es ein Anderswohin für ihn nicht mehr gab.

Louise reichte ihm die wiederhergestellte Brille, tat das Nähzeug zusammen, stand auf. Auch Ferdinand Pistol erhob sich, gewohnheitsmäßig das Koppelzeug zurechtrükkend. Jetzt, als er wieder besser sehen konnte, bemerkte er, daß Louise blaue Augen hatte. Der Iris war eine feine Spur Grau beigemischt.

Traurigkeit befiel ihn.

Ob ich sie noch einmal wiedersehen werde? Wahrscheinlich werden wir einander aus den Augen kommen wie Menschen im Gewühl einer großen Stadt. Ich werde ihr nahe sein und sie dennoch nicht sehen können.

Die Wehmut dieser Empfindung überschattete alle anderen Gedanken, Befürchtungen und Vorstellungen.

„N'avez-vous pas confiance en nous?" fragte sie leise.

„Je vous confie", sagte er.

„Toutes des notres routes sont fixées!" – All unsere Wege sind bestimmt! Wie einfach und klar Louise das gesagt hatte! Wohin führen sie?

Nein, es gab keine Zeit für Jugend, für Träume und Versonnenheit. Es gab nur das Gebot vollkommenen, uneingeschränkten Gehorsams. Ferdinand Pistol hatte gehofft, daß die Andere Seite ein Aufatmen gewähren würde. Nun sah er, daß die unablässige Spannung des Kampfes im Dunkel keine Gelegenheit dazu bot. Das hatte Louise sagen wollen, wohl nachfühlend, was ihn bewegte. Wie ein Schiffbrüchiger hatte er Land zu erreichen versucht. Nun durfte er sich dennoch nicht ausruhen.

Ich habe nicht gewußt, daß ich sie liebe!

Es gab nichts mehr zu sagen. Was zu sagen gewesen wäre, durfte nicht gesagt werden.

Ferdinand Pistol suchte Louises ganzes Bild in sich aufzunehmen. Die Linie des Mundes, den leichten Bogen des Halses, das Blau der Augen, den schwachen Duft des blondes Haares – alles wollte er in seiner Erinnerung bewahren.

Inständig, als ob sie seine Muttersprache verstehen könnte, sagte er: „Ich glaube Ihnen, Louise, ich glaube Ihnen!"

Zartes, schwesterliches Lächeln machte ihr Antlitz noch heller. Dann wandte sie sich ab, legte den dunklen bäuerlichen Umhang an, warf das Kopftuch über. „Il faut que nous allions!"

Ferdinand Pistol nahm sein Gewehr auf. Louise löschte die Kerze und schloß die Tür hinter ihnen ab. Sie schlugen den gleichen Weg ein, den der Priester und Jean-Marie mit Ferdinand Pistol gekommen waren. Die Nacht war dunkler geworden. Dunstschleier und weite, flache Wolkenfelder schwammen unter dem Himmelsgewölbe dahin. Der Glanz fast aller Sterne war erloschen.

Louise und Ferdinand Pistol passierten das Labyrinth des Friedhofs ohne Schwierigkeiten. Als danach die Reihe der Hindernisse begann, durch die der Priester den Deutschen so sorgsam geleitet hatte, ergriff auch Louise seine Hand und führte ihn auf die gleiche Weise.

Ihre Handfläche fühlte sich kühl und frisch an. Während er Louise stapfend und strauchelnd folgte, kostete er diesen Händedruck, der infolge des holprigen Weges bald zunahm, bald nachließ, wie eine verstohlene Zärtlichkeit aus. Gerade dann spendet ein Vertrautsein süße Wärme, wenn es nicht eingestanden werden darf.

An der Stelle, wo vorhin die Katze mit den smaragdenen Augen aufgetaucht war, blieb Louise unvermittelt stehen. Ferdinand Pistol lief gegen sie an. Ihre Hände lösten sich. Ihre Körper kamen einander nahe. Am Abend ihrer ersten

Begegnung hatte Ferdinand Pistol die Arme schützend um Louise geschlungen. Jetzt aber war es das Mädchen, das ihren Arm um seinen Körper legte, unbedingtes Verharren gebietend.

Hatte man bei HV 7 Ferdinand Pistols Abwesenheit bemerkt? Suchte man ihn bereits? Standen sie dort nicht schon mit entsicherten Waffen – Knothe und ein paar dumpfe Gesellen?

Ferdinand Pistol wollte das Gewehr von der Schulter reißen, doch Louise hinderte ihn daran. Ihre halbe Umarmung wurde noch fester.

Mit einemmal erkannte auch Ferdinand Pistol unweit vor ihnen einen Menschen. Die dunkle Gestalt schien an der Nachtschwärze zu lehnen. Hell an ihr waren nur die halbaufgehobenen Hände. Zwischen ihnen stand der metallische Glanz einer in Hüftanschlag gebrachten Maschinenpistole.

„Toulouse!“ sagte Louise mit flüsternder Nachdrücklichkeit.

„La terre ...“, sprach der Posten mit einer tief summenden Stimme.

„... de toute la France!“ ergänzte Louise die Losung.

„Attendez!“

Während sie wie befohlen warteten, sah Ferdinand Pistol gleich hinter dem Posten Bewegung aufkommen.

Zwei, drei, vier Gestalten glitten aus einem schuppenartigen Bau heraus und nach links hinüber, wo sie sofort hinter einer Hecke verschwanden. Dann erschien noch ein Mensch, noch einer, ein weiterer. Wie der behende schleichende Aufbruch der Tiere des nächtlichen Waldes vollzog sich diese Bewegung. Sie war geheimnisvoll, zögernd, dennoch schnell.

Nach Empfang der Losung hatte der Posten seine Waffe sinken lassen, sich aber nicht von der Stelle gerührt. Auch Louise und Ferdinand Pistol verhielten sich regungslos. Das Mädchen hielt ihn noch immer umfaßt. Sie zuckten zusammen, als in nächster Nähe ein Tier wütend fauchte.

„Seulement un chat“, flüsterte Louise.

Noch eine Gestalt streifte aus dem Schuppen hinüber, und noch eine. Insgesamt mochten es zehn oder zwölf Menschen gewesen sein. Weder war ein Wort dabei gefallen, noch Klirren von Waffen zu hören gewesen. Nur das Tappen der Füße und vereinzeltes Brechen kleiner Zweige hatten verraten, daß hier Wesen aus Fleisch und Blut unterwegs waren, keine gesichts- und körperlosen Erscheinungen.

Das also sind sie! dachte Ferdinand Pistol. Ich kann ihre Gesichter nicht erkennen. Ich weiß nicht, wie alt sie sind; wer ein Mann, eine Frau, ein junger Bursche ist. Alle scheinen einander gleich. Ihretwegen gehe ich zurück. Ich gehöre zu ihnen, aber sie kennen mich nicht.

Der letzte der Partisanen hielt, als er Louises und Ferdinand Pistols ansichtig wurde, für einen Augenblick inne. Dann aber setzte auch er seinen Weg fort, stumm und eilig dem Ziel zustrebend. Ferdinand glaubte, die Soutane zischeln zu hören.

Sie gehen nach Sainte Jeannette!

„Fais attention!“ sagte der Posten unerwartet warm. „Nous te prions!“

„Ne t'inquiètes pas“, entgegnete Louise. Der Posten seufzte. Dann war auch er verschwunden, wie fortgewischt.

Louise nahm wieder Ferdinand Pistols Hand. Sie führte ihn bis zur Wassermühle. In den zerfallenen Schaufelplanken des Mühlrades schlürfte und schmatzte das Wasser. Jenseits einer Mauer, die die Sicht benahm, dröhnten LKW's vorüber.

„Ces munitions!“ murmelte Louise verächtlich. Dann fragte sie, an Ferdinand Pistol herantretend: „Vous vous confiez à nous?“

„Ich habe Ihnen vertraut. Ich wußte es nur nicht immer“, sagte er beschämt. „J'ai confiance.“

„Il faut avoir courage et bon espoir!“ sagte sie.

„Ich werde an Sie denken“, sagte er heiser, „mais je m'inquiète de vous!“

„Mon camarade.“

Sie küßte ihn schnell und warm auf den Mund. Dann war er allein.

Als Ferdinand Pistol sich den Flußlauf und die Hecken entlang bis zum Parkrand zurückgearbeitet hatte, fand er Harry schlafend vor. Verkrümmt, in unbequemer Haltung lag der Gefährte auf dem Laubpolster, das sie sich gestern abend bereitet hatten. Die Erschöpfung hatte ihn übermannt. Behutsam zog Ferdinand ihm das Gewehr hervor und legte es auf die Seite.

Dann hockte er sich hin, starrte in die schwarzdunstige Ebene hinaus. Sein Blick suchte das niedrige Buschwerk zu durchdringen, hinter dem die Wassermühle lag. Auf der Straße rollten noch immer LKW's mit Munition heran.

Louise!

Ferdinand Pistol preßte seine Lippen in die Handfläche, als könne er so die Empfindung des Kusses wieder wachrufen.

8

Der Schlächter

Fallschirmjägergeneral Helmbrecht Gammer liebte es, die Soldaten mit dem Handrücken ins Gesicht zu schlagen. Er tat dies nicht nur ausnahmsweise, sondern sehr häufig und völlig unbedenklich. Aus diesem Grunde war man peinlichst darauf bedacht, kein Mißfallen bei ihm zu erregen.

Natürlich wurde Gammer nicht allein seiner friderizianischen Prügeltechnik wegen gefürchtet. Das Schlagen bildete meist nur den Auftakt zu nachhaltigeren Repressalien. Schrecken verbreitete vor allem sein Hang, kurz entschlossen Straf- und Frontversetzungen sowie jede Stufe von Degradierungen zu verfügen. Um diese verhängnisvolle Wesensart wußte jeder Angehörige seiner Division, gleichviel ob er dem General schon einmal begegnet war oder nicht. Eine Unzahl diesbezüglicher Geschichten war im Umlauf. Mit jeder Woche kamen neue hinzu.

Was Gammers Ruf aber noch unheimlicher machte und ihm in den Augen einfältiger Gemüter einen Nimbus von gottähnlicher Überlegenheit verlieh, war die Tatsache, daß er bislang auch die fürchterlichsten Gefechte unversehrt überstanden hatte. Dabei wußte man, daß der General sich während der Kämpfe mit Vorliebe an den gefährdetsten Punkten aufhielt.

Über Kreta war Gammer aus einer der ersten Maschinen abgesprungen und hatte, während ein Drittel seiner Fallschirmjäger bereits zwischen Himmel und Erde verblutete, den rasenden Wirbelsturm der englischen Flak ohne Schaden passiert. Bei Catania in Italien war sein Kommandostand von amerikanischer Schiffsartillerie buchstäblich pulverisiert worden – Gammer hatte sich lediglich eine neue

Uniform besorgen müssen. Die alte hing ihm in Fetzen am Leibe herunter. Man sagte Gammer die Fähigkeit nach, selbst unter wüstestem Beschuß schlafen zu können.

Es gab nur zwei Tugenden, die er anerkannte und durch Auszeichnungen oder Beförderungen auch großzügig zu belohnen wußte – das waren rückhaltloser Mut sowie unbedingter Gehorsam.

Den Etappenverbänden war der General nicht gewogen. Es gefiel ihm, überfallartige Inspektionen vorzunehmen, wenn am wenigsten damit gerechnet wurde. Ebenso zählte es zu seinen Gewohnheiten, dort, wo er angesagt war, auf sich warten zu lassen. Wurde sein Besuch von „oben" gemeldet, dann kam er todsicher zum „Ausräumen".

Auf diesen Mann wartete HV 7.

Feldwebel Knothe hatte die Einheit in der Platanenallee antreten lassen und einen letzten Vorappell abgehalten.

Der überwiegende Teil der Soldaten war in dieser Nacht nicht zum Schlafen gekommen. Bis gegen Morgengrauen war mit der Einlagerung der Munition von Rouaux zu tun gewesen. Danach hatte ein jeder die völlig verdreckte Uniform inspektionsfähig machen müssen. Es war nicht einmal mehr Gelegenheit dazu geblieben, die Morgenrationen zu verzehren.

Die Gesichter waren bleich und übernächtig. Die Leute blickten trübe. Ihre Augenlider waren schwer und geschwollen. Das Blei der Schlaflosigkeit zog in den Gliedern. Mancher hätte sich im Stehen gewiß einem halbwachen Dämmerschlummer hingegeben, wäre nicht Feldwebel Knothe fortwährend an der Formation entlanggeschnürt, wachsam wie ein Jagdhund.

Diese starke, allgemeine Abgespanntheit hatte insofern aber auch ihr Gutes, als sie die düsteren Aussichten, die mit Gammers Besuch verbunden waren, nicht so quälend zum Bewußtsein kommen ließ. Obwohl der Zeitpunkt ernster Entscheidung immer näher rückte, machte man sich nun weniger Gedanken als gestern. Die Vorschau auf das, was kommen sollte, besaß nicht so peinigende Schärfe. Hinzu kam auch, daß das Warten in der geschlossenen Formation sehr anstrengte.

Die Einheit war bereits eine Stunde vor Gammers voraussichtlicher Ankunftszeit in der Platanenallee angetreten. Die Leute standen in Dreierreihen, die Knie gelockert, die Stiefelabsätze jedoch beieinander, damit die Fluchtlinie der Glieder auch gerade bliebe. Die Folge der Stiefelspitzen hatte Knothe mit Hilfe eines langen Bandmaßes ausrichten lassen. Jetzt waren seit dem Antreten bereits zwei Stunden vergangen.

Die Sonne hatte sich in den Himmel emporgehoben, ihre Strahlen waren sengend geworden. Sie fielen nun ungehindert in die Allee hinein und auf die Reihen der wartenden Mannschaft. Die Gesichter wurden in der Hitze noch fahler. Das Polsterleder der schweren Helme quoll durch die Feuchtigkeit auf und preßte gegen die Schläfen. Die beständige körperliche Nähe sowie die Unmöglichkeit, sich durch ein Hinundhergehen Luft zu machen, steigerte das Unbehagen zur Tortur. Niemand sprach. Nur dann und wann wurde ein Seufzer oder ein leises Ächzen laut. Es war erstaunlich, daß bisher alle durchgehalten hatten.

Oberstabsarzt Todtenberg stand mit dem Zahlmeister, dem Apotheker, dem Schirrmeister und den beiden Schwestern Roswitha und Friedel auf der gegenüberliegenden Seite der Platanenallee im Schatten. Die Frauen hielten sich abseits. Todtenberg wirkte heute nicht mehr so zerfahren und verstört wie gestern, machte aber einen sehr stillen und in sich gekehrten Eindruck. Er sprach nur, wenn jemand eine Frage an ihn richtete. Um die Appellvorbereitungen hatte er sich nicht im geringsten gekümmert. Schweres Lampenfieber hielt ihn offensichtlich gefangen.

Gegen elf Uhr endlich ertönte vom Parkeingang her ein scharfer Pfiff. Ein Posten der neuen, von der Flakeinheit gestellten Wache hatte ihn ausgestoßen. Die Offiziere um Todtenberg eilten an ihre Plätze. Auch Feldwebel Knothe reihte sich, nachdem er „Stillgestanden“ befohlen hatte, ein. Die beiden Schwestern gingen ans Ende der dreigliedrigen Menschenmauer.

Der General kam. Zwei Kradgespanne, deren Besatzungen mit Maschinenpistolen ausgerüstet waren, begleiteten ihn.

Gammer jagte mit einem großen, offenen Geländewagen, in dem noch zwei Offiziere saßen, die Platanenallee herauf. Vor der Einheit brachte er das Fahrzeug schleudernd zum Stehen, sprang sogleich heraus, trotz seiner Zweizentnerfigur behende wie ein Fußballspieler. Er trug einen verschmierten grünen Knochensack ohne Rangabzeichen. Nur das blanke Ritterkreuz an seinem Halse ließ darauf schließen, daß er keinen alltäglichen Dienstgrad hatte.

Todtenberg trat mit angespanntem Gesicht auf ihn zu. Er meldete, daß die Einheit HV 7 zur Besichtigung angetreten, wie hoch ihre Mannschaftsstärke sei und daß ein Gefreiter wegen Widersetzlichkeit im Arrest sitze. Im letzten Teil des Rapports hatte sich Todtenberg versprochen, so daß er den Satz wiederholen mußte.

Gammer musterte ihn stirnrunzelnd, knurrte etwas. Erst dann erwiderte er lässig den Gruß des Oberstabsarztes. Beim Abschreiten der Front starrte er jeden einzelnen aus seinen torfbraunen, etwas hervorstehenden und stark geäderten Augen an.

Gammer hatte ein schweres rotes Gesicht, das ebenso einem Metzger oder Budiker hätte gehören können. Die Verunstaltung seiner breiten, schiefgedrückten Nase war augenscheinlich einem Sturz oder einem Boxhieb zuzuschreiben. Im Gehen federte Gammer auf den dicken Sohlen der Springerstiefel. Seine ganze Erscheinung war robust und erweckte den Anschein von tierhafter Gesundheit.

Als der General bei den Dienstgraden vom OP angelangt war, fiel ihm Trabnach auf, dessen Uniform und Lederzeug vor Sauberkeit geradezu blendeten.

„Wer sind Sie?“ fragte er.

„Obergefreiter Trabnach, Herr General!“ kam die Antwort, vor Diensteifer wie aus der Pistole geschossen.

„Sie halten Ihr Zeug gut in Ordnung, nicht wahr?“

„Zu Befehl, Herr General.“

„Sie machen einen zuverlässigen Eindruck.“ Gammer grinste leicht.

„Ich bemühe mich, ein guter Soldat zu sein.“

Gammer packte Trabnach vorn am Knochensack, stieß ihn scherzhaft hin und her: „Das ist in Ordnung! – Sie sind der erste Freiwillige!“

„Ich – bin Ordonnanz von Oberstabsarzt Dr. Todtenberg, Herr General“, gab Trabnach, vor Schreck stotternd, zu bedenken.

„Von wem?“ Gammer schnitt Trabnach eine Grimasse, wobei er sogar bleckend die Zunge vorstreckte. Dann entschied er: „Ihr Herr Todtenberg wird sich einen anderen Putzer suchen müssen! Also – Trabnach!“

Einer der Adjutanten, die neben Todtenberg dem General folgten, schrieb den Namen auf. Am Ende der Front tätschelte Gammer Schwester Friedels Wange: „Na – Häschen?“

Daraufhin nahm er der Formation gegenüber Aufstellung, hielt eine kurze Ansprache, in der vornehmlich die Rede war von der Notwendigkeit, die Fronteinheiten zu verstärken, und von der hohen Ehre, mit der Waffe in der Hand zur endgültigen Niederringung des Gegners beizutragen. Dann fragte er Todtenberg, der blaß und verkrampft hinter ihm stand:

„Wieviel Leute können Sie freigeben?“

„Wir haben nicht volle Mannschaftsstärke, Herr General“, erwiderte Todtenberg bedrückt. „Die Einsatzfähigkeit . . .“

„Ich habe nicht nach Ihrer Einsatzfähigkeit gefragt!“ fuhr der General ihn an. „Sie scheinen noch nicht lange Uniform zu tragen, wie? Wo ist der Spieß?“

„Hier, Herr General!“ Knothe kam herbeigespritzt. „Feldwebel Knothe.“

„Wieviel Leute können Sie hergeben?"

„Die Entscheidung darüber werden Herr General selbst am absolutesten fällen!" antwortete Knothe bauernschlau und zackig.

Gammer blinzelte, verschob das Gesicht zu einem halben Feixen, knurrte wohlwollend: „Sie wissen wenigstens, was sich gehört, Feldwebel!" Gleich darauf schrie er hallend: „Wer meldet sich freiwillig? Aus dem Glied und zwei Schritte vortreten!"

Trabnach trat vor, mit trotzig weinerlicher Miene. Der General beachtete ihn nicht mehr. Die übrigen rührten sich nicht vom Fleck. Die ganze Front stand stumm und regungslos. Von schwerer Angst erfüllt, blickten die Soldaten an Gammer vorbei in das Grün des Parks.

„Was ist das für ein müder Haufen?" schrie der General erneut, wobei er auf den Fußballen federte. „Freiwillige vor!"

In diesem Augenblick kippte ein Mann aus der vordersten Reihe. Steif, in der gestreckten Haltung des „Stillgestanden", fiel er wie ein Brett vornüber, schlug hart auf den Schotter der Allee. Harrys durch tagelange Überanstrengung entkräfteter Körper hatte der Hitze nicht mehr Widerstand leisten können. Ferdinand Pistol, der in der Reihe hinter ihm stand, hatte noch zufassen und seinen Sturz aufhalten wollen. Er war jedoch zu spät gekommen und hatte ins Leere gegriffen. So blieb ihm nur übrig, in die Lücke des vorderen Gliedes zu treten. Die Exerzierordnung schrieb das für solche Zwischenfälle vor.

Knothe kam herbeigespurtet, stieß Harry mit dem Fuße in die Seite, fluchte halblaut: „Aufstehen – Salandt! Bist du besengt, hier umzukippen!"

Harry rührte sich nicht. Er lag wie ein Gefallener.

„Haben Sie noch mehr von solchen Pfeifen auf Lager, Herr Oberstabsarzt? Wenn man Freiwillige verlangt, dann fallen die Leute um wie schwangere Jungfern! In diesem Verein ist der Felddienst offenbar sträflich vernachlässigt worden!

Sie scheinen mir als Offizier nicht viel wert zu sein!" kanzelte Gammer den Oberstabsarzt wie einen Schuljungen ab. „Sie sind nicht dazu da, Schulterstücke spazierenzutragen, sondern Ihre Leute in Schuß zu halten! Das ist keine Einheit, das ist eine Versammlung von Weihnachtsmännern! Was hat der Mann?"

Da Todtenberg zu antworten außerstande war, meldete sich Knothe: „Der Kerl ist ohnmächtig, Herr General. Er war schon immer ein Würstchen."

„Wegschaffen, den Bruder!" schnauzte der General.

Als Knothe Harry selbst fortschleppen wollte, befahl Gammer: „Lassen Sie die Finger davon, Feldwebel! Kommen Sie her, damit wenigstens *ein* vernünftiger Mann zur Verfügung steht! Die Schwestern können hier aufräumen. Das einzig Gute an diesem Haufen ist noch, daß es Kindermädchen gibt!"

Todtenbergs Unterkiefer bebte.

Die beiden Schwestern hoben Harry auf, trugen ihn fort. Ferdinand Pistol sah die Verzweiflung in Friedels Gesicht. Ihr Schmerz sprang auf ihn über. Vorübergehend mußte er die Augen schließen. Des Priesters Mahnung, keine Unbesonnenheiten zu begehen und sich nicht herausfordern zu lassen, kam ihm in den Sinn.

Harrys Gewehr war vor der Front liegengeblieben. Feldwebel Knothe hob es auf, strich den Staub ab, reichte es einem Mann im dritten Glied. Dann meldete er sich wieder bei dem General.

Gammer verzichtete nun darauf, weitere Aufforderungen ergehen zu lassen. Kurzerhand machte er sich daran, die Einheit „durchzukämmen", ein Vorgang, der den Kradfahrern seiner Eskorte, wilden, landsknechtischen Gesellen, großes Vergnügen bereitete.

Der General arbeitete sorgsam, mit unfehlbarem Instinkt. Er wählte das gesündeste und unverbrauchteste Menschenfleisch für die große Schlachtbank aus. Wen seine Wahl traf, dem hakte er zwei Finger in den Kragenausschnitt und riß ihn so heftig vor die Front, daß der Betreffende taumelte und Mühe hatte, wieder festen Stand zu gewinnen. Auf diese Weise, seine Spur in Gestalt eines guten Dutzends ausgesonderter „Freiwilliger“ hinter sich lassend, kam Gammer schließlich auch zu Ferdinand Pistol, der jetzt in der vordersten Reihe stand.

Der General betrachtete ihn mit bedrohlichem Gleichmut von vorn und von den Seiten. Dann zupfte er höhnisch an den Gummibändern der Brille. Irgend etwas an Ferdinand Pistol mußte seine Aufmerksamkeit in besonderer Weise gefangennehmen. Er schien zwischen Verärgerung und Amüsement zu schwanken. In Ferdinand Pistols Gesicht zuckte kein Muskel.

„Was sind denn Sie für ein Vogel?“ fragte Gammer endlich.

„Obergefreiter Pistol, Herr General.“

„Pistol?“ fragte Gammer gedehnt. „Dollen Namen haben Sie sich da ausgesucht! Warum heißen Sie nicht ‚Kanone‘? Beruf?“

„Student der Musik.“

„Ach du liebes Herrgottchen von Kattowitz!“ Gammer lachte kollernd. Sein schwerer Körper wurde von Heiterkeit geschüttelt. Knothe stimmte eilfertig in das Gelächter ein. Er warf Ferdinand Pistol sogar einen freundschaftlichen Blick zu. Wenigstens einer, der den General nicht erboste!

Todtenberg blickte wie aus einem Trancezustand ins Leere.

„Was treiben Sie eigentlich bei diesem Verein, Kanone?“

„Ich arbeite als steriler Assistent im OP, Herr General.“

„Da trommeln Sie Märsche auf dem Bauchfell, he? Hahahahaha! Wie lange Soldat?“

„Vier Jahre, Herr General.“

Gammers Heiterkeit verlor sich urplötzlich. Der Blick wurde wieder hart, prüfend.

„Vier Jahre? Und da haben Sie's bloß zum Oberschnäpser gebracht? Auszeichnungen?“

„Keine, Herr General.“

„Verwundungen?“

„Keine, Herr General.“

„Wird ja wohl höchste Zeit, was?“

Als hierauf keine Antwort kam, knurrte Gammer böse: „Sie sind einer von den Halbsoldaten, die die Erkennungsmarke statt am Hals in der Hosentasche tragen. Ich habe doch gleich gesehen, daß mit Ihnen etwas nicht stimmt! Erkennungsmarke vorzeigen!“

Ferdinand Pistol nestelte die Uniform auf und holte die Erkennungsmarke hervor. Ein Anblick bot sich, der nicht nur Knothe, sondern auch dem General die Sprache verschlug.

Die Erkennungsmarke war an ihrer ehemals perforierten Mittellinie, wo Ferdinand Pistol sie in der Arrestzelle zerbrochen hatte, mit Bändern fleischfarbenen Leukoplasts zusammengeklebt. Ihre halbrunden Segmente ließen sich wie um ein Gelenk gegeneinander bewegen.

Eine geflickte Erkennungsmarke!

Der Anblick eines Karabiners, dessen Lauf mit Paketschnur am Schaft befestigt ist, hätte kaum mehr verblüffen können. So etwas hatte man bisher nicht gesehen! Das war noch nicht dagewesen!

Gammer glotzte auf das erstaunliche Blechoval, dann in Ferdinand Pistols steinernes Gesicht, dann wieder auf die Erkennungsmarke. Kopf und Schultern des Generals verschoben sich gegeneinander. Der Hals wurde kürzer. Das rote, beulige Gesicht quoll noch mehr auf. Er schnaufte.

Als solle er ein Stück heißen Metalls ergreifen, so faßte der General schließlich mit spitzen Fingern nach der Blechscheibe. Sich vorbeugend, verglich er die Zahlenreihen auf der oberen und unteren Hälfte der Marke miteinander. Nachdem er sich davon überzeugt hatte, daß sie zueinander paßten, brüllte Gammer jählings: „Sind Sie wahnsinnig? Wie kommen Sie dazu, Ihre Erkennungsmarke zu zerbrechen?“

Ferdinand Pistol schwieg.

Ich soll lieber eine Demütigung hinnehmen, als mich und andere gefährden, hat der Priester gesagt! Ich muß mich zusammennehmen.

Das blaurote Gesicht Gammers stand vor ihm wie die Maske einer zornigen Gottheit.

„Es geschah – durch ein Versehen", sagte Ferdinand Pistol leise, wobei er bemüht war, sich ein schuldbewußtes, ruhiges Aussehen zu geben. „Ich bin gestürzt und dabei . . ."

„Sie halten uns für Idioten?" fragte Gammer. Dann riß er die Erkennungsmarke auseinander, bog den abgelösten Teil in der Faust zusammen und warf ihn auf die Erde. Dem einen Adjutanten befahl er: „Aufschreiben, den Mann! Pistol. Obergefreiter. Wird natürlich degradiert! Wir werden ihm im Graben den Marsch blasen! Die Erkennungsmarke zu zerbrechen!" Mit aller Lautstärke fuhr er auf Ferdinand Pistol los: „Sie sind ein Scheißhaufen von Soldat! Was sind Sie?"

Ferdinand Pistol antwortete nicht. Die mächtige Anstrengung, sich zu beherrschen, lähmte ihn.

„Sie sind ein ungeheurer Scheißhaufen von Soldat! Nachsprechen! Ich bin ein ungeheurer Scheißhaufen von Soldat!"

Noch immer ließ Ferdinand Pistol es an der gewünschten Wiederholung fehlen. Unfähig zu antworten, dabei aber bemüht, dem Toben des Generals durch betonte Ruhe die Spitze zu nehmen, lächelte Ferdinand Pistol fast. Freilich war er sich dessen nicht bewußt. Diese scheinbare Gelassenheit gab Gammer den Rest.

Den ersten Schlag führte er von unten herauf. Sein Handrücken traf Ferdinand Pistols Kieferbeuge. Der zweite Hieb schmetterte genau auf den Mund. Die Unterlippe platzte auf, begann zu bluten.

„Du grinst noch, du Schwein?" keuchte Gammer. „Du nimmst uns nicht ernst? Ich werde dir dein hochmütiges Maul kurz und klein schlagen!"

In der brütenden Hitze stand die Einheit vor Schrecken eingeeist.

Ferdinand Pistol hielt sich, während der General sein Gesicht mit einem Hagel von Schlägen bedeckte und in cholerische Raserei geriet, gerade wie ein Pfahl. Die Augen hatte er schon beim zweiten Schlag geschlossen.

Gleich wird er die Brille treffen, Louise! Ihr habt nicht gewußt, was ihr von mir verlangtet! Und ich ahnte doch, daß etwas geschehen würde. Ich habe es gewußt, Louise! Ihr hättet mich nicht zurückschicken dürfen! Ich muß mich schlagen lassen für euch. Ihr wißt es nicht einmal! Eine Kugel zu empfangen wäre leichter!

„Du Dreckstück, verfluchtes!"

Wenn ich nur hinfallen und die Besinnung verlieren könnte, wie Harry! Dann könnte ich besser standhalten, Louise! Bin ich feige? Dies soll *mein* Kampf sein? Ich darf die Hände nicht rühren. Du hast gesagt, daß wir Mut und Hoffnung haben müssen, Louise! All unsere Wege sind bestimmt? Ich habe nicht geglaubt, daß dies mein Weg sein würde. Lieber Gott, laß mich stark bleiben! Denkt ihr an mich? Denkst du an mich? Jetzt wird dein Kuß auf meinen Lippen zerschlagen, Louise! Wird man alles zerschlagen, was gut ist auf der Welt? Jeden Mund? Jede Brust, jeden Schoß? Jedes Kind, das lacht? Jede Geige . . .?

Da Ferdinand Pistol noch immer kein Anzeichen des Schmerzes oder der Kapitulation erkennen ließ, heulte Gammer vor Wut auf: „Ich laß dich an die Wand stellen! Du Hurenbock! Du schwule Visage, du Musikantenbankert!"

Und nun ging es über Ferdinand Pistols Kraft, noch weiter an sich zu halten. Dieser junge Mensch, dessen Hände für jede grobe Verrichtung zu zart schienen und der das Schlagen seit je als eine der scheußlichsten Entartungen menschlichen Verhaltens angesehen hatte – er schlug jetzt zurück.

Er schlug aus der Schulter heraus, voll, mit der ganzen Kraft, die seinem Körper innewohnte.

Der General bäumte sich auf. Er taumelte, stürzte, war

aber sogleich wieder auf den Beinen. Er fetzte die Kappe seiner Pistolentasche los.

Ferdinand brach durch die Reihen der hinter ihm stehenden Soldaten, stürzte blindlings in den Park hinein.

Gammer und Knothe sprangen in die Lücke, die der Flüchtling in die Formation gesprengt hatte. Sie rissen ihre Waffen hoch, feuerten hinter ihm her. Ferdinands gebückte Gestalt zuckte durch die Lichtungen des Unterholzes. Einer der Kradfahrer war auf den Sattel seines Motorrades gestiegen und feuerte aus seiner Maschinenpistole über die Köpfe der Leute von HV 7 hinweg in den Park. Der General und Feldwebel Knothe schossen die Magazine ihrer Waffen leer. Sie sahen, wie Ferdinand Pistol einmal zusammenbrach, dann aber schwankend weiterlief. Knothe wollte sofort hinterher, doch Gammer hielt ihn zurück.

Noch ohne Atem, ein Grinsen uneingestandener Niederlage auf dem wutverquollenen Gesicht, sagte der General: „Der kommt nicht mehr weit, Feldwebel. Ich hab'n Blick für so was. Wir können die Reste nachher aufsammeln!"

Todtenberg stand mit eingezogenem Kopf und vorgeschobenen Schultern da. Seine Lider bedeckten die Augen halb. Die fahlen Brauen zuckten auf und nieder.

Als die Ordnung der Formation wiederhergestellt war, nahm die Besichtigung ihren Fortgang. Gammer holte noch acht weitere Soldaten aus den Reihen von HV 7. Zwei kamen dank Knothes Vorstellungen mit heiler Haut davon, weil sie als Kraftfahrer unentbehrlich waren.

Am Ende des Appells standen einundzwanzig Mann vor der Front. Die „Freiwilligen" erhielten den Befehl, sich am Nachmittag mit voller Ausrüstung nach Chénières in Marsch zu setzen. Drei ältere Leute erhielten den Befehl, nach Ferdinand Pistol zu fahnden.

Den Oberstabsarzt grüßte der General nicht. Er würdigte ihn keines Blicks. Er schien ihn überhaupt nicht zu sehen.

Bevor Gammer in seinem Geländewagen davonraste, hatte er Feldwebel Knothe zugesagt, ihm morgen die Ernennungspapiere zum Oberfeldwebel zu übermitteln.

Von der Bitterkeit, fortzugehen

Harry war von den beiden Schwestern in die Unterkunft getragen und auf einen Strohsack gebettet worden. Die Frauen hatten ihm das beengende Koppelzeug abgenommen, den Knochensack ausgezogen, die Uniform über Hals und Brust geöffnet.

Schwester Roswitha hatte Gesicht und Hände Harrys mit Alkohol abgerieben. Friedel hatte ihm ein feuchtes, kühles Tuch auf die Stirn gelegt. Mehr war vorerst nicht zu tun gewesen.

Von einem Schwächekollaps sowie von einem Hitzschlag hervorgerufen, war Harrys Ohnmacht doppelt tief. Weder die Erschütterungen bei dem Transport noch die Erste Hilfe hatten ihn wieder zum Bewußtsein gebracht. Flach, mit tiefgelegtem Kopf, ruhte er nun auf dem Rücken. Seine Pupillen unter den nur zeitweilig geschlossenen Lidern waren unnatürlich geweitet. Sie reagierten kaum auf die Sonnenhelle des Raumes. Der Puls war sehr flach. Kurz, in kleinen, unregelmäßigen Stößen ging der Atem. In den Vertiefungen des Gesichts zeigten sich bläuliche Schatten.

Friedel wandte den Blick nicht von ihm. Zuweilen vergaß sie darüber sogar, daß noch ein dritter Mensch anwesend war. Vor Sorge um Harry wirkte ihr Gesicht jetzt älter, als es in Wirklichkeit war. Die Not hatte es gezeichnet. Es war nicht mehr das Antlitz eines zärtlichen jungen Mädchens. Es war das Gesicht einer Mutter am Bett ihres schlafenden kranken Kindes – oder das Gesicht einer Frau am Lager des Mannes, der vom Leben mit plötzlichem, rohem Schlage niedergeworfen worden war. Wer konnte helfen?

Schwester Roswitha leistete Friedel eine halbe Stunde lang schweigend Gesellschaft. Dann sagte sie ruhig, indem sie der Jüngeren mit ungewohnter Teilnahme über das Haar strich: „Ihr werdet überlegen müssen, was nun geschehen soll, Friedel!"

Friedel hob verzweifelt die Schultern, schluckte.

„Wenn ihr weiter zusammenbleibt, geht es nicht gut aus."

„Ich hatte gehofft, daß die Quälerei ein Ende nehmen würde", sagte Friedel.

„Solange ihr beieinander seid, kann sich nichts ändern, Kind!"

Schwester Roswitha schüttelte den Kopf.

„Warum läßt man uns nicht in Ruhe? Warum drangsalieren sie uns bis aufs Blut? Wer hat etwas davon?"

Schwester Roswitha seufzte.

„Sie wollen den Menschen nicht an sich selbst denken lassen. Sie gestatten nicht, einen Nächsten zu haben. Wer liebt, der wird wieder Mensch."

„Wenn ich Todtenberg bitten würde, es jetzt genug sein zu lassen?" fragte Friedel. Sie wußte im gleichen Augenblick, wie sinnlos diese Erwägung war.

„Du würdest alles verschlimmern", sagte Schwester Roswitha. „Es gibt nur noch einen Weg, euch freizukaufen. Er ist schmutzig. Du müßtest dich verlieren."

Friedel senkte den Kopf. Ein Zittern überlief sie.

„Du weißt es selbst", fuhr Schwester Roswitha mit gütiger Sachlichkeit fort, „es gibt hier keine Hoffnung auf Einsicht, auf Verständnis und Gewährenlassen." Sehr ernst setzte sie hinzu: „Ihr seid verurteilt, weil ihr euch liebt. Es ist niemand da, der euch begnadigen könnte. Vielleicht wäre es am besten gewesen, wenn Harry zu den ‚Freiwilligen' gesteckt worden wäre. Die Front hätte ihm mehr Chancen zum Durchkommen geboten. Du mußt nicht böse sein, wenn ich ‚Harry' sage. Er könnte mein Sohn sein. Es gab einmal eine Zeit, da ich gern einen Sohn gehabt hätte."

Harry stöhnte leise, wandte den Kopf von einer Seite auf

die andere. Aber er erwachte nicht. Das Tuch war von seiner Stirn geglitten. Friedel feuchtete es erneut an. Dann fragte sie hilflos: „Was sollen wir tun?"

„Gemeinsam könnt ihr nichts tun, Friedel. Alles, was ihr zusammen tun wolltet, würde *gegen* euch ausschlagen. Es besteht nur noch eine Möglichkeit, etwas zu ändern – ihr müßt auseinandergehen! Harry kann nichts unternehmen. Deshalb wirst du fortmüssen!"

„Andere Menschen werden durch die Liebe zusammengeführt. Uns reißt sie auseinander."

„Euch bleibt die Hoffnung auf später."

„Ich glaube nicht an diese Hoffnung."

„Nur an sie zu glauben, lohnt sich für euch!"

„Todtenberg wird mich nicht fortlassen."

„Er kann es dir nicht abschlagen, wenn du um eine Versetzung zu den neuen Einheiten ersuchst. Es wird auch dort Verbandplätze geben. Du meldest dich freiwillig."

„Das ist alles, was Sie mir raten können?" fragte Friedel bitter.

Schwester Roswitha strich ihr wiederum über das Haar. Sie erhob sich schwerfällig und sagte, bevor sie hinausging: „Es gibt keine andere Möglichkeit. Du mußt um die Versetzung einkommen, bevor Harry wieder dienstfähig ist. Sonst fallen sie wieder über ihn her!"

Friedel stützte das Gesicht in die Hände und versuchte nachzudenken. Wie lange kannten sie einander schon? Eine Woche, kaum mehr, eigentlich nur einige Tage. Die Stunden, die sie ganz und ungestört für sich gehabt hatten, konnte Friedel an den Fingern abzählen.

Da war das Sitzen an seinem Bett und die kleinen Gespräche, zuerst, als er mit der Splitterwunde am Kopf darniederlag. Dann ein, zwei Abende in jenem Winkel am Flüßchen. Sie hatten keine Zeit auszukosten gehabt, keine Gelegenheit, sich zu lieben. Alles war klein, wie kindlich, unvollendet geblieben zwischen ihnen – das Streicheln und die Küsse.

Kaum daß sie die Hände aufgehoben hatten, um sich in den Atem, gegen die Haut und an das Blut des anderen zu lehnen, war man schon brüllend auf sie eingefahren. Das Leid hatte seinen Anfang genommen. Die Wege der Furcht hatten sich vor ihnen aufgetan. Die Repressalien und die Hetze waren über sie hereingebrochen. Todtenbergs Gier war wach geworden.

Als sie sich kennenlernten, da hatte ein Geschoß Harry niedergeworfen. Nun sie scheiden sollten, lag er von Gehässigkeit und Niedertracht hingestreckt. Friedel, die ihn liebte, vermochte nicht zu helfen. Schlimmer noch, ihr Dasein begründete sein Elend.

Sie würden scheiden müssen.

Das einzige, was erlösen konnte, war die Qual des Abschieds. Die Uhr ihrer Tage war abgelaufen. Friedel wußte es.

Bei dem Gedanken, wie schwer es sein würde, einander später wiederzufinden, verlor sie fast die Beherrschung. Gab es überhaupt ein Morgen?

Würde dieser Krieg, dieser furchtbare, Menschen verschleißende Prozeß jemals ein Ende nehmen?

Lag wirklich nur eine Woche hinter ihnen? Friedel wollte es scheinen, als hätte sie Harry schon viel länger, ja – immer gekannt. Ihr war, als wären sie an Sonnentagen wie diese durch die blühenden Felder gewandert, als wären sie abends durch sommerwarme Flüsse geschwommen und als hätte es schon Nächte der Gemeinsamkeit gegeben. Aber – sie waren ja nie *ohne* Furcht verabredet gewesen. Sie hatten nicht *einen* Brief gewechselt. Keinem hing des anderen Bild in der Stube.

Als in der Platanenallee das scharfe Geknatter der Handfeuerwaffen anging, deren eiserne Finger nach dem fliehenden Ferdinand Pistol griffen, hob Harry den Kopf, blickte verstört um sich. Wahrscheinlich hatte er in der Sekunde des Wachwerdens geglaubt, die Schüsse wären auf ihn selbst gezielt.

„Was geht vor?" fragte er mit trockener, schwacher Stimme.

„Es ist nichts, Harry. Sei ruhig!" sagte Friedel. Sie drückte ihn auf das Lager zurück. „Willst du etwas trinken?"

„Aber sie schießen doch!" Tatsächlich knallten noch immer Schüsse.

„Vielleicht läßt der General zur Übung schießen."

Um Harry zu beruhigen, ging Friedel ans Fenster, blickte hinaus. Die Bedienung der Zwillingsflak hatte ihren Platz am Springbrunnenbecken verlassen und stand am Eingang der Platanenallee. Die Soldaten blickten zum Appellplatz hinunter. Weiter war nichts zu sehen. Dann hörte das Schießen auf.

Friedel setzte sich wieder zu Harry, nahm seine Hand.

„Es ist schon wieder ganz ruhig, Harry."

Er versuchte ein Lächeln. Es mißlang.

„Wenn das so weitergeht, kannst du jeden Tag an meinem Bett sitzen, Friedel."

„Du kommst schon wieder zu Kräften. Ruh dich aus!"

„Hast du die ganze Zeit über hier gesessen?"

„Ich war immer da."

„Es ist so gut, daß du bei mir bist. Du wirst hierbleiben, ja?"

„Wenn ich weg muß, wird es nicht lange dauern."

„Du mußt gleich wiederkommen."

Sie strich ihm über Stirn und Augen: „Du darfst nicht soviel reden, du bist noch zu schwach."

„Ich muß wie ein Baum umgefallen sein", murmelte er. Dann fragte Harry, als stehe er noch unter dem Druck der Appellangst: „Habt ihr mein Gewehr mitgebracht?"

„Ich glaube, daß Ferdinand Pistol es an sich genommen hat. Er stand auf deinem Platz."

„Hoffentlich muß er nicht mit den Freiwilligen."

„Ihn werden sie kaum fortschicken können", sagte Friedel, „er ist im OP unabkömmlich."

„Er ist der einzige gute Kamerad. Auch Eisermann ist

kein schlechter Kerl, er versteht nur nicht alles, weißt du? Hoffentlich bringen sie ihn nicht nach Chabrie." Harry senkte die Stimme noch mehr. „Ferdinand Pistol hat auch ein Mädchen, im Dorf! Aber sag niemandem etwas davon, Friedel. Er versteht uns besser als alle anderen."

„Ich habe ihn gern. Er ist nie böse", sagte Friedel.

„Wenn er nur kann, wird er uns helfen!" versicherte Harry in hilflosem Eifer.

„Ja."

„Es ist gut, daß wir uns nicht allein zu fühlen brauchen."

„Alles wird wieder gut. Es ist alles halb so schlimm", sagte Friedel. Ihre Stimme schwankte.

Und nun lächelte Harry wirklich. Eine heiße, traurige Rührung stieg in Friedel auf, als sie ihn ansah und das Lächeln auf seinem Gesicht fand, dieses Leuchten unsinniger Zuversicht.

„Sei still, schlaf! Ich werde bei dir wachen."

„Wenn du weggehen mußt, bleib nicht lange!"

„Ich werde gleich wieder zurück sein, Harry!"

Der schwere Schlummer der Erschöpfung legte sich erneut über ihn.

Es ist alles halb so schlimm, wiederholte Friedel für sich. Das haben wir uns zuerst eingeredet. Du glaubst noch immer daran, Harry? Ich werde dir nicht sagen können, daß ich gehen muß. Du würdest es nicht verstehen. Du hast noch Hoffnung, wo es keine Hoffnung mehr gibt. Ich werde dir nichts davon sagen, wenn meine Versetzung genehmigt ist, Harry. Ich will still und ohne Worte fortgehen. Wir werden uns nicht verabschieden. Es wäre das schlimmste bei alledem – vom Abschied zu reden, auszumachen, wann wir uns schreiben und wann und wo wir uns wiedertreffen wollen, Lieber!

Ich werde einfach nicht mehr dasein. Ferdinand Pistol oder Schwester Roswitha kann dann mit dir reden. Ich will dir keinen Brief hinterlassen, ich würde ihn doch nicht schreiben können. Ich weiß kein Wort, das hier einen Sinn hätte. Alle Worte bleiben leer. Sie können uns doch nicht helfen.

Jetzt habe ich doch angefangen zu weinen. Ich habe nicht weinen wollen. Es macht nichts besser oder leichter. Nur wer beten kann, findet Ruhe. Wozu dann diese Tränen? Du schläfst wieder, Harry? Das ist gut. So brauchst du wenigstens nicht zu fragen, warum ich weine. Vielleicht denkst du jetzt im Traum, deine Mutter sitzt hier, so wie ich. Sie würde dir helfen können, wenn sie da wäre, Harry. Eine Mutter kann immer helfen, eine Mutter bringt alles in Ordnung. Deshalb nehmen sie die Mütter wohl auch nicht mit in den Krieg. Der Krieg wäre dann zu schnell aus.

Ach Harry, ich hätte deine Mutter gern kennengelernt! Was würde sie zu uns sagen? Sie würde sagen, daß wir noch viel zu jung füreinander und für die Liebe sind. Aber dann würde sie sich an uns *beide* gewöhnen. Und vielleicht liebte sie mich dann auch ein wenig, weil *du* mich liebst. Ich habe keine Mutter gehabt, ich kannte sie nicht. Ich werde wohl auch keine mehr bekommen.

So saß Friedel bei Harry, das Gesicht in die Hände gestützt.

Auf ihren Wangen zeichneten sich die glänzenden Bahnen der Tränen ab.

Die Zeit verströmte. Der Tag verging, ohne daß sie dessen gewahr wurde.

Der Appell in der Platanenallee hatte längst sein Ende gefunden. Der General war in seinem Geländewagen davongerast. Todtenberg hatte sich, von Zorn, Demütigung und langer Unsicherheit gepeinigt, in sein Quartier geflüchtet. Feldwebel Knothe tobte beförderungsselig auf dem Kraftfahrzeughof umher. Die einundzwanzig „Freiwilligen" hatten sich vor der Schreibstube versammelt, wo sie auf ihre Marschpapiere warteten. Durch den Park streiften die drei älteren Leute, die Ferdinand Pistol suchen sollten. Sie hatten ihn noch immer nicht gefunden. Als wäre er ihr Kind, forschte auch Schwester Roswitha ruhelos nach ihm. Die übrige Mannschaft von HV 7 tat milden Dienst, empfing beim Furier die Abendrationen. Die Flaksoldaten hielten Wache bei den Geschützen am Springbrunnenbecken, am Parkrand und am Ausgang der Platanenallee. In der Luft waren viele Flieger. Unablässig beobachteten sie die Front und das Hinterland der deutschen Linien.

Kreuzigung

Der Nachmittag war verronnen. Die Dämmerung kam mit ihrem sanften, gebrochenen Licht. Die Vögel hatten für heute ausgesungen und schwatzten nur noch im Halbschlaf. Die Zeit der Eulen und Käuze hub an.

Als Friedel an Todtenbergs Tür klopfte, kam keine Antwort. Es war aber Bewegung im Raum. So klopfte Friedel noch einmal. Wiederum blieb die Antwort aus. Dann war ein Geräusch zu hören, das an gedämpftes Deckelklappen oder an das Schließen eines Koffers erinnerte. Füße streiften leicht über die Dielen.

Warum meldete sich Todtenberg nicht?

Friedel klopfte ein drittes Mal. Dann drehte sie den Türknopf herum.

In Todtenbergs Quartier brannte kein Licht. Welches Bild der Raum bot, war in der Dämmerung nicht ohne weiteres zu erkennen. Den Oberstabsarzt aber erblickte Friedel sogleich.

Todtenberg stand gegen die Fensterbrüstung gelehnt, mit dem Rücken zum Hof, seltsam unbeweglich, sehr schattenhaft. Er schwieg. Er stand am Fenster, als hätte er dort einen Ausweg gesucht und keinen gefunden. Das Schweigen war unheimlich. Es verwirrte. Friedel wartete darauf, daß Todtenberg sie anreden würde. Es fiel kein Wort.

Warum zündet er das Licht nicht an?

Als Friedels Augen sich an die Dämmerung gewöhnt hatten, erkannte sie, daß auf dem Fußboden Gepäckstücke umherstanden, geöffnet zumeist. Daneben gab es eine Wirrnis von Wäsche, Papieren und Büchern. Auch die Kunstgegenstände, mit denen der Oberstabsarzt sein Quartier geschmückt hatte, befanden sich nicht mehr auf ihren Plätzen. Die hölzerne Madonna lag flach auf dem Tischchen. Daneben ruhte, in Packpapier gebettet, das Porzellanpaar Pierrot und Colombine. Die kleinen Bilder in den Elfenbeinrähmchen waren übereinandergeschichtet. Der Anblick eines Umzuges. Todtenberg packte.

Sollte er etwa HV 7 verlassen? Dann wäre ja alle Gefahr gebannt!

Eine Welle heißer Freude durchlief Friedel. Aber so rasch sie gekommen war, schwand sie auch wieder dahin. Friedel erkannte die Haltlosigkeit ihrer Vermutung. Stünde wirklich fest, daß Todtenberg die Einheit verlassen sollte, dann würde er die Arbeit des Packens und der Reisevorbereitungen gewiß nicht allein verrichtet, sondern sich einen Putzer besorgt haben. Warum aber wühlte er in seinen Sachen? Vielleicht sah er voraus, daß die Einheit ohnehin bald abrücken mußte? Vielleicht hatte er sich einfach etwas zu schaffen machen wollen?

Todtenberg hatte Angst. Das spürte Friedel instinktiv.

„Ich muß Sie in einer dienstlichen Angelegenheit sprechen, Herr Oberstabsarzt."

Todtenberg schwieg nach wie vor. Nur den Kopf neigte er leicht auf die Seite, Bewegung lauschender Erwartung. Obwohl beide sich nicht vom Platz bewegt hatten, knarrten die Dielen. Irgendwo im Raume tickte ein Reisewecker.

Friedel trat näher, wobei sie ein Gepäckstück umgehen mußte. Klar und deutlich wiederholte sie: „Ich muß Sie dienstlich sprechen, Herr Oberstabsarzt!"

„Haben Sie Ihren Helden zu Bett gebracht?" fragte Todtenberg dünn.

„Wenn Sie jetzt keine Zeit haben, dann sagen Sie mir bitte, wann ich Sie in der Schreibstube antreffen kann."

„Sie wollen um gut Wetter bitten – wie?“ forschte er höhnisch. „Sie kommen zu Kreuze gekrochen? Das habe ich erwartet. Weil Sie Ihre Niederlage nicht eingestehen wollen, reden Sie von ‚dienstlichen Angelegenheiten‘! Sie sind gar nicht so dumm, wie Sie sich zuerst angestellt haben!“ Während Todtenberg sprach, war seine leise Stimme nach und nach kräftiger geworden. Der alte gierige Haß, die alte Lust am Quälenkönnen begannen wieder anzuklingen.

„Ich bitte um Versetzung zu einer anderen Einheit!“

Der Oberstabsarzt ließ mit seiner Erwiderung auf sich warten. Er löste sich langsam vom Fenster, kam fast unhörbar auf Friedel zu, blieb vor ihr stehen. Wieder wehte ein herber Parfümgeruch sie an, wie an jenem Vormittag im OP, da Todtenberg sie mit schmeichelnder Drohung zum ersten Male hatte gewinnen wollen.

„Sie glauben, daß man für Sie und Ihren kleinen Gefreiten eine Sondereinheit aufmacht?“

„Der Gefreite Salandt hat mit meiner Bitte nichts zu tun.“

„Natürlich – Sie haben ihn nie gesehen!“

„Ich allein will versetzt werden.“

„Es gibt hier keine Versetzungen auf eigenen Wunsch! Wir befinden uns in Frontnähe.“

„Auf den Verbandplätzen der neuen Einheiten werden auch Schwestern gebraucht!“

Zornig fauchte er sie an: „Alle Achtung! Das haben Sie sich fein ausgedacht! Sie wollen sozusagen ‚freiwillig‘ gehen, weil Sie glauben, daß an diesem Punkte mein Einfluß aufhört! Sie markieren Tapferkeit und wollen mich dadurch unter Druck setzen! Aber der Herr General Gammer ist nicht mehr da. Sie kommen mit Ihrer Courage zu spät, Sie Amazone!“

„Ich bitte Sie um Versetzung zu einer anderen Einheit!“

Ich darf die Fassung nicht verlieren! hielt Friedel sich vor. Ich muß die Ruhe behalten! Jetzt blieb nur übrig, äußerst kühle Entschiedenheit zu zeigen.

Friedel wich nicht einmal zurück, als Todtenberg ihr nun

so nahe kam, daß ihre Gesichter sich in der Dämmerung fast berührten und sie die Wärme seines Atems empfand.

„Sie kommen sich wohl sehr großartig vor bei Ihrem Versuch, den kleinen Salandt vor weiterem Unheil zu bewahren! Sie wollen ihn schützen, indem Sie ihn verlassen? Sie wollen sich aufopfern? Wie wunderbar – die letzte Treue!" Todtenberg geriet bei diesen Worten und angesichts von Friedels erstaunlicher Ruhe in immer heftigere Erregung. Zorn durchschauerte ihn.

Die offenbare Überlegenheit des Mädchens, dieses Mädchens von kleinen Leuten, die trotzige Beständigkeit ihrer Liebe brachten ihn außer sich. Was seine krankhafte Selbstgefälligkeit in den letzten Tagen an Niederlagen und Fehlschlägen hatte hinnehmen müssen, wurde nun auf das alleinige Konto dieses Mädchens und dieses blassen jungenhaften Gefreiten geschrieben. Todtenberg hatte den stärksten Druck auf sie ausgeübt. Er hatte sie in die Knie zwingen wollen. Dennoch waren sie, trotz all ihrer Schwäche und Machtlosigkeit, die Stärkeren geblieben! Die Verkrampfung seines Wesens schlug nun um, wurde zum Affekt.

Keuchend ergriff Todtenberg Friedel an den Schultern, stieß sie hin und her: „Ihr meint – ich sei machtlos? Ich habe hier nichts mehr zu sagen? Du glaubst mich auslachen zu können, du . . ."

Friedel riß sich aus seinem Griff, wollte zurückweichen. In der Dunkelheit, die den Boden des Raumes bereits bedeckte, stand das Gepäck. Friedel stürzte, viel hintenüber, schlug mit dem Kopf gegen die Kante einer Kiste.

Mit einem Male hob der Raum sich, schwankend wie die Gondel eines Riesenrades, und begann zu kreisen. Ein Sturm von Flocken schwarzen Rußes fegte unter einem blitzzerspellten Himmel heran, wurde immer dichter, erstickte Friedel! Das Bewußtsein erlosch.

Als sie wieder zu sich kam, lag sie auf dem Fußboden zwischen Papier und Aschenresten. Nicht allein.

In diesem Erwachen, das kein Erwachen, sondern ein

Sturz in die Welt entsetzlicher Zerrträume zu sein schien, spürte Friedel das kleine, rattenhafte Tier Todtenberg über sich und in sich. Ihre Kleider waren zerrissen, ihr Körper aufgebrochen und zerschlagen. Eine Bestie Mensch lag, Gier und Haß stammelnd, auf ihr.

Das rote Feuer des Entsetzens trieb ihren Körper empor. Sie bekam den Kopf des Mannes zu fassen, ihre Daumen gerieten in seine Augenhöhlen, stießen hinein. Schreiend fuhr Todtenberg auf, die Hände vor dem Gesicht.

Stöhnend kam Friedel auf die Beine, fiel erneut. Die Gruppe der kleinen Silbermusikanten stürzte mit singendem Klirren durcheinander und zu Boden.

Die Tür. Der Hof.

Die Bedienung der Zwillingflak wurde Friedel nicht gewahr. Die Soldaten hatten ihr Geschütz in Feuerstellung gebracht und folgten mit seinen tütenförmigen Läufen einem Pulk von kaum sichtbaren Nachtjägern, die über dem Park kreisten und jeden Augenblick herunterstoßen konnten. Die Nacht summte wie ein Kontrabaß.

Einige Sekunden blieb Friedel schwankend, mit vors Gesicht geschlagenen Unterarmen in der Nähe von Todtenbergs Quartier stehen. Dann stürzte sie in die Schwärze des Parks hinein, ziellos, und doch auf das Ziel eines Platzes hingetrieben, wo sie unterkriechen, sich bergen könnte.

Die Zweige des Unterholzes peitschten ihr Gesicht, rissen die Haare auseinander. Mit den Schultern lief Friedel gegen Baumstämme; sie wurde zur Seite geschleudert, prallte gegen andere, blieb ohne Atem liegen, um sich endlich aufzuraffen und weiterzuhetzen. In dem Winkel am Flüßchen brach sie schließlich zusammen, verlor die Besinnung.

So lag sie, zerschlagen, das Antlitz in die Tiefe des Laubes gepreßt.

Sie lag da wie ein Mensch, der aus den Wipfeln der Bäume auf die Erde niedergestürzt ist.

Als Friedel später die Augen aufschlug, wußte sie nicht, wie lange sie sich hier schon befand. Es gab keine Zeit mehr. Die Nacht war ohne Maß. Es gab auch keine Erklärung. Alles war dunkel, erloschen, zerstampft.

Mühsam setzte sie sich auf, zog die zerschundenen Glieder wie ein frierendes Kind an sich, lauschte in die Tiefe ihres Körpers hinein. Als sie das Kreischen des Schmerzes vernahm, kam ihr erst ganz zum Bewußtsein, was sich ereignet hatte.

Unglück, das keine Träne mehr kennt.

Kälte unter der Hitze des Frostes.

Eine Ewigkeit versteinte.

Friedel löste die Brosche vom zerfetzten Kragen ihrer Bluse und spreizte die starke Nadel aus. Dann zog sie den Metallpfeil tief, reißend durch die Pulsadern.

Gute, sanfte Natur

Ein langes, glühendes Messer!

Das Messer sitzt im Rücken, bis ans Heft hineingetrieben, und weiter noch, denn es besitzt gar kein Heft. Ohne Anfang und ohne Ende ist dieses Messer. Es sticht und schneidet, es kreist im Körper umher, wendet sich in den Leib hinab, treibt wieder nach oben, streift das Herz, nahe und näher. Mit jeder Bewegung scheint seine Klinge breiter zu werden und neue Schneiden zu bekommen, die schartig eingeschliffen sind und sich spreizen wie die spitzen Schenkel einer Schere und wiederum zusammenfallen, gierig teilend, was lebendig ist. Die metallene Schärfe brennt und ätzt, wütet sich in immer heftigere Hitze hinein, bis die Flammen des Schmerzes schließlich in einer roten Lohe emporschlagen und jede Empfindung versengen.

Dann wird das Feuer für die Weile von Sekunden oder Jahren vom Blut erstickt. Und das Blut verzischt, wird hinaufgetrieben in den Hals, heißer, süßer Schaum. Ruhe tritt ein, wohltätige Pause ohne Pein. Nur der Wunsch nach

Schlaf und Vergessen bleibt wach. Dann regt sich das Messer von neuem.

Wie lange wird es dauern, bis alle Kräfte zerschlissen sind?

Wie viele Stunden müssen vergehen, bis sich der rote Saft erschöpft hat und den Brand nicht mehr zu tilgen vermag?

Ein Stück Blei, ein Partikelchen schwerer Substanz, von glattem blinkendem Stahlmantel umschlossen wie ein Kern von der Schale, nicht größer als eine Zigarettenkippe.

„Verwundungen?" schreit jemand aus der Ferne. Die Stimme eines alten, krächzenden Grammophons.

„Eine", kommt die Erwiderung dumpf durch den Blutschaum des Mundes.

„War wohl höchste Zeit? War ja wohl höchste Zeit? War ja wohl höchste Zeit?" jachert das Grammophon von sehr weit.

Dort, wo das Flüßchen die Wildnis verläßt und seinen Weg durch die Felder beginnt, die das Dorf Reinegarde vom Park scheiden, war Ferdinand Pistol im dichten Ufergebüsch niedergestürzt. Hier wurde er zum zweiten Male von der Gewalt des Schusses gefällt, der ihn vorhin getroffen hatte.

Nachdem Gammer und Knothe ihn aus den Augen verloren hatten, war er keinem Menschen mehr begegnet, glücklicherweise auch den Posten der Flakeinheit nicht, denen heute die Wache oblag. Er war von niemandem mehr gesehen worden, nur von den singenden Kugeln, die man ihm nachgesandt hatte und deren eine ihm nun als Querschläger im rechten Lungenflügel saß. Das Geschoß hatte auch eine Rippe zerschmettert.

Ferdinand Pistol hatte sich tief unter das schützende Dach von Laub und Zweigen gewühlt. Den Oberkörper leicht erhoben, die linke Seite in den federnden Druck von querstrebenden Ästen und Ranken gelehnt, ruhte er in dem üppigen Gebüsch, dessen grüner Wuchs ihn wie eine Kuppel überwölbte. Der Schatten des Blattwerks schuf Kühle. Die Nachbarschaft des Wassers, das zum Greifen nahe an ihm vorüberströmte, war erfrischend.

Ferdinand Pistols Gedanken gingen nur noch in den Park zurück, soweit sie seine Verfolger betrafen, die ja gewiß unterwegs waren. Im übrigen aber liefen sie voran nach Reinegarde, ins Dorf und zu der kleinen Kirche.

Louise!

Alle Hoffnung auf Hilfe und Rettung verband sich mit der Sehnsucht nach dem Mädchen. Louises Bild verkörperte ihm Leben, Kraft und Zuversicht. Er liebte sie.

Von Zeit zu Zeit erhob sich in seiner Brust der Feuersturm des Schmerzes. Seine schneidenden Böen fegten die Gedanken auseinander. Ein fressender Strom kochenden Wassers schien sich dann in seine Brust zu ergießen. Jede unbedachte Bewegung ließ die Pein schier unerträglich werden. Das warme, süße Blut trieb ihm in den Mund. Dann mußte er sich, langsam weiter auf die linke Seite sinkend, davon befreien, um wieder Luft zu bekommen. Nur ganz leicht und flach vermochte er zu atmen. Sobald er die rechte Hand zum Munde hob, spürte er auch, daß die Fingerknochen bei dem furchtbaren Schlag gegen Gammer zerbrochen sein mußten. Er hatte bereits viel Blut verloren. Und er wußte, daß er mit dem Rest seiner Energien sehr haushalten mußte, wollte er Reinegarde überhaupt noch erreichen. Vorerst aber mußte er abwarten, welchen Weg die Verfolger nähmen.

Finden sie mich hier nicht, so werden sie sich anderen Teilen des Parks zuwenden. Der Park ist so groß. Sie können nicht jeden Winkel absuchen, dazu brauchten sie Tage. Vielleicht streifen sie jetzt ganz woanders umher? Das kann der Fall sein, aber ich weiß es nicht. Ebenso können sie sich auch in nächster Nähe befinden. Dann brauchte ich mein Versteck nur zu verlassen, um von ihnen entdeckt zu werden. Ich muß ruhig sein. Ich muß mich ausruhen. Stärker als jetzt muß ich sein.

Zuweilen benebelte ihn Mattigkeit. Dann fühlte er sich wie in einem ganz leichten Schlaf. Um die Mittagszeit, bald nachdem eine Gruppe von Fahrzeugen mit heulenden Motoren den Park verlassen hatte, bemerkte Ferdinand Pistol die Annäherung von Menschen.

Schritte wurden hörbar. Undeutliche Stimmen kamen auf. Mit einem Male war er wieder hellwach. Das alte, in bitteren Kriegsjahren erworbene Vermögen, jeden Laut der Umgebung übergenau zu registrieren, trat erneut in Aktion. Möglicherweise arbeiteten Ferdinand Pistols Sinne nun noch schärfer und präziser als an der Front, wo die Existenz abhängen konnte vom rechtzeitigen Wahrnehmen eines matt pochenden Granatwerferabschusses oder eines JABO-Motors, wo man stets vor Tieffliegern, heranheulenden Geschossen, aus Mauerlücken hervorzuckenden MG-Garben auf der Hut sein mußte.

Die Verfolger waren da! Wer waren die Verfolger?

Jenseits des dichten Vorhangs aus Blättern und Zweigen blieben drei Menschen stehen. Ferdinand Pistol konnte sie nicht sehen. Er konnte sie aber sprechen hören. Er verstand mit aller Deutlichkeit, was sie sprachen. Die Stimmen waren ihm fremd. Sie konnten ebenso Angehörigen von HV 7 wie den Wachposten der Flak gehören. Sie waren ihm fremd, und doch gingen sie ihn an.

„Hier brauchen wir nicht weiterzusuchen", sagte einer der Soldaten, „drüben liegt schon das Dorf. Was sollte er dort wollen, wo ihm niemand hilft?"

„Über die Felder kann er ja nicht entkommen sein", bemerkte ein anderer. Er hatte eine schwere, dunkle Stimme. „Die Flakposten hätten ihn gewiß gesehen."

„Vielleicht haben sie geraucht und nicht aufgepaßt", wandte der dritte ein, „ihr wißt doch, wie's auf Wache ist."

Ferdinand Pistol empfand jetzt fast keine Schmerzen. Er folgte dem Gespräch mit äußerster Aufmerksamkeit. Diese gefährliche Ablenkung tat beinahe wohl.

„Aber es wäre ja verrückt von ihm, ins Dorf zu gehn!"

sagte der erste Soldat. „Die Bauern würden ihn ohne viele Worte erledigen!"

Der Mann mit der dunklen Stimme wies ihn zurecht: „Ich habe bisher nicht gehört, daß sie den Verwundeten etwas tun. Einem Menschen, der verletzt ist und vielleicht schon im Sterben liegt, hilft man überall!"

„Ich hab's auch nicht so gemeint", lenkte der erste Soldat ein. „Mir tut er ebenso leid wie dir. Ich hatte zuerst geglaubt, daß sie nur in die Luft schießen. Aber als ich dann das Blut sah . . ." Er verstummte.

„Es war rosa", sagte der dritte leise, „es muß aus der Lunge gekommen sein. Sie haben genau auf ihn gezielt! Auf einen von den eigenen Leuten! Ich hätte das für unmöglich gehalten."

„Ach was – unmöglich", erwiderte rauh der Mann mit der dunklen Stimme. Dann schwiegen sie. Ferdinand Pistol vernahm das Zischen eines Streichholzes. Er hörte auch, wie die Soldaten den ersten Zug ihrer Zigaretten ausbliesen, vollatmend, gleichsam seufzend.

Sie sind im Grunde gar nicht schlecht, dachte er. Diese wenigstens sind nicht schlecht. Nur hilflos und unentschlossen sind sie. Man hat sie die Angst gelehrt. Nun kennen sie nichts anderes mehr. Im normalen Leben hätten sie Gammer festgenommen und der Polizei übergeben. Vielleicht hätten sie ihn vorher auch noch verprügelt. Hier aber, wo sie Uniform tragen und nur den Befehl kennen, wagen sie ihre wahre Meinung höchstens insgeheim kundzutun.

„Das beste für ihn wäre schon, wenn er nicht mehr lebte", sagte leise der dritte, „seine Aussichten sind die gleichen – ob man ihn nun findet oder nicht."

„Ihr glaubt doch nicht, daß sie ihn verwundet vors Kriegsgericht schleppen?" fragte der erste Soldat erschrocken. „Er hat sich nur gewehrt. Einen Verwundeten darf man nicht verurteilen."

„Nein – das wird man auch nicht tun", sagte langsam sein Kamerad mit der dunklen Stimme. „Zuerst einmal kommt er ins Revier wie jeder andere. Dort werden sie ihm Spritzen geben und Traubenzucker. Vielleicht übertragen sie sogar Blut. Sie werden ihn erst ganz gesund machen."

„Aber . . .?" fragte der erste Soldat.

Der Mann mit der dunklen Stimme ließ ihn nicht aussprechen: „Sie werden die Verwundung erst richtig ausheilen lassen. Wenn er wieder ganz gesund ist, dann stellen sie ihn an die Wand."

„Das ist Wahnsinn!" murmelte der dritte. „Ich kann das nicht verstehen."

„Das kann niemand verstehen."

Ferdinand Pistol hatte mit der Versuchung zu kämpfen, sich ihnen zu erkennen zu geben.

Sie stehen doch auf meiner Seite! Sie können mich verbinden und mir weiterhelfen. Einer brauchte mich nur bis ans Dorf zu bringen, der mit der dunklen Stimme vielleicht. Mehr wäre gar nicht erforderlich. Später würden sie gewiß schweigen. Nachher schweigen sie immer. Wäre ich erst im Dorf, so hätte ich das Schlimmste überstanden. Wenn ich keinen Starrkrampf bekomme, dann brauche ich nur Ruhe, weiter nichts. Louise würde mich pflegen, Louise!

Ferdinand Pistol öffnete bereits den Mund zum Sprechen.

„He – ihr!" schrie in diesem Augenblick jemand aus dem Park. „Habt ihr den Kerl noch nicht gefunden?"

„Nein, Herr Unteroffizier!" antwortete schnell der Soldat mit der dunklen Stimme. Er sprach sehr laut, trotzdem klang es klein und hohl. Das war nun eine andere, eine unpersönliche, eine technische Stimme.

Da hatte er sich wieder gezeigt, der Befehl!

„Hier ist er bestimmt nicht!" antwortete diensteifrig auch der dritte.

„Sucht den Park flußaufwärts ab!" befahl der Unteroffizier.

Ein heftiger Hustenreiz begann Ferdinand Pistol zu quälen. Die Furcht überfiel ihn, gerade jetzt einen Anfall von Blutbrechen zu bekommen.

Er preßte die Lippen aufeinander, schloß die Augen. Ein mächtiger Druck stand in den Schlagadern des Halses und der Schläfen.

„Ihr braucht auf dieser Seite nicht mehr aufzupassen", rief der Unteroffizier herüber. „Die Leute von der Flak wissen Bescheid und werden hier luchsen. Macht euch auf die Sokken. Trödelt nicht. Alles genau durchsuchen. Wir müssen den Burschen unbedingt schnappen. Der General will bis zum Abend Mitteilung haben. Also sperrt die Augen auf, ihr Säcke! Verstanden?"

„Jawohl", sagten die Soldaten im Chor. Dann stapften sie davon.

Über der grausamen Anstrengung, den Hustenreiz zu unterdrücken und keinen Laut von sich zu geben, war Ferdinand Pistol fast bewußtlos geworden. Als die Benommenheit von ihm wich, waren die Schritte seiner gutherzigen, kleinmütigen Verfolger schon verhallt. Wieder herrschte die alte, motorensummende Stille. Es war vierzehn Uhr.

Ferdinand Pistol machte einen ersten Versuch, sich aufzusetzen. Dann erhob er sich schwankend, fand Halt an Ästen. Da das Gebüsch im oberen Teile lichter wurde, konnte er den Parkrand entlangsehen. Kein Posten ließ sich blicken, aber das besagte wenig. Drüben, am Ende der leicht gekrümmten, hoch überwucherten Flußsäume, lag eine Hecke. Dahinter war die Wassermühle. Unbemerkt dorthin zu gelangen, bildete den schwersten Teil seiner Aufgabe. Er durfte nicht auf dieser Seite des Flüßchens bleiben, er mußte hinüber an das andere Ufer. Dort würde er sich im Sichtschatten befinden.

Ferdinand Pistol machte den ersten Schritt. Sogleich begann die Turbine der reißenden Messer in seiner Brust wieder zu kreisen. Er mußte stehenbleiben, hatte Mühe, sich auf den Füßen zu halten.

Wie entfernt die Hecke auf einmal war!

Der Priester hatte gestern von der rechten Stunde gesprochen. War die rechte Stunde schon gekommen?

Ferdinand Pistol nahm alle Kräfte zusammen und fing an, den niedrigen Uferwulst hinabzusteigen. Er war noch nicht weit gekommen, als er auf einen Lehmstreifen geriet. Er glitt aus, fuhr mit beiden Beinen ins Wasser, schlug schwer hintenüber.

Der Schmerz ließ den Himmel schwarz werden.

Nach unsäglicher Mühe war es Ferdinand Pistol schließlich gelungen, sich auf das alte Laublager zurückzuschleppen. Die Bewegungen und der Sturz hatten das Gebüsch zum Wasser hin geöffnet. Ferdinand Pistol konnte nun auf das Flüßchen blicken. Bis zum jenseitigen Ufer waren es höchstens drei Meter. Es hätten aber ebensogut drei Kilometer sein können. Ferdinand Pistol begriff, daß ein Sturz vornüber das Leben gekostet hätte. Er wäre in dem hüfttiefen Wasser ertrunken. Es gab keine Möglichkeit hinüberzugelangen. Es blieb nichts übrig, als hier liegenzubleiben. Es blieb nichts übrig, als zu warten und später vielleicht einzuschlafen.

Je mehr Zeit verstrich, desto tiefer sank Ferdinand Pistol in sein grünes Bett zurück. Das vorhin auseinandergedrängte Buschwerk schloß sich langsam. Ruhe und Regungslosigkeit ließen Ferdinand zu einem Teil der Natur werden und in sie einwachsen. Bachstelzen und Wasseramseln kamen zwitschernd herbeigeflogen, landeten auf den Zweigen über ihm, wippten auf und nieder, stritten sich mit quirlender Lebendigkeit. Im Flüßchen gluckerten die Blasen aufsteigenden Sumpfgases. Ein Fischotter schoß in das Wasser. Mücken summten. Libellen taumelten mit metallisch schwirrendem Flügelschlag umher.

Nach und nach teilte sich Ferdinand Pistol eine milde, besänftigende Ruhe mit. Wie die Spannung der Schmerzen geringer wurde, so kam nun auch das Toben seiner Gedanken zur Ruhe. Er begann sich damit abzufinden, hier vergehen zu müssen.

Er versank in Träume.

Es gab keinen Schmerz und keinen Krieg. Ferdinand Pistol, Louise, der Priester und auch Jean-Marie bildeten einen Kreis heiter-verständnisinniger Freunde. Auch das Dorf und der Park waren nicht mehr da. In der Vorstellung von Ferdinand Pistols Träumen zeigte sich eine Landschaft mit weiten Wiesen, kleinen Hainen und Weihern, ein Arkadien von wunschlos lichtem Erfülltsein. Louise trug ein langes weißes Kleid. Beständig lag feine, zarte Musik in der Luft, sphärenhaft süß und ohne Dunkelheit. Das war eine Welt, die keine Schreie kannte, kein Röcheln, keine schmetternden Befehle, keine Detonationen und Schüsse, kein Jagen und Rasen der Angst.

Auf den Augen lagen des Schlafes gute Hände.

Es waren Louises Hände.

Am späten Nachmittag, zu der Zeit, da Friedel zu Todtenberg ging, erwachte Ferdinand Pistol. Schwester Roswitha kniete neben ihm.

Seit sie wußte, daß er von einem Schuß getroffen und geflohen war, hatte die Frau ihn unablässig gesucht. Bereits einmal war sie, während er vor Kraftlosigkeit dahindämmerte, in der Nähe dieses Platzes vorübergekommen. Jetzt hatte ein schwaches Stöhnen sie auf ihn aufmerksam gemacht. Schwester Roswitha hielt seine fiebrige, heiße Hand. Vor Erschütterung konnte sie kaum sprechen.

„Junge!"

Ihr häßliches, zerfurchtes Gesicht leuchtete vor Güte und Barmherzigkeit. Er lächelte. Zum ersten Male seit seiner Verwundung sprach er nun. Es geschah ganz leise, kaum hörbar. Dennoch verwunderte es ihn, daß er dazu überhaupt noch fähig war.

„Schön – daß Sie gekommen sind – Schwester Roswitha."

Sie sah das Blut auf seinen Lippen, erschrak: „Du darfst nicht reden, Junge! Wart noch ein wenig – ich werde Leute holen, wir können dich dann zum OP bringen und verbinden!"

Sie wollte sich erheben, doch Ferdinand Pistol hielt ihre Hand fest.

„Bleiben Sie."

„Du brauchst keine Angst zu haben."

„Mein Weg geht – anderswohin."

„Sei still! Mach dir keine Gedanken! Es gibt viel schlimmere Verwundungen. Damit kommst du ohne weiteres durch!" Wiederum wollte sie aufstehen, aber noch immer entließ Ferdinand Pistol ihre Hand nicht. Um ihm keinen Schmerz zuzufügen, mußte sie sich in seinen Willen fügen. Seine Beharrlichkeit erschreckte sie.

„Aber du kannst doch hier nicht liegenbleiben! Willst du verbluten?"

„Gehen Sie – ins Dorf!" bat er fast tonlos. „Dort ist der Priester. Fragen Sie nach einem Mädchen – Louise!"

„Die Tochter des Alten?"

„Sie dürfen sich nicht sehen lassen! Sie müssen am – anderen Ufer entlanggehen! Im Dorf wird Ihnen – niemand etwas tun. Der Priester – kann Deutsch. Gehen Sie schnell!"

Sie zögerte, verwirrt, voller Angst um ihn.

„Sie – müssen – gehen!"

„Junge!"

Als sie fort war, schloß sich wieder Dämmerung vor seinen Blick. War es die Dämmerung des nahen Abends?

Ein Requiem

Der Priester und Jean-Marie kamen gleich nach Einbruch der Dunkelheit. Schwester Roswitha führte sie. Sie hatten eine leichte Trage mitgebracht, wie die Bauern sie für kurze Transporte von Holz oder Heu verwenden. Der Priester trug einen groben Mantel über seiner schwarzen Soutane und sah fast wie ein Landmann aus. Nur der Rand seines ringförmigen Kragens schimmerte weiß.

Sie kamen lautlos durch das Wasser. Sie betteten Ferdinand Pistol, der ohne Bewußtsein war, behutsam auf die Trage und schafften ihn über das Flüßchen zurück. Oben dröhnten die Nachtjäger. Manchmal schien die Nacht zur Enge eines Maschinenhauses zusammenzurücken.

Als Ferdinand Pistol zu sich kam, lag er in einem Kellergewölbe unterhalb der Kirche von Reinegarde. Man hatte ihn auf eine Matratze gelegt. Die Wunde war behandelt und verbunden. Eine warme Decke hüllte ihn ein. Neben Ferdinand Pistol saß der Priester, auf der anderen Seite Schwester Roswitha. In einem Flaschenhalse brannte eine Kerze.

„Nun bin ich doch früher zurückgekommen?" fragte Ferdinand Pistol langsam und mit einer Stimme, die ihm nicht mehr zu gehören schien.

„Es ist nicht zu früh, mein Sohn", sagte der Priester und strich ihm über die Stirn.

„Sie hätten mich nicht herbringen dürfen! Sie gefährden sich – man wird weiter nach mir suchen!"

„Hier kann man Sie nicht finden", erwiderte der Priester. „Wenn diese Nacht vergangen ist, wird niemand mehr nach Ihnen suchen. Sie haben Ihre Aufgabe erfüllt, Sie dürfen wieder bei uns sein. Sie werden jetzt bei uns bleiben. Sie sind zu Hause!"

„Es ist alles gut, Junge", fügte Schwester Roswitha leise hinzu. Es war nicht allein der Widerschein der Kerze, der ihre Augen glänzen machte.

„Warum weinen Sie – Schwester – Roswitha?" fragte Ferdinand Pistol kaum hörbar.

„Ich wein' doch nicht, Junge", murmelte sie. „Es ist dies Licht. Man kann nicht richtig sehen. Es gibt gar keinen Grund zum Weinen."

„Nicht wahr?"

Ferdinand Pistol fühlte sich jetzt ganz leicht und frei. Er empfand weder den wohltätig bewahrenden Druck des Verbandes noch einen Schmerz in seiner Brust. Auch der Halt des Lagers war nicht spürbar. Die Luft schien ihn zu tragen oder ein wundersam leichtes, schaumiges Wasser. Die Stimme gehorchte völlig, nur war sie sehr leise.

Ein Mann kam, bemüht, leise aufzutreten, die hölzerne Stiege herab, die in dieses Gewölbe führte. Er trug einen kleinen Krug in den Händen, hockte sich neben Ferdinand Pistol nieder, gab ihm sehr vorsichtig zu trinken. Die Flüssigkeit schmeckte frisch und nach Früchten. Sie erinnerte Ferdinand Pistol an Ferien, die er als Schuljunge bei Bauern am Chiemsee verbracht hatte.

„Merci – Jean-Marie!“

Jean-Marie erwiderte etwas, das Ferdinand Pistol nicht verstehen konnte.

„Was hat er gesagt?“ fragte er den Priester.

„Er meint, daß Sie bald gesund sein werden. In zwei Wochen will er mit Ihnen angeln gehen.“

Jean-Marie nickte, als habe er der Übersetzung Wort für Wort folgen können.

„In zwei Wochen wird noch Krieg sein“, sagte Ferdinand Pistol traurig.

„Nein!“ sagte der Priester. „In zwei Wochen wird es hier keine Angst mehr geben, keine Furcht und keine Schmerzen! Wir werden wieder arbeiten können!“

„Nous ferons de la musique, camarade!“ Jean-Marie lächelte.

„Wie schön das wäre“, erwiderte Ferdinand Pistol. Dann fragte er zögernd: „Et Louise . . .?“

„Sie wird gleich kommen, mein Sohn!“ sagte der Priester. „Sie weiß, daß Sie hier sind.“

Auf einmal, als er seinen Blick aus den Augenwinkeln langsam nach den Seiten wandern ließ, bemerkte Ferdinand Pistol, daß noch mehr Menschen anwesend waren. Das Kerzenlicht warf einen gelblichen Schimmer auf ihre Gesichter und gab sie leicht verschwommen zu erkennen.

Diese Menschen saßen ganz still längs der aus groben Quadern gefügten Wände. Waffen waren in ihren Händen, Maschinenpistolen, die sie sorgsam im Schoß gebettet hatten, und auch Karabiner, die zwischen ihren Knien aufragten. Ferdinand Pistol ging mit den Augen die Reihe ihrer Gesichter ab. Es waren alte und junge Gesichter, bärtige und glatte, die Gesichter von Männern und Frauen. Wie sie ihn so umgaben, erfüllt von ruhiger, unbedingter Entschlossenheit, da war es ihm, als blicke er in alle Gesichter der Welt, in das einzige gute und große Antlitz des Menschen.

„Sie warten?“ fragte er, den Priester anblickend.

„Es sind die letzten Stunden, die wir warten müssen!“ erwiderte der Geistliche.

„Es muß ein Glück für Sie sein, dies zu wissen.“

„Alle Schatten werden fort sein“, sagte der Priester. „Es wird keine Dunkelheit mehr geben.“

„Ich möchte bei Ihnen bleiben!“

„Sie brauchen nicht mehr fortzugehen!“ sagte der Priester.

„Du wirst wieder gesund, Junge!“ sagte Schwester Roswitha. „Der Krieg kann dich nicht erreichen.“

Ferdinand Pistol schloß die Augen. Warm und freundlich kam die Müdigkeit über ihn. Einer der wartenden Kämpfer begann langsam und sehr leise eine schöne, schwebende Melodie zu summen. Nach und nach fielen die anderen ein, ohne daß die wehende Tonfolge dadurch jedoch lauter geworden wäre. Das Summen blieb so leise, wie es zu Anfang gewesen war. Dennoch tönte es nun voll, wie die Stimme eines Cellos im Nebenraum. Ein Ausdruck von Glück und Geborgenheit trat in Ferdinand Pistols Gesicht. Er ließ sich von dieser seltsamen, nahen und doch fernen Musik einsingen und einwiegen. Einmal noch fühlte er eine Hand über seine Stirn gleiten. Aus der Verlorenheit seiner letzten Träume fragte er:

„Louise?“

„Oui, mon camarade – c'est moi!“ sagte der Priester still.

„Ma bonne amie . . .“

Worte, Wünsche, Empfindungen schwiegen.

Ferdinand Pistol hatte die letzte Andere Seite dieser Welt erreicht.

Harry tastete nach ihr, doch seine Hände griffen ins Leere. Nach einer Weile setzte er sich auf, starrte verwirrt in der Finsternis umher. Endlich gewahrte er das blaugrau schimmernde Geviert des Fensters hinter sich. Es war ja schon Nacht.

„Friedel?“ fragte er inständig.

Als keine Antwort kam, beugte er sich ganz nach rechts hinüber und tastete mit weit ausgestrecktem Arm erneut umher. Nur rauhes Dielenholz begegnete seiner Hand.

„Friedel?“ fragte er noch einmal. Dann lauschte er wieder. Kein Atemzug ließ sich hören, auch nicht das knisternde Strohscheuern eines anderen Lagers. Nur das Blut summte in den Ohren. Der Herzschlag stampfte.

„Ferdinand Pistol? Ferdinand?“

Stille, Einsamkeit.

Harry hob das grün phosphoreszierende Zifferblatt seiner Uhr vor die Augen. Die Zeiger standen auf einhalb Elf. Aber die Uhr ging nicht mehr. War sie soeben stehengeblieben? Oder hatte der Sturz am Vormittag sie außer Betrieb gesetzt? Harry lauschte nach draußen. Aber nicht einmal von dort waren jetzt Stimmen oder andere Laute zu vernehmen. Kein Lachen, kein herüberwehendes Befehlsgeschrei, keine Schritte von Wachen. Nur die Flugzeuge summten unter dem Himmel. Die Front schwieg. Sonderbar und ungewöhnlich war diese Stille.

Warum war Friedel nicht da? Sie hatte doch versprochen hierzubleiben.

Harry stand auf, ging zum Fenster. Das Schwindelgefühl war noch immer nicht von ihm gewichen. Die Schläfen schmerzten. Wo konnte Friedel sein?

Der Hof lag ohne jede Bewegung. Neben der Zwillingsflak am Springbrunnenbecken saßen zwei Soldaten auf Munitionskisten und rauchten. Die Zigaretten glommen. Rote Glutpunkte in der Dunkelheit.

Jeder Schritt fand im Kopf ein dröhnendes Echo. Als Harry in die frische Luft kam, wurde das Schwindelgefühl vorübergehend so stark, daß er sich am Türpfosten festhalten mußte, die Glutpunkte der Zigaretten begannen sich in einem grotesken Tanz vor seinen Augen zu drehen. Sie kamen nur langsam wieder zum Stillstand, leise zitternd.

Aus dem Fenster der Schwesternunterkunft drang kein Lichtsplitter. Es ließ sich auch gar nicht erkennen, ob das Fenster überhaupt verdunkelt war. Harry ging hinüber zu den Soldaten am Springbrunnenbecken. Sie trugen Stahlhelme und gehörten anscheinend der Wache an. Das Geschütz roch durchdringend nach Öl und Schmierfett.

„Was treibst du dich hier herum?“ fragte mürrisch der eine Soldat, ein Unteroffizier. „Schlaf gefälligst!“

„Wie spät habt ihr's?“

„Hast du keine Uhr?“

„Sie ist stehengeblieben.“

Während der andere Soldat unbeteiligt weiterpaffte, erhob der Unteroffizier sich schwerfällig, zog eine klobige Taschenuhr aus der Hose und hielt sie dicht vor die Glut seiner Zigarette.

„Viertel zwölf.“

„Danke.“

„Wenn man bloß pennen könnte! Dreck, dreckiger!“ schimpfte der Soldat auf der Kiste.

„Reg dich nicht auf!“ wies ihn der Unteroffizier zurecht. „Daran ist nichts zu ändern.“

„Habt ihr die Schwestern nicht gesehen?“ fragte Harry.

Die beiden Flakleute schwiegen, wechselten einen Blick. Augenscheinlich waren sie sehr verwundert.

„Du kommst wohl vom Mond, was?“ fragte schließlich der Soldat auf der Kiste. „Der weiß nicht mal, was bei seinem eigenen Haufen passiert!“

„Ich versteh' dich nicht.“

Der Unteroffizier schaute Harry plötzlich forschend ins Gesicht. Dann erkundigte er sich: „Bist du nicht derjenige, der beim Appell schlappmachte und den die Schwestern wegbringen mußten?"

„Ja", sagte Harry verlegen. Er fürchtete, daß sie sich nun über ihn lustig machen würden.

„Wo warst du bis jetzt?"

„In der Unterkunft. Geschlafen."

Warum sehen sie mich so seltsam an?

„Dann kann er allerdings nichts wissen", sagte der Soldat auf der Kiste versöhnlicher.

„Wovon?"

„Es ging damit los, daß sie beim Appell einen niederknallten. Er konnte aber noch fliehen. Pastor hieß er, glaub ich."

„So einen gibt's bei uns nicht."

„Dann weißt du's eben besser", der Soldat auf der Kiste wurde wieder ärgerlich, „'s ist doch gleich, wie er heißt. So ein komischer fremder Name war's jedenfalls. Ein bißchen polnisch . . ."

„Pistol?" fragte Harry atemlos.

„Jawohl – ein Obergefreiter", bestätigte der Unteroffizier. „Wo er geblieben ist, weiß man nicht."

„Und die beiden Schwestern sind auch weg", fügte der Soldat auf der Kiste hinzu.

„Nur die eine ist weg!" korrigierte ihn der Unteroffizier. „Die andere ist tot."

„Ich . . ."

„Wie's geschehen ist, kann keiner genau sagen. Fest steht nur, daß sie sich's Leben genommen hat. Die Kleider waren kaputt. Am Nachmittag soll sie noch bei eurem Chef gewesen sein, diesem käsigen Oberstabsarzt. Die den Pastor suchten, haben sie am Abend gefunden."

„Das ist eine fürchterliche Geschichte", sagte der Soldat auf der Kiste.

„Und wo ist die Jüngere?" fragte Harry würgend.

„Von der reden wir doch, Mensch!"

„Die Junge ist tot", bestätigte der Unteroffizier.

Klirren, Kreischen, Heulen in den Ohren. Feuer vorm

Gesicht. Eine Drahtschlinge schien Harry das Herz in den Hals zu zerren.

„Ihr lügt!" schrie er. Auf einmal war der Kragen des auf der Kiste sitzenden Soldaten in seinen Händen. „Du lügst! Du bist betrunken!"

Der Unteroffizier riß Harry zurück. „Was fällt dir ein! Habt ihr alle den Verstand verloren?"

„Du kriegst gleich was in die Fresse!" Der Soldat war von der Kiste aufgesprungen. Es hatte den Anschein, als wolle er auf Harry losgehen.

„Aber sie lebt doch?"

Verwirrt hielt der Soldat inne.

„Sie ist tot", sagte der Unteroffizier noch einmal. „Glaubst du – uns gefällt das? Sie haben sie dort rübergetragen."

„Hier sind alle bescheuert!" sagte der Soldat zornig. „Hätten wir diesen Park nur nie gesehen!"

Die Finsternis im OP machte Harrys hetzendem Lauf ein Ende. Er lief gegen sie an wie gegen eine Mauer. Die Hände fuhren umher, stießen gegen Glas und Metall. Eine Tampontrommel rutschte über die Tischkante, schlug krachend zu Boden.

„Friedel?" rief Harry in unsinniger Hoffnung.

Der stromlose Lichtschalter brach unter seinen hastenden Griffen ab. Dann wurde alles wieder still. Harry mußte so lange warten, bis sein Blick die ungefähren Linien der Umgebung ausmachen konnte. Dann sah er die Bahre. Sie stand hinter dem Operationstisch und unterhalb des Fensters auf dem Boden.

Die Bahre.

Ganz langsam, als habe die Nacht seinen Blick noch immer mit Blindheit geschlagen, ging Harry darauf zu. Er kniete daneben nieder. Seine Hände glitten über die rauhe Decke, die den Körper und auch das Gesicht der Toten verhüllte. Die Hände suchten nach Bewegungen, aber sie begegneten keiner. Sie suchten nach Wärme. Die Wärme war verströmt.

Harry weinte und klagte nicht. Die furchtbare Wahrheit hatte erst einen tiefen Schock des Schreckens hervorgerufen. Das Unfaßbare stand noch außerhalb des Bewußtseins. Die Schleusen des Schmerzes waren noch nicht geöffnet. Die Wirklichkeit war noch unbegriffen. Eine schwere, kalte Starre hatte Harry in ihren Bann geschlagen. Sie gewährte nur seinen Händen Freiheit, die langsam, aber unablässig über die Decke hinstrichen. Harry hört nicht einmal, daß er sprach.

„Wir werden hinübergehen, Friedel!" sagte seine Stimme. „Warum willst du hier liegen? Dies ist kein Platz zum Schlafen. Die Luft ist voller Äther. Du wirst schwere Träume haben, wenn du hierbleibst. Frierst du nicht? Wie kalt die Nacht ist! Ich werde dich hinaufbringen in eure Unterkunft, nicht wahr? Wenn du willst, kannst du auch auf meinem Platz schlafen. Ich werde bei dir wachen, so wie du bei mir gewacht hast. Niemand wird dich dort stören. Alle sind jetzt fort – Pistol, Eisermann und Trabnach. Es ist keiner mehr da. Wir werden allein sein. – In der Nacht wird niemand mit neuen Befehlen kommen, du brauchst keine Angst zu haben, Friedel! Du bist sehr müde? Du mußt dich richtig ausschlafen!"

Auf einmal wurde Harry der eigenen Stimme gewahr, erschrak von neuem. Seine Hände kamen zur Ruhe. Sie spürten, daß die Brust, auf der sie lagen, sich nicht hob. Schlaf ohne Atem.

Auf dem Flur wurden schwere Schritte laut. Der Unteroffizier von der Flak kam herein, leuchtete mit seiner Taschenlampe umher. Als er Harry entdeckt hatte, trat er näher, legte ihm die Hand auf die Schulter und sagte gutmütig:

„Komm jetzt, Junge! Sie muß hierbleiben. Du kannst ihr doch nicht mehr helfen."

„Was willst du? Geh!" Versehentlich streifte der Lichtkegel der Taschenlampe Harrys Gesicht. „Mach das Licht aus! Wer hat dich gerufen?"

„Wir haben vorher nicht gewußt, daß du mit ihr bekannt warst", sagte der Unteroffizier verlegen. „Wir hätten es dir sonst anders gesagt. Komm jetzt mit! Du hast von ihr Abschied genommen."

„Geh! Geh doch!"

Der Unteroffizier murmelte: „'s war nur gut gemeint. Wir sind draußen, wenn du jemand brauchst." Dann verließ er den Raum.

Schmerzhaft schoß das Licht letzter, harter Erkenntnis in Harrys Bewußtsein. Aber noch immer versuchte er verzweifelt die Einsicht in das Unabänderliche fernzuhalten.

Es kann ja gar nicht sein! schrie es in ihm. Es ist nicht möglich! Sie glauben, daß du tot bist, Friedel – dabei schläfst du doch nur! Weil du betäubt warst, hat man dich totgesagt. Ich will dir die Decke vom Gesicht nehmen, damit du besser atmen kannst.

Als seine Hand das kalte Gesicht berührte, fuhr er zurück. Aber auch jetzt vermochte er sich noch nicht in das Gegebene zu schicken.

Es ist ein Irrtum, ein Mißverständnis, eine Verwechslung! redete er sich ein. Du bist es gar nicht, Friedel, die hier liegt! Es ist eine andere, ein Mensch, der uns nichts angeht!

Wie von Sinnen begann Harry in den Taschen nach Streichhölzern zu suchen. Nachdem er eines entzündet hatte und das kleine Licht auf Friedels marmorglattes Gesicht gefallen war, brach er zusammen. Das Zündholz erlosch am Boden.

Warum hast du es getan? Wer hat es getan?

Und wieder lagen sie nebeneinander, wie an dem Abend ihrer ersten Begegnung, wie in jener Stunde, da Louises bunte Handtasche vor dem Café in Chabrie explodiert war und sie aufs Pflaster geschleudert worden waren. Wieder lag er neben ihr, einem Menschen gleich, den der Stoß einer Orkanbö umgeworfen hat.

Seine Arme waren um Friedel geschlungen, ihre Wangen berührten sich, sein Mund ruhte wieder in der Weiche ihres

Halses. Aber jetzt fand das Stoßen seines Herzens keine Erwiderung. Die Wange, die er fühlte, war ohne Wärme. Kein Leben pochte mehr in der Beuge ihres Halses. Blut und Eis.

Die Liebe schlug eine Brücke zwischen dem Leben und dem Tode.

So fand Harry sich, von der tiefsten Verzweiflung seines jungen Lebens gefällt, auch dann noch neben der toten Freundin, als im Morgengrauen die ersten weiten Bombenteppiche feindlicher Geschwader auf die deutschen Stellungen zwischen Rouaux und Chénières und dem Park von Reinegarde niedergingen.

Der Himmel hatte sich geöffnet und spie Eisen auf die Erde hinunter. Ein nicht enden wollender tödlicher Regen fiel. Ein furchtbarer Sturm brach aus, der die mächtigen Bäume aus ihrem Wurzelwerk drehte, schwere Lastwagen wie Kartons durch die Luft schleuderte und die ersten Teile des neuen Munitionsdepots in haushohen Stichflammen auseinanderblies. Die Sirene von HV 7 begann zu heulen, sobald der erste mörderische Schauer vorüber war. Die Zwillingsflak feuerte wie rasend. Dann verstummte das Geschütz am Springbrunnenbecken unter dem wüsten Schlag einer Bombe, die mitten im Hofe detonierte.

Noch immer lag Harry Brust an Brust mit Friedel, als wäre das Mädchen eines Schutzes bedürftig. Glas, Fensterrahmen, zerblasenes Mauerwerk stürzten auf sie nieder. Harry blieb liegen.

Er erhob sich erst, als draußen Todtenbergs Stimme laut wurde.

Was wir wissen

Der ungeheure Luftdruck der Bombe, die inmitten der Kavaliershäuser detonierte, riß die Frontwand von Eisermanns Gefängnis wie Papier auseinander. Er stürzte mit der tosenden Urgewalt eines Brechers auf ihn nieder. Eisermann wurde vom Fenster, an dem er seit Beginn des Angriffs gestanden hatte, in den Raum und auf die Fliesen geschleudert. Die Wucht des Ereignisses betäubte ihn fast.

In dieser Sekunde war nur der eine Gedanke in Eisermann wach, das ganze Gebäude könne zusammenstürzen und zu seinem Grabe werden. Aber nur ein Teil der Decke kam herunter. Es verging einige Zeit, bis Eisermann sich gefaßt hatte und damit beginnen konnte, Bretter, Rabitzschutt und Steine, die auf ihm lagen, abzuwerfen. Nachdem er sich aus den Trümmern hervorgearbeitet hatte, tastete er Körper und Glieder ab. Er empfand die Schlagstellen von Prellungen, das Ätzen von Hautabschürfungen. Im übrigen aber war ihm nichts geschehen. Das fortwährende Stechen in seiner rechten Hand rührte von der Verletzung her, die er sich vorgestern nacht bei dem Versuche zugefügt hatte, das erste Bandeisen des Fensters aufzubiegen.

Vorgestern? Waren seitdem wirklich schon mehr als vierundzwanzig Stunden, waren der Rest einer Nacht, ein ganzer Tag und eine neue Nacht vergangen?

Eisermann war tatsächlich vergessen worden. Er hatte die Zeit mit halbem Schlaf und dumpfem Grübeln verbracht. Hunger und Durst hatte Eisermann über dem grimmigen Rätsel vergessen, wie er hier herauskommen und zu Knothe gelangen könne. Als am Morgen dieses Tages das rasende Bombardement über den Park hereinbrach, da wußte er ebensowenig wie die anderen Leute von HV 7, was bevorstand. Der Gedanke an den Tod lag weitaus näher als alle Aussicht auf eine Befreiung.

Nachdem die Taubheit in seinen Ohren nachgelassen hatte, gewahrte er auch die Pforte, die die Bombe ihm geöffnet hatte. Eine ungeheure Axt schien die Wand, in der sich das Fenster befunden hatte, auseinandergekeilt zu haben.

Eisermann schlug sich durch Wolken dichten, beißenden Mörtelstaubs, der den ganzen Raum erfüllte, passierte den Mauereinbruch. Danach mußte er noch die Trümmer des von der Explosion völlig zusammengequetschten Kioskes übersteigen.

Eine fremde Welt umgab ihn.

Die Dächer der freundlichen Kavaliershäuser ringsum waren abgedeckt. Nackt und zerrissen gähnte Sparrenwerk. Türen und Fenster waren vom Luftdruck eingetreten. In den Wänden klafften tiefe, gezackte Risse. Dazwischen war das Mauerwerk von unzähligen narbenhaften Splittereinschlägen entstellt. An dem Platze, wo sich das Springbrunnenbecken befunden hatte, bleckte ein großer Krater. Teile des Beckens lagen im Hof umher wie Teile einer riesigen Schüssel. Die Zwillingflak war fortgeschleudert und bildete nur noch ein Knäuel verbogenen Eisens. Lediglich die tütenförmigen Mündungen der Läufe ließen darauf schließen, daß dies ein Geschütz gewesen war. Auf dem Kies waren hier und da die gräßlich zerfetzten Überreste von Menschen zu sehen; zum Teil hingen sie selbst in den Ruinen der Kavaliershäuser. Die Baumwipfel jenseits der Gebäude waren wegrasiert oder spreizten sich in gespenstischer, kahler Versengtheit. Nichts regte sich mehr. Kein Vogel war zu hören, kein Menschenlaut.

Aber das Gewitter war noch nicht verzogen. Unter dem Himmel dröhnten nach wie vor die Bomber; in der Tiefe des Parks flog mit krachendem Stakkato Munition in die Luft. Näher herangerückt, brüllte die Front wie ein wildes Tier. Eisermann vernahm nicht allein den Chor der schweren Geschütze, das harte Schlagen der Flak und der Panzerkanonen, sondern auch das knatternde Speien von Maschinengewehren.

Dann jedoch hörte er vom Kraftfahrzeughof Befehlsgeschrei und Motorengebrumm. Sogleich begann er loszurennen, hob im Laufen eine Maschinenpistole auf, die wohl den Flakposten gehört haben mußte, und erreichte den Eingang der Platanenallee. Vor ihm hasteten zwei Männer zum Kraftfahrzeughof. Harry und Todtenberg.

Der Offizier lief mindestens hundert Meter vor Harry

und hielt scharfes Tempo. Er mußte den Kraftfahrzeughof in jedem Augenblick erreicht haben. Jetzt bog er auch schon um eine Ecke, kam außer Sicht. Harry lief wesentlich langsamer als Todtenberg. Eisermann konnte sehen, wie der Kamerad taumelte, strauchelte und einmal hinfiel. Im Kraftfahrzeughof heulte grell ein Motor auf. Auch andere Wagen wurden gestartet.

Sie wollen sich davonmachen! Sie wollen abhauen! Todtenberg und Knothe! Ja – Knothe! Die Bestie, das schiefe Maul, die Kreatur!

Wenn er mir jetzt entgeht, treffe ich ihn nie mehr!

Diese Voraussicht trieb Eisermann zu immer heftigerem Lauf an.

Auf einmal hörte er über sich jenes eigentümliche schlürfende und flatternde Rauschen des Bombenregens. Eisermann warf sich zu Boden, preßte das Gesicht auf die Unterarme, versuchte, seinen Körper in die Ebene der Straße zu drängen. Dann brach die Erde auf. Splitter fegten über ihn hin, schlugen ihre scharfen Schneiden tief in den Leib der Bäume und mähten das Astwerk herunter.

Als die viermotorigen Fortress ihren neuen Bombenteppich ausgeworfen hatten und Eisermann den Kopf heben durfte, da sah er Harry zwanzig Meter voraus regungslos am Boden liegen. Schon glaubte er, daß der Kamerad getroffen sei. Als er ihn aber fast erreicht hatte, kam auch Harry wieder auf die Beine und lief weiter. Kurz darauf passierte er die Ecke, hinter der Todtenberg verschwunden war.

Der Kraftfahrzeughof war durch den Angriff schwer in Mitleidenschaft gezogen. Einige LKWs brannten und schickten schwarzen Qualm zum Himmel. Das Gebäude, in dem sich die Schreibstube befunden hatte, schien vom Stiefel eines Riesen zusammengetreten.

Wo war Knothe?

Hatte ihn sein Geschick etwa schon ereilt?

Diese Möglichkeit rief in Eisermann kein Gefühl der Erlösung hervor. Er mußte Klarheit haben.

Sein Blick jagte umher, stieß auf Tote. Verwundete schrien. Die übrigen Soldaten liefen kopflos durcheinander oder schlugen sich um Plätze auf den wenigen Fahrzeugen, die zur Abfahrt bereitstanden. Im Park gingen mit mächtigen Schlägen weitere Teile des Depots hoch. Der Boden wankte. Die Luft war bewegt wie an Sturmtagen.

Wo war Knothe?

Dann entdeckte Eisermann den Feldwebel.

Knothe saß am Steuer des großen Mercedes, den er, Eisermann, solange gefahren hatte und der ihm vertraut geworden war wie einem Bauern sein Pferd. Hinter dem Feldwebel hockte der Oberstabsarzt im Fond, geduckt, fahl, von Entsetzen gepeitscht.

Eisermann riß die Maschinenpistole in Anschlag und ließ den Ring der Visiereinrichtung in das spiegelnde Rechteck der Windschutzscheibe hineingleiten. Der Zeigefinger krümmte sich. In diesem Augenblick aber kam Harry in die Schußlinie gelaufen, stellte sich dem Wagen in den Weg. Die Arme ausgebreitet, schrie er mit zerrissener Stimme:

„Anhalten! Stehenbleiben! Mörder! Heraus! Mörder!“

Was nun folgte, vollzog sich in Sekundenschnelle.

Knothe trat den Gashebel ganz durch, so daß das Fahrzeug gleichsam aus dem Schuppen gerissen wurde.

„Mörder!“ schrie Harry wieder.

Dann wurde er von dem Wagen niedergeworfen. Die Räder gingen über ihn hinweg. Eisermann mußte zur Seite springen, um nicht ebenfalls überfahren zu werden. Als er die Maschinenpistole wieder in die Schulter setzen konnte, da war der Mercedes schon in das fortführende Alleestück eingebogen und fuhr in höchstem Tempo auf Dorf Reinegarde zu. Einer der brennenden LKWs versperrte Eisermann die Sicht. Er mußte vorlaufen, fiel über einen Toten, raffte sich wieder auf. Dann endlich konnte er den Abzug der Waffe auslösen. Der Wagen mit Knothe und Todtenberg war bereits über zweihundert Meter weit entfernt.

Eisermann schoß so lange, bis der Mechanismus der Maschinenpistole in seinen Händen zu zucken aufhörte. Der Wagen schleuderte weder, noch blieb er stehen.

Er raste weiter, zum Park hinaus. Dann war er nicht mehr zu sehen.

Eisermann ließ die entleerte Waffe sinken. Seine Finger öffneten sich. Die Maschinenpistole fiel in den Kies.

In seiner Enttäuschung stöhnend, schlug Eisermann die Hände vors Gesicht. Die Bitterkeit des unerfüllten Hasses trieb ihm Tränen in die Augen. Das unablässige Bersten der Munition, das Heulen vereinzelt nachziehender Bomben und die peitschenden Schußfolgen niederstoßender Tiefflieger trieben an seinem Ohr vorbei und rührten ihn nicht.

Der Tag des Gerichts ging leer aus.

Die Schuldigen waren geflohen.

Die Richter blieben zurück.

Ohne Ende hallte in Eisermanns Herz der Schrei nach Sühne.

Später ging er durch die Trümmer und zwischen den Toten hindurch zu Harry zurück, der noch immer auf dem Platze lag, wo der Wagen ihn niedergerissen hatte. Seine Unterschenkel waren gebrochen. Eisermann schleppte Harry in den Schutz einer Hauwand. Die Tiefflieger begannen jetzt über dem Park zu kreisen.

„Er ist – fort?“ fragte Harry langsam. Sein Gesicht war bis zu dem Kopfverband hinauf blutig und ölverschmiert.

„Sie sind fort“, sagte Eisermann heiser.

„Es gibt – keine Gerechtigkeit.“

„Ich habe das ganze Magazin leergeschossen“, sagte Eisermann wie für sich allein. „Ich habe gut und genau gezielt. Ich habe aber keinen von ihnen getroffen. Sie sind weitergefahren. Der Wagen fuhr weiter – es war ein guter Wagen . . .“

„Sie haben Friedel getötet“, sagte Harry. Sein Gesicht wurde weiß unter der Schicht von Öl und Blut.

„Sie haben meine Brüder getötet.“

„Sie haben Pistol niedergeschossen.“

„Sie haben jeden getötet, der hier umkam", sagte Eisermann.

Dann schwiegen sie. Um sie her tobte der Krieg.

Unweit von ihnen lag jener Unteroffizier, der Eisermann zuletzt in der Zelle aufgesucht und versprochen hatte, über die Fluchtvorbereitung zu schweigen. Er hatte geschwiegen. Jetzt machte ihm das Schweigen keine Mühe mehr. Ein winziger Bombensplitter hatte seine rechte Schläfe durchschlagen.

„Auch du kommst nicht mehr nach Hause – zu deiner Tankstelle", murmelte Eisermann. „Du warst ein guter Kerl, trotzdem mußt du hierbleiben."

„Was sagst du?"

„Es ist nichts", Eisermann blickte zu Boden. Sein Gesicht war von Tränen noch immer naß.

Plötzlich sprach sie jemand von hinten an.

„Stehen Sie auf! Heben Sie die Hände!"

Eisermann wandte sich um und schaute auf.

Drei Menschen standen vor ihm, Zivilisten, bewaffnet. Ein junger Bursche mit schwarzem, filzigem Haar hielt einen Revolver auf ihn gerichtet. Der Mann, der gesprochen hatte, war ein Mensch mit einem feinen, schmalen Gesicht. Er trug keine Waffen. Neben ihm stand ein Mädchen. An ihrem Gürtel hingen Handgranaten. Der Sprecher und das Mädchen kamen Eisermann bekannt vor. Schwerfällig, müde, stand er auf, hob die Arme. Dabei sagte er: „Mein Kamerad kann nicht aufstehen. Seine Beine sind kaputt."

Auch an anderen Stellen des Fahrzeughofes wurden jetzt von den Partisanen Soldaten zusammengetrieben und entwaffnet. In der Tiefe des Parks flackerte Gewehrfeuer.

„Wie heißen Sie?" fragte der Mann mit dem schmalen Gesicht.

„Eisermann."

„Es ist gut. Nehmen Sie die Hände herunter. Wir kennen Sie. Es ist besser, wenn Sie bei *uns* bleiben. Die Amerikaner sind bald hier. Sie könnten Ihnen Schwierigkeiten machen, weil Sie einer Sanitätseinheit angehören, die bewaffnet war."

„Ich muß bei ihm bleiben", sagte Eisermann und wies auf Harry.

„Machen Sie sich keine Sorgen um ihn. Wo sind Ihre Vorgesetzten?"

„Sie sind fort!" sagte Eisermann zwischen den Zähnen. „Es waren Mörder. Sie sind davongekommen. Ich habe vorbeigeschossen."

„Zu viele Kugeln treffen die Falschen", sagte der Mann mit dem schmalen Gesicht.

In der Luft begann ein Rauschen, wie es bisher noch nicht zu hören gewesen war. Sie blickten auf.

Über den Park hinweg glitten riesige graue Lastensegler. Weiter vorn spien schwere Transportflugzeuge dunklen Staub aus, dessen Partikel sich ausbreiteten, rasch größer wurden und jäh zu weißen Blüten vieler Fallschirme entflammten.

Die Luftlandung.

Als Eisermann seinen Blick wieder senkte, bemerkte er Tränen in den Augen des Mädchens, das die Handgranaten am Gürtel trug. Ihr Gesicht war aber hell von Glück.

Ich habe sie erst gestern gesehen! sagte sich Eisermann. Doch wo sollte ich sie gesehen haben? Ich saß ja gefangen. Dann aber begriff er und erkannte auch den Priester.

„Der Krieg ist für Sie zu Ende", sagte der Priester.

Eisermann schüttelte langsam den Kopf: „Für uns wird er weitergehen, auch wenn schon Frieden ist."

„Man muß die Mörder früh genug erkennen", sagte der Priester.

„C'est l'amie de Pistol?" fragte der Bursche mit dem schwarzen Haar.

„Oui, Jean-Marie", bestätigte der Priester.

Jean-Marie trat zu Eisermann und löste ihm mit dem Visierdorn seines Revolvers den Hakenkreuzadler vom Uniformrock.

Er lächelte dabei.

Was die zeitliche, örtlich-geographische und strategische Ereignisfolge des Krieges in Frankreich angeht, so erhebt die Darstellung keinen Anspruch auf dokumentarische Gültigkeit. Der Handlungsort existiert nur in der Fabel dieses Buches. Die Namen der Gestalten sind frei gewählt, etwaige Ähnlichkeiten zufällig.
Der Autor beabsichtigte nicht, bestimmte Personen zu porträtieren. Ihm lag daran, einige zeitgeschichtliche Charakterbilder zu geben.

Für langjährige treue

Dienste

anläßlich des

40. Jahrestages der

Grenztruppen der DDR

Lubsch

Sekretär

O.U. den 17.11.86

Sanka	Sanitätskraftwagen
En avant	Vorwärts!
A composer at the Red Cross?	Ein Komponist beim Roten Kreuz?
No – only a student of music	Nein, nur ein Musikstudent
The cello and the war	Das Cello und der Krieg
de l'eau	Wasser
oui	ja
Paramaecium	Pantoffeltierchen
Que veut dire cela? Expliquez!	Was soll dies heißen? Erklären Sie!
Rien de plus?	Weiter nichts?
La poche bigarrée!	Die bunte Tasche!
Vous-n'êtes pas un hitlérien?	Sie sind kein Hitleranhänger?
Je suis un allemand	Ich bin ein Deutscher
Il faut le tuer!	Man muß ihn töten!
C'est Dieu, qui punit!	Die Strafe liegt bei Gott!
Il est sincère	Er ist aufrichtig
Contre une femme – le misérable!	Gegen eine Frau – der Schuft!
C'est la vie!	So ist das Leben!
Je vous apporte les salutations de vos amis	Ich bringe Ihnen Grüße von Ihren Freunden
La craie! La craie!	Die Kreide! Die Kreide!
Le puits de mine! Le puits vieux!	Der Schacht des Bergwerks! Der alte Schacht!
La Sainte Jeannette!	Die Heilige Jeannette!
La colline de la Sainte Jeannette	Der Hügel der Heiligen Jeannette
Pourquoi ne l'aides-tu pas, Jean-Marie?	Warum hilfst du ihm nicht, Jean-Marie?

Des allumettes, Louise?	Streichhölzer, Louise?
Un instant	Einen Augenblick
Qu'est-ce-qu'il dit de Papa?	Was sagt er von Papa?
Il a déjà rendu l'âme, mon fils!	Er weilt nicht mehr in dieser Welt, mein Sohn!
Bourreaux! Bourreaux!	Henker! Henker!
Vous l'avez assassiné! Je vous maudis!	Ihr habt ihn ermordet! Ich verfluche euch!
Ce n'est pas un assassin, mais un ennemi des assassins! Il fait partie de nous!	Das ist kein Mörder, sondern ein Feind der Mörder! Er gehört zu uns!
Il aime rester seul	Er will allein sein
Un ruban de sa lunette est déchiré	Ein Band seiner Brille ist zerrissen
Je veux le réparer	Ich will es ganzmachen
N'avez-vous pas confiance en nous?	Sie glauben uns nicht?
Je vous confie	Ich vertraue euch
Il faut que nous allions	Wir müssen gehen
La terre	Der Boden
de toute la France	ganz Frankreichs
Attendez!	Wartet!
Seulement un chat	Nur eine Katze
Fais attention! Nous te prions!	Sei auf der Hut! Wir bitten dich!
Ne t'inquiètes pas	Hab keine Angst
Ces munitions!	Diese Munition!
Vous vous confiez à nous?	Sie vertrauen uns?
J'ai confiance	Ich habe Vertrauen
Il faut avoir courage et bon espoir!	Man muß Mut und Hoffnung haben!
Mais je m'inquiète de vous!	Aber ich sorge mich um Sie!
Nous ferons de la musi-	Wir werden Musik ma-

que, camarade	chen, Kamerad
Oui, mon camarade –	Ja. mein Kamerad – ich
c'est moi!	bin's!
Ma bonne amie . . .	Meine gute Freundin . . .
C'est l'amie de Pistol?	Ist das Pistols Freund?